大学赤本シリーズ

318

中央大学

文学部－学部別選抜

一般方式・英語外部試験利用方式

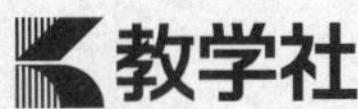

はしがき

おかげさまで，大学入試の「赤本」は，今年で創刊 70 周年を迎えました。

これまで，入試問題や資料をご提供いただいた大学関係者各位，掲載許可をいただいた著作権者の皆様，各科目の解答や対策の執筆にあたられた先生方，そして，赤本を使用してくださったすべての読者の皆様に，厚く御礼を申し上げます。

以下に，創刊初期の「赤本」のはしがきを引用します。これからも引き続き，受験生の目標の達成や，夢の実現を応援してまいります。

本書を活用して，入試本番では持てる力を存分に発揮されることを心より願っています。

編者しるす

＊　＊　＊

学問の塔にあこがれのまなざしをもって，それぞれの志望する大学の門をたたかんとしている受験生諸君！　人間として生まれてきた私たちは，自己の欲するままに，美しく，強く，そして何よりも人間らしく生きることをねがっている。しかし，一朝一夕にして，この純粋なのぞみが達せられることはない。私たちの行く手には，絶えずさまざまな試練がまちかまえている。この試練を克服していくところに，私たちのねがう真に人間的な世界がはじめて開かれてくるのである。

人生最初の最大の試練として，諸君の眼前に大学入試がある。この大学入試は，精神的にも身体的にも，大きな苦痛を感ぜしめるであろう。あるスポーツに熟達するには，たゆみなき，はげしい練習を積み重ねることが必要であるように，私たちは，計画的・持続的な努力を払うことによって，この試練を克服し，次の一歩を踏みだすことができる。厳しい試練を経たのちに，はじめて満足すべき成果を獲得できるのである。

本書は最近の入学試験の問題に，それぞれ解答を付し，さらに問題をふかく分析することによって，その大学独特の傾向や対策をさぐろうとした。本書を一般の参考書とあわせて使用し，まとはずれのない，効果的な受験勉強をされるよう期待したい。

（昭和 35 年版「赤本」はしがきより）

挑む人の、いちばんの味方

1954年に大学入試の過去問題集を刊行してから70年。赤本は大学に入りたいと思う受験生を応援しつづけてきました。これからも，苦しいとき落ち込むときにそばで支える存在でいたいと思います。

そして，勉強をすること，自分で道を決めること，努力が実ること，これらの喜びを読者の皆さんが感じることができるよう，伴走をつづけます。

そもそも赤本とは…

受験生のための大学入試の過去問題集！

70年の歴史を誇る赤本は，500点を超える刊行点数で全都道府県の370大学以上を網羅しており，過去問の代名詞として受験生の必須アイテムとなっています。

なぜ受験に過去問が必要なのか？

大学入試は大学によって問題形式や頻出分野が大きく異なるからです。

赤本の掲載内容

傾向と対策

これまでの出題内容から，問題の「**傾向**」を分析し，来年度の入試に向けて具体的な「**対策**」の方法を紹介しています。

問題編・解答編

- 年度ごとに問題とその解答を掲載しています。
- 「**問題編**」ではその年度の試験概要を確認したうえで，実際に出題された過去問に取り組むことができます。
- 「**解答編**」には高校・予備校の先生方による解答が載っています。

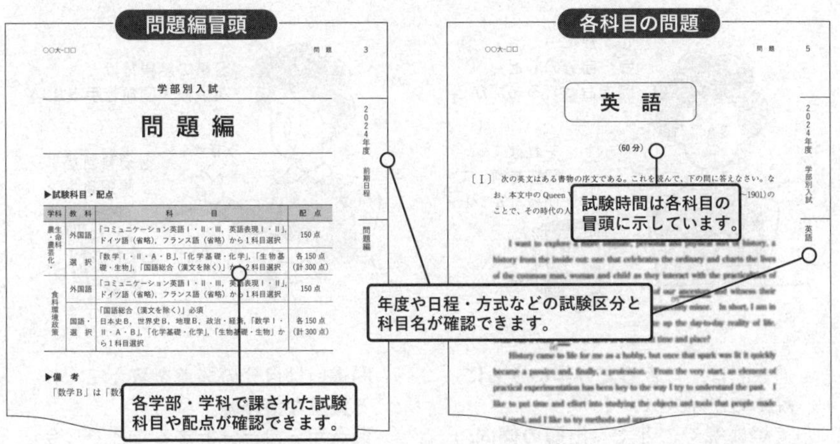

他にも，大学の基本情報や，先輩受験生の合格体験記，在学生からのメッセージなどが載っていることがあります。

掲載内容について

著作権上の理由やその他編集上の都合により問題や解答の一部を割愛している場合があります。
なお，指定校推薦入試，社会人入試，編入学試験，帰国生入試などの特別入試，英語以外の外国語科目，商業・工業科目は，原則として掲載しておりません。また試験科目は変更される場合がありますので，あらかじめご了承ください。

受験勉強は

過去問に始まり，

STEP 1 なにはともあれ

まずは解いてみる

しずかに…
今，自分の心と
向き合ってるんだから
ムーン
それは
問題を解いて
からだホン!

過去問は，**できるだけ早いうちに解く**のがオススメ！
実際に解くことで，**出題の傾向，問題のレベル，今の自分の実力**がつかめます。

STEP 2 じっくり具体的に

弱点を分析する

分析の結果だけど
英・数・国が苦手みたい
スリー
必須科目だホン
頑張るホン

間違いは自分の弱点を教えてくれる**貴重な情報源。**
弱点から自己分析することで，**今の自分に足りない力や苦手な分野**が見えてくるはず！

合格者があかす赤本の使い方

傾向と対策を熟読

(Fさん／国立大合格)

大学の出題傾向を調べるために，赤本に載っている「傾向と対策」を熟読しました。

繰り返し解く

(Tさん／国立大合格)

1周目は問題のレベル確認，2周目は苦手や頻出分野の確認に，3周目は合格点を目指して，と過去問は繰り返し解くことが大切です。

過去問に終わる。

STEP 3

志望校にあわせて

苦手分野の重点対策

明日からはみんなで頑張るよ！
参考書も！ 問題集も！
よろしくね！
呼んだ？
なにを!?
どこから!?
グッ
グッ

参考書や問題集を活用して，苦手分野の**重点対策**をしていきます。**過去問を指針**に，合格へ向けた具体的な学習計画を立てましょう！

STEP 1 ▶ 2 ▶ 3

サイクルが大事!

実践を繰り返す

STEP 1～3を繰り返し，実力アップにつなげましょう！
出題形式に慣れることや，**時間配分を考えること**も大切です。

目標点を決める
(Yさん／私立大合格)
赤本によっては合格者最低点が載っているので，それを見て目標点を決めるのもよいです。

時間配分を確認
(Kさん／私立大学合格)
赤本は時間配分や解く順番を決めるために使いました。

添削してもらう
(Sさん／私立大学合格)
記述式の問題は先生に添削してもらうことで自分の弱点に気づけると思います。

新課程入試Q&A

2022 年度から新しい学習指導要領（新課程）での授業が始まり，2025 年度の入試は，新課程に基づいて行われる最初の入試となります。ここでは，赤本での新課程入試の対策について，よくある疑問にお答えします。

Q1. 赤本は新課程入試の対策に使えますか？

A. もちろん使えます！

OK

旧課程入試の過去問が新課程入試の対策に役に立つのか疑問に思う人もいるかもしれませんが，心配することはありません。旧課程入試の過去問が役立つのには次のような理由があります。

● 学習する内容はそれほど変わらない

新課程は旧課程と比べて科目名を中心とした変更はありますが，学習する内容そのものはそれほど大きく変わっていません。また，多くの大学で，既卒生が不利にならないよう「経過措置」がとられます（Q３参照）。したがって，出題内容が大きく変更されることは少ないとみられます。

● 大学ごとに出題の特徴がある

これまでに課程が変わったときも，各大学の出題の特徴は大きく変わらないことがほとんどでした。入試問題は各大学のアドミッション・ポリシーに沿って出題されており，過去問にはその特徴がよく表れています。過去問を研究してその大学に特有の傾向をつかめば，最適な対策をとることができます。

出題の特徴の例	・英作文問題の出題の有無 ・論述問題の出題（字数制限の有無や長さ） ・計算過程の記述の有無

新課程入試の対策も，赤本で過去問に取り組むところから始めましょう。

Q2. 赤本を使う上での注意点はありますか？

A. 志望大学の入試科目を確認しましょう。

過去問を解く前に，過去の出題科目（問題編冒頭の表）と 2025 年度の募集要項とを比べて，課される内容に変更がないかを確認しましょう。ポイントは以下のとおりです。科目名が変わっていても，実際は旧課程の内容とほとんど同様のものもあります。

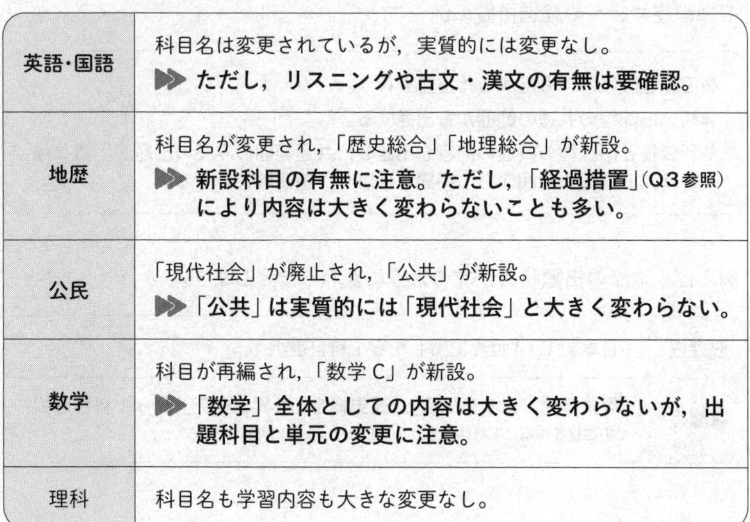

英語・国語	科目名は変更されているが，実質的には変更なし。 **▶▶ ただし，リスニングや古文・漢文の有無は要確認。**
地歴	科目名が変更され，「歴史総合」「地理総合」が新設。 **▶▶ 新設科目の有無に注意。ただし，「経過措置」(Q3参照)により内容は大きく変わらないことも多い。**
公民	「現代社会」が廃止され，「公共」が新設。 **▶▶「公共」は実質的には「現代社会」と大きく変わらない。**
数学	科目が再編され，「数学 C」が新設。 **▶▶「数学」全体としての内容は大きく変わらないが，出題科目と単元の変更に注意。**
理科	科目名も学習内容も大きな変更なし。

数学については，科目名だけでなく，どの単元が含まれているかも確認が必要です。例えば，出題科目が次のように変わったとします。

旧課程	「数学Ⅰ・数学Ⅱ・数学 A・数学 B（数列・ベクトル）」
新課程	「数学Ⅰ・数学Ⅱ・数学 A・**数学 B（数列）・数学 C（ベクトル）**」

この場合，新課程では「数学C」が増えていますが，単元は「ベクトル」ののみのため，実質的には旧課程とほぼ同じであり，過去問をそのまま役立てることができます。

Q3. 「経過措置」とは何ですか？

A. 既卒の旧課程履修者への対応です。

多くの大学では，既卒の旧課程履修者が不利にならないように，出題において「経過措置」が実施されます。措置の有無や内容は大学によって異なるので，募集要項や大学のウェブサイトなどで確認しておきましょう。

◯旧課程履修者への経過措置の例

- 旧課程履修者にも配慮した出題を行う。
- 新・旧課程の共通の範囲から出題する。
- 新課程と旧課程の共通の内容を出題し，共通範囲のみでの出題が困難な場合は，旧課程の範囲からの問題を用意し，選択解答とする。

例えば，地歴の出題科目が次のように変わったとします。

旧課程	「日本史 B」「世界史 B」から１科目選択
新課程	「**歴史総合**，日本史探究」「**歴史総合**，世界史探究」から１科目選択※ ※旧課程履修者に不利益が生じることのないように配慮する。

「歴史総合」は新課程で新設された科目で，旧課程履修者には見慣れないものですが，上記のような経過措置がとられた場合，新課程入試でも旧課程と同様の学習内容で受験することができます。

要チェックだホン

新課程の情報は WEB もチェック！
より詳しい解説が赤本ウェブサイトで見られます。
https://akahon.net/shinkatei/

科目名が変更される教科・科目

	旧課程	新課程
国語	国語総合 国語表現 現代文A 現代文B 古典A 古典B	**現代の国語** **言語文化** **論理国語** **文学国語** **国語表現** **古典探究**
地歴	日本史A 日本史B 世界史A 世界史B 地理A 地理B	**歴史総合** **日本史探究** **世界史探究** **地理総合** **地理探究**
公民	現代社会 倫理 政治・経済	**公共** **倫理** **政治・経済**
数学	数学Ⅰ 数学Ⅱ 数学Ⅲ 数学A 数学B 数学活用	**数学Ⅰ** **数学Ⅱ** **数学Ⅲ** **数学A** **数学B** **数学C**
外国語	コミュニケーション英語基礎 コミュニケーション英語Ⅰ コミュニケーション英語Ⅱ コミュニケーション英語Ⅲ 英語表現Ⅰ 英語表現Ⅱ 英語会話	**英語コミュニケーションⅠ** **英語コミュニケーションⅡ** **英語コミュニケーションⅢ** **論理・表現Ⅰ** **論理・表現Ⅱ** **論理・表現Ⅲ**
情報	社会と情報 情報の科学	**情報Ⅰ** **情報Ⅱ**

大学のサイトも見よう

目　次

最新年度の解答用紙は，赤本オンラインに掲載しています。
https://akahon.net/kkm/chuo/index.html

※掲載内容は，予告なしに変更・中止する場合があります。

掲載内容についてのお断り

- 著作権の都合上，下記の内容を省略しています。
  2024 年度：「国語」大問一の課題文
  2023 年度：「英語」大問Ⅲ⑷の英文

基本情報

沿革

1885（明治 18）	英吉利法律学校創設
1889（明治 22）	東京法学院と改称
1903（明治 36）	東京法学院大学と改称
1905（明治 38）	中央大学と改称，経済学科開設
1909（明治 42）	商業学科開設
1920（大正 9）	大学令による中央大学認可
1926（大正 15）	神田錦町から神田駿河台へ移転
1948（昭和 23）	通信教育部開設
1949（昭和 24）	新制大学発足，法・経済・商・工学部開設
1951（昭和 26）	文学部開設
1962（昭和 37）	工学部を理工学部に改組
1978（昭和 53）	多摩キャンパス開校
1993（平成 5）	総合政策学部開設
2000（平成 12）	市ヶ谷キャンパス開校
2004（平成 16）	市ヶ谷キャンパスに法務研究科（ロースクール）開設

2008（平成 20）	後楽園キャンパスに戦略経営研究科（ビジネススクール）開設
2010（平成 22）	市ヶ谷田町キャンパス開校
2019（平成 31）	国際経営学部と国際情報学部開設
2023（令和 5）	茗荷谷キャンパス開校

ブランドマーク

このブランドマークは，箱根駅伝で広く知られた朱色の「C」マークと，伝統ある独自書体の「中央大学」を組み合わせたものとなっています。2007 年度，このブランドマークに，新たに「行動する知性。」というユニバーシティメッセージを付加しました。建学の精神に基づく実学教育を通じて涵養された知性をもとに社会に貢献できる人材，という本学の人材養成像を示しています。

学部・学科の構成

大　学

●**法学部**　茗荷谷キャンパス

法律学科（法曹コース，公共法務コース，企業コース）
国際企業関係法学科
政治学科（公共政策コース，地域創造コース，国際政治コース，メディア政治コース）

●**経済学部**　多摩キャンパス

経済学科（経済総合クラスター，ヒューマンエコノミークラスター）
経済情報システム学科（企業経済クラスター，経済情報クラスター）
国際経済学科（貿易・国際金融クラスター，経済開発クラスター）
公共・環境経済学科（公共クラスター，環境クラスター）

●**商学部**　多摩キャンパス

経営学科
会計学科

国際マーケティング学科

金融学科

※商学部では，各学科に「フレックス・コース」と「フレックス *Plus 1*・コース」という2つのコースが設けられている。なお，フリーメジャー（学科自由選択）・コースの合格者は，入学手続時に商学部のいずれかの学科のフレックス・コースに所属し，2年次進級時に改めて学科・コースを選択（変更）できる。

●**理工学部**　後楽園キャンパス

数学科

物理学科

都市環境学科（環境クリエーターコース，都市プランナーコース）

精密機械工学科

電気電子情報通信工学科

応用化学科

ビジネスデータサイエンス学科

情報工学科

生命科学科

人間総合理工学科

●**文学部**　多摩キャンパス

人文社会学科（国文学専攻，英語文学文化専攻，ドイツ語文学文化専攻，フランス語文学文化専攻〈語学文学文化コース，美術史美術館コース〉，中国言語文化専攻，日本史学専攻，東洋史学専攻，西洋史学専攻，哲学専攻，社会学専攻，社会情報学専攻〈情報コミュニケーションコース，図書館情報学コース〉，教育学専攻，心理学専攻，学びのパスポートプログラム〈社会文化系，スポーツ文化系〉）

●**総合政策学部**　多摩キャンパス

政策科学科

国際政策文化学科

●**国際経営学部**　多摩キャンパス

国際経営学科

●**国際情報学部**　市ヶ谷田町キャンパス

国際情報学科

（備考）クラスター，コース等に分属する年次はそれぞれで異なる。

大学院

法学研究科 / 経済学研究科 / 商学研究科 / 理工学研究科 / 文学研究科 / 総合政策研究科 / 国際情報研究科 / 法科大学院（ロースクール）/ 戦略経営研究科（ビジネススクール）

大学所在地

茗荷谷キャンパス

多摩キャンパス

後楽園キャンパス

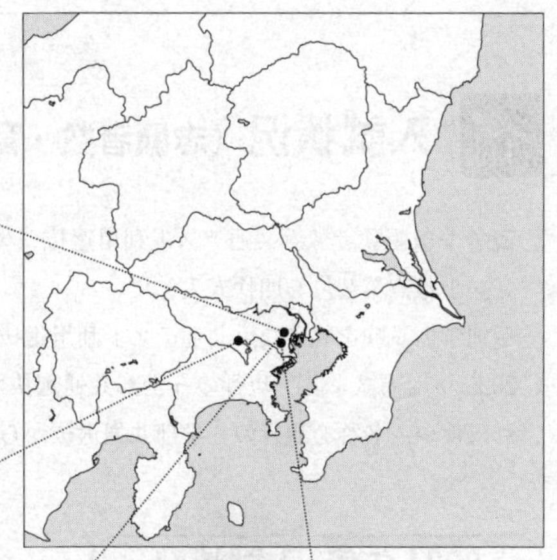

市ヶ谷田町キャンパス

茗荷谷キャンパス　〒112-8631　東京都文京区大塚 1-4-1
多摩キャンパス　〒192-0393　東京都八王子市東中野 742-1
後楽園キャンパス　〒112-8551　東京都文京区春日 1-13-27
市ヶ谷田町キャンパス　〒162-8478　東京都新宿区市谷田町 1-18

入試データ

入試状況（志願者数・競争率など）

○競争率は受験者数（共通テスト利用選抜〈単独方式〉は志願者数）÷合格者数で算出し，小数点第2位を四捨五入している。

○個別学力試験を課さない共通テスト利用選抜〈単独方式〉は1カ年分のみの掲載。

○2025年度入試より，現行の6学部共通選抜では国際経営学部の募集を停止する。それに伴い，名称を現行の6学部共通選抜から5学部共通選抜に変更する。

2024年度 入試状況

● 6学部共通選抜

<table>
<tr><th colspan="3">区分</th><th>募集人員</th><th>志願者数</th><th>受験者数</th><th>合格者数</th><th>競争率</th></tr>
<tr><td rowspan="6">法</td><td rowspan="3">4教科型</td><td>法律</td><td>20</td><td>308</td><td>293</td><td>106</td><td rowspan="3">2.5</td></tr>
<tr><td>国際企業関係法</td><td>5</td><td>10</td><td>10</td><td>3</td></tr>
<tr><td>政治</td><td>5</td><td>67</td><td>67</td><td>42</td></tr>
<tr><td rowspan="3">3教科型</td><td>法律</td><td>36</td><td>1,185</td><td>1,115</td><td>153</td><td rowspan="3">5.8</td></tr>
<tr><td>国際企業関係法</td><td>10</td><td>147</td><td>141</td><td>33</td></tr>
<tr><td>政治</td><td>20</td><td>403</td><td>391</td><td>98</td></tr>
<tr><td rowspan="4">経済</td><td colspan="2">経済</td><td>60</td><td>1,031</td><td>986</td><td>215</td><td>4.6</td></tr>
<tr><td colspan="2">経済情報システム</td><td>5</td><td>101</td><td>100</td><td>11</td><td>9.1</td></tr>
<tr><td colspan="2">国際経済</td><td>10</td><td>176</td><td>169</td><td>25</td><td>6.8</td></tr>
<tr><td colspan="2">公共・環境経済</td><td>5</td><td>118</td><td>115</td><td>16</td><td>7.2</td></tr>
<tr><td>商</td><td colspan="2">フリーメジャー</td><td>70</td><td>1,206</td><td>1,146</td><td>287</td><td>4.0</td></tr>
</table>

（表つづく）

区分			募集人員	志願者数	受験者数	合格者数	競争率
文	人文社会	国文学	7	151	145	41	3.7
		英語文学文化	7	237	226	70	
		ドイツ語文学文化	3	90	85	30	
		フランス語文学文化	3	105	99	38	
		中国言語文化	3	62	62	19	
		日本史学	3	120	114	28	
		東洋史学	4	50	46	16	
		西洋史学	4	129	124	30	
		哲学	3	93	91	22	
		社会学	3	184	172	36	
		社会情報学	3	89	87	27	
		教育学	3	101	95	20	
		心理学	3	168	162	31	
		学びのパスポートプログラム	2	37	35	8	
総合政策	政策科		25	427	404	111	3.0
	国際政策文化		25	323	306	128	
国際経営	4教科型		10	32	31	12	2.6
	3教科型		20	283	269	60	4.5
計			377	7,433	7,086	1,716	―

（備考）

- 法学部，文学部及び総合政策学部の志願者数・受験者数は，第１志望の学科・専攻（プログラム）で算出している。
- 法学部，文学部及び総合政策学部は志望順位制のため，学科・専攻（プログラム）ごとの倍率は算出していない。

●学部別選抜〈一般方式〉

区分				募集人員	志願者数	受験者数	合格者数	競争率
法	4教科型	法律		60	638	595	228	2.6
		国際企業関係法		5	47	43	17	2.5
		政治		20	126	116	60	1.9
	3教科型	法律		269	2,689	2,533	606	4.2
		国際企業関係法		60	527	496	155	3.2
		政治		128	1,152	1,089	326	3.3
経済	I (2/14)	経済		135	2,055	1,893	314	5.0
		経済情報システム		79	606	556	156	
		公共・環境経済		60	777	720	164	
	II (2/15)	経済		90	1,293	1,158	151	4.7
		国際経済		113	1,135	1,033	319	
商	A (2/11)	会計	フレックス	115	1,087	1,035	289	3.4
			フレックス *Plus 1*	40	267	263	66	
		国際マーケティング	フレックス	120	1,159	1,103	356	
			フレックス *Plus 1*	20	151	145	38	
	B (2/13)	経営	フレックス	130	1,632	1,539	296	4.8
			フレックス *Plus 1*	20	347	327	48	
		金融	フレックス	40	743	697	187	
			フレックス *Plus 1*	15	82	75	20	
理工	数			32	817	702	205	3.4
	物理			33	920	785	226	3.5
	都市環境			45	796	680	155	4.4
	精密機械工			80	1,365	1,147	303	3.8
	電気電子情報通信工			65	1,166	969	257	3.8
	応用化			78	1,351	1,111	290	3.8
	ビジネスデータサイエンス			65	758	660	178	3.7
	情報工			66	1,683	1,424	267	5.3
	生命科			43	481	419	167	2.5
	人間総合理工			32	234	195	58	3.4
文	人文社会	国文学		29	459	441	130	3.4
		英語文学文化		77	487	464	210	2.2
		ドイツ語文学文化		22	123	115	50	2.3
		フランス語文学文化		34	264	250	114	2.2
		中国言語文化		23	162	154	66	2.3
		日本史学		43	450	438	165	2.7

（表つづく）

区分			募集人員	志願者数	受験者数	合格者数	競争率
文	人文社会	東洋史学	25	152	146	56	2.6
		西洋史学	25	254	242	76	3.2
		哲学	36	322	307	110	2.8
		社会学	47	443	423	166	2.5
		社会情報学	43	187	182	70	2.6
		教育学	32	301	295	98	3.0
		心理学	41	416	393	112	3.5
		学びのパスポートプログラム	10	66	59	14	4.2
総合政策	政策科		30	955	854	118	6.8
	国際政策文化		30	806	709	113	
国際経営			70	1,171	1,106	324	3.4
国際情報			60	1,052	992	181	5.5
計			2,735	34,154	31,078	8,075	—

（備考）

- 経済学部，商学部及び総合政策学部の志願者数・受験者数は，第１志望の学科（コース）で算出している。
- 経済学部，商学部及び総合政策学部は志望順位制のため，学科ごとの倍率は算出していない。

●学部別選抜〈英語外部試験利用方式〉

区	分		募集人員	志願者数	受験者数	合格者数	競争率
経済	I (2/14)	経済	13	432	409	88	4.2
		経済情報システム	8	119	109	11	
		公共・環境経済	7	334	320	100	
	II (2/15)	経済	9	409	369	86	4.5
		国際経済	13	439	401	87	
理工		数	3	2	2	0	—
		物理	2	14	12	7	1.7
		都市環境	2	25	20	11	1.8
		精密機械工	2	16	12	6	2.0
		電気電子情報通信工	2	24	17	10	1.7
		応用化	2	27	20	9	2.2
		ビジネスデータサイエンス	2	16	14	6	2.3
		情報工	2	7	6	2	3.0
		生命科	2	10	8	5	1.6
		人間総合理工	5	9	7	5	1.4
文	人文社会	国文学	若干名	13	13	5	2.6
		英語文学文化		31	30	13	2.3
		ドイツ語文学文化		11	11	8	1.4
		フランス語文学文化		23	21	9	2.3
		中国言語文化		9	9	4	2.3
		日本史学		12	12	5	2.4
		東洋史学		12	12	5	2.4
		西洋史学		21	17	7	2.4
		哲学		21	21	8	2.6
		社会学		35	32	12	2.7
		社会情報学		12	12	4	3.0
		教育学		12	12	3	4.0
		心理学		34	33	6	5.5
		学びのパスポートプログラム		9	8	3	2.7
総合政策		政策科	5	68	56	26	2.3
		国際政策文化	5	128	107	45	
国際経営			20	640	616	228	2.7
国際情報			5	147	136	25	5.4
計			109	3,121	2,884	849	—

（備考）

- 経済学部及び総合政策学部の志願者数・受験者数は，第１志望の学科で算出している。
- 経済学部及び総合政策学部は志望順位制のため，学科ごとの倍率は算出していない。

●学部別選抜〈大学入学共通テスト併用方式〉

区分			募集人員	志願者数	受験者数	合格者数	競争率
法		法律	52	630	552	231	2.4
		国際企業関係法	13	80	67	22	3.0
		政治	26	238	213	102	2.1
経済	I (2/14)	経済	9	153	131	16	3.8
		経済情報システム	7	53	43	15	
		公共・環境経済	6	26	22	21	
	II (2/15)	経済	6	69	59	7	4.1
		国際経済	12	21	18	12	
商	フリーメジャー	A	10	163	150	50	3.0
		B	10	123	110	37	3.0
理工		数	13	219	198	55	3.6
		物理	10	248	228	60	3.8
		都市環境	9	252	228	48	4.8
		精密機械工	20	271	252	65	3.9
		電気電子情報通信工	20	310	294	67	4.4
		応用化	25	352	314	110	2.9
		ビジネスデータサイエンス	13	255	231	54	4.3
		情報工	13	314	286	47	6.1
		生命科	10	239	217	90	2.4
		人間総合理工	12	109	101	35	2.9
総合政策		政策科	15	95	74	28	2.2
		国際政策文化	15	126	96	50	
国際経営			10	94	70	23	3.0
国際情報			10	210	196	55	3.6
計			346	4,650	4,150	1,300	—

(備考)
- 経済学部及び総合政策学部の志願者数・受験者数は，第１志望の学科で算出している。
- 商学部フリーメジャー・コースは，学部別選抜Ａ（2/11 実施）・学部別選抜Ｂ（2/13 実施）それぞれ 10 名の募集。
- 経済学部及び総合政策学部は志望順位制のため，学科ごとの倍率は算出していない。

●大学入学共通テスト利用選抜〈単独方式〉

区	分			募集人員	志願者数	合格者数	競争率
法	前期選考	5教科型	法律	115	1,566	1,103	1.4
			国際企業関係法	19	256	182	1.4
			政治	52	392	262	1.5
		3教科型	法律	24	1,279	411	3.1
			国際企業関係法	6	610	187	3.3
			政治	12	533	203	2.6
	後期選考		法律	6	68	13	5.2
			国際企業関係法	3	29	5	5.8
			政治	6	61	8	7.6
経済	前期選考	4教科型	経済	16	380	118	3.0
			経済情報システム	7	52	19	
			国際経済	11	41	16	
			公共・環境経済	6	27	11	
		3教科型	経済	8	367	37	6.8
			経済情報システム	4	57	15	
			国際経済	5	72	21	
			公共・環境経済	3	38	6	
	後期選考		経済	5	104	5	10.2
			経済情報システム	5	35	5	
			国際経済	5	45	5	
			公共・環境経済	5	20	5	
商	前期選考	4教科型	経営フレックス	14	298	138	2.0
			会計フレックス	14	198	111	
			国際マーケティングフレックス	14	79	57	
			金融フレックス	8	73	26	
		3教科型	経営フレックス	12	701	144	4.2
			会計フレックス	12	309	78	
			国際マーケティングフレックス	12	278	91	
			金融フレックス	4	99	20	
	後期選考		経営フレックス	4	48	4	8.7
			会計フレックス	4	40	4	
			国際マーケティングフレックス	4	30	4	
			金融フレックス	4	21	4	

（表つづく）

区	分			募集人員	志願者数	合格者数	競争率
理工	前期選考	物理		5	389	87	4.5
		都市環境		9	347	57	6.1
		精密機械工		8	405	111	3.6
		電気電子情報通信工		10	328	73	4.5
		応用化		10	476	129	3.7
		ビジネスデータサイエンス		13	317	64	5.0
		情報工		7	425	58	7.3
		生命科		5	215	68	3.2
		人間総合理工		8	135	39	3.5
文	人文社会	前期選考	4教科型　専攻フリー	40	692	290	2.4
			3教科型　国文学	11	203	74	2.7
			3教科型　英語文学文化	11	272	99	2.7
			3教科型　ドイツ語文学文化	6	73	32	2.3
			3教科型　フランス語文学文化	5	100	40	2.5
			3教科型　中国言語文化	6	75	30	2.5
			3教科型　日本史学	5	137	35	3.9
			3教科型　東洋史学	6	91	41	2.2
			3教科型　西洋史学	6	148	47	3.1
			3教科型　哲学	5	138	50	2.8
			3教科型　社会学	5	197	63	3.1
			3教科型　社会情報学	3	69	19	3.6
			3教科型　教育学	3	120	38	3.2
			3教科型　心理学	3	132	26	5.1
			3教科型　学びのパスポートプログラム	2	37	11	3.4
		後期選考	国文学	若干名	18	3	6.0
			英語文学文化		12	1	12.0
			ドイツ語文学文化		19	5	3.8
			フランス語文学文化		9	2	4.5
			中国言語文化		9	0	—
			日本史学		4	0	—
			東洋史学		6	2	3.0
			西洋史学		9	1	9.0
			哲学		7	2	3.5
			社会学		11	3	3.7
			社会情報学		6	0	—
			教育学		10	2	5.0
			心理学		10	2	5.0
			学びのパスポートプログラム		4	0	—

（表つづく）

区分			募集人員	志願者数	合格者数	競争率
総合政策	前期選考	政策科	24	423	118	2.9
		国際政策文化	25	445	180	
	後期選考	政策科	5	56	9	5.2
		国際政策文化	5	38	9	
国際経営	前期選考	4教科型	7	160	69	2.3
		3教科型	17	933	231	4.0
	後期選考	4教科型	3	29	3	9.7
		3教科型	3	68	2	34.0
国際情報	前期選考	4教科型	10	106	42	2.5
		3教科型	10	392	136	2.9
	後期選考		5	124	24	5.2
計			755	16,414	5,716	—

(備考)

- 経済学部，商学部及び総合政策学部の志願者数は，第1志望の学科（コース）で算出している。
- 経済学部，商学部及び総合政策学部は志望順位制のため，学科ごとの倍率は算出していない。

2023 年度 入試状況

●6 学部共通選抜

区分			募集人員	志願者数	受験者数	合格者数	競争率
法	4教科型	法律	20	363	340	118	2.5
		国際企業関係法	5	9	9	3	
		政治	5	86	82	53	
	3教科型	法律	36	1,311	1,241	156	5.5
		国際企業関係法	10	122	119	47	
		政治	20	364	348	107	
経済		経済	60	989	945	238	4.0
		経済情報システム	5	111	103	21	4.9
		国際経済	10	250	239	44	5.4
		公共・環境経済	5	117	113	15	7.5
商		フリーメジャー	70	1,268	1,215	302	4.0
文	人文社会	国文学	7	176	164	41	4.2
		英語文学文化	7	185	175	65	
		ドイツ語文学文化	3	90	85	29	
		フランス語文学文化	3	251	245	45	
		中国言語文化	3	100	97	27	
		日本史学	3	123	116	19	
		東洋史学	4	58	49	16	
		西洋史学	4	107	101	27	
		哲学	3	82	74	26	
		社会学	3	251	241	46	
		社会情報学	3	111	107	31	
		教育学	3	101	97	24	
		心理学	3	208	203	26	
		学びのパスポートプログラム	2	53	52	6	
総合政策		政策科	25	372	363	101	3.0
		国際政策文化	25	295	281	116	
国際経営		4教科型	10	44	41	14	2.9
		3教科型	20	314	296	60	4.9
計			377	7,911	7,541	1,823	―

(備考)
- 法学部，文学部及び総合政策学部の志願者数・受験者数は，第1志望の学科・専攻（プログラム）で算出している。
- 法学部，文学部及び総合政策学部は志望順位制のため，学科・専攻（プログラム）ごとの倍率は算出していない。
- 新型コロナウイルス感染症等対応のための特別措置を実施し，上表以外に，経済学部2名，文学部2名の合格者を出した。

●学部別選抜〈一般方式〉

区分				募集人員	志願者数	受験者数	合格者数	競争率
法	4教科型	法律		60	647	596	241	2.5
法	4教科型	国際企業関係法		5	42	39	16	2.4
法	4教科型	政治		20	107	98	46	2.1
法	3教科型	法律		269	2,786	2,628	608	4.3
法	3教科型	国際企業関係法		60	541	517	139	3.7
法	3教科型	政治		128	920	871	318	2.7
経済	I（2/14）	経済		135	2,386	2,204	263	5.9
経済	I（2/14）	経済情報システム		79	386	350	178	
経済	I（2/14）	公共・環境経済		60	1,196	1,123	180	
経済	II（2/15）	経済		90	1,336	1,185	148	5.4
経済	II（2/15）	国際経済		113	1,387	1,266	309	
商	A（2/11）	会計	フレックス	115	1,023	972	280	3.4
商	A（2/11）	会計	フレックス *Plus 1*	40	241	231	64	
商	A（2/11）	国際マーケティング	フレックス	120	1,214	1,157	360	
商	A（2/11）	国際マーケティング	フレックス *Plus 1*	20	160	150	43	
商	B（2/13）	経営	フレックス	130	2,137	2,002	377	4.6
商	B（2/13）	経営	フレックス *Plus 1*	20	360	334	52	
商	B（2/13）	金融	フレックス	40	672	631	213	
商	B（2/13）	金融	フレックス *Plus 1*	15	100	95	24	
理工	数			32	769	648	216	3.0
理工	物理			33	856	728	237	3.1
理工	都市環境			45	848	677	169	4.0
理工	精密機械工			80	1,350	1,142	374	3.1
理工	電気電子情報通信工			65	952	771	260	3.0
理工	応用化			78	1,389	1,128	297	3.8
理工	ビジネスデータサイエンス			65	772	659	175	3.8
理工	情報工			65	1,815	1,541	301	5.1
理工	生命科			43	527	440	117	3.8
理工	人間総合理工			32	337	288	54	5.3
文	人文社会	国文学		29	503	485	125	3.9
文	人文社会	英語文学文化		77	588	564	240	2.4
文	人文社会	ドイツ語文学文化		22	183	177	61	2.9
文	人文社会	フランス語文学文化		34	528	510	127	4.0
文	人文社会	中国言語文化		23	238	226	80	2.8
文	人文社会	日本史学		43	519	499	155	3.2

（表つづく）

区分			募集人員	志願者数	受験者数	合格者数	競争率
文	人文社会	東洋史学	25	158	147	53	2.8
		西洋史学	25	309	299	90	3.3
		哲学	36	229	219	93	2.4
		社会学	47	564	539	178	3.0
		社会情報学	43	219	208	70	3.0
		教育学	32	310	304	88	3.5
		心理学	41	610	579	107	5.4
		学びのパスポートプログラム	10	76	71	11	6.5
総合政策	政策科		30	881	775	113	6.2
	国際政策文化		30	885	765	134	
国際経営			70	1,172	1,102	319	3.5
国際情報			60	985	918	183	5.0
計			2,734	36,213	32,858	8,286	―

(備考)
- 経済学部，商学部及び総合政策学部の志願者数・受験者数は，第１志望の学科（コース）で算出している。
- 経済学部，商学部及び総合政策学部は志望順位制のため，学科ごとの倍率は算出していない。
- 新型コロナウイルス感染症等対応のための特別措置を実施し，上表以外に，法学部１名，経済学部１名，総合政策学部１名，国際経営学部１名の合格者を出した。

●学部別選抜〈英語外部試験利用方式〉

区分			募集人員	志願者数	受験者数	合格者数	競争率
経済	I (2/14)	経済	13	505	465	42	6.1
		経済情報システム	8	134	127	12	
		公共・環境経済	7	370	352	100	
	II (2/15)	経済	9	368	338	70	4.8
		国際経済	13	643	582	123	
理工		数	3	1	1	0	—
		物理	2	2	1	1	1.0
		都市環境	2	11	7	4	1.8
		精密機械工	2	17	12	6	2.0
		電気電子情報通信工	2	15	12	10	1.2
		応用化	2	32	19	7	2.7
		ビジネスデータサイエンス	2	12	12	5	2.4
		情報工	2	5	3	2	1.5
		生命科	2	20	17	4	4.3
		人間総合理工	5	13	9	5	1.8
文	人文社会	国文学	若干名	15	14	3	4.7
		英語文学文化		52	49	16	3.1
		ドイツ語文学文化		18	18	4	4.5
		フランス語文学文化		44	43	13	3.3
		中国言語文化		20	18	7	2.6
		日本史学		22	22	8	2.8
		東洋史学		12	12	5	2.4
		西洋史学		20	19	7	2.7
		哲学		19	18	6	3.0
		社会学		53	49	14	3.5
		社会情報学		17	16	3	5.3
		教育学		19	19	6	3.2
		心理学		39	37	8	4.6
総合政策		政策科	5	50	37	13	2.9
		国際政策文化	5	129	98	34	
国際経営			20	635	615	198	3.1
国際情報			5	141	139	17	8.2
計			109	3,453	3,180	753	—

(備考)• 経済学部及び総合政策学部の志願者数・受験者数は，第１志望の学科で算出している。
• 経済学部及び総合政策学部は志望順位制のため，学科ごとの倍率は算出していない。
• 新型コロナウイルス感染症等対応のための特別措置を実施し，上表以外に，総合政策学部 1 名の合格者を出した。

- 文学部人文社会学科の学びのパスポートプログラムは，学部別選抜〈英語外部試験利用方式〉での募集は行っていない（2024 年度より募集が実施される）。

●学部別選抜〈大学入学共通テスト併用方式〉

区分			募集人員	志願者数	受験者数	合格者数	競争率
法	法律		52	528	469	206	2.3
	国際企業関係法		13	102	90	30	3.0
	政治		26	147	128	85	1.5
経済	I（2/14）	経済	9	104	82	17	3.0
		経済情報システム	7	30	22	12	
		公共・環境経済	6	20	17	12	
	II（2/15）	経済	6	56	35	7	3.6
		国際経済	12	42	33	12	
商	フリーメジャー	A	10	134	123	35	3.5
		B	10	134	119	40	3.0
理工	数		13	210	194	65	3.0
	物理		10	233	216	78	2.8
	都市環境		9	198	175	62	2.8
	精密機械工		20	242	221	66	3.3
	電気電子情報通信工		20	208	187	58	3.2
	応用化		25	341	324	115	2.8
	ビジネスデータサイエンス		13	310	288	78	3.7
	情報工		13	380	339	58	5.8
	生命科		10	234	217	66	3.3
	人間総合理工		12	141	132	26	5.1
総合政策	政策科		15	98	72	25	2.3
	国際政策文化		15	223	180	84	
国際経営			10	104	86	20	4.3
国際情報			10	198	182	53	3.4
計			346	4,417	3,931	1,310	—

（備考）
- 経済学部及び総合政策学部の志願者数・受験者数は，第１志望の学科で算出している。
- 経済学部及び総合政策学部は志望順位制のため，学科ごとの倍率は算出していない。
- 商学部フリーメジャー・コースは，学部別選抜Ａ（2/11 実施）・学部別選抜Ｂ（2/13 実施）それぞれ 10 名の募集。
- 新型コロナウイルス感染症等対応のための特別措置を実施し，上表以外に，理工学部３名の合格者を出した。

2022年度 入試状況

●6学部共通選抜

区分			募集人員	志願者数	受験者数	合格者数	競争率
法	4教科型	法律	20	359	334	116	2.5
		国際企業関係法	5	17	17	3	
		政治	5	63	59	44	
	3教科型	法律	36	1,210	1,139	139	5.8
		国際企業関係法	10	140	135	40	
		政治	20	305	288	89	
経済	経済		60	937	887	199	4.5
	経済情報システム		5	101	97	21	4.6
	国際経済		10	132	124	25	5.0
	公共・環境経済		5	109	103	19	5.4
商	フリーメジャー		70	1,179	1,115	282	4.0
文	人文社会	国文学	7	127	123	40	3.1
		英語文学文化	7	170	164	55	
		ドイツ語文学文化	3	79	71	27	
		フランス語文学文化	3	96	93	44	
		中国言語文化	3	75	71	36	
		日本史学	3	142	137	26	
		東洋史学	4	59	57	15	
		西洋史学	4	102	93	35	
		哲学	3	113	105	33	
		社会学	3	114	107	57	
		社会情報学	3	111	108	19	
		教育学	3	83	76	26	
		心理学	3	166	157	37	
		学びのパスポートプログラム	2	78	75	10	
総合政策	政策科		25	311	299	84	3.1
	国際政策文化		25	232	227	85	
国際経営	4教科型		10	29	29	10	2.9
	3教科型		20	277	258	53	4.9
計			377	6,916	6,548	1,669	―

(備考) • 法学部，文学部及び総合政策学部の志願者数・受験者数は，第1志望の学科・専攻（プログラム）で算出している。

• 法学部，文学部及び総合政策学部は志望順位制のため，学科・専攻（プログラム）ごとの倍率は算出していない。

• 新型コロナウイルス感染症等対応のための特別措置を実施し，上表以外に，文学部2名，総合政策学部1名の合格者を出した。

●学部別選抜〈一般方式〉

区分				募集人員	志願者数	受験者数	合格者数	競争率
法	4教科型	法律		60	631	576	218	2.6
		国際企業関係法		5	58	54	24	2.3
		政治		20	118	110	52	2.1
	3教科型	法律		269	2,515	2,368	638	3.7
		国際企業関係法		60	410	388	167	2.3
		政治		128	739	694	261	2.7
経済	I(2/14)	経済		149	2,198	2,026	293	4.5
		経済情報システム		86	565	512	110	
		公共・環境経済		67	1,074	996	378	
	II(2/15)	経済		99	1,375	1,230	141	4.7
		国際経済		126	1,562	1,446	424	
商	A(2/11)	会計	フレックス	115	1,134	1,078	297	3.5
			フレックス *Plus 1*	40	296	280	69	
		国際マーケティング	フレックス	120	1,182	1,126	357	
			フレックス *Plus 1*	20	157	152	41	
	B(2/13)	経営	フレックス	130	1,491	1,365	295	4.1
			フレックス *Plus 1*	20	346	312	59	
		金融	フレックス	40	886	824	255	
			フレックス *Plus 1*	15	83	76	18	
理工	数			32	693	621	277	2.2
	物理			33	752	663	275	2.4
	都市環境			45	650	561	196	2.9
	精密機械工			80	1,240	1,078	359	3.0
	電気電子情報通信工			65	1,195	1,059	325	3.3
	応用化			78	1,287	1,126	475	2.4
	ビジネスデータサイエンス			65	917	812	202	4.0
	情報工			65	1,460	1,292	330	3.9
	生命科			43	552	488	168	2.9
	人間総合理工			32	494	435	91	4.8
文	人文社会	国文学		29	472	450	161	2.8
		英語文学文化		77	730	692	299	2.3
		ドイツ語文学文化		22	226	217	75	2.9
		フランス語文学文化		34	310	293	139	2.1
		中国言語文化		23	190	179	87	2.1
		日本史学		43	609	585	177	3.3

（表つづく）

区分			募集人員	志願者数	受験者数	合格者数	競争率
文	人文社会	東洋史学	25	213	207	95	2.2
		西洋史学	25	270	258	111	2.3
		哲学	36	309	294	113	2.6
		社会学	47	446	432	210	2.1
		社会情報学	43	298	286	83	3.4
		教育学	32	308	297	127	2.3
		心理学	41	569	540	167	3.2
		学びのパスポートプログラム	10	104	95	22	4.3
総合政策	政策科		30	512	435	115	3.6
	国際政策文化		30	666	548	155	
国際経営			70	1,286	1,221	217	5.6
国際情報			60	1,154	1,084	208	5.2
計			2,784	34,732	31,861	9,356	—

(備考)
- 経済学部，商学部及び総合政策学部の志願者数・受験者数は，第１志望の学科（コース）で算出している。
- 経済学部，商学部及び総合政策学部は志望順位制のため，学科ごとの倍率は算出していない。
- 新型コロナウイルス感染症等対応のための特別措置を実施し，上表以外に，法学部１名，経済学部６名，商学部３名，理工学部６名，文学部１名，総合政策学部１名，国際情報学部２名の合格者を出した。

●学部別選抜〈英語外部試験利用方式〉

区分			募集人員	志願者数	受験者数	合格者数	競争率
経済	I (2/14)	経済	5	363	341	45	5.0
		経済情報システム	4	169	157	21	
		公共・環境経済	3	337	314	97	
	II (2/15)	経済	3	305	270	77	2.0
		国際経済	5	459	426	264	
理工		数	3	1	1	0	—
		物理	2	9	6	0	—
		都市環境	2	2	2	1	2.0
		精密機械工	2	15	11	8	1.4
		電気電子情報通信工	2	7	5	4	1.3
		応用化	2	14	11	9	1.2
		ビジネスデータサイエンス	2	13	13	6	2.2
		情報工	2	5	4	1	4.0
		生命科	2	8	7	5	1.4
		人間総合理工	5	8	6	4	1.5
文	人文社会	国文学	若干名	33	29	7	4.1
		英語文学文化		59	59	19	3.1
		ドイツ語文学文化		13	11	5	2.2
		フランス語文学文化		24	24	10	2.4
		中国言語文化		19	19	9	2.1
		日本史学		21	19	6	3.2
		東洋史学		16	15	6	2.5
		西洋史学		18	16	7	2.3
		哲学		22	19	6	3.2
		社会学		32	28	14	2.0
		社会情報学		38	34	6	5.7
		教育学		17	16	5	3.2
		心理学		25	23	8	2.9
総合政策		政策科	5	42	30	12	2.4
		国際政策文化	5	127	90	37	
国際経営			20	729	700	181	3.9
国際情報			5	244	228	14	16.3
計			79	3,194	2,934	894	—

(備考)• 経済学部及び総合政策学部の志願者数・受験者数は，第１志望の学科で算出している。
• 経済学部及び総合政策学部は志望順位制のため，学科ごとの倍率は算出していない。
• 新型コロナウイルス感染症等対応のための特別措置を実施し，上表以外に，経済学部１名の合格者を出した。

●学部別選抜〈大学入学共通テスト併用方式〉

区		分	募集人員	志願者数	受験者数	合格者数	競争率
法	法律		52	557	514	189	2.7
	国際企業関係法		13	97	90	52	1.7
	政治		26	138	132	75	1.8
経済	Ⅰ(2/14)	経済	9	156	141	27	4.0
		経済情報システム	7	50	43	14	
		公共・環境経済	6	86	80	25	
	Ⅱ(2/15)	経済	6	87	69	10	4.7
		国際経済	12	59	52	16	
商	フリーメジャー		20	229	210	55	3.8
理工	数		13	150	137	58	2.4
	物理		10	163	153	55	2.8
	都市環境		9	191	177	62	2.9
	精密機械工		20	282	261	81	3.2
	電気電子情報通信工		20	330	311	94	3.3
	応用化		25	289	268	128	2.1
	ビジネスデータサイエンス		13	313	289	74	3.9
	情報工		13	497	459	93	4.9
	生命科		10	240	219	81	2.7
	人間総合理工		12	224	210	58	3.6
総合政策	政策科		15	103	84	31	2.2
	国際政策文化		15	170	123	64	
国際経営			10	64	58	10	5.8
国際情報			10	289	271	54	5.0
計			346	4,764	4,351	1,406	―

(備考)
- 経済学部及び総合政策学部の志願者数・受験者数は，第1志望の学科で算出している。
- 経済学部及び総合政策学部は志望順位制のため，学科ごとの倍率は算出していない。
- 商学部フリーメジャー・コースは，学部別選抜A（2/11 実施）・学部別選抜B（2/13 実施）それぞれ10名の募集。
- 新型コロナウイルス感染症等対応のための特別措置を実施し，上表以外に，法学部1名，理工学部1名，総合政策学部1名，国際情報学部1名の合格者を出した。

入学試験要項の入手方法

出願には，受験ポータルサイト「UCARO（ウカロ）」への会員登録（無料）が必要です。出願は，Web 出願登録，入学検定料の支払いおよび出願書類の郵送を，出願期間内に全て完了することで成立します。詳細は，大学公式 Web サイトで 11 月中旬に公開予定の入学試験要項を必ず確認してください。紙媒体の入学試験要項や願書は発行しません。

また，「CHUO UNIVERSITY GUIDE BOOK 2025」（大学案内）を 5 月下旬より配付します（無料）。こちらは大学公式 Web サイト内の資料請求フォーム，テレメールから請求できます。

入試に関する問い合わせ先

中央大学　入学センター事務部入試課
https://chuo-admissions.zendesk.com/hc/ja
月～金曜日 9:00～12:00，13:00～16:00
※土・日・祝日は受付を行っていません。
詳細は大学公式 Web サイトにて確認してください。
https://www.chuo-u.ac.jp/connect/

合格体験記
募集

2025 年春に入学される方を対象に，本大学の「合格体験記」を募集します。お寄せいただいた合格体験記は，編集部で選考の上，小社刊行物やウェブサイト等に掲載いたします。お寄せいただいた方には小社規定の謝礼を進呈いたしますので，ふるってご応募ください。

応募方法

下記 URL または QR コードより応募サイトにアクセスできます。
ウェブフォームに必要事項をご記入の上，ご応募ください。
折り返し執筆要領をメールにてお送りします。

※入学が決まっている一大学のみ応募できます。

☞ http://akahon.net/exp/

応募の締め切り

総合型選抜・学校推薦型選抜	2025年 2 月 23日
私立大学の一般選抜	2025年 3 月 10日
国公立大学の一般選抜	2025年 3 月 24日

受験にまつわる川柳を募集します。
入選者には賞品を進呈！
ふるってご応募ください。

応募方法　**http://akahon.net/senryu/**　にアクセス！☞

気になること、聞いてみました！

在学生メッセージ

大学ってどんなところ？ 大学生活ってどんな感じ？
ちょっと気になることを，在学生に聞いてみました。

以下の内容は 2020～2023 年度入学生のアンケート回答に基づくものです。ここで触れられている内容は今後変更となる場合もありますのでご注意ください。

Message from current students

メッセージを書いてくれた先輩 ［法学部］D.S. さん C.K. さん Y.K. さん ［商学部］Y.W. さん ［文学部］阿部龍之介さん ［総合政策学部］R.T. さん

大学生になったと実感！

一番実感したことは様々な人がいるということです。出身地も様々ですし，留学生や浪人生など様々な背景をもった人がいるので，違った価値観や考え方などと日々触れ合っています。高校であったおもしろいノリなどが他の人にはドン引きされることもありました。（D.S. さん／法）

高校生のときと大きく変わったことは，強制されることがないことです。大学生は，授業の課題を出さなくても何も言われません。ただし，その代償は単位を落とすという形で自分に返ってきます。自己責任が増えるというのが大学生と高校生の違いです。（阿部さん／文）

一番初めに実感した出来事は，履修登録です。小学校，中学校，高校とずっと決められた時間割で，自分の学びたいもの，学びたくないものなど関係なく過ごしてきましたが，大学は自分の学びたいものを選んで受けられるので，大学生になったなと感じました。（Y.W. さん／商）

大学生活に必要なもの

パソコンは絶対に用意しましょう。課題はほとんどが web 上での提出です。Word や Excel などは使う頻度がすごく多いです。課題だけでなくオンラインの授業もまだありますし，試験を web 上で行う授業もあります。タブレットだったり，モニターを複数用意しておくと，メモしたり課題をしたりするときや，オンライン授業を受ける上で楽になると思います。モニターが複数あると，オンラインと並行して作業がある授業にはとても役に立ちます。（D.S. さん／法）

自炊をする力です。私自身，一冊のレシピ本を買い，週に 5 回は自炊をしています。料理は勉強と同じでやった分だけ上達し，その上達はとても嬉しいものです。また，大学生になると色々な出費があります。そのため，うまくお金をやりくりしないといけないので，自炊をして，日々の出費を減らすことも大切です。（Y.K. さん／法）

この授業がおもしろい！

国際企業関係法学科では英語が 16 単位必修で，英語の授業が他の学科よりも多いのですが，気に入っている授業は英語のリスニング・スピーキングの授業です。この授業は世界で起こっている社会問題や国際問題などをリサーチして，その内容をプレゼンするというものです。外国人の先生による授業で，帰国子女の学生が多くいるなかでプレゼンディスカッションをしているので，英語力が一番伸びている実感があります。（D.S. さん／法）

「メディアリテラシー」です。インターネットが普及した現在では，マスメディアだけでなく我々も情報発信が容易にできてしまうので，情報を受け取る側だけでなく送る側の視点からもメディアリテラシーを適用していく必要性を学ぶことができます。（R.T. さん／総合政策）

大学の学びで困ったこと＆対処法

高校での学習内容から一気に専門的な内容に発展したことです。私は法学部で憲法や民法などの法律科目を履修していますが，法学の基礎的な知識やニュアンスをまったく知らない状態で授業に臨んでしまったので，最初はついていくのが大変でした。大学の講義は高校の授業とは大きく違って，自分が学びたい学問に詳しい教授の話を聞かせてもらうという感じなので，自分での学習が不可欠になります。特に法学は読む量がすごく多く，法学独特の言い回しにも慣れるのがとても大変で苦労しました。（D.S. さん／法）

4000 字を超えるような文章を書く必要があるということです。大学に入るまで，文章を書くという行為自体をあまりやってこなかったこともあり，言葉の使い方や参考文献の書き方，人が見やすいようなレポートの作成の仕方を習得することに時間がかかりました。（Y.K. さん／法）

高校のときに私立文系コースにいたので，数学はほとんど勉強していないうえに，数学Bなどは学んでもおらず，統計学など，数学が必要となる科目は基礎的なところから理解に苦しむところがありましたが，過去問や，教科書を見て対処しました。（Y.W. さん／商）

部活・サークル活動

大学公認のテニスサークルに所属しています。他大学のテニスサークルや同じ大学の他のテニスサークルと対戦したりすることもあります。合宿もあったりしてとても楽しいです。（R.T. さん／総合政策）

法学会に入っています。一言で言うと，法律に関する弁論を行うサークルです。いわゆる弁論大会のようなものが他校と合同で開催されたり，校内の予選を行ったりと活発に活動しています。（C.K. さん／法）

交友関係は？

大学の規模がそこまで大きくないということもあり，同じ授業を取っている人がちょくちょくいたりして，そういった人たちとよく話をするうちに友達になりました。（R.T. さん／総合政策）

中央大学には国際教育寮があり，私はそこに所属しています。寮生の3分の1から半分くらいは外国人留学生で，留学生と交流できるチャンスがたくさんあります。この寮では，料理などは自分でするのですが友達と一緒にもできますし，シアタールームや会議室があるので一緒に映画を見たり課題をしたりもしています。他学部の学生とも仲良くできますし，先輩とも交友関係を築くことができます。（D.S. さん／法）

いま「これ」を頑張っています

民法の勉強です。模擬裁判をするゼミに入っており，必修の民法の授業に加えてゼミでも民法の勉強をしています。模擬裁判をすることによって法律を実際の裁判でどのように使うのか具体的にイメージすることができ，さらに民法に興味が湧きます。（C.K. さん／法）

自分は公認会計士の資格を取るために中央大学を目指し，入学しました。今は，経理研究所というところに所属し，毎日，大学の授業と会計の勉強を，いわばダブルスクールのような形で，時間を無駄にしないように生活しています。（Y.W. さん／商）

普段の生活で気をつけていることや心掛けていること

家から大学までがとても遠いのと，キャンパスが広大で移動にも時間がかかるので，常に余裕をもって行動するようにしています。決して難度は低くないですが，大学生活以外でも重要なことだと思うので，常に意識するようにしています。（R.T. さん／総合政策）

手洗い・うがいは大事だと思います。しかも，こまめにすることが重要なポイントだと思います。また，季節の変わり目や環境が変わるときには心も体も疲れやすくなってしまうので，なるべく早く寝てしっかりご飯を食べるようにしています。（C.K. さん／法）

健康を維持するために筋トレをしています。まず，一人暮らし用のアパートを借りるときに，4階の部屋を選びました。階段なので，毎日の昇り降りで足腰を鍛えています。また，フライパンも通常より重いものにして，腕を鍛えています。（阿部さん／文）

おススメ・お気に入りスポット

ヒルトップと呼ばれる食堂棟があり，広いのに昼休みは激しく混雑しています。しかし，授業中はものすごく空いていて，自分の空き時間に広い空間で食べる昼ご飯はとても有意義に感じられてお気に入りです。（R.T. さん／総合政策）

FOREST GATEWAY CHUO です。新しくきれいな建物で，コンセント完備の自習スペースも整っています。英語などのグループワークで使えるようなスペースもあり非常に便利です。トイレもとてもきれいです。（C.K. さん／法）

入学してよかった！

多摩キャンパスは，都心の喧騒から離れたところにありますが，落ち着いた環境でキャンパスライフを送ることができます。友達と過ごすにはちょっと物足りない感はありますが，自分１人の時間を大切にする人にとってはとても恵まれている環境だと思います。（R.T. さん／総合政策）

志が高い学生が多いことです。中央大学は弁護士や公認会計士など，難関資格を目指して勉強している学生が多いので，常にそのような人を見て刺激を受けることができます。将来のことを考えている学生も多いですし，そのサポートも大学がしっかり行ってくれるので，志が高くて将来やりたいことが明確に決まっている人には特におすすめです。（D.S. さん／法）

学生が気さくで優しく，司法試験や公務員試験，資格取得などの勉強をしている人が９割方で，真面目な人が多いです。周りの人が司法試験のために勉強している姿に刺激を受け，勉強を頑張ろうという意欲が湧いてきます。（C.K. さん／法）

目標に向かって努力ができる環境が整っていることです。勉強を継続するために必要なこととして，自分の意思以外にも，周りの環境も大切になってくると思います。そのため，自分の掲げた目標を達成できる環境がある大学に入れたことは本当によかったと思います。（Y.K. さん／法）

高校生のときに「これ」をやっておけばよかった

スポーツです。サークルに入ってない人や体育を履修していない人が，運動やスポーツをする機会は大学にはないので，運動不足になりがちです。できれば高校のうちからいろんなスポーツに慣れ親しんで，丈夫な体を作っておけばよかったなと思いました。（R.T. さん／総合政策）

みごと合格を手にした先輩に，入試突破のためのカギを伺いました。入試までの限られた時間を有効に活用するために，ぜひ役立ててください。

（注）ここでの内容は，先輩方が受験された当時のものです。2025 年度入試では当てはまらないこともありますのでご注意ください。

・アドバイスをお寄せいただいた先輩・

A.M. さん 文学部
一般方式 2022 年度合格，東京都出身

試験が始まる瞬間まで，諦めないで勉強してください。受験はとても辛く，好きなこともあまりできず，諦めたくなる時もありますが，諦めたら，志望校への合格の可能性がなくなってしまいます。最後の最後まで頑張ってください！

その他の合格大学 東京女子大（現代教養），日本女子大（文），跡見学園女子大（文〈共通テスト利用〉），清泉女子大（文〈共通テスト利用〉）

R.A. さん　文学部

一般入試 2021 年度合格，宮崎県出身

車が前に進むためにガソリンが必要です。同じように，受験生が勉強を続けるためにはモチベーションというガソリンが必要になります。僕は，中央大学のパンフレットや「バック・トゥ・ザ・フューチャー3」の最後のシーンを見てやる気を出していました。受かったときは，今までで一番嬉しかったです。みんな，頑張れ！

その他の合格大学　福岡大（商）

R.S. さん　文学部

一般入試 2021 年度合格，愛知県出身

合格のポイントは，最後の模試でD判定を取っても諦めなかったことです。模試でA判定を取ることより，過去問で合格最低点を超えることだけに集中すれば，逆転合格も夢ではありません！

その他の合格大学　成城大（文芸），日本女子大（文），専修大（文）

入試なんでもQ&A

受験生のみなさんからよく寄せられる，
入試に関する疑問・質問に答えていただきました。

「赤本」の効果的な使い方を教えてください。

A　赤本は，目指し始めたその日に見るべきだと思います。どういう問題が出るのか。例えば，中央大学文学部の英語なら文法の割合が多い，語句整序，正誤問題が出るなどです。傾向を知ったら参考書かその他の方法で知識をインプットしてください。１週間ほど勉強したらもう１回過去問を見て，「あ，なんかわかる！」という状態になったら，この１週間の勉強に意味があったということになります。もしも何もわからなかったら，勉強方法に間違いがあったということになるので，修正して次の１週間勉強してください。そしてまた確認する。これをやれば無駄が省けると思います。頻度は，１週間ごとでも３日ごとでもいいです。

(R.A. さん)

A　赤本を解く前に出題形式や配点の確認をし，それに沿った勉強と並行して赤本に取り組みました。最初は全く合格最低点には届きませんでしたが，解説を見ながら，問題を「解けなくてもいい問題」「解けなくてはならなかった問題」の２つに分け，「解けなくてはならなかった問題」を満点にする努力を赤本を用いて続けました。そうすれば，本番でも無意識に問題を分けることができるようになり，「解けなくてもいい問題」にむやみに時間をかけることがなくなりました。また，休憩時間を利用して赤本の「傾向と対策」を何度も読み，以後の勉強の指針としました。

(R.S. さん)

 どのように学習計画を立て，受験勉強を進めていましたか？

A　高校３年生のはじめに１年のおおまかな計画を立て，平日は１日ごとに計画を立てました。寝る前に最近やったことを振り返り，勉強科目に偏りがないか確認しながら計画を立てました。休日は夕方まで過去問演習をし，その分析をもとに夜の学習計画を立て，その日のうちに不足知識やそれに関連する知識を補いました。どんなに忙しい日でも，英語長文は軽めのものを１日１題は取り組むことを心掛けました。また，１週間単位，１カ月単位の計画を立てたりもしましたが，１日１日学習状況は変化するので，計画の修正に時間がかかってしまいます。なので，長期計画は立てるにしてもおおまかに，方針程度にとらえて活用するのがベストだと思います。　(R.S. さん)

Q 時間をうまく使うために，どのような工夫をしていましたか？

A　私は家から学校への通学時間が長かったので，通学時間を最大限に利用していました。また，学校の休み時間，ご飯を食べている時，ドライヤーで髪を乾かしている時にも，気軽にできる英単語や古文単語の勉強をしていました。受験生にとって時間はとても貴重なものです。寝る時以外は勉強に時間をあてるべきだと思います。スマートフォンを触る時間やテレビを見る時間を減らしました。時間は自分でつくれる部分が多いと思います。頑張ってください。　(A.M. さん)

 中央大学文学部を攻略する上で特に重要な科目は何ですか？

A　英語だと思います。私が志望した専攻では，英語の配点が高かったので，英語の学習をすごく頑張りました。中央大学の文学部の英語は，文法問題が多いので，英文法をしっかりと学習するべきです。英語長文も分量が多いため，苦手にならないように毎日１本は長文を読んだ方がいいと思います。他の大学の問題を解いたりするのも，よいと思います。私は誤り指摘が苦手で，そこの部分の点数が伸びない時期がありました。できるまで演習を重ね，曖昧な知識の確認なども行ったら，得点率が上がりました。 (A.M. さん)

苦手な科目はどのように克服しましたか？

A 苦手科目は世界史でした。最初の方は流れが単調で覚えやすいのですが，大航海時代あたりから複雑になり挫折しました。同じようなことになっている人は，『一度読んだら絶対に忘れない世界史の教科書』（SB クリエイティブ）や教科書の基礎から勉強すると解決すると思います。その後，『ナビゲーター世界史B』シリーズ（山川出版社）をやって，『時代と流れで覚える！世界史用語』（文英堂）でアウトプットしました。わからなかったら基礎に戻る。これが大事です。英語も国語も同じです。

(R.A. さん)

A 私は現代文が苦手でした。なんとなく読解していた中学生時代の癖が残ったまま入試現代文に臨んでいたことが原因です。「現代文は勉強しなくていい」という思い込みから抜け出し，参考書の解説を見て文章を図にしてみたり，接続詞を意識することで，みるみる点数が伸びていきました。本番では，限られた時間の中で文章を図に表し，効率的に間違いの選択肢を消すことで対処できました。 (R.S. さん)

試験当日の試験場の雰囲気はどのようなものでしたか？
緊張のほぐし方，交通事情，注意点等があれば教えてください。

A 中央大学の多摩キャンパスは，モノレールで行くことになります。試験後のモノレールの駅は，とても混雑していて，ホームに入れなかったです。また，敷地が広く試験教室に行くまでにとても時間がかかってしまい，試験開始時間のギリギリに到着してしまいました。余裕をもって行動することをお勧めします。また，女子トイレはすごく並びました。

並んでいる間に英単語帳など勉強できるようなものを持参して，並んだほうがいいと思いました。　(A.M. さん)

 **受験生のときの失敗談や後悔していることを教えてください。**

A　世界史の学習を早く始めればよかったと思います。世界史は必要な知識量が膨大です。流れを理解するのにも，時間がとてもかかります。また，眺めるだけの勉強をしている時間が多かったため，中国史の漢字が書けなくて失点してしまった経験もあります。中国史の漢字は書けるように練習してください。また，明確な計画を立てずに学習を進めてしまった時があり，膨大な量をこなさなければいけない日々が続きました。あと，塾の授業をとり過ぎて自主学習の時間が少ない状態が続いた時がありました。塾に頼るのもよいですが，自分で学習する時間を大事にしたほうがいいです。　(A.M. さん)

 **受験生へアドバイスをお願いします。**

A　受験生活はとてもつらいです。だからこそ，友達との会話を大切にするといいと思います。同じ悩みを抱えていたりするので慰め合えますし，受験生あるある話をするのも，ものすごく盛り上がります。問題を出し合ったりして，高め合うこともできます。休み時間に勉強するのももちろん大切ですが，つらい時にこそ本当に友達の存在が大きく，あたたかく感じられます。それだけでなく，自分の存在が友達の助けとなります。大学受験は，いろいろな面で，後の自分をつくる型となります。そんな時期にいることを誇りに思い，頑張ってください。　(R.S. さん)

科目別攻略アドバイス

みごと入試を突破された先輩に，独自の攻略法や
おすすめの参考書・問題集を，科目ごとに紹介していただきました。

英　語

長文は最低１日１本は触れるべきです。読解力は一朝一夕で身につくものではありません。（A.M. さん）

おすすめ参考書 『やっておきたい英語長文 700』（河合出版）

世界史

中央大学文学部の世界史は記述もあります。漢字やカタカナの濁点を意識して書いていないと間違えます。（R.A. さん）

おすすめ参考書 『一度読んだら絶対に忘れない世界史の教科書』（SB クリエイティブ）

国　語

中央大学の現代文は選択肢が難しいです。２択に絞れるのですが，決め切るのが難しいです。コツは要素ごとに分解することですが，それでも間違えます。古文と漢文で点を取るべきです。漢文は満点が狙える難易度です。（R.A. さん）

おすすめ参考書 『元井太郎の古文読解が面白いほどできる本』（KADOKAWA）

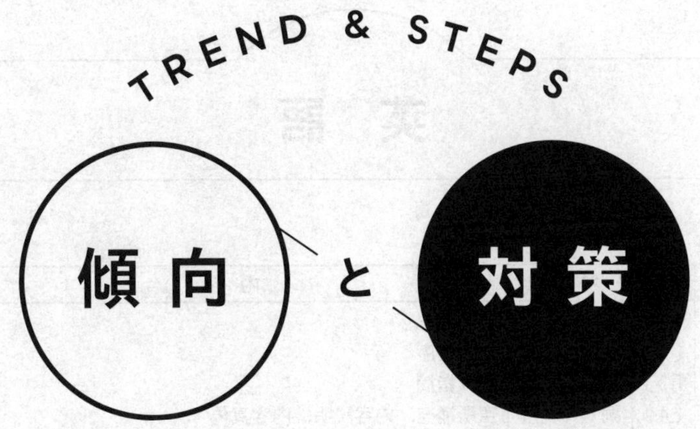

科目ごとに問題の「傾向」を分析し，具体的にどのような「対策」をすればよいか紹介しています。まずは出題内容をまとめた分析表を見て，試験の概要を把握しましょう。

注　意

「傾向と対策」で示している，出題科目・出題範囲・試験時間等については，2024 年度までに実施された入試の内容に基づいています。2025 年度入試の選抜方法については，各大学が発表する学生募集要項を必ずご確認ください。

英　語

年度	番号	項　目	内　容
2024 ●	〔1〕	会　話　文	空所補充
	〔2〕	文法・語彙	語句整序
	〔3〕	文法・語彙	誤り指摘
	〔4〕	読　　　解	空所補充，内容説明，内容真偽
2023 ●	〔1〕	会　話　文	空所補充
	〔2〕	文法・語彙	語句整序
	〔3〕	文法・語彙	誤り指摘
	〔4〕	読　　　解	空所補充，内容説明，同意語句，内容真偽
2022 ●	〔1〕	会　話　文	空所補充
	〔2〕	文法・語彙	語句整序
	〔3〕	文法・語彙	誤り指摘
	〔4〕	読　　　解	空所補充，内容説明，欠文挿入箇所，内容真偽

（注）●印は全問，◑印は一部マークシート方式採用であることを表す。

読解英文の主題

年度	番号	主　題
2024	〔4〕	幸福の追求
2023	〔4〕	タイムトラベル
2022	〔4〕	ミス=ケリーとの出会い

オーソドックスな出題
文法事項の丁寧な学習を

01　出題形式は？

2024年度は，2023年度の形式が踏襲され，すべてマークシート方式であった。大問4題の出題。試験時間は80分。

02 出題内容はどうか？

2024 年度の 4 つの大問は，会話文の空所補充問題が 1 題，文法・語彙に関する問題が 2 題，そして読解問題が 1 題の構成で，読解文は幸福の追求について考察した評論文的なものであった。どの問題も高等学校で学習する内容をきちんと理解し，論理立てて考えれば対応可能である。

03 難易度は？

文法・語法，語句意，構文など，多くの分野における幅広い知識が試されるものの，ポイントを押さえた学習をきちんとしておけば，慌てることなく解ける問題がほとんどである。

対策

01 読解問題

長文読解総合問題に関しては，熟語の知識や英文の流れに沿った判断力を試すような空所補充問題と，英文の内容を読み取る力を試す問題が主に出題されている。設問の傾向については例年多岐にわたるが，基本的には語彙を増やし，英文の内容を素早く理解できるようになる必要がある。また，過去に出題された形式が再び採用される可能性もあるため，和文英訳，英文和訳，さらに，異なる表現が用いられた 2 文の意味が同じになるかどうかを判断するパラフレーズに類する設問にも対応できる力をつけておきたい。

市販の問題集を使う際には，『大学入試 ぐんぐん読める英語長文』シリーズ（教学社）など，英文構造や各段落の内容についての解説が詳しいものを選ぶとよい。まずは 1 冊仕上げて，読解力の礎を築こう。

02 会話文問題，文法・語彙問題

会話文の空所補充問題は，会話で用いられる表現の知識を問うよりも，むしろ対話の形式を借りた文法・語法，または単語の知識的な設問であることに留意したい。

文中の誤りを指摘する問題は，一見かなり難しそうに見えるが，下線部一つ一つの文法・語法・表現的な妥当性を検討するとおのずと答えが見えてくる問いが多い。時間が許す限りそれぞれの選択肢を丁寧に検討することが大切である。

語句整序問題は，整序時に不足する語を選択肢より選ぶというユニークな形で出題されている。きちんとした英文を完成した上で答えとなる語を選ぶことが基本であるが，和文の一部を英語に直そうとするときに欠けている語を見抜くことができれば得点できる可能性もある。

なお，文法学習の際には『大学入試 すぐわかる英文法』（教学社）などを手元に置き，調べながら学習する習慣をつけておくとよいだろう。

中央大「英語」におすすめの参考書

- ✓『大学入試 ぐんぐん読める英語長文』（教学社）
- ✓『大学入試 すぐわかる英文法』（教学社）
- ✓『中央大の英語』（教学社）

日本史

年度	番号	内　容	形　式
2024 ◑	〔1〕	旧石器時代～平安時代の遺跡・遺物 ⊘地図	選択・記述・配列
	〔2〕	「鹿子木の事」－中世の学問・教育 ⊘史料・地図	記述・選択・配列
	〔3〕	「楽市令」「足高の制」ほか－近世の政治・外交・文化 ⊘史料	記述・選択・正誤・配列
	〔4〕	「脱亜論」ほか－江戸～大正の政治・文化・社会 ⊘史料	選択・記述・配列
	〔5〕	「日本改造法案大綱」－昭和の政治・外交・文化 ⊘史料	記述・選択・配列・正誤
2023 ◑	〔1〕	弥生時代～古墳時代の墓制，平安時代の外交 ⊘視覚資料・史料	記述・選択・配列
	〔2〕	「観応の半済令」－鎌倉・室町時代の政治，戦国時代の政治・社会 ⊘史料	記述・選択・配列
	〔3〕	近世の政治・経済・文化 ⊘視覚資料・地図	記述・配列・正誤・選択
	〔4〕	「政体書」－江戸時代～明治時代の政治・外交・文化 ⊘史料	配列・選択・記述
	〔5〕	「カイロ宣言」－大正～昭和戦前の政治・経済・社会・文化 ⊘史料・年表	正誤・選択・記述・配列
2022 ◑	〔1〕	飛鳥時代～院政期の政治・文化 ⊘視覚資料・史料	選択・記述・配列
	〔2〕	「志賀文書」－鎌倉時代の惣領制，中世の蝦夷地と琉球 ⊘史料	選択・記述・配列
	〔3〕	「鎖国令」－江戸時代の政治・外交・文化 ⊘史料・年表	記述・選択・配列
	〔4〕	「山県有朋の施政方針演説」－江戸幕末～大正の政治・外交・文化 ⊘史料	選択・記述
	〔5〕	「二・二六事件蹶起趣意書」－昭和戦前～平成の政治・経済 ⊘史料	選択・記述・正誤

（注）●印は全問，◑印は一部マークシート方式採用であることを表す。

近世・近代の比重が大きいが，原始・平成からも出題 頻出の史料に加え，視覚資料にも注意

01 出題形式は？

大問5題構成で，解答個数は50個。そのうち記述問題は17～19個。マークシート方式については，正文・誤文選択問題が多く，配列，正誤問題もみられる。また，史料が毎年出題されている。美術作品や社会事件・遺物の写真，地図など，多様な史資料を用いた出題が特徴である。試験時間は60分。

なお，2025年度は出題科目が「歴史総合，日本史探究」（旧教育課程の履修者に配慮する）となる予定である（本書編集時点）。

02 出題内容はどうか？

時代別では2024年度は〔1〕原始～古代，〔2〕中世，〔3〕近世，〔4〕近世・近代，〔5〕近代～現代であった。中央大学の他学部と最も異なるのは，原始時代からの出題が比較的多いことである。かつ，それらはおおむね難度が高いので看過できない。また例年，江戸時代と明治時代からの出題が特に多い。一方，現代史（昭和戦後～）は，2023年度は出題がなかったが，2022年度は7個，2024年度は5個の出題があった。

分野別では，政治史・外交史・文化史・経済史・社会史など各分野からバランスよく出題されている。例年，政治史の出題数が最も多く，2022年度は6割，2023年度は5割近く，2024年度も4割が政治史であった。政治史以外の分野の出題数は，大問で扱われるテーマ次第で例年変動するものの，文化史・外交史・社会経済史とも，ほぼ均等であった。こうした出題に対応するためには幅広い学習が必要で，苦手な時代や分野をなくすようにすることが大切である。なお，文章選択問題や配列法など，年代（年号）に関連する問題が多く，合否の分かれ目となる可能性がある。

史料問題は毎年出題されているが，ほとんどが教科書や，教科書に準拠した史料集掲載の頻出史料である。日頃から教科書や史料集できちんと学習していれば十分対応できる。一部に，ややなじみの薄い史料も題材となることがあるが，その場合は，史料文を読み解くことで正解のポイントが見つけられるように工夫されている。また，地図，遺物や美術作品の写真，年表など多様な資料を用いた出題も頻出しており，今後もこうした傾向には注意を要する。

03 難易度は？

難問レベルの記述問題や，正文・誤文選択問題の一部に教科書記述を超える難しい判断を求められるものがあるが，ほとんどは教科書学習で対応可能な標準レベルの問題である。したがって，教科書を本文・脚注まで熟読・理解することが必要である。重要なのは，基本・標準レベルの問題の取りこぼしを極力避けることである。試験では，難問の検討に時間を使いすぎて時間が足りなくなってしまわないよう注意したい。まずは標準レベルの問題に手早く的確に解答できるようにしよう。

対策

01 まずは教科書精読の基本学習を

各時代・各分野にまたがって基本事項を広く問う出題が多い。教科書の叙述をそのまま暗記する勉強では盲点をつかれてしまう。したがって，まずは教科書の本文から始めて，脚注・図版・グラフなどにも目を配り，政治や経済・外交，そして文化との関連に注意しながら，教科書の内容を徹底的に学習しよう。同時に図説などにある年表を使用し，年代ごとにさまざまな視点から歴史を眺めてみよう。できれば教科書の叙述スタイルを解体して，「琉球・沖縄史」や「日中関係史」など重要なテーマごとに，自分だけの整理ノートにまとめてみるとよいだろう。記述式の設問も多いため，書くことを避けては通れない。また，正文・誤文選択問題で扱われる詳細な内容にまで対応する知識の養成のためには，教科書を精読し，歴史の流れや個々の事象の関連性を理解し，ポイントを抽出しなければならない。これを継続できれば，自然と学力はつくはずである。

02 写真や地図を利用した学習を

2022 年度は 7 ～ 8 世紀の土器の写真，2023 年度は古墳時代の銅鏡や江戸時代の貨幣・屛風絵など，2024 年度は旧石器時代～平安時代の遺跡・史跡の地図や中世の教育機関の地図を用いた出題があった。過去には，グラフや古代寺院の伽藍配置図の問題が出されたこともある。図や写真，地図を利用した問題には，教科書学習より掘り下げた知識や応用力を問うものもあるので，特に建築物や美術作品，遺物や遺跡に関しては，単に名称や作者名を覚えるだけでなく，その作品を図説などで確認するとともに，いつの時代の作品か，地図でどこにあるかを押さえ，補注などにも目を通しておくこと。

03 文化史の整理を

特に近世以降の文化史は人名・作品名（書名など）の数が増えるため，教科書の記述が羅列的になりやすく，受験生にとっても単に暗記するだけの勉強に陥りやすい。こうした場合には，用語集などでその作品がつくられた時代の状況，作者の事績や作品の内容を確認しておこう。時間がかかり面倒だが，この作業が理解を促し，揺るぎない学力を養成するはずである。

04 史料に慣れておこう

教科書学習の際に必ず並行して史料集も精読しておこう。解説を読めば，その史料の出典や書かれた時代背景など，より深く史料周辺の知識を獲得できるであろう。また，初見史料が出題されても戸惑わない史料読解力を身につけることができる。

05 過去問や問題集で学力養成を

教科書学習と並行して時代や単元ごとに問題集にあたり，習熟度を確認しておこう。問題集は記述式の多い基本的なものを選ぶとよい。また，文学部に特徴的な考古学分野の出題や，年代（年号）に関する出題は，過去問演習を繰り返すことで初めてその難しさ，対策の必要性もわかってくるので，できるだけ早く本書で過去問に取り組み，その傾向を実感しておくことが大切である。また，文学部と出題傾向が似ている商学部の過去問にもあたっておくことを勧めたい。

世界史

年度	番号	内容	形式
2024 ◑	〔1〕	中世の騎士道文学と近世の政治思想 ⊘地図	記述・選択
	〔2〕	イスタンブル ⊘グラフ・視覚史料	記述・選択
	〔3〕	15世紀における東アジアの地理認識 ⊘視覚資料・地図	選択・正誤・配列
	〔4〕	ナショナリズム ⊘地図・表	選択・配列・正誤
2023 ◑	〔1〕	西ヨーロッパにおける君主と教会の関係 ⊘視覚資料・地図	選択・記述
	〔2〕	西アジアと北アフリカ地域の民族運動 ⊘地図	選択・記述
	〔3〕	琉球の歴史 ⊘グラフ・視覚資料	選択・配列・正誤
	〔4〕	科学技術の光と闇 ⊘地図・統計表	選択・配列
2022 ◑	〔1〕	ヨーロッパ世界における伝染病の流行 ⊘地図	記述・選択
	〔2〕	インドシナ半島の探検・調査研究活動 ⊘視覚資料・地図	記述・選択
	〔3〕	遺物と偽物 ⊘地図	選択・正誤・配列
	〔4〕	歴史観の変遷 ⊘視覚資料・地図・年表・グラフ	選択・正誤・配列

（注）●印は全問，◑印は一部マークシート方式採用であることを表す。

地図・視覚資料問題が頻出

01 出題形式は？

大問4題の出題が続いている。試験時間60分で，解答個数は50個となっている。マークシート方式が一部採用され，2022年度は選択・正誤・配列問題が30個，記述問題が20個であったが，2023年度はそれぞれ35個，15個，2024年度は34個，16個となっており記述問題の減少傾向が続いている。正誤文の選択や配列問題で時間をとられやすい。また，地図・視覚資料を用いた問題が例年出題されるのが特徴となっており，2022年度以降はグラフや統計表の読み取りに関する問題が出題されるなど，より思考力が求められる傾向になっており，ここでも時間をとられるため注意が必要である。

なお，2025年度は出題科目が「歴史総合，世界史探究」（旧教育課程の履修者に配慮する）となる予定である（本書編集時点）。

02 出題内容はどうか？

地域別では，欧米地域は過去には南北アメリカが大問で出題されたこともあるが，おおむねヨーロッパ中心の出題で，南北アメリカからの出題は小問レベルである。アジア地域では，中国史の大問が少なく，ここ数年は小問での出題のみになっている。2023年度は琉球が大問で出題された。また，2022〜2024年度はアフリカから小問が出題されている。全体としてリード文が一つの地域であっても，関連して小問で他の様々な地域について問う傾向がみられる。

時代別では，古代から現代まで幅広く出題されている。長い時代を問う通史問題が多いのが特徴となっていたが，2023・2024年度は比較的短期間を対象とした大問も出題されている。なお，2022年度〔4〕・2024年度〔4〕では小問で2000年代まで問われた。

分野別では，例年テーマ史が出題されている。2022年度〔3〕「遺物と偽物」，2023年度〔4〕「科学技術の光と闇」，2024年度〔4〕「ナショナリズム」といった形で出題されている。また，視覚資料や地図などを使った出題が毎年続き，2022年度以降はグラフの出題が続いている。社会経済史に関わる歴史事項もよく問われるため注意しておきたい。

03 難易度は？

例年，難問や，やや難問も一部にみられるものの，全体としては教科書に準拠した内容となっている。アフリカやラテンアメリカ，東南アジア，西アジアなど学習の度合いが低くなりがちな地域からの出題も目立つため，その点で得点差が出やすいと思われる。地図や視覚資料を用いた問題が例年出題されているので，十分な準備をして失点を防ぎたい。

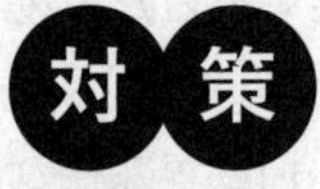

01 教科書学習と用語集・資料集の利用

教科書の精読が基本となるが，「教科書学習」といっても，教科書は各社から出版されており，歴史事項の中には自分の使用している教科書に言及がない場合もある。そのため用語集を利用した学習が効果的である。『世界史用語集』（山川出版社）などの用語集は必ず利用したい。また，2022年度以降，グラフや表の読み取りに関する問題も出題されているので，資料集を活用して，多角的に歴史的な事象を把握する力をつけてほしい。なお，記述問題対策として，中国史の用語などは正確な漢字表記を練習しておくとよいだろう。

02 歴史地図の利用を

地図を使用した問題が毎年出題されている。教科書学習の際に歴史上の地名や都市名（主要な王朝の首都や条約の締結地，戦いの場所や会議の開催地など）は位置とともに意識的に覚えておきたい。都市や地名を覚える際は，周辺の河川や山脈・半島も同時に把握して，自分で略地図を描いてみるとよいだろう。

03 各国史・地域史・テーマ史の整理

教科書による基礎的な学習が終わったあとは，知識を整理し系統づけてまとめておくのがよい。例年，大問ごとに統一テーマがある出題が多いので，サブノートや『体系世界史』（教学社）などの問題集を利用して，各国史・地域史・テーマ史の対策をしておこう。

04 近現代史の重点学習を

近代史の学習はもちろん，現代史の学習も怠らないこと。近代以降はただでさえ国際関係などが複雑で整理しにくいので，教科書から用語集まで幅を広げた対策が必要である。現代史については，数は多くないが，第二次世界大戦後や2000年以降に関する出題もあるので十分注意しておきたい。また，アジア地域についても，中国だけではなく他の地域もヨーロッパとの関連を含めて近現代史についての学習を心がけよう。

05 文化史対策を

政治・外交史だけでなく，文化史の小問も例年出題されている。単に作家と作品名を対応させるだけではなく，それらの生まれた時代背景や政治上の事件との関わりを押さえながら学習したい。また，教科書や資料集に掲載されている美術作品や建築様式が頻出のため，ビジュアル面から理解し，覚えておくことも重要である。

06 過去の問題の研究

本書を活用して，過去問を十分に研究しておきたい。本シリーズの中央大学の他学部の問題にあたっておくのもよい。その際，不明な点があれば参考書や用語集などで調べ，疑問点を残さないようにしておくこと。

数　学

年度	番号	項　目	内　容
2024	〔1〕	数　列	和の計算
	〔2〕	確率，数列	反復試行の確率，確率の最大・最小，数学的帰納法 ✓証明
	〔3〕	積分法，複素数と方程式	共有点の個数，曲線どうしで囲まれた図形の面積
2023	〔1〕	2次関数，積分法	直線の方程式，放物線と直線の交点の座標，2次方程式の解，図形の面積，定積分，面積の最小値
	〔2〕	数と式，式と証明	2次方程式の虚数解，共役複素数，整式の乗法と除法計算，次数が最小な整式 ✓証明
	〔3〕	確率，整数の性質	袋から玉を取り出す確率，分数不等式，2次不等式，不等式を満たす整数値
2022	〔1〕	確　率	点の移動に関する確率，独立試行の確率，3次方程式
	〔2〕	2次関数	絶対値のついた関数のグラフ，直線と曲線との交点の個数 ✓図示
	〔3〕	数列，式と証明	分数の漸化式，数学的帰納法，数列の整数条件 ✓証明

出題範囲の変更

2025年度入試より，数学は新教育課程での実施となります。詳細については，大学から発表される募集要項等で必ずご確認ください（以下は本書編集時点の情報）。

2024年度（旧教育課程）	2025年度（新教育課程）
数学Ⅰ・Ⅱ・A・B（数列，ベクトル）	数学Ⅰ・Ⅱ・A（図形の性質，場合の数と確率）・B（数列）・C（ベクトル）

教科書を中心とした基本・標準問題
確率が頻出！

01 出題形式は？

例年大問3題の出題で，全問とも記述式である。解答用紙は3枚で，それぞれ〔1〕,〔2〕,〔3〕を解答するようになっている。解答のスペースはA4判程度であり，必ずしも十分ではない。したがって，簡潔に要領よく思考過程を伝えることができるように答案作成の練習が必要である。試験時間は60分で，問題の量・質からすると，やや短い。例年，計算はそれほど複雑ではないが，やや難しいと思われる問題の場合は後回しにして，解きやすい問題から確実に解答していくのがよいだろう。

02 出題内容はどうか？

ここ数年は，定石的で基礎・基本的な考えで対応できる問題になっている。各大問は3～4問の小問に分かれていて，前問の結果を利用して，解答するような誘導式になっている場合もある。また，例年，証明問題が出題されている。分野別でみると，確率，数列，微・積分法が頻出している。他には数と式，図形と方程式，2次関数なども多く出題されている。出題範囲全体を偏りなく学習しておくことが大切である。

03 難易度は？

基本から標準的な問題が中心で，レベルは教科書程度であり，教科書の例題や節末・章末問題をすべて解けるようにしておくとよい。難問の出題はなく，計算もそれほど複雑なものはないが，すべて記述するには時間が足りないかもしれない。また，年度によっては問題に工夫が凝らされ，解答に時間がかかる場合があり，気が抜けない。問題の流れや条件を的確にとらえ，要領よく解答することも大切である。記述式の問題なので，途中の過程をわかりやすく書く練習をしておきたい。

対策

01 基礎力の充実

基礎・基本を理解していれば解ける問題であり，まずは，教科書を徹底的にマスターすることが大切である。定理や公式はしっかりと覚え，十分使えるようにしておくこと。その上で，教科書の例題，節末や章末問題は何度も何度も繰り返し解いておくこと。

02 頻出項目の学習

全体的にいろいろな分野から，幅広く出題されており，どの分野もむらなく学習することが大切である。数と式，三角関数，図形と方程式，場合の数と確率，数列，ベクトル，微・積分法をしっかりやっておくこと。特に，確率，図形と方程式，数列，微・積分法が頻出傾向にあるので，場合の数やいろいろな確率計算，平面座標と図形，軌跡と領域，漸化式や数学的帰納法，関数の増減と極値，接線，曲線で囲まれた面積計算は十分に練習しておきたい。

03 答案作成練習と過去問対策

すべてが記述式なので，答案作成には日頃から気を配りたい。そして，単に計算式を並べるだけの答案ではなく，採点者に自分の考え方や解答の道すじが伝わるようにしなければならない。それには，図を描いて説明するなど，要点を押さえた解答が作れるように練習をしておくこと。さらに，証明問題が必ず出題されるので，わかりやすい答案作成を心がけたい。また，過去問は出題傾向を知る上で有効なので，本書を活用して，しっかり解いておきたい。

04 確実な計算力の養成

大問 3 題を 60 分で解くには，ある程度の計算力が必要である。公式を使えるような計算は，フルに公式を活用して，なるべく時間をかけないようにしたい。計算はおろそかにしないで，実際に手を動かし，きちんと最後まで慎重に解く習慣をつけておくこと。また，問題を解き終わったら必ず見直しや検算をする習慣もつけておこう。

国　語

年度	番号	種　類	類別	内　容	出　典
2024 ◑	〔1〕	現代文	評論	選択：内容説明，空所補充，内容真偽 記述：書き取り，箇所指摘	「法学に遊ぶ」　長尾龍一
	〔2〕	古　文	日記	選択：和歌解釈，内容説明，文法，口語訳 記述：箇所指摘	「和泉式部日記」
	〔3〕	漢　文	思想	選択：語意，空所補充，書き下し文，口語訳 記述：読み	「韓非子」
2023 ◑	〔1〕	現代文	評論	選択：内容説明，内容真偽 記述：書き取り，慣用表現	「意味の深みへ」　井筒俊彦
	〔2〕	古　文	物語	選択：語意，文法，内容説明 記述：箇所指摘	「夜の寝覚」
	〔3〕	漢　文	随筆	選択：訓点，空所補充，口語訳，内容真偽 記述：読み	「一巻氷雪文序」　明・張岱
2022 ◑	〔1〕	現代文	評論	選択：内容説明，空所補充，主旨 記述：書き取り，慣用表現，箇所指摘	「フェミニズム」　竹村和子
	〔2〕	古　文	説話	選択：文法，内容説明，口語訳 記述：箇所指摘	「今昔物語集」
	〔3〕	漢　文	評論	選択：箇所指摘，空所補充，読み，内容真偽 記述：訓点	「論性」　明・袁中道

（注）●印は全問，◑印は一部マークシート方式採用であることを表す。

傾向　現代文・古文・漢文ともに基本が大切

01　出題形式は？

例年，現代文・古文・漢文の計3題の出題で，試験時間は60分。設問形式はマークシート方式による選択式と記述式との併用である。記述式の問題は，書き取りや本文からの抜き出し，訓点など，客観的な基礎事項を答えるものがほとんどである。配点は大問順に50点，30点，20点となっている。

02 出題内容はどうか？

現代文は毎年評論文が出題されている。設問は，書き取りと内容説明，慣用表現が頻出で，書き取りは難度の高いものも出題されている。空所補充もあるが前後の文脈から論理的に判断できる問題である。また，ひとまとまりの箇所を本文から抜き出す問題もよく出題されており，傍線部から遠い箇所が解答の箇所となることもある。ほかには部分的な内容説明の適否や理由を判別させたり，内容真偽や主旨を問うものなども出題されている。いずれも標準的な設問である。

古文は，よく知られた有名な作品を中心に，物語・説話など幅広いジャンルから出題されている。文法，語意，内容説明および口語訳に関する問題はほぼ毎年出題されており，過去には和歌を解釈させることもあった。文学史・古典常識は単独では出題されていないが，選択肢を確定するためにそれらの知識を必要とする設問もある。また，記述で抜き出す箇所指摘問題が毎年出題されており，正確な内容把握が求められている。

漢文は，問題文の長さは年度によってさまざまであり，一部の返り点・送り仮名が省略されている。設問は，句法に基づいた口語訳と訓点（返り点のみを施す形式）がよく出題されている。特に，返読文字，再読文字や使役句形は頻出しているので注意が必要である。最終問として，本文全体の理解を問うための内容真偽問題がよく出題されており，本文全体の理解が必須である。

03 難易度は？

現代文，古文，漢文ともに標準的。ただし，箇所指摘問題などは，本文の内容を詳細に把握しないと迷うものもある。3題で60分なので時間配分に注意したい。古文・漢文をあわせて30分以内で仕上げることを目指し，残りの時間を現代文にあてたい。

対策

01 現代文

毎年評論から出題されているので，さまざまなテーマの評論文を数多く演習しておくことがまず大切である。内容説明や内容真偽の問題に備えるためにも，語句の意味，副詞や接続詞の用いられ方，指示語の内容，文脈の流れ，論理の展開などに注意しながら，全体の内容や主旨を把握する総合的な読解力を養いたい。選択問題と基礎的な記述問題を含む標準的な評論の問題集での学習を勧める。問題集の解説などを熟読することも，よい学習方法である。思想分野からの出題も多いので，教科書にも採録される丸山真男『日本の思想』（岩波新書）などを読んでおくとよい。漢字の書き取りについては標準的な問題集を必ず１冊はマスターしておくべきである。

02 古　文

選択問題と記述問題を含む標準的な問題集を使って，基本的古語の意味，助詞・助動詞を中心とした文法事項などの基礎的知識を身につけることがまず大切である。次に人物関係や主語の把握，全体の内容の理解などの読解力を養いたい。和歌の技法（掛詞を中心に）にも慣れておく必要がある。読解に必要な古文の世界での行動形式や約束事，さらには和歌の解釈についての知識を身につけるのに最適な問題集として『大学入試 知らなきゃ解けない古文常識・和歌』（教学社）がある。また，正確な口語訳ができるようになるために，重要な古語や文法的事項は頭に入れておこう。語意については単語レベルだけでなく，呼応表現なども問われるのでしっかり押さえておくこと。さらに，有名な古典作品の対策として，国語便覧などで作品の概要を押さえておきたい。

03 漢 文

句法の理解に基づいて訓読法や書き下し文など，漢文の基礎をマスターすること。教科書で習う文章は読み慣れるまで音読し，すべて書き下してみるという学習が最も効果的である。また，基本的な問題集の演習によって，漢文読解のための基礎的な読みや語意なども覚え，再読文字・返読文字や反語形，使役形，受身形といった漢文によく出てくる句形には習熟しておきたい。

中央大「国語」におすすめの参考書

Check!

✓『日本の思想』（丸山真男，岩波書店）

✓『大学入試 知らなきゃ解けない古文常識・和歌』（教学社）

2024年度

問題と解答

一般方式・英語外部試験利用方式

問題編

▶試験科目・配点

〔一般方式〕

教　科	科　　　　　目	配　点
外国語	コミュニケーション英語Ⅰ・Ⅱ・Ⅲ，英語表現Ⅰ・Ⅱ	150 点
選　択	日本史Ｂ，世界史Ｂ，「数学Ⅰ・Ⅱ・Ａ・Ｂ」から１科目選択	100 点
国　語	国語総合	100 点

▶備　考

- 「数学Ｂ」は「数列，ベクトル」から出題する。
- 日本史学専攻，心理学専攻，学びのパスポートプログラムの「外国語」は 150 点を 100 点に換算する。
- 国文学専攻の「国語」は 100 点を 150 点に換算する。
- 選択科目について，日本史学専攻は「日本史Ｂ」，東洋史学専攻・西洋史学専攻は「日本史Ｂ」もしくは「世界史Ｂ」の受験が必須。

〔英語外部試験利用方式〕

- 指定の英語外部試験のスコアおよび合格級により，中央大学独自の「英語」の受験が免除される。
- 合否判定は，一般方式の「国語」および「地理歴史・公民」または「数学」の２教科２科目の合計得点（200 点満点）で行う。
- 各外部試験のスコアおよび合格級は出願資格としてのみ使用される。

英　語

（80分）

（注）満点が150点となる配点表示になっていますが，日本史学専攻，心理学専攻，学びのパスポートプログラムの満点は100点となります。

I　次の(1)〜(10)の対話文を完成させるために（　　）に入れるべき最も適切な語を，それぞれ㋐〜㋓の中から1つ選び，マーク解答用紙にその記号をマークしなさい。

（40点）

(1) A：I heard that many people are working more than one job nowadays.

B：Yes, many people are (　　　　) at anything that can assist them in a difficult economy.

A：I'm thinking of trying it myself.

㋐ grasping
㋑ guessing
㋒ helping
㋓ holding

(2) A：Climate change is an important issue these days. Is the university taking any action?

B：They have solar panels on many campus buildings. They can (　　　　) our dependence on oil and other fossil fuels.

A：We have them on the roof of our house. They help the environment and save us some money.

㋐ reduce

㋑ reflect

㋒ reserve

㋓ retain

(3) A：We have to name some famous inventors in class tomorrow.

B：Thomas Edison and Alexander Graham Bell made important advances in sound recording and telecommunications, (　　　　　).

A：Thanks, I will talk about both of them.

㋐ relatively

㋑ reliably

㋒ respectively

㋓ responsibly

(4) A：A mission to Mars would take four years and cost a lot of money.

B：That's true, but I'm excited about its (　　　　　) for scientific advancement.

A：I agree. There are many benefits of exploring the solar system.

㋐ design

㋑ potential

㋒ recommendation

㋓ suggestion

(5) A：What's on the schedule for the meeting this afternoon?

B：The latest sales figures are (　　　　　) discussion today.

A：Oh, that's right. I'm glad I met my target!

㋐ being

㋑ for

㋒ on

㊁ under

(6) A： I can't remember if the game was yesterday or the day before, but I heard that a spectator was injured.

B： No matter (　　　　) it happened, there's no excuse for poor safety measures.

A： Yes, people were allowed to stand too close to the field.

㋐ as

㋑ if

㋒ what

㋓ when

(7) A： I can hear you, but I can't see you. The screen is blank.

B： Oh, okay. We seem to be experiencing technical difficulties. Please (　　　　) by.

A： All right. I hope you can solve the problem soon.

㋐ hold

㋑ sit

㋒ stand

㋓ wait

(8) A： I've started exercising regularly, but I'm not sure that I can achieve my goals.

B： When planning your workouts, it is important to (　　　　) your limitations.

A： I hope I can improve little by little.

㋐ deny

㋑ leave

㋒ realize

㋓ restrict

(9) A：The CEO of a famous company was arrested recently.

B：What crime was he accused (　　　　　)?

A：The police say he lied to customers.

㋐ by

㋑ from

㋒ of

㋓ upon

(10) A：My sister dreams of becoming a scientist. I'm thinking about giving her a book about a famous woman scientist to inspire her.

B：I'd suggest buying a book about Marie Curie. Her ideas had a significant (　　　　　) on the development of medical science.

A：Thanks, I'll do that.

㋐ achievement

㋑ effect

㋒ factor

㋓ importance

Ⅱ 次の(1)～(5)の（　　）内の語群に1語を補って並べかえると，それぞれの日本語の文に相当する英文ができます。補うべき最も適切な1語を下の㋐～㋞の中から選び，マーク解答用紙にその記号をマークしなさい。ただし，同じ語を2回以上選んではいけません。文頭に来る語の先頭の文字も小文字になっています。(20点)

(1) (face, from, her, judging, of, on, satisfaction, the), that wine must have tasted very good.
彼女の顔に浮かぶ満足げな表情から察するに，あのワインはとても美味しかったのだろう。

(2) You have (an, are, cancer, exposed, if, increased, lung, risk, to, you) other people smoking for long periods of time.
長い間，他の人の喫煙にさらされると，肺がんのリスクが高まるよ。

(3) It (experience, goes, is, loving, most, saying, someone, that, the, valuable).
誰かを愛することが最も貴重な経験であることは言うまでもない。

(4) How (be, beings, could, human, if, there, trouble, would) actually control the weather!
もし人間が天気をコントロールできたら大変なことになるだろう。

(5) (dead, is, it, of, remember, responsibility, the, the, the, to).
死者を記憶することは生きる者の責務である。

㋐ after	㋑ by	㋒ confusing	㋓ existence	㋔ huge
㋕ living	㋖ look	㋗ much	㋘ of	㋙ on
㋚ probably	㋛ sight	㋜ survive	㋝ view	㋞ without

Ⅲ　次の(1)〜(5)の英文には，それぞれ１つだけ適切でない箇所があります。その箇所を㋐〜㋔の中から選び，マーク解答用紙にその記号をマークしなさい。(20点)

(1) Bee stings are common(㋐), and while they are generally not dangerous, they can cause pain, swelling, and itching. The sting of a honey bee can start an allergic reaction in some people, following(㋑) to more severe symptoms, such as difficulty breathing. If someone is stung(㋒) by a bee, it's critical that either ice or a cold cloth be applied(㋓) to reduce swelling. In the event of severe(㋔) symptoms, medical attention must be sought immediately.

(2) Once used regularly for writing and printing documents, typewriters work(㋐) by striking metal hammers carved with letters into ink against(㋑) a sheet of paper using a mechanism with keys and a ribbon. When(㋒) largely replaced by computers, they are still used by some writers for their unique feel and distinct(㋓) sound. Antique typewriters are also popular among(㋔) collectors and can be found in museums or used as decoration in homes and offices.

(3) Batteries are capable(㋐) of storing and releasing electrical energy through(㋑) chemical reactions. They are used to power a wide range(㋒) of products, from small items like remote controls and watches to larger ones like cars and even homes. Batteries come in various sizes and contain different chemicals. Some can be recharged and reused(㋓) many times; others are disposable once they have lost their charge. Proper disposal is essential for prevent(㋔) environmental damage.

(4) Zippers are a type of fastening devise(㋐) commonly used in clothing and accessories. They work by linking together little teeth that join(㋑) to form a strong and flexible union between two parts. Zippers can be made from(㋒) a variety of materials such as metal, plastic, and nylon, and come in various sizes and colors. They offer(㋓) a convenient and secure means(㋔) to open and close items quickly and easily.

(5) International travel allows people to experience cultures, languages, and customs that may be completely foreign (ア) to them. It can broaden our perspectives, expand (イ) our knowledge, and create lifelong memories. However, international travel also requires careful planning during which personal (ウ) safety, health risks, and cultural differences must be thoroughly considered. It's important, for example, for travelers to determine each country's (エ) entry requirements, visa regulations, and local customs. Despite (オ) international travel can be a rewarding experience, it can also contain dangers we do not encounter at home.

Ⅳ 次の文章を読んで，(1)〜(12)の設問に答えなさい。＊の付いた語は注を参照しなさい。(70 点)

How do you imagine the pursuit of happiness? For many, it is an endless journey, and the more you put in, the more you get out. Just consider the following episode from Elizabeth Gilbert's inspiring, best-selling book *Eat, Pray, Love*, in which she shares some advice from her spiritual teacher. "Happiness is the consequence of personal effort. You fight for it, strive for it, insist upon it, and sometimes even travel (a) the world looking for it," she writes. "You have to endlessly recognize that you are blessed. And once you have achieved a state of happiness, you must make a mighty effort to keep swimming upward into that happiness forever, to remain floating on top of it. If you don't, you will lose your natural peace of mind." Ⓐ

While this kind of attitude may work for some, the latest scientific research (1) suggests that it can also have the opposite effect for many people—leading, for instance, (b) feelings of stress, loneliness, and personal failure. According to this view, happiness is best seen as a kind of (ア) bird: the harder you strive to catch it, the further it flies away. These findings help to explain the familiar stress and disappointment that some feel during special events such as their birthday, Christmas, or New Year's Eve. But the research also has great significance for your long-term well-being*, with some useful guidance for arranging your broader life goals. Ⓑ

Iris Mauss, at the University of California, Berkeley, was one of the first psychologists to (イ) the idea scientifically. She says she was inspired by the volume of self-help books that have been published in the US in the last couple of decades, many of which present happiness (c) essential for existence. "Wherever you look, you see books about how happiness is good for you, and how you basically *should* make yourself happier, almost as a duty," she says. But are those books only setting people up for disappointment? "People might set very high standards for their own happiness as a result of this—they may think they should be happy all the time, or extremely happy, and that can set people up to feel disappointed with themselves, to feel that they fall short—and that could have self-defeating effects."(2)

She also wondered if simply asking the question—how happy am I?—could create a self-consciousness that suppresses the feelings you are trying to cultivate. Working with her colleagues, Mauss tested the idea with a series of studies. A detailed list of questions, for instance, asked participants to rate statements such as:

- How happy I am at any given moment says a lot about how meaningful my life is.
- To have a meaningful life, I need to feel happy most of the time.
- I value things in life only to the extent that they influence my personal happiness.

(3)As expected, the team found that the more strongly the participants supported these sentiments, the less content they were with their current lives. The picture was complicated by the participants' circumstances. For people who had recently experienced stressful events such as the death of a loved one, their attitudes to happiness made no difference. So a desire to be happy won't necessarily make you feel worse when your circumstances are genuinely tough—but it can suppress the feelings of contentment that might naturally arise when times are good. Ⓒ

Mauss and her colleagues' next step was to see if they could influence people's attitudes to alter their happiness in the short term. To do so, they asked half their participants to read a fake newspaper article stressing the importance of happiness, while the other group read a similar article about the benefits of "good judgment," (d) no reference to emotion. The team then asked the participants to watch a heart-warming film about an Olympic win, and questioned them about their feelings afterwards. Once again, they noticed an irony: the film was less likely to improve the mood of the people who had been prompted to desire greater happiness, compared with the people who had read the neutral article.

It seems that reading about happiness had raised the participants' expectations of how they *should* be feeling when watching something positive and hopeful, and so they were constantly questioning how they felt. When their actual feelings didn't reach those standards(4), they finished the film feeling disappointed rather than delighted. You've probably felt this way during a big event like a wedding, or an expensive "trip of a lifetime": the more you wanted to enjoy every last moment, the less fun it became, (ウ) an unexpectedly good trip somewhere nearby may have been a far more positive experience. Mauss's research, however, shows that this might apply to many other areas of your life.

Mauss has since shown that the desire for (and pursuit of) happiness can also increase feelings of loneliness and separation, perhaps because it causes you to focus your attention on yourself and your own feelings rather than (エ) the people around you. "Self-focus might make me engage with other people less, and I might judge other people more negatively if I perceive them to 'mess' with my happiness," Mauss added. Ⓓ

These effects don't end there. Earlier this year, Sam Maglio at the University of Toronto and Aekyoung Kim at Rutgers University found another way that the conscious pursuit of happiness may have the opposite effect: (e) leading us to feel that time is slipping away. Like Mauss, Maglio and Kim used a range of elegant studies to pin down the cause, including self-reported surveys. One of their studies asked participants to list the ten things that would make them happy in their life (which might be something as simple as devoting a few hours a week to be with their family). Rather than leading to positive feelings about the future, it caused them to be especially stressed about the limited amount of time they had to do all those things—and they were less happy as a result. This was not true if they simply listed the things that made them happy *at that moment.* Ⓔ

The problem, says Maglio, is that happiness is something of a vague and moving goal—it's very difficult to feel that you've reached (オ) happiness and even if you do feel content, you want to prolong those feelings. The result is that you are always left with more to do. "Happiness changes from something pleasant that I can enjoy right now, to a burden that I have to keep working (f) over and over and over," Maglio says.

Remember Elizabeth Gilbert's description of "a mighty effort to keep swimming upward into that happiness forever, to remain floating on top of it" in *Eat, Pray, Love*? That's exactly the kind of thinking that, according to Maglio and Kim's research, will actually make us *less* happy.

注　well-being　幸福，福利，健康

(1)　空所（ a ）～（ f ）のそれぞれに入れるのに最も適切なものを下の①～⑧から１つ選び，マーク解答用紙にその番号をマークしなさい。ただし，同じ語を２回以上選んではいけません。

①　after　②　around　③　as　④　at　⑤　by　⑥　to　⑦　up
⑧　with

(2)　下線部(1)の結論として最も適切なものを下の①～④から１つ選び，マーク解答用紙にその番号をマークしなさい。

①　幸福感は個々人の努力の結果として得られるものである。
②　幸福感を一度得られたら，ストレス，孤独，挫折を味わうことはない。
③　幸福感を得るために努力すればするほど，そこから遠ざかる人もいる。
④　幸福感を保つためには，努力を続ける必要がある。

(3)　空所（ ア ）に入れるのに最も適切なものを下の①～⑤から１つ選び，マーク

出典追記：Why the quickest route to happiness may be to do nothing, BBC Future on December 19, 2018 by David Robson

解答用紙にその番号をマークしなさい。

① aggressive　② desiring　③ frightened　④ joyful　⑤ scary

(4) 空所（ イ ）に入れるのに最も適切なものを下の①～⑤から1つ選び，マーク解答用紙にその番号をマークしなさい。

① convince　② explore　③ maintain　④ remark　⑤ search

(5) 下線部(2)の内容として最も適切なものを下の①～④から1つ選び，マーク解答用紙にその番号をマークしなさい。

① 幸福感の基準が高くなり過ぎて，その基準に達せず失意を感じてしまうこと
② 幸福感を得るための自己啓発本をたくさん読むことで，幸せになれること
③ 幸福になることを義務とみなすあまり，幸福が何であるか分からなくなること
④ より高い幸福感を求めることで，自らを奮い立たせること

(6) 下線部(3)の結果を招いた要因として最も適切なものを下の①～④から1つ選び，マーク解答用紙にその番号をマークしなさい。

① 愛する人の死などストレスの多い出来事を最近経験したこと
② 幸福かどうかという自意識が高すぎること
③ 幸福であるという感情を押し殺す傾向があること
④ 誕生日やクリスマスなど特別な出来事の際に落胆したこと

(7) 下線部(4)が指す内容として最も適切なものを下の①～④から1つ選び，マーク解答用紙にその番号をマークしなさい。

① 前向きな映画を見た時に感じるべきと思われる幸福の程度
② 前向きな映画を見た時に向上するはずの判断力の程度
③ 前向きな映画を見た時に生じると予期される自意識の程度

④　前向きな映画を見た時に将来に対して高まる期待の程度

(8)　空所（　ウ　）に入れるのに最も適切なものを下の①～⑤から1つ選び，マーク解答用紙にその番号をマークしなさい。

①　as though　②　because　③　for　④　so much so　⑤　whereas

(9)　空所（　エ　）に入れるのに最も適切なものを下の①～⑤から1つ選び，マーク解答用紙にその番号をマークしなさい。

①　appreciating　②　believing　③　benefiting　④　comparing
⑤　participating

(10)　空所（　オ　）に入れるのに最も適切なものを下の①～⑤から1つ選び，マーク解答用紙にその番号をマークしなさい。

①　convenient　②　further　③　maximum　④　practical
⑤　renewed

(11)　下の文が入る最も適切な場所を本文中のⒶ～Ⓔの中から選び，マーク解答用紙にその記号をマークしなさい。

It was the desire to increase their happiness that was the problem.

(12)　下の①～⑩から本文の内容に合っているものを4つ選び，マーク解答用紙にその番号をマークしなさい。ただし，5つ以上選んだ場合は0点になります。

①　One best-selling book considers happiness to be an outcome of personal effort.
②　Some say being continuously happy means we must keep swimming vigorously up into that happiness forever.

③ Some researchers gave participants in a study a list of statements, which they asked them to follow during everyday life.

④ Many decades ago, a great number of books on happiness were published in the US.

⑤ In one study, the group that read an article about the importance of happiness felt happier after watching a film than the other group.

⑥ An expensive trip of a lifetime will not make you as happy as a trip somewhere nearby.

⑦ It is often the case that people do not feel happy at big life events which are supposed to be happy occasions.

⑧ In the pursuit of happiness, people should focus on themselves by cutting ties with those around them.

⑨ Rather than focusing on the happiness one feels at the moment, one can be happier if the goal is set in the future.

⑩ Striving to achieve complete happiness often makes people less happy.

日本史

（60 分）

I 次の地図と文章を読み，下記の設問に答えなさい。解答は，漢字を用いるべきところは正確な漢字で記述解答用紙の所定の解答欄に記入しなさい。選択問題についてはマーク解答用紙の記号をマークしなさい。（20 点）

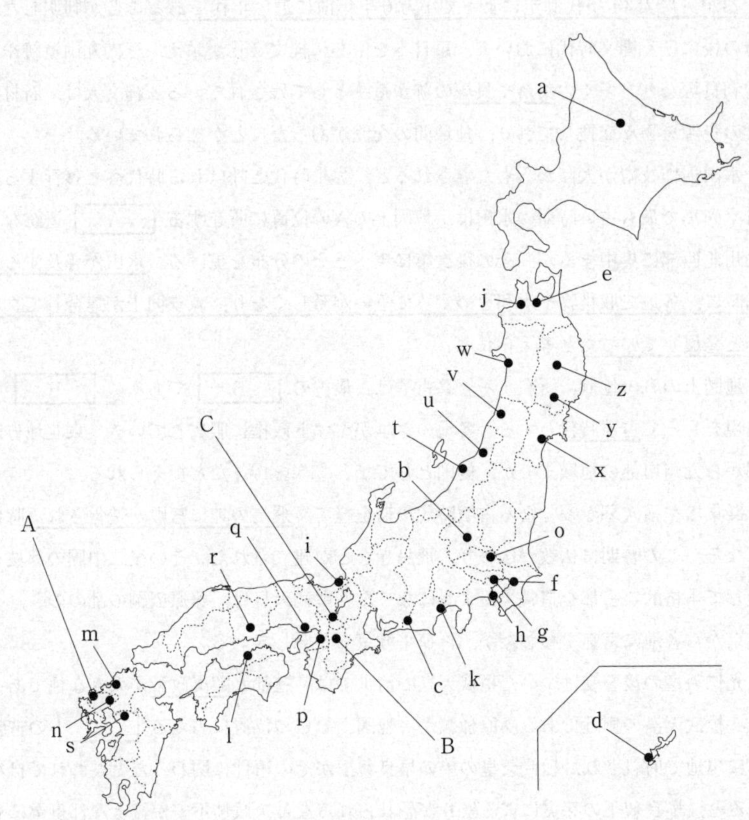

日本列島の各地には，そこに暮らした人々の足跡が遺跡として残されている。そうした遺跡から掘り出される様々な遺構や遺物によって，過去の人々の歴史が浮かび上がってくる。

太平洋戦争前までは，日本列島には旧石器時代はなかったと考えられてきたが，戦後になって在野の研究者により，ローム層の中から黒曜石製の尖頭器などが発見され，旧石器時代の存在が明らかとなり，多くの後期旧石器時代の遺跡が発見①されるようになった。

旧石器時代は2万年以上に及ぶ長期間にわたり続いていたが，氷河期が終わる直前の頃に営まれたと考えられる，青森県に所在する大平山元Ⅰ遺跡において発見された土器が，炭素14年代測定によって1万6千年前に近い年代である②ことが判明した。その後に続く縄文時代において，東日本を中心に縄文文化が栄え，三内丸山遺跡や加曽利貝塚など，多くの集落や貝塚③の跡が遺跡として残されている。縄文人は，石材などの資源を物々交換しており，地域間の交流があったことが知られている。

水田稲作技術が大陸からもたらされると，弥生時代と呼ばれる時代へと移行する。日本列島で最も古い時期の水田は，地図上のAの位置に所在する［　A　］遺跡など九州北西部に集中するが，その後次第に東へとその分布を拡げる。水田が普及すると同時に，各地で収穫物や水利をめぐって争いが激しくなり，ムラ同士が連合してクニへと発展していった④と考えられる。

地図上のBの位置に所在する箸墓古墳は，最古の［　B　］である。［　B　］の出現をもって古墳時代⑤とする。各地のクニがヤマト政権に服属していき，東北地方南部から九州南部の地域までが，倭国としてまとまりを持ったと捉えられる。

群集墳や横穴墓が多くなる古墳時代後期を経て，飛鳥の地に宮殿が造営される⑥時代になる。この時期に仏教が伝わり，飛鳥寺などが建立された。その後，中国の都城を模して本格的な宮都を造営するようになった。聖武天皇は，藤原広嗣の乱ののち，平城京から各地に宮都を移したが，再び平城京へと戻している。

光仁天皇の後を受けついだ桓武天皇の治世では，遷都と蝦夷政策⑦が大きな柱であった。桓武天皇の側近である藤原種継が，地図上のCの位置に当たる［　C　］の造営中に現地で射殺され，桓武天皇の弟の早良親王がその事件に関わったと疑われて自殺すると，早良親王の怨霊による祟りが恐れられるなど，政情不安が続き遷都事業にも影響を与えた。遷都事業と東北地方への度重なる出兵は，民衆からの不満を招くとともに国家財政への大きな負担となり，805年の徳政相論の裁定により，この2つの国家事業を中断することとなった。

問1 下線部①について，旧石器時代の遺跡の説明として適切な文章を，次のア～オの中から一つ選び，その記号をマークしなさい。

ア．地図上のaの位置にある和田峠では，質の良い黒曜石が産出し，日本列島各地に物々交換の結果として広くもたらされた。

イ．地図上のbの位置に所在する岩宿遺跡において，在野の研究者である芹沢長介が旧石器の石鏃を発見した。

ウ．地図上のcの位置の洞窟において，浜北人と呼ばれる旧石器時代の人骨が直良信夫によって発見されたが，その後の研究で縄文人の骨とされた。

エ．地図上のdの位置の付近において港川人，山下町洞人と呼ばれる旧石器時代の人骨が見つかっている。

オ．日本列島に存在するとされた旧石器時代の遺跡は，その後にねつ造であることが発覚し，日本列島における旧石器時代の遺跡の存在は否定された。

問2 下線部②について，日本最古の土器が出現したころの状況の説明として適切な文章を，次のア～オの中から一つ選び，その記号をマークしなさい。

ア．氷河期が終わって暖かくなり，ドングリが多く収穫できる植生となったため，煮炊きするための土器が発明された。

イ．最初に出現した土器は，文様がなく縄文も施されない完全に無文である小型の土器で，出土する数も少ない。

ウ．縄文海進で陸地が増えた結果，土器は主に海産物を煮炊きするために用いられ，食物残滓(ざんし)である貝殻が多量に廃棄された貝塚も作られた。

エ．蛇のモチーフの取手や火焔(かえん)を模した土器や銅鐸など，豊かな文様装飾を持った器物が用いられた。

オ．朝鮮半島から大陸系の技術がもたらされ，生活のための道具が豊富になった。

問3 下線部③に相当する遺跡について，地図上の位置と遺跡名，その遺跡の説明として適切な組み合わせを，次のア～オの中から一つ選び，その記号をマークしなさい。

ア． e＝三内丸山貝塚 長期にわたる定住が認められる集落の跡。

イ． f＝大森貝塚 昭和初期にモースが発掘した。

ウ．g＝加曽利貝塚　日本最大級の貝塚で，住居跡は見つかっていない。

エ．h＝夏島貝塚　最古のイヌの骨が見つかっている縄文晩期の貝塚。

オ．i＝鳥浜貝塚　丸木舟など多くの木製品が見つかっている。

問4　空欄Aに入る遺跡の名称を記しなさい。

〔解答欄〕　［　　　　遺跡］

問5　下線部④に関連する遺跡について，地図上の位置と遺跡名，その遺跡の説明として適切な組み合わせを，次のア～オの中から一つ選び，その記号をマークしなさい。

ア．j＝砂沢遺跡　日本列島で最北かつ最古の灌漑水田跡が存在する。

イ．k＝登呂遺跡　ネズミ返しを持つ倉庫群と推定される高床建物跡や住居跡と水田跡が見つかった。

ウ．l＝紫雲出山遺跡　方形周溝墓が残される大型環濠集落。

エ．m＝吉野ヶ里遺跡　卑弥呼がいた伊都国の都とされる。

オ．n＝板付遺跡　大型の甕棺墓による王墓と推定される。

問6　空欄Bに入る，平面形が鍵穴形を呈する古墳の墳形の名称を記しなさい。

問7　下線部⑤に関して，地図上の位置と古墳名，その古墳の説明として適切な組み合わせを，次のア～オの中から一つ選び，その記号をマークしなさい。

ア．o＝稲荷山古墳　ワカタケル大王の銘がある鉄刀が出土。

イ．p＝大仙陵（大山）古墳　日本最大の大きさの古墳。

ウ．q＝造山古墳　形象埴輪とともに特殊器台と特殊壺が出土。

エ．r＝五色塚古墳　横穴式石室を持つ葺石された円墳。

オ．s＝江田船山古墳　倭王讃とされる大王銘の鉄剣が出土。

問8　下線部⑥の宮の造営の順番として適切なものを，次のア～オの中から一つ選び，その記号をマークしなさい。

ア．飛鳥岡本宮→飛鳥浄御原宮→近江大津宮→難波宮→藤原宮

イ．飛鳥板蓋宮→難波宮→近江大津宮→飛鳥浄御原宮→藤原宮

ウ．難波宮→飛鳥板蓋宮→飛鳥浄御原宮→藤原宮→近江大津宮

エ．近江大津宮→飛鳥板蓋宮→飛鳥浄御原宮→難波宮→藤原宮

オ．飛鳥浄御原宮→飛鳥板蓋宮→藤原宮→難波宮→近江大津宮

問9　下線部⑦に関連する城柵について，地図上の位置と城柵名の組み合わせが正しく，かつ造営順が古いものから年代順に正しく配列したものを，次のア

〜オの中から一つ選び，その記号をマークしなさい。

ア．t 渟足柵→v 伊治城→y 胆沢城→z 志波城

イ．t 出羽柵→v 胆沢城→w 秋田城→y 徳丹城

ウ．u 渟足柵→v 多賀城→y 徳丹城→z 胆沢城

エ．u 磐舟柵→x 多賀城→w 秋田城→y 胆沢城

オ．t 磐舟柵→x 多賀城→w 徳丹城→y 志波城

問10　空欄Cに入る適切な都城名を記しなさい。

Ⅱ　次の1の史料と2の文章を読み，それぞれの設問に答えなさい。解答は，漢字を用いるべきところは正確な漢字で記述解答用紙の所定の解答欄に記入しなさい。選択問題についてはマーク解答用紙の記号をマークしなさい。なお，史料は読みやすさを考えて一部改変している。(20点)

1　史料

鹿子木の事

一　当寺の相承は，［ A ］沙弥寿妙嫡々相伝の次第なり。

一　寿妙の末流高方の時，権威を借らむがために，実政卿を以(もっ)て領家と号し，年貢四百石を以て割き分ち，高方は庄家領掌進退の預所職となる。①

一　実政卿，証文を作り，高方に賜わる。その意に云わく，預所職ならびに庄務領掌においては，一向高方の末流進退すべし。もしこの義に背かば，我が末流領家たるべからずと云々。

一　実政の末流願西微力の間，国衙②の乱妨(らんぼう)を防がず，この故に願西，領家の得分二百石を以て，高陽院内親王(かやのいんないしんのう)③に寄進す。件(くだん)の宮薨去(こうきょ)の後，御菩提(ぼだい)の為め勝功徳院(しょうくどくいん)を立てられ，かの二百石を寄せらる。其(そ)の後，美福門院(びふくもんいん)の御計として御室(おむろ)に進付せらる。これ則(すなわ)ち［ B ］の始めなり。(後略)

(東寺百合文書)

問1　空欄Aには，10世紀後半に現われた，有力農民（大名田堵）や地方に土着した国司の子孫のうち，国衙から臨時雑役などを免除されて一定の領域を切り開いたものの名称が入る。空欄Aに入る名称を漢字4文字で記しなさい。

問２　下線部①について説明した適切な文章を，次のア～オの中から一つ選び，その記号をマークしなさい。

ア．高方は，実政による所領への干渉を避けるため，所領を国衙に寄進し，所領における自らの権益を維持した。

イ．実政は，高方による所領への干渉を避けるため，所領を国衙に寄進し，所領における自らの権益を維持した。

ウ．高方は，実政の支援を受けて所領に賦課された年貢の免除を図り，所領の権益を独占した。

エ．高方は，実政に所領を寄進し，所領に賦課された年貢の一部を実政に納めることとし，自らは荘官となって現地を管理・支配した。

オ．実政は，高方から所領の権益を取り戻し，高方を荘官に任命して年貢の一部を高方に与えた。

問３　下線部②について，11世紀後半になると，受領は交替の時以外には，任国に赴かなくなった。受領が赴任していない時における国衙の行政機構の名称を漢字３文字で記しなさい。

問４　下線部③に関連して，次の文章ａ～ｅのうち，この人物の父である鳥羽上皇の事績を説明した適切な文章の組み合わせを，下のア～オの中から一つ選び，その記号をマークしなさい。

ａ．娘の八条院に与えた八条院領と呼ばれる荘園群は，平安時代末に約100か所という多数にのぼり，鎌倉時代にかけて天皇家の経済的基盤となった。

ｂ．息子である堀河天皇の死後に本格的な院政を始め，院庁からくだされる院庁下文や，院の命令を伝える院宣が効力を増すようになった。

ｃ．瀬戸内海の海賊平定などで活躍した平忠盛を抜擢して院近臣とし，西国の受領を歴任させるとともに，殿上人として貴族の仲間入りをさせた。

ｄ．院近臣である藤原通憲が政治の主導権を握り，荘園の整理や僧兵の取り締まりを強化するとともに，大内裏の再建にも取り組んだ。

ｅ．新たに滝口の武者を設置して宮中の警備に用いたほか，貴族の身辺警護や都の警備に当たらせた。地方でも武士を館侍や国侍として組織した。

ア．ａ，ｂ　　イ．ａ，ｃ　　ウ．ｂ，ｅ　　エ．ｃ，ｄ
オ．ｄ，ｅ

問５　空欄Ｂに入る，荘園が領家からさらに上級の貴族や有力な皇族に重ねて寄進された時における，この上級の荘園領主の名称を，次のア～オの中から一つ選び，その記号をマークしなさい。

ア．別当　イ．院司　ウ．宗家　エ．棟梁　オ．本家

2　鎌倉時代には，公家たちの間で朝廷の儀式・先例を研究する［C］とよばれる学問への関心が高まる一方，鎌倉幕府の御家人たちも学問に関心を持つようになり，④幕府の歴史を編年体で記した『吾妻鏡』が編纂された。また北条氏一門の金沢実時とその子孫は⑤金沢文庫を設け，和漢の書籍を集めた。鎌倉時代の末期になると，中国から朱熹が打ちたてた宋学（朱子学）が伝えられ，その大義名分論は後醍醐天皇を中心とする討幕運動の理論的な拠り所ともなった。室町時代には，政治・経済面で力を失った公家が，おもに伝統文化の担い手となって［C］や古典の研究に力を入れ，一条兼良らは多くの研究書や注釈書を残した。応仁の乱により京都が荒廃すると，公家たちは各地の戦国大名を頼って地方に赴き，学問は地方へも普及していった。大内氏の城下町山口では，儒学や和歌などの古典の講義が行われ，書籍の出版もなされた。また九州の菊池氏や島津氏に招かれ儒学の講義を行った［D］は，朱熹の『大学章句』を刊行した。関東では，上杉憲実によって再興された⑥足利学校において，全国から集まった禅僧や武士に対して⑦高度な教育がほどこされ，多数の書籍が集められた。

問6　空欄Cに入る名称を漢字4文字で記しなさい。

問7　下線部④に関連して，11～15世紀に著された歴史に関する著作物を説明した次の文章a～eについて，古いものから年代順に正しく配列したものを，下のア～オの中から一つ選び，その記号をマークしなさい。

a．臨済宗の学僧である虎関師錬によって，日本最初の仏教史書である『元亨釈書』が著された。

b．藤原氏の栄華を批判的な目をもちつつ，客観的に叙述した『大鏡』が著された。

c．『太平記』に記された内容の誤りを訂正するため，今川了俊（貞世）によって『難太平記』が著された。

d．伊勢神道の理論や大義名分論を背景に，皇位継承の道理を説いた北畠親房によって『神皇正統記』が著された。

e．歴史を貫く原理を探り，道理による歴史の解釈を試みた慈円によって

『愚管抄』が著された。

ア．a→c→e→d→b　イ．b→e→a→d→c

ウ．c→e→d→b→a　エ．d→b→e→a→c

オ．e→b→d→c→a

問8　下線部⑤と下線部⑥について，その地図上の位置の組み合わせとして正しいものを，次のア～オの中から一つ選び，その記号をマークしなさい。

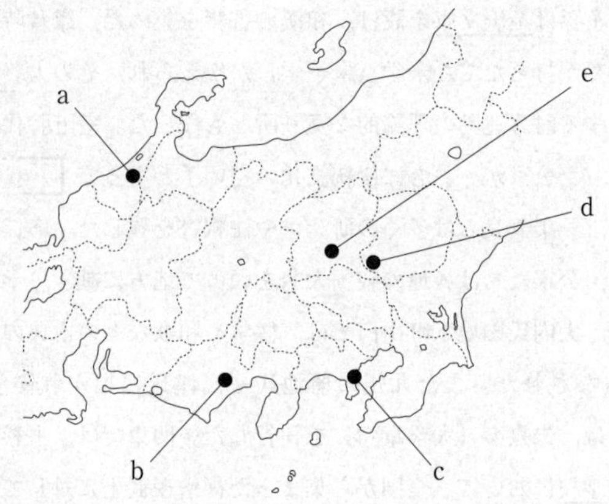

ア．金沢文庫＝a，足利学校＝b　イ．金沢文庫＝a，足利学校＝c

ウ．金沢文庫＝b，足利学校＝d　エ．金沢文庫＝c，足利学校＝d

オ．金沢文庫＝c，足利学校＝e

問9　空欄Dに入る人物の名前を漢字4文字で記しなさい。

問10　下線部⑦に関連して，当時の教育や書籍の出版について説明した適切な文章を，次のア～オの中から一つ選び，その記号をマークしなさい。

ア．地方でも武士の子弟を寺院に預けて教育を受けさせる習慣ができており，『庭訓往来』や『御成敗式目』などが教科書として用いられた。

イ．都市の有力な商工業者たちも，読み・書き・計算を必要とし，博多の商人である饅頭屋宗二によって『節用集』という辞書が刊行された。

ウ．村田珠光によって『万葉集』が和歌の聖典として重んじられ，その解釈なども秘事口伝の風潮のもとで神聖視され，特定の人だけに伝授された。

エ．律宗の僧侶である忍性は，奈良に学問所である北山十八間戸を建て，社会事業に力を尽くした。

オ．五山の禅僧らの間では，宋学の研究や漢詩文の創作が盛んとなり，禅の経典や漢詩文集などの出版が行われた。これを宋版という。

Ⅲ　次の1の文章と2の史料を読み，それぞれの設問に答えなさい。解答は，漢字を用いるべきところは正確な漢字で記述解答用紙の所定の解答欄に記入しなさい。選択問題についてはマーク解答用紙の記号をマークしなさい。なお，史料は読みやすさを考えて一部改変している。(20点)

1　1591年，豊臣秀吉は朝鮮出兵の前線基地として肥前国に名護屋城を築城し，諸大名にもその周囲に陣屋を構えさせた。人口20万人程の巨大消費都市となった名護屋には商人や職人も大勢集まり①，兵糧米をはじめ多くの物資が集められた。1592年4月に秀吉が15万人余りの大軍を朝鮮半島に派遣して，文禄の役（壬辰倭乱）が始まった。朝鮮半島の［ A ］に上陸した日本軍は短期間で王都を占領し，朝鮮北部まで侵攻したが，朝鮮側の激しい抵抗や［ B ］の援軍により退却を迫られた。その後，和平交渉が行われたが，交渉は決裂し，1597年，秀吉は再び兵を送ったものの苦戦を強いられ（慶長の役，丁酉倭乱），秀吉の死により撤兵した。その際，２万人をこえる朝鮮の人々が捕虜として日本に連行された②。

秀吉は，開戦以前の1586年に，イエズス会の宣教師③を前に，「自分は朝鮮とシナを征服することを決心」した，それは自分の名声を死後に残したいからだと語っている。また，マニラのスペイン政庁，高山国（台湾）などに服属と入貢を求める書簡を送り，その中で自身のことを「日輪の子」（太陽の子）と称している。さらに，文禄の役の当初の戦果を聞いた秀吉は，関白の豊臣秀次に対し，［ B ］を征服した後には，後陽成天皇④を北京に移して秀次を大唐関白とし，自分は貿易港の寧波に居所を定めるというプラン（「三国国割構想」）を示しもした。この戦争には，秀吉の尊大な自己意識が大きく関係していた。

問1　下線部①に関連して，中国地方などで行われた，ふいごで炉に空気を送って砂鉄を精錬して玉鋼をつくる製鉄法を何と呼ぶか。その名称を記しなさい。

〔解答欄〕［　　　　製鉄］

問2　空欄A・Bに入る語の組み合わせとして正しいものを，次のア～オの中から一つ選び，その記号をマークしなさい。

ア．空欄A＝釜山　空欄B＝清　　イ．空欄A＝漢城　空欄B＝明

ウ．空欄A＝釜山　空欄B＝宋　　エ．空欄A＝漢城　空欄B＝清

オ．空欄A＝釜山　空欄B＝明

問3　下線部②に関連して，朝鮮に出兵した諸大名が連れ帰った捕虜の人々によって伝えられた技術を元に生産が始められた陶磁器について，正しいものと誤っているものの適切な組み合わせを，次のア～オの中から一つ選び，その記号をマークしなさい。

a．萩焼　b．有田焼　c．瀬戸焼

ア．a＝正　b＝正　c＝誤　イ．a＝正　b＝誤　c＝正

ウ．a＝誤　b＝正　c＝正　エ．a＝誤　b＝誤　c＝誤

オ．a＝誤　b＝正　c＝誤

問4　下線部③に関連して，近世の宣教師やキリスト教に関する記述として**誤っているもの**を，次のア～オの中から一つ選び，その記号をマークしなさい。

ア．宣教師によって活字印刷術が伝えられ，ローマ字による辞書・日本古典等の出版が行われた。

イ．豊臣秀吉がバテレン追放令を出して，宣教師の国外追放と商船の来航禁止を命じた。

ウ．島原・天草地方で，キリスト教徒に対する迫害や領主の圧政に対する一揆が発生した。

エ．幕府は宗門改めを実施し，キリスト教を厳しく取り締まった。

オ．新井白石が，日本に潜入した宣教師シドッチを尋問し，『西洋紀聞』を著した。

問5　下線部④の天皇の子で，幕府の許可を得ずに，高僧に紫衣の着用を認めたことを幕府から問題にされた天皇を記しなさい。

〔解答欄〕［　　　　天皇］

2　**史料1**

定[注1]　安土山下町中

一　当所中［　C　］として仰(おお)せ付けらるるの上は，諸座・諸役・諸公事(くじ)[注2]等，悉(ことごと)く免許[注3]の事。

一　伝馬免許の事。

一　分国中徳政これを行うといえども，当所中免除の事。

（注1）この定は全13条からなる　（注2）座に賦課される雑税　（注3）免除

史料2

一体いきりすニ限らず，南蛮，西洋の儀は，御制禁邪教の国ニ候間，以来何れの浦方(注4)ニおゐても，異国船乗り寄せ候を見受け候ハバ，その所ニ有り合わせ候人夫を以て，有無に及ばず，一図ニ(注5)打ち払ひ，逃げ延び候ハバ，追船等差し出すに及ばず，その分ニ差し置き，若し押して上陸致し候ハバ，搦め捕り，又は打ち留め候ても苦しからず候。

（注4）海辺の村　（注5）一途に，ひたすらに，ひとすじに

史料3

諸役人役柄に応ぜざる小身の面々(注6)，前々より御役料(注7)定め置かれ下され候処，知行の高下(注8)之有る故，今迄定め置かれ候御役料にてハ，小身の者御奉公続き兼ね申すべく候。之により，今度御吟味之有り，役柄により，その場所不相応ニ小身ニて御役勤め候者は，御役勤め候内御足高仰せ付けられ，御役料増減之有り，

（注6）禄高の少ない者たち　（注7）在職中，家禄に加増される一定額の手当て

（注8）禄高の多い者と少ない者

史料4

朱学(注9)の儀は，慶長以来御代々御信用の御事にて，すでにその方家⑤代々右学風維持の事，仰せ付け置かれ候えば，油断なく正学相励み，門人共取り立て申すべき筈ニ候。然るところ（中略）異学流行，風俗を破り候類之有り，全く正学衰微の故ニ候や，甚だ相済まざる事ニて候。

（注9）朱子学

問6　史料1の空欄Cに入る語を記しなさい。

問7　史料2に関して述べた次のa～dの文について，正しいものの組み合わせを，下のア～オの中から一つ選び，その記号をマークしなさい。

a．この法令が出る前には，幕府は外国船に燃料や食料を与えて立ち退かせる方針をとっていた。

b．この法令では，外国船が現れたら打ち払い，決して逃がしてはならないと命じている。

c．この法令にもとづく幕府の対応を批判した高野長英が，幕府から弾圧を受けた。

d．この法令の内容は，日米和親条約が締結されるまで徹底された。

ア．a，b　　イ．a，c　　ウ．a，d　　エ．b，c

オ．b，d

問8　史料3に関する説明として正しいものを，次のア～オの中から一つ選び，その記号をマークしなさい。

ア．この法令は，幕府の大名統制策の一環として出された。

イ．この法令が出たことで，旗本・御家人の生活が窮乏した。

ウ．この法令により，有能な人材の登用が図られた。

エ．この法令で，裁判や刑罰の基準が定められた。

オ．この法令を出した人物は，浅間山大噴火の対応にも追われた。

問9　史料4の下線部⑤で「その方(ほう)家」（お前の家の意）と記されている家の名（苗字）を記しなさい。

問10　史料1～4について，古いものから年代順に正しく配列したものを，次のア～オの中から一つ選び，その記号をマークしなさい。

ア．史料1→史料2→史料3→史料4

イ．史料1→史料2→史料4→史料3

ウ．史料1→史料3→史料2→史料4

エ．史料1→史料3→史料4→史料2

オ．史料1→史料4→史料3→史料2

Ⅳ　次の1の文章と2・3の史料を読み，それぞれの設問に答えなさい。解答は，漢字を用いるべきところは正確な漢字で記述解答用紙の所定の解答欄に記入しなさい。選択問題についてはマーク解答用紙の記号をマークしなさい。なお，史料は読みやすさを考えて一部改変している。(20点)

1　近世の身分制社会において，軍役は主君に対して武士が負う軍事上の負担であった（平時においては，参勤交代や普請役などとして課された)。だが，19世紀に海防や治安維持，戦争のために兵力が必要になると，従来は軍事に無縁だった身分の人びとが，幕府や藩によって兵士として取り立てられるようになった。

①幕府代官の江川英竜（太郎左衛門，坦庵）は，農民による軍事組織である農兵隊を構想し，江川英武の代に江川の支配地に限りこれが本格的に実現した。江川による農兵は，権力によって創設されたものであったが，一方で志願兵による部隊も現れた。たとえば，長州藩では［　A　］の建議により，門閥や身分にとらわれない志願による兵を含む奇兵隊が結成されている。志願兵による部隊は，戊辰戦争でも見られた。

1871年，明治政府は薩摩・長州・土佐の3藩から御親兵をつのり，その軍事力を背景として廃藩置県を断行した。政府は，廃藩とともに藩兵を解散させ，②1872年に出した徴兵告諭に基づき，翌年徴兵令を公布した。これによって，士族・平民の別を問わない統一的兵制が立てられた。

このような経緯により，軍事は士族の独占するところではなくなった。身分制度の解体も併行して進められ，③士族は特権を奪われ，最終的には士族という族称のみが残った。

問1　下線部①の人物に関する記述として正しいものを，次のア～オの中から一つ選び，その記号をマークしなさい。

ア．幕府の代官でありながら，貧民救済のために門弟らを動員して武装蜂起した。

イ．海防政策の一環として，武器の製造を目的とする反射炉の築造に取り組んだ。

ウ．西洋諸国との交易や蝦夷地開発による富国策をいち早く説いた。

エ．海軍伝習を受けた後，日米修好通商条約の批准書交換に際して，咸臨丸で太平洋を横断した。

オ．幕府倒壊後，明治政府に出仕して官僚となり，退官後，国立銀行条例の制定にも携わった。

問２　空欄Ａに入る人物の姓名を記しなさい。

問３　下線部②に関する記述として**誤っているもの**を，次のア～オの中から一つ選び，その記号をマークしなさい。

ア．「国民皆兵」に基づく軍隊の創設は，大村益次郎が構想し，大村暗殺後は山県有朋が引き継いで具体化した。

イ．満20歳に達した男性の中から選抜された者を徴兵すると定めた。

ウ．代人料270円を納めた者は，兵役免除が認められた。

エ．実際に兵役についたのは，ほとんどが士族の二男以下であった。

オ．徴兵を逃れるために，跡継ぎのいない家の養子になる者もいた。

問４　下線部③に関する記述として**誤っているもの**を，次のア～オの中から一つ選び，その記号をマークしなさい。

ア．1873年に定められた秩禄奉還の法は，秩禄受給者の内，希望者に対して秩禄の支給を止める代わりに，土地を支給するというものであった。

イ．1876年，すべての秩禄受給者に，年間支給額の５～14年分の金禄公債証書を与えて秩禄を全廃した。

ウ．1876年，廃刀令が出され，帯刀は士族の特権ではなくなった。

エ．士族の中には，商売に手を出し，失敗して没落する者も多かった。

オ．政府は，士族救済のために，事業資金の貸し付けや，北海道開拓事業のための移住奨励などを行った。

２　次の史料は，1885年に発行されたある新聞に掲載された社説の一部である。

我日本の国土は亜細亜の東辺に在りと雖ども，其国民の精神は，既に亜細亜の固陋[注1]を脱して，西洋の文明に移りたり。然るに爰に不幸なるは，近隣に国あり，一を支那と云ひ，一を朝鮮と云ふ。（中略）左れば今日の謀を為すに，我国は隣国の開明を待て共に亜細亜を興すの猶予ある可らず，寧ろ其伍[注2]を脱して西洋の文明国と進退を共にし，其支那朝鮮に接するの法も，隣国なるが故にとて特別の会釈[注3]に及ばず，正に西洋人が之に接するの風に従て処分す可きのみ。悪友を親しむ者は，共に悪名を免かる可らず。我れは心に於て亜細亜東方の悪友を謝絶するものなり。

（注１）頑固で見識の狭いこと　（注２）仲間，組　（注３）思いやり

問5　史料を執筆した人物に関する記述として正しいものを，次のア～オの中から一つ選び，その記号をマークしなさい。

ア．スマイルズ著『自助論』を日本語に翻訳した『西国立志編』を刊行した。

イ．政府に対して，郵便制度の創設を建議し，採用された。

ウ．留守政府で征韓論を唱えたが，大久保利通らとの論争に敗れて下野した。

エ．森有礼・西周らとともに，1873年に明六社を組織して，翌年から『明六雑誌』を発行した。

オ．1875年に同志社を設立し，特色ある教育を行った。

問6　史料が掲載された新聞は，史料を執筆した人物が創刊した新聞である。この新聞の名称を記しなさい。

問7　史料の大意として正しいものを，次のア～オの中から一つ選び，その記号をマークしなさい。

ア．日本は，中国・朝鮮と軍事面で連携し，アジア諸国の盟主として西洋諸国に対抗しなければならない。

イ．日本は，中国・朝鮮と政治・経済面で連携し，アジア諸国の近代化を主導しなくてはならない。

ウ．日本は，中国・朝鮮と連携し，外交交渉によって西洋諸国と友好関係を築かなければならない。

エ．日本は，西洋諸国側の一員となり，中国・朝鮮に対しては西洋諸国と同じように対処すべきである。

オ．日本は，中国・朝鮮の他，アジア諸国にも侵攻して領土拡大を図り，西洋諸国との戦争に備えるべきである。

3　次の史料は，1911年に創刊されたある雑誌の発刊の辞の一部である。

元始，女性は実に太陽であった。真正の人であった。

今，女性は月である。他に依(よ)って生き，他の光によって輝く病人のような蒼白(あおじろ)い顔の月である。（中略）女性のなすことは今はただ嘲(あざけ)りの笑いを招くばかりである。私はよく知っている，嘲りの笑いの下に隠れたるあるものを。（中略）私どもは隠されてしまった我が太陽を今や取戻さねばならぬ。

問8　史料を執筆した人物の姓名を記しなさい。

問9　史料に関する記述として正しいものを，次のア～オの中から一つ選び，その記号をマークしなさい。

ア．封建的で古い因習から女性を解放しようという意図で執筆されたが，ただちに政府に弾圧され，雑誌は発行停止に追い込まれた。

イ．男性が女性をないがしろにしている現状を批判し，夫婦の協力や役割分担を強く訴えた。

ウ．女性の解放を訴えており，廃娼運動が起こる直接のきっかけとなった。

エ．社会的に差別されていた女性の解放をめざす運動が成果を上げた頃に発表された。

オ．家庭の束縛などからの女性の解放を訴えたが，当初は反発する声も強かった。

問10　史料が執筆された時期と同じ頃に起きた次の出来事ａ～ｅについて，古いものから年代順に正しく配列したものを，下のア～オの中から一つ選び，その記号をマークしなさい。

ａ．東京の上野公園で第１回メーデーが開催された。

ｂ．鈴木文治らが，労働者階級の地位向上と労働組合育成を目的に友愛会を組織した。

ｃ．被差別部落の住民に対する社会的差別の自主的な撤廃を目的として，全国水平社が組織された。

ｄ．京城のパゴダ公園で独立宣言書朗読会が行われたのをきっかけとして，朝鮮全土で日本からの独立を求める運動が展開された。

ｅ．シベリア出兵を当て込んだ米の買い占めの横行などによる米価急騰により，都市民衆や貧農らが米の安売りを求めて買い占め反対を叫ぶ大騒擾が発生した。

ア．ａ→ｂ→ｄ→ｅ→ｃ　　イ．ｂ→ｃ→ｄ→ａ→ｅ

ウ．ｂ→ｅ→ｄ→ａ→ｃ　　エ．ｄ→ｂ→ｃ→ｅ→ａ

オ．ｄ→ｂ→ａ→ｅ→ｃ

V　次の1の史料と2の文章を読み，それぞれの設問に答えなさい。解答は，漢字を用いるべきところは正確な漢字で記述解答用紙の所定の解答欄に記入しなさい。選択問題についてはマーク解答用紙の記号をマークしなさい。なお，史料は読みやすさを考えて一部改変している。(20点)

1　次の史料は，1923年に刊行された北一輝著『日本改造法案大綱』の一部である。

憲法停止。天皇ハ全日本国民ト共ニ国家改造ノ根基(こんき)(注1)ヲ定メンガ為ニ天皇大権ノ発動ニヨリテ三年間憲法ヲ停止シ両院ヲ解散シ全国ニ［　A　］ヲ布(し)ク。(中略)

<u>**普通選挙**</u>①。二十五歳以上ノ男子ハ大日本国民タル権利ニ於テ平等普通ニ衆議院議員ノ被選挙権及ビ選挙権ヲ有ス。地方自治会亦(また)之ニ同ジ。女子ハ参政権ヲ有セズ。

(中略)

国家改造内閣。［　A　］施行中現時ノ各省ノ外ニ下掲ノ生産的各省ヲ設ケ更ニ無任所大臣数名ヲ置キテ改造内閣ヲ組織ス。改造内閣員ハ従来ノ軍閥，吏閥，<u>財閥</u>②，党閥ノ人々ヲ斥(しりぞ)ケテ全国ヨリ広ク偉器(いき)(注2)ヲ選ビテ此ノ任ニ当ラシム。各地方長官ヲ一律ニ罷免シ国家改造知事ヲ任命ス。選任ノ方針右ニ同ジ。

(注1) おおもと，根源　(注2) すぐれた才能や徳を有する人

問1　空欄Aには，二・二六事件の際などに施行された，非常事態に際して行政権を制限し，軍司令官に治安権限を与える命令が入る。その命令の名称を漢字3文字で記しなさい。

問2　下線部①に関連して，昭和期の選挙に関する次の説明文の空欄B・Cに入る人物の組み合わせとして正しいものを，下のア～オの中から一つ選び，その記号をマークしなさい。

1942年4月，［　B　］内閣によって実施されたいわゆる翼賛選挙は，時局切迫を理由に1年延期された，実に5年ぶりに行われた総選挙であった。前回は1937年4月で，このとき議席を伸ばしたのは，かつて日本初の社会主義政党である社会民主党を結成した［　C　］を党首とする無産政党の社会大衆党であった。

ア．空欄B＝近衛文麿　　空欄C＝安部磯雄
イ．空欄B＝東条英機　　空欄C＝高野房太郎
ウ．空欄B＝近衛文麿　　空欄C＝幸徳秋水
エ．空欄B＝東条英機　　空欄C＝安部磯雄

オ．空欄B＝近衛文麿　　空欄C＝高野房太郎

問3　下線部②について，戦前の財閥に関する説明として**誤っているもの**を，次のア～オの中から一つ選び，その記号をマークしなさい。

ア．明治期の官営事業の払下げを受け，三菱・古河などの政商が財閥へと成長していった。

イ．三井合名会社のように，各財閥はそれぞれ持株会社を設立し，多くの傘下企業を支配した。

ウ．財閥のなかには，三井と立憲政友会との関係のように，政党と結びつきを強めるところもあった。

エ．金融恐慌の後，銀行の合併が進み，住友・安田などの五大銀行が形成されたが，その多くが財閥系の銀行であった。

オ．昭和期になると，野口遵の日産コンツェルンや鮎川義介の日窒コンツェルンといった新興財閥が台頭した。

問4　この史料に関連して，近現代の思想をめぐる人物と関係の深い雑誌・書物との組み合わせとして**誤っているもの**を，次のア～オの中から一つ選び，その記号をマークしなさい。

ア．徳富蘇峰―『国民之友』　　イ．高山樗牛―『改造』

ウ．三宅雪嶺―『日本人』　　エ．石橋湛山―『東洋経済新報』

オ．河上肇―『貧乏物語』

2　戦前・戦後を通じて，昭和期の政治・外交史に大きな役割を果たした人物に吉田茂がいる。吉田は1878年に生まれ，東京帝国大学を卒業後，外務省③に入省した。外務官僚としてのキャリアを積み，外務次官，駐英公使などを歴任したのち，東久邇宮稔彦・幣原喜重郎両内閣で外相となり，1946年には首相に就任した。翌1947年に退陣して日本社会党の［ D ］に政権をゆずったが，1948年には再び首相となり第2次内閣を組織した。

以後，第5次内閣まで吉田が首相に在任した通算約7年2カ月は，占領期から独立の回復を経て，戦後日本の国家や社会の仕組みが形成・整備される期間であったといえる。政治・外交面では，日本国憲法の公布やサンフランシスコ平和条約④の調印をはじめ，朝鮮戦争による在日米軍の出動にともない国内の治安維持にあたる組織として［ E ］が新設されるなどの出来事があった。また経済・社会面ではGHQ（連合国軍最高司令官総司令部）⑤による経済安定九原則の指令やドッジ＝ラインにより不況が深刻化し社会不安が増大したが，一方で文化・学術面では戦前のよ

うな言論や思想への統制がほぼ取り除かれたことで，⑥新しい研究分野の開拓や大衆文化の拡がりがみられた。

問５　下線部③に関連して，戦前の外交政策にかかわる次の出来事ａ～ｅについて，古いものから年代順に正しく配列したものを，下のア～オの中から一つ選び，その記号をマークしなさい。

ａ．ロンドン海軍軍縮条約の締結　　ｂ．日独防共協定の締結

ｃ．国際連盟からの脱退　　ｄ．山東出兵の実施

ｅ．日ソ基本条約の締結

ア．ｄ→ａ→ｅ→ｂ→ｃ　　イ．ｄ→ｃ→ａ→ｂ→ｅ

ウ．ｅ→ｄ→ａ→ｃ→ｂ　　エ．ｅ→ｂ→ｄ→ａ→ｃ

オ．ｅ→ａ→ｄ→ｂ→ｃ

問６　空欄Ｄに入る人物の姓名を記しなさい。

問７　下線部④に関する次のａ～ｃの記述について，正しいものと誤っているものの適切な組み合わせを，下のア～オの中から一つ選び，その記号をマークしなさい。

ａ．日本とアメリカ・イギリス・ソ連など48カ国との間でこの条約が調印された。

ｂ．この条約の批准をめぐり，日本社会党は党内の対立が激化し，左右両派に分裂した。

ｃ．この条約の調印と同日に日米安全保障条約が調印され，それにもとづき翌年には日米行政協定が結ばれた。

ア．ａ＝正　ｂ＝正　ｃ＝誤　　イ．ａ＝誤　ｂ＝正　ｃ＝正

ウ．ａ＝正　ｂ＝誤　ｃ＝正　　エ．ａ＝正　ｂ＝正　ｃ＝正

オ．ａ＝誤　ｂ＝誤　ｃ＝誤

問８　空欄Ｅに入る適切な語を記しなさい。

問９　下線部⑤について，ＧＨＱに関する説明として**誤っているもの**を，次のア～オの中から一つ選び，その記号をマークしなさい。

ア．ＧＨＱによる間接統治にあたって，最高司令官の諮問機関として東京に極東委員会が設置された。

イ．1945年10月，ＧＨＱは政治犯の釈放をはじめ，治安維持法や特別高等

警察の廃止を指令した。

ウ．ＧＨＱによる公職追放の指令により，戦争犯罪人や陸・海軍軍人，超国家主義者らが職を追われた。

エ．ＧＨＱは労働政策にも取り組み，1945年12月には労働組合法が制定され，労働三権が保障された。

オ．戦前において地方行政や警察を所管した内務省は，ＧＨＱの指令により廃止された。

問10　下線部⑥について，占領期の文化・学術に関する説明として**誤っているもの**を，次のア〜オの中から一つ選び，その記号をマークしなさい。

ア．思想や表現に対する抑圧はなくなったものの，占領軍や占領政策に対する批判は禁じられた。

イ．学問の自由の回復により人文・社会科学が発達し，登呂遺跡や岩宿遺跡の発掘など，考古学研究がさかんになった。

ウ．湯川秀樹が日本人ではじめてノーベル賞を受賞し，国民に大きな希望をもたらした。

エ．娯楽としての映画が隆盛し，黒澤明の作品「羅生門」は国際的にも高く評価された。

オ．法隆寺金堂壁画の焼損をきっかけとして，その翌年には文化庁が設置された。

世界史

（60分）

Ⅰ　次の文章Ａ～Ｃを読み，下記の【設問】に答えなさい。解答は，記述解答用紙の所定の欄に正しく記入しなさい。(24点)

Ａ　ヒルデブラントは怒りに燃えてクリエムヒルトに跳びかかり，
したたかな一太刀を王妃に加えた。
ヒルデブラントに対する恐怖に怯えて，彼女は凄まじい悲鳴をあげたが，
それがなんの役に立ったであろう。

死すべきものはここにすべて倒れ伏した。高貴なる王妃も真っ二つに切り断たれていた。
そこでディエトリーヒ(a)とエッツェル(b)とは泣き悲しんだ。
二人の王は一族郎党の身を打嘆いた。

誉れ高かったあまたの人々はここに最期を遂げた。
世の人はみな嘆きと悲しみに打沈んだ。
王者の饗宴はかくて悲嘆をもって幕をとじた。
いつの世にも歓びは悲しみに終るものだからである。

その後のことどもについては，おん身たちにこれを伝えるよしもない。
ただ騎士や婦人や身分のよい従者たちが，
愛する一族の死を嘆くさまのみが見られた。
物語はここに終りを告げる。これぞ［　あ　］の災いである。

相良守峯訳

【設　問】

(1)　文章Ａは，ゲルマンの英雄伝説をもとにした中世ドイツの叙事詩の一節で，作

品の表題は『 あ の歌』である。 あ にあてはまる語句は何か。

(2) 下線部(a)の人物は，東ゴート人のテオドリック王がモデルとされる。ゲルマン人の大移動を示した次の地図のうち，東ゴート人を示すものはどれか。ア～カの中から一つ選びなさい。

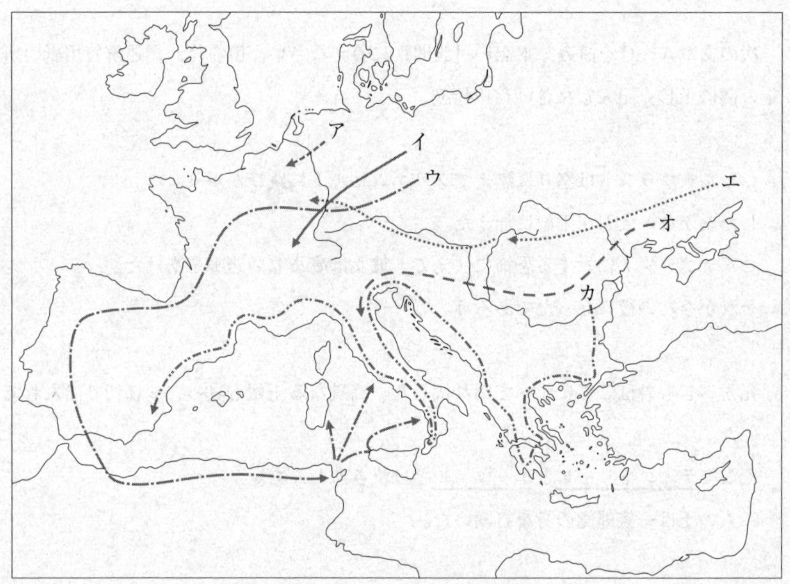

(3) 下線部(b)の人物は，アッティラ王がモデルとされる。彼の率いるフン人は，451年の戦いでローマとゲルマン人の連合軍に敗れた。この戦いを何というか。

〔解答欄〕　　　（の戦い）

(4) 13世紀初頭に帝位や王位，教皇位にあった人物として**誤っているもの**を，次のア～エの中から一つ選び，記号で答えなさい。

ア　ルドルフ1世

イ　インノケンティウス3世

ウ　ジョン王

エ　フィリップ2世

B　 い にとって，信義を守り，術策によらず，公明正大に生きて行くことが，いかに称賛に値するかは，だれでも知っている。しかし，現代の経験によれば，信義を顧慮せず，術策によって人々の頭を混乱させることのできた［　い　］が，むしろ大事業をなしとげている。しかも，結局，彼らのほうが信義に立脚している［　い　］たちをしのいでいるということがわかる。

『新訳 世界史史料・名言集』山川出版社

【設　問】

(5)　文章Bは，近代政治学の祖といわれるマキァヴェリの著作の一節で，作品の表題は『［　い　］論』である。［　い　］にあてはまる語句は何か。

(6)　著者のマキァヴェリは，ある都市共和国の政治に従事した。メディチ家をパトロンとするルネサンスの中心地として，15世紀にもっとも栄えたこの都市はどこか。

(7)　ある国王は，このマキァヴェリの著作に反論を書く一方で，皮肉にもマキァヴェリが説くがごとくに，七年戦争を通じてシュレジエンを確保し，自身の国を列強に押し上げる偉業をなしとげたといわれる。この国王は誰か。

(8)　この著作は16世紀前半に刊行された。16世紀前半の出来事として**誤っているもの**を，次のア～エの中から一つ選び，記号で答えなさい。

ア　エラスムスが『愚神礼賛』を著した。

イ　トマス=モアが『ユートピア』を著した。

ウ　ダンテが『神曲』を著した。

エ　ルターが『新約聖書』をドイツ語に訳した。

C　人々が外敵の侵入から，あるいは相互の権利侵害から身を守り，そしてみずからの労働と大地から得る収穫によって，自分自身を養い，快適な生活を送ってゆくことを可能にするのは，この公共的な権力である。この権力を確立する唯一の道は，すべての人の意志を多数決によって一つの意志に結集できるよう，一個人あるいは合議体に，かれらの持つあらゆる力と強さとを譲り渡してしまうことである。・・・

これが達成され，多数の人々が一個の人格に結合統一されたとき，それは《コモンウェルス》―ラテン語では《キウィタス》と呼ばれる。かくてかの偉大なる《大怪物》(［　う　］)が誕生する。否，むしろ「永遠不滅の神」のもとにあって，平和と防衛とを人間に保障する地上の神が生まれるのだと畏敬の念をもっていうべきだろう。

永井道雄・上田邦義訳

【設　問】

(9) 文章Cは，社会契約に基づいた絶対主権を持つ国家について論じた，政治哲学書の一節である。この作品の表題は《大怪物》の名前をとった『［う］』である。［う］にあてはまる語句は何か。

(10) この著作の中で述べられた言葉で，著者の考えをよく示すものとして有名な表現は何か。正しいものを，次のア～エの中から一つ選び，記号で答えなさい。

ア　財産の保全こそが政府の唯一の目的

イ　神の見えざる手

ウ　最大多数の最大幸福

エ　万人の万人に対する闘争

(11) この著作で示される社会契約説は，当時のヨーロッパに流布していたもう一つの政治思想と対立・否定の関係にあった。フランスのボシュエに代表される，このもう一つの政治思想は何説と呼ばれるか。

(12) この著作が成立した歴史的背景の説明としてもっとも適切なものを，次のア～エの中から一つ選び，記号で答えなさい。

ア　メアリ1世はスペイン王フェリペ2世と結婚し，カトリックの復活をはかった。

イ　長期議会では王党派と議会派の対立が激化し，ついに内戦へ突入した。

ウ　ヘンリ8世は国王至上法（首長法）をさだめて，イギリス国教会を創設した。

エ　ジェームズ2世のカトリック復活の試みは失敗し，彼はフランスへ亡命した。

Ⅱ 次の文章を読み，下線部(1)〜(12)について下記の【設問】に答えなさい。解答は，記述解答用紙の所定の欄に正しく記入しなさい。(24点)

イスタンブルのスルタンアフメト広場は，(1)ローマ時代に造られた競馬場の跡地である。当時の遺構はほとんど残っていないが，ローマ皇帝たちによって安置された(2)3本の記念柱が往時をしのばせる。記念柱のうちもっとも保存状態がよいのは，テオドシウス帝の命により(3)エジプトから運ばれた，神聖文字（ヒエログリフ）を刻んだオベリスクである。このオベリスクはもともと，新王国のファラオであったトトメス3世が，テーベ附近のカルナック神殿に建てさせたものであった。

スルタンアフメト広場の北側には，赤く輝くアヤソフィア（ハギア=ソフィア）が，まるで小さな山のようにそびえ立っている。この場所には，(4)4世紀以来，キリスト教の聖堂が置かれていた。6世紀前半，競馬場での騒乱に端を発する反皇帝の市民暴動によって聖堂が焼失すると，皇帝は競馬場を占拠していた市民を武力によって排除し，これをきっかけに権力基盤を強化した。(5)この皇帝は，いわゆる『ローマ法大全』の編纂や領土の拡張を進めるかたわら，聖堂の再建を急がせ，同時にその規模を大幅に拡張した。このときわずか6年足らずで完成された大聖堂が，現在のアヤソフィアの基礎をなしている。

アヤソフィアを特徴づけるものは，(6)壮麗なモザイク画やみごとな大理石の円柱など数多くあるが，とくに象徴的なのは，直径31メートルにも及ぶ巨大なドームである。(7)コンスタンティノープルを征服しローマ皇帝を称したオスマン帝国のメフメト2世は，この異教の聖堂をモスクに改め，部分的に改装・改修を施したが，建物自体はほぼそのままに保たれた。もちろん大ドームも破壊を免れ，イスタンブルを訪れる者を魅了しつづけた。中でも，このドームから強いインスピレーションを受けたのが，オスマン朝時代を代表する建築家ミマール=スィナンである。

(8)キリスト教徒の家に生まれたスィナンは，徴用されてムスリムとしての教育を施され，工兵として頭角をあらわした。スレイマン1世や(9)セリム2世のもとで建築家として活躍し，生涯に手がけた建物はモスクだけでも90カ所を超える。その作例には，アヤソフィアと並んでイスタンブルを代表する建造物(10)スレイマン=モスクなど大ドームをもつものが目立ち，(11)オスマン帝国の旧都に造られたスィナン晩年の傑作(12)セリミエ=モスクのドームの直径は，アヤソフィアのそれをごくわずかながら上回っている。セリミエ=モスクは単に巨大であるだけでなく，大地震をも想定した綿密な設計に基づいて建築されており，その堅牢さは，1913年にこの街が包囲された際，砲弾の直撃を受けたドームがほとんど損傷しなかったことによって実証された。

【設 問】

(1) ローマ時代の皇帝や有力者は，都市の民衆に食糧や馬車競争・剣闘士試合などの娯楽を恩恵として施すことにより，自らの権威を高めていた。こうした社会的慣行は，そこで提供された食糧や娯楽にちなんで，何と呼ばれるか。

(2) このうちの1本である青銅製の「蛇の柱」は，コンスタンティヌス帝のとき，古代ギリシアの聖地から運ばれてきたものである。古代ギリシアの時代には，この聖地で告げられるアポロン神の神託が，オリンピアの祭典などとともに，ギリシアの人々に共通意識をもたらす役割を担っていた。この聖地を何というか。

(3) 19世紀，エジプトに進出した欧米諸国は，古代エジプトのオベリスクを競って自国に運んだ。イギリスもそうした動きに加わり，1878年，アレクサンドリアから持ち込んだオベリスクをロンドンのテムズ河畔に立てた。スエズ運河会社の株を買収したことで知られる，当時のイギリス首相は誰か。

(4) 4世紀に起こった出来事として正しいものを，次のア～エの中から一つ選び，記号で答えなさい。

ア 卑弥呼が魏に使節を送った。

イ チャンドラグプタ1世がグプタ朝を建てた。

ウ 突厥が柔然を滅ぼして，モンゴル高原を支配した。

エ クローヴィスがアタナシウス派に改宗した。

(5) この皇帝は，地中海一帯の広い範囲でローマ帝国の支配を回復し，東方ではササン朝とも争った。この皇帝との戦いを優位に進めつつ，エフタルを滅ぼした，ササン朝の君主は誰か。

(6) 関連して，ビザンツ帝国では，聖母子や聖人などを描いた聖像画がさかんに制作された。こうした聖像画を何というか。カタカナで答えなさい。

(7) これよりのち，東方のモスクワ大公国においても，その君主をローマ皇帝の後継者と位置づける考え方が生まれた。それを引き継いだロシア帝国は，ヨーロッパの制度や文物を受け入れて，強国としての地位を高めつつ，ヨーロッパさらにはアジアへと勢力を拡大していった。

関連して，次のグラフは，1782年から1858年にかけての，ヨーロッパロシア

（地理的にヨーロッパに属する，ロシア西部地域）の中心部からロシア国内の他地域への移住者数の推移を示したものである。このグラフから読み取れる内容について述べた文として**誤っているもの**を，下のア～エの中から一つ選び，記号で答えなさい。

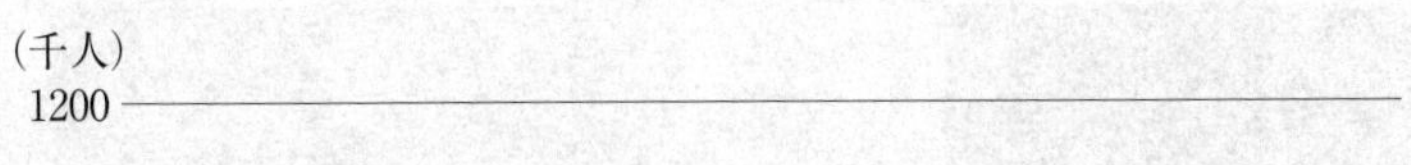
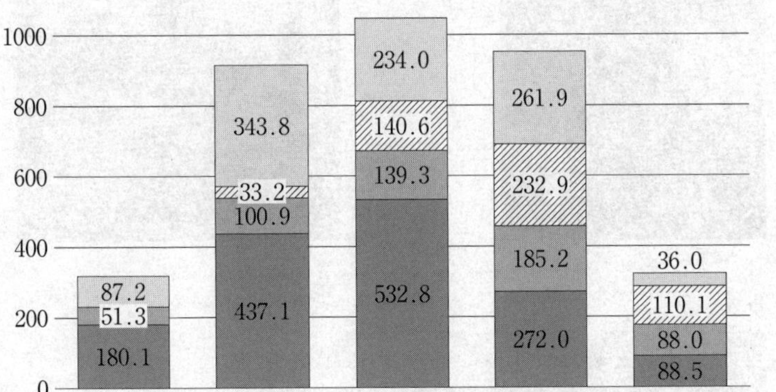

ア　ムラヴィヨフが清と条約を結んだ頃，ヨーロッパロシア中心部から国内の他地域への移住においては，シベリアへの移住の割合がもっとも高くなっていた。

イ　ヨーロッパロシア中心部から北カフカスへの移住は，ウィーン会議の頃から増加したが，トルコマンチャーイ条約を機に減少に転じた。

ウ　エカチェリーナ２世がクリム=ハン国を併合したのち，ヨーロッパロシア中心部から黒海北岸部への移住者は増加した。

エ　ヨーロッパロシア中心部からロシア国内の他地域への移住の動きがピークを迎えたのは，クリミア戦争以前のことである。

(8)　オスマン帝国の統治下で行われた，キリスト教徒の男子をムスリムとして教育し，イェニチェリや官僚として養成する制度を何というか。カタカナで答えなさい。

〔解答欄〕　　（制）

(9)　セリム２世は，フランスに対し，領事裁判権や定率関税などの特権をオスマン帝国のスルタンとしてはじめて認めたことで知られる。オスマン帝国から主にヨーロッパ諸国に対して与えられた，こうした通商特権を何というか。カタカナで答えなさい。

⑽　スレイマン=モスクの写真として正しいものを，次の写真ア〜ウの中から一つ選び，記号で答えなさい。

ア

イ

ウ

ユニフォトプレス提供
著作権の都合上，類似の写真と差し替えています。

⑾　この「旧都」は，オスマン帝国がコンスタンティノープル征服以前に事実上の都を置いていた，バルカン半島南部の都市を指す。この都市を何というか。

⑿　セリミエ=モスクは，トルコを代表するある花をモチーフとした装飾でも有名である。18世紀前半，ヨーロッパの影響を受けた華やかな宮廷文化が栄えたアフメト3世の治世は，この花の名にちなんで，何時代と呼ばれるか。

Ⅲ 次の文章を読み，下記の【設問】に答えなさい。解答は，マーク解答用紙の所定の欄に正しくマークしなさい。(26点)

15世紀初め，朝鮮半島[a]で一つの世界地図が製作された。すなわち，1402年，朝鮮王朝の官人の李薈（イフェ）という人物が，元代の中国[b]で作られた二つの地図を合体させた上で，簡略にしか描かれていなかった朝鮮半島を書き直し，さらに日本列島を付け加え，「混一疆理歴代国都之図（こんいつきょうりれきだいこくとのず）」[c]と題される世界地図を完成させた。1402年に李薈が製作した地図そのものは残っておらず，図はそれを後に改訂したものであるが，そのときの改訂は主として地名表記に関わるものであり，図の地形的な描写は李薈の地図と変わらないと見てよい。

図

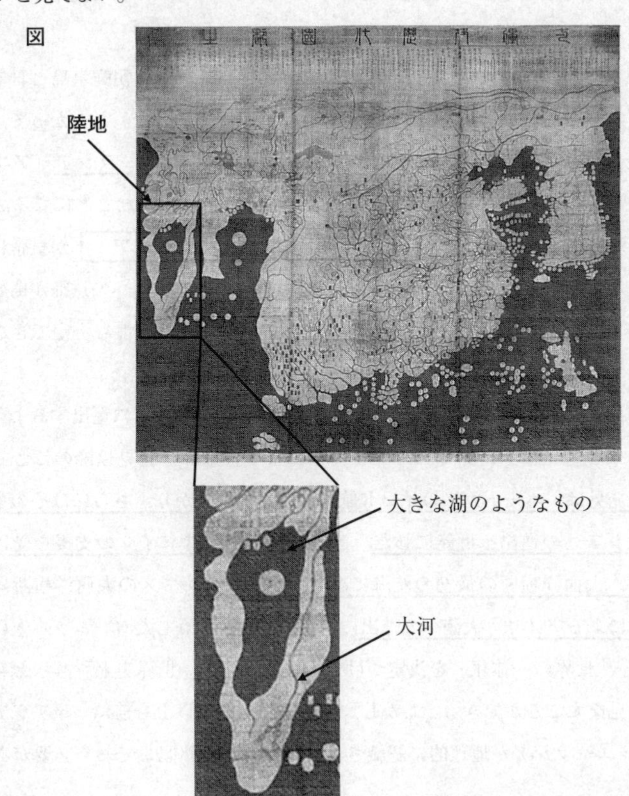

まず，図の東方（右方）に目を向けてみよう。朝鮮半島が実際よりかなり大きく描かれていることが注目される。これは，「混一疆理歴代国都之図」が朝鮮で製作され

たからであると考えられる。そして，その下には，日本列島が南北にのびる形で描かれているのが見える。

次に，**図**の中央部分の巨大な陸地を見てみると，朝鮮半島に向かって東方に突き出した半島は<u>山東半島</u>(d)に比定される。したがって，中央の巨大な陸地は，中国大陸とその西方のアジア大陸を描いたものであろう。

最後に，**図**の西方に目を向けると，西端には，大きな湖のようなものを擁した，南に突き出した**陸地**が確認できる。**陸地**上の東側を南北に流れる大河は，<u>ナイル川</u>(e)であると見られることから，**陸地**はアフリカ大陸を描いたものだと考えられる。そして，大きな湖のようなものについては，<u>ニジェール川</u>(f)を示すとする説が出されている。**陸地**がアフリカ大陸であれば，**陸地**の北方はヨーロッパであり，また**陸地**のすぐ東の南北にのびる半島は<u>アラビア半島</u>(g)であろう。

以上から分かるように，「混一疆理歴代国都之図」は，東は朝鮮半島と日本列島，西はヨーロッパとアフリカ大陸までを収めた世界地図であった。したがって，その基となった地図が作られた元代の中国では，すでに<u>アフロ=ユーラシア</u>(h)（アフリカ大陸・ヨーロッパ大陸・アジア大陸）が地理的に認識されていたことになる。李薈が「混一疆理歴代国都之図」を製作した年は，ちょうど明の［ ア ］が皇帝に即位した年に当たるが，［ ア ］の主導の下で鄭和のインド洋方面への遠征が開始された背景に，アフロ=ユーラシア規模の<u>世界地理認識</u>(i)があった可能性も否定できないであろう。

ひるがえって，ヨーロッパ人が東まわりの航路でアジア方面に進出するようになるのはいつかと言えば，1488年のポルトガルによる喜望峰の発見以降のことであった。<u>喜望峰の発見は，ポルトガルのインド航路の開拓につながり，さらにはその東南アジア・東アジアへの進出を可能にした</u>(j)。一方，<u>1492年，スペインの支援を受けたコロンブスは，大西洋横断の最初の航海に出発した</u>(k)。コロンブスの大西洋横断は，<u>ヨーロッパ人によるアメリカ大陸への進出</u>(l)につながった。こうしたヨーロッパ人による世界進出は，「世界の一体化」を決定づけた出来事として，世界史上，もっとも重要な転換点と見なすことができる。しかし，それより100年以上も前に，東アジアにおいてアフロ=ユーラシアが地理的に認識されていたことも銘記しておく必要があるであろう。

【設　問】

(1) 下線部aにおいて起こった歴史上の出来事について述べた文としてもっとも適切なものを，次の①～④の中から一つ選びなさい。

① 前漢の武帝が，帯方郡を設置した。

② 王建が，平壌を都として高麗を建てた。

③ 崔済愚が，東学を創始した。

④ 朴正煕が，大韓民国の初代大統領となった。

(2) 下線部bの歴史について述べた文としてもっとも適切なものを，次の①～④の中から一つ選びなさい。

① 戯曲（雑劇）の『西廂記』が作られた。

② 王安石が，新法と呼ばれる改革を行った。

③ マニ教の僧パスパ（パクパ）が，新たな文字を作った。

④ 塩の密売人の黄巣が，反乱を起こした。

(3) 下線部cの題名の中の「歴代国都」とは，中国の歴代王朝の都のことを意味する。中国の歴代王朝の都について述べた次の文**あ**と**い**の正誤の組み合わせとして正しいものを，下の①～④の中から一つ選びなさい。

あ．南宋の臨安は，黄河と大運河の結節点に位置した。

い．明の北京は，李自成の反乱軍によって占領された。

① **あ**－正　**い**－正

② **あ**－正　**い**－誤

③ **あ**－誤　**い**－正

④ **あ**－誤　**い**－誤

(4) 下線部dの地域の歴史について述べた文としてもっとも適切なものを，次の①～④の中から一つ選びなさい。

① 戦国の七雄の一つである斉の領域となった。

② 南京条約でイギリスに割譲された。

③ 下関条約で日本に割譲された。

④ ドイツが威海衛を租借した。

(5) 下線部eの流域において栄えたエジプト新王国について述べた次の文**あ**と**い**の正誤の組み合わせとして正しいものを，次の①～④の中から一つ選びなさい。

あ．写実的なアマルナ美術が生み出された。

い. ホメロスが叙事詩『イリアス』を作った。

① あ－正　い－正

② あ－正　い－誤

③ あ－誤　い－正

④ あ－誤　い－誤

(6) 「混一疆理歴代国都之図」が製作されたとき，下線部ｆの流域にはマリ王国が存在した。マリ王国について述べた文としてもっとも適切なものを，次の①～④の中から一つ選びなさい。

① メロエ文字が作られた。

② トンブクトゥが，交易都市として栄えた。

③ ベルベル人によって建てられ，マラケシュに都が置かれた。

④ エジプトのアイユーブ朝を倒した。

(7) 下線部ｇにおいて，７世紀にイスラーム教（イスラーム）が成立した。その後，イスラーム教を信仰する商人（ムスリム商人）たちはインド洋交易に乗り出していくが，それらのムスリム商人たちが主に用いた船の名称あ・いと，その船の写真Ｘ・Ｙとの組み合わせとして正しいものを，下の①～④の中から一つ選びなさい。

船の名称

あ. ジャンク船　　い. ダウ船

船の写真

X

Y

ユニフォトプレス提供
著作権の都合上，類似の写真と差し替えています。

① あ－X　② あ－Y　③ い－X　④ い－Y

(8) 下線部hに関連して，14世紀に東は元の大都，西はアフリカを旅したモロッコ出身の旅行家は誰か。正しいものを，次の①～④の中から一つ選びなさい。

① サラディン（サラーフ=アッディーン）

② ラシード=アッディーン（ラシード=ウッディーン）

③ イブン=バットゥータ

④ イブン=ハルドゥーン

(9) 文章中の空欄 ア に入れる人物の事績について述べた文としてもっとも適切なものを，次の①～④の中から一つ選びなさい。

① 一条鞭法と呼ばれる新税制を導入した。

② 鄭成功の勢力を孤立させるために，遷界令を敷いた。

③ 民衆教化のために，六諭を定めた。

④ 靖難の役を起こして，帝位についた。

(10) 下線部iに関連して，世界史上の地理学または天文学について述べた次の文あ～うが，年代の古いものから順に正しく配列されているものを，下の①～⑥の中から一つ選びなさい。

あ．マテオ=リッチが，「坤輿万国全図」を製作した。

い．トスカネリが，地球球体説を唱えた。

う．ブーヴェが，「皇輿全覧図」の製作に関与した。

① あ→い→う

② あ→う→い

③ い→あ→う

④ い→う→あ

⑤ う→あ→い

⑥ う→い→あ

(11) 下線部jに関連して，15世紀末にバルトロメウ=ディアスとヴァスコ=ダ=ガマが航海した航路ア～ウの組み合わせとして正しいものを，下の①～⑥の中から一つ選びなさい。

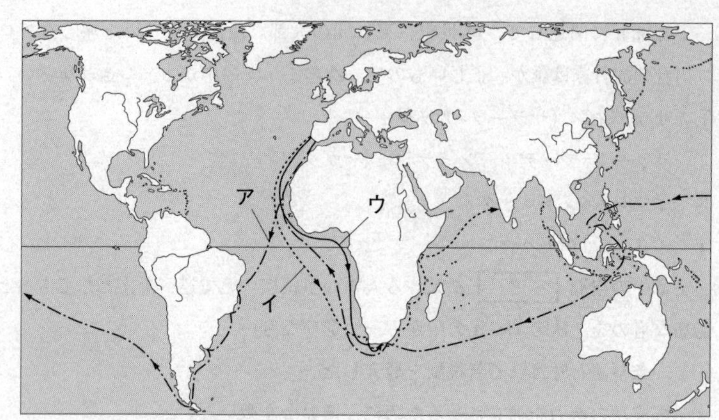

	バルトロメウ=ディアス	ヴァスコ=ダ=ガマ
①	ア	イ
②	ア	ウ
③	イ	ア
④	イ	ウ
⑤	ウ	ア
⑥	ウ	イ

⑿　下線部kの年にグラナダがスペイン王国によって陥落した。グラナダ陥落に至る経緯について述べた次の文章中の空欄 ア と イ に入れる語の組み合わせとして正しいものを，下の①～④の中から一つ選びなさい。

レコンキスタを通して，キリスト教徒はイスラーム勢力から ア の奪回を図り，1492年，スペイン王国は イ の拠点となっていたグラナダを陥落させた。

①　ア－バルカン半島　　イ－オスマン帝国
②　ア－バルカン半島　　イ－ナスル朝
③　ア－イベリア半島　　イ－オスマン帝国
④　ア－イベリア半島　　イ－ナスル朝

⒀　下線部lについて述べた文として**誤っているもの**を，次の①～④の中から一つ選びなさい。

① イギリスが，北アメリカに植民地を建設した。

② オランダが，強制栽培制度を導入した。

③ スペインが，エンコミエンダ制を導入した。

④ ポルトガルが，ブラジルを領有した。

Ⅳ　次の文章を読み，下線部(1)～(13)について下記の【設問】に答えなさい。解答は，マーク解答用紙の所定の欄に正しくマークしなさい。(26点)

アメリカ合衆国の政治学者ベネディクト=アンダーソンは，ナショナリズムという考え方の起源の一つを，18世紀後半から19世紀初頭にかけての南北アメリカ植民地に求めている。これらの植民地で独立運動を指導した現地生まれの白人は，イギリスやスペインなど本国生まれの白人(1)から差別を受けた。このように差別を受けた人々は，新聞が地域ごとに刊行されるとその新聞を読んで政治的一体感を持つようになった。こうして創り出された政治的一体感が，南北アメリカではナショナリズムに繋がった。ただし，ラテンアメリカのシモン=ボリバル(2)は大地主階級出身，合衆国のジェファソン(3)は農園主だったため，奴隷の問題にどう対処するか苦慮した。また，合衆国が州権主義を克服し一つの国家らしくなっていくのは南北戦争以降のことである。同国は南北戦争後20世紀にかけ，段階を追って世界大国へと成長していった(4)。

さて，合衆国の独立からやや遅れてフランス革命が起こるが，その後ナポレオンがヨーロッパ征服に乗り出すと，各地の人々は対仏ナショナリズムに目覚めた。さらに，ラテンアメリカの独立と同じ時期にはギリシアの独立戦争(5)が激化し，これに続いて東欧(6)の諸民族の間でもナショナリズムが高揚した。こうしたナショナリズムでは，植民地と本国の言語が共通していた南北アメリカの場合と異なり，各民族の言語の独自性が重要な問題になった。また，ヨーロッパのナショナリズム高揚は作曲(7)などの芸術活動とも深いかかわりがあった。

その一方で，既存の諸王朝も上からのナショナリズム構築に着手した。サルデーニャ(8)やプロイセンが国家統一を推し進めただけでなく，他のヨーロッパ諸国，ヨーロッパ外の日本やシャム（タイ）(9)などもこれに倣った。しかし，例えばイギリス帝国では本国人と植民地人の間に差別が存在したため，白人移民の植民地(10)やインド(11)では，前時代の南北アメリカに類似した，差別を背景とするナショナリズムが高まった。

さらに，20世紀に入るとアフリカの植民地でも，南北アメリカ，ヨーロッパなどをモデルとしたナショナリズムが広がる。今日の世界ではグローバル化や地域統合(12)が進み，例えば環境問題(13)の解決も多国間の枠組みで図られている。それでも，ナショナリズムが容易に消え去るようには思われない。

【設　問】

(1)　ラテンアメリカでは本国生まれの白人を何というか。次の①～④の中から一つ選びなさい。

①　インディオ

②　メスティーソ

③　ムラート

④　ペニンスラール

(2)　次の地図中のａ～ｄのうち，シモン=ボリバルが建設した国家の領域として正しいものを，下の①～④の中から一つ選びなさい。

① a　② b　③ c　④ d

(3) ジェファソンについて述べた文としてもっとも適切なものを，次の①～④の中から一つ選びなさい。

① 第2回大陸会議で植民地軍総司令官に任命された。

② 革命権を主張する独立宣言を起草した。

③ 中央政府の強化を望む連邦派であった。

④ 大統領としてスポイルズ=システムを導入した。

(4) 南北戦争後20世紀にかけてのアメリカ合衆国の歴史について述べた文としてもっとも適切なものを，次の①～④の中から一つ選びなさい。

① 1880年代に，債務国から債権国になった。

② 第一次世界大戦前に，中国人移民が禁止された。

③ 第一次世界大戦後に，シャーマン反トラスト法が制定された。

④ 1920年代は，マーク=トウェインによって「金ぴか時代」と名付けられた。

(5) ギリシアの独立戦争について述べた文としてもっとも適切なものを，次の①～④の中から一つ選びなさい。

① イギリスのナイティンゲールが看護活動に従事した。

② フランスのバイロンが義勇兵として参加した。

③ ロシアがオスマン帝国を支援した。

④ ギリシアの独立が1830年のロンドン会議で国際的に承認された。

(6) 次の年表に示したア～エの時期のうち，東欧のブルガリアがオスマン帝国から独立した時期として正しいものを，下の①～④の中から一つ選びなさい。

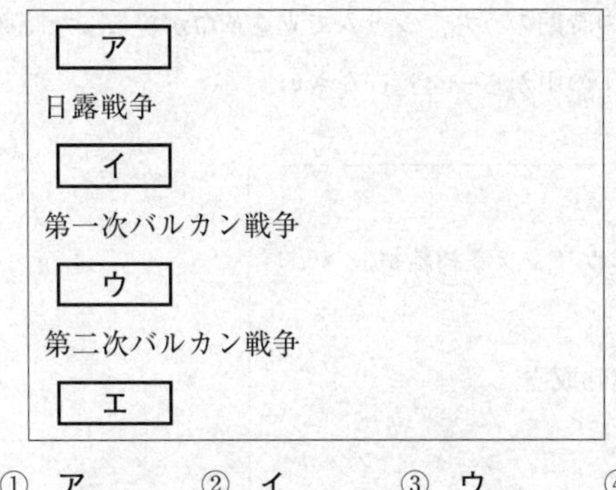

ア
日露戦争
イ
第一次バルカン戦争
ウ
第二次バルカン戦争
エ

① ア　② イ　③ ウ　④ エ

(7) 作曲の歴史的背景について述べた次の文章中の空欄 オ と カ に

入れる語の組み合わせとして正しいものを，下の①～④の中から一つ選びなさい。

ショパンは，**オ**後にポーランドの蜂起失敗を聞いて「革命」を作曲した。また**カ**の支配下にあったチェコでは，スメタナが「わが祖国」を作曲した。

① **オ**－二月革命　**カ**－ドイツ帝国

② **オ**－二月革命　**カ**－オーストリア=ハンガリー帝国

③ **オ**－七月革命　**カ**－ドイツ帝国

④ **オ**－七月革命　**カ**－オーストリア=ハンガリー帝国

(8) 次の地域名(a)～(c)が，サルデーニャまたはイタリアによって併合された年代の古いものから順に正しく配列されているものを，下の①～⑥の中から一つ選びなさい。

(a) ヴェネツィア

(b) 教皇領

(c) ロンバルディア

① (a)→(b)→(c)

② (a)→(c)→(b)

③ (b)→(a)→(c)

④ (b)→(c)→(a)

⑤ (c)→(a)→(b)

⑥ (c)→(b)→(a)

(9) 次の年表に示した**キ**～**コ**の時期のうち，シャムで立憲革命が起こった時期として正しいものを，下の①～④の中から一つ選びなさい。

キ

シャム・イギリス間のバウリング条約締結

ク

フランス領インドシナ連邦成立

ケ

イラン立憲革命開始

コ

① キ　　② ク　　③ ケ　④ コ

⑽ 次の白人移民の植民地(a)〜(c)が，自治領になった年代の古いものから順に正しく配列されているものを，下の①〜⑥の中から一つ選びなさい。

(a) オーストラリア

(b) カナダ

(c) ニュージーランド

① (a)→(b)→(c)

② (a)→(c)→(b)

③ (b)→(a)→(c)

④ (b)→(c)→(a)

⑤ (c)→(a)→(b)

⑥ (c)→(b)→(a)

⑾ イギリス支配下のインドについて述べた文としてもっとも適切なものを，次の①〜④の中から一つ選びなさい。

① ローイが，サティー（夫を亡くした妻の殉死）に反対した。

② イギリス領インド帝国のシパーヒーが，インド大反乱を起こした。

③ デリーで，インド国民会議の創立大会が開かれた。

④ ベンガル分割令の廃止後に，全インド=ムスリム連盟が結成された。

⑿ 地域統合について述べた文としてもっとも適切なものを，次の①〜④の中から一つ選びなさい。

① AU が OAU に発展した。

② シューマン=プランの提案後に ECSC が発足した。

③ イギリスに対抗して EFTA が結成された。

④ アメリカ合衆国を中心に MERCOSUR が発足した。

⒀ 次の表は，2001 年から 2020 年にかけての世界の二酸化炭素排出量を示している。この表を参考にしつつ，21 世紀最初の 20 年間における環境問題について述べた下の文(a)と(b)の正誤の組み合わせとして正しいものを，さらに下の①〜④の中から一つ選びなさい。

世界の二酸化炭素排出量（単位億トン）

年	2001	2002	2003	2004	2005	2006	2007	2008	2009	2010
	235	238	249	260	270	278	289	291	287	304

年	2011	2012	2013	2014	2015	2016	2017	2018	2019	2020
	313	316	322	323	322	322	327	335	334	315

(a)　世界の二酸化炭素排出量が300億トンを超えた後に，気候変動枠組条約締約国会議でパリ協定が採択された。

(b)　リーマン=ショックによる金融危機が起こった年から翌年にかけて，世界の二酸化炭素排出量が減少した。

①　(a)－正　　(b)－正

②　(a)－正　　(b)－誤

③　(a)－誤　　(b)－正

④　(a)－誤　　(b)－誤

数　学

(60 分)

I n を自然数とする。以下の問に答えよ。(30 点)

(1) すべての自然数 k に対して

$$\frac{1}{k(k+1)(k+2)} = \frac{a}{k(k+1)} + \frac{b}{(k+1)(k+2)}$$

を満たす a, b を求めよ。ただし a, b は k によらない定数とする。

(2) $\displaystyle\sum_{k=1}^{n} \frac{1}{k(k+1)(k+2)}$ を求めよ。

(3) $\displaystyle\sum_{k=1}^{n} \frac{1}{k(k+1)(k+2)(k+3)}$ を求めよ。

II　箱Aには赤玉が2個，白玉が1個入っており，箱Bには赤玉が1個，白玉が2個入っている。以下では，箱から玉を1個取り出し，赤玉か白玉かを確認してから箱へ戻すことをくじ引きと呼ぶ。くじ引きで取り出した玉が赤玉なら当たり，白玉ならはずれとする。

n を2以上の整数とし，太郎さんと花子さんは異なる方法でそれぞれくじ引きを n 回行う。

太郎さんの方法　コインを1回投げ，表が出たら箱Aでくじ引きを n 回，裏が出たら箱Bでくじ引きを n 回行う。

花子さんの方法　コインを1回投げ，表が出たら箱Aでくじ引きを1回，裏が出たら箱Bでくじ引きを1回行う。これを n 回繰り返す。

太郎さんがちょうど k 回当たる確率を $p(n,k)$，花子さんがちょうど k 回当たる確率を $q(n,k)$ とする。以下の問に答えよ。(35点)

(1) $n=3$ のとき，$p(n,k) \geqq q(n,k)$ となる k をすべて求めよ。

(2) $\dfrac{q(n,k+1)}{q(n,k)}$ を n と k で表せ。また，$n=10$ のとき，$q(n,k)$ が最大となる k を求めよ。

(3) 2以上のすべての整数 n に対して $p(n,0) > q(n,0)$ が成り立つことを示せ。

III　a を定数とする。2つの曲線 $y=x^3+3x^2+2x$，$y=ax^2$ について，以下の問に答えよ。(35点)

(1) a の値で場合分けをして，2つの曲線の共有点の個数を求めよ。

(2) 2つの曲線の共有点が2個であるすべての場合について，2つの曲線で囲まれた部分の面積を求めよ。

B 今の人其の愚心を以てして、而も聖人の智を師とするを知らず。
C 今の人其の愚心を以て知らずして、而も聖人を師とするの智なり。
D 今の人其れを以て心にして、而も師聖人の智を愚かにするを知らず。
E 今の人知らざることは其れを以て愚心にして、而も聖人の智を師とす。

〔問五〕 傍線(6)「不二亦過一乎」の解釈としてもっとも適当なものを左の中から選び、符号で答えなさい。

A 行き過ぎた行為ではない。
B 再び過ちを犯したのだろう。
C なんとまあ間違いではないか。
D その経過を見ることはできない。
E 二度と通り過ぎることはできない。

A　負けて
B　混乱して
C　妨害されて
D　危険を感じて
E　煩わしくなって

〔問二〕空欄(2)(3)に入る語の組み合わせとしてもっとも適当なものを左の中から選び、符号で答えなさい。

A　(2)放　(3)掘
B　(2)乗　(3)湿
C　(2)教　(3)探
D　(2)引　(3)嗅
E　(2)打　(3)耕

〔問三〕傍線(4)「与」の読みを平仮名で書きなさい。

〔問四〕傍線(5)「今人不知以其愚心、而師聖人之智」の書き下しとしてもっとも適当なものを左の中から選び、符号で答えなさい。

A　今の人其の愚心を以てするを知らず、而も師聖の人の智なり。

三 次の文章を読んで、後の問に答えなさい。(設問の都合上、返り点・送り仮名を省いた箇所がある)(20点)

管仲・隰朋従於桓公而伐孤竹。春往冬反、(1)迷惑失道。管仲曰「老馬之智可用也」。乃 (2) 老馬而随之、遂得道。行山中無水。隰朋曰「蟻冬居山之陽、夏居山之陰。蟻壌一寸而仞有水」。乃 (3) 地、遂得水。以管仲之聖・隰朋之智、至其所不知、不難師於老馬与(4)蟻。(5)今人不知以其愚心、而師聖人之智。(6)不亦過乎。

(『韓非子』)

注 管仲……春秋時代の斉の宰相。 隰朋……斉の公族。 桓公……斉の君主。 孤竹……国名。 陽……南。 陰……北。 蟻壌……蟻塚。 寸……約三センチメートル。 仞……中国の周代では七、八尺。一尺は約二三センチメートル。

〔問一〕 傍線(1)「迷惑」の意味としてもっとも適当なものを左の中から選び、符号で答えなさい。

(6)「絶えであらむ」

A 交際がつづくのだろう
B 関係を切らないでいよう
C 交際がとだえたらどうしよう
D 関係をつづければよかったのに

(8)「人げなき心地してなむ」

A 人としていかがなものかと腹が立ってきてね
B まるで自分が一人ぼっちになったような気がしてね
C 人として扱われていないような気持ちがしてね
D 自分がとても冷たい人のような気がしてきてね

〔問五〕傍線(7)「折あしうてのみ」とあるが、宮がそのように判断したのはなぜか。その根拠となる事実としてもっとも適当な部分を本文中から十字以内で抜き出して答えなさい。

〔問六〕(9)(10)の歌のやりとりの説明としてもっとも適当なものを左の中から選び、符号で答えなさい。

A 宮は式部を恨んでいてもあえて恨まないと言うことで別れを避けようとするが、式部は宮の心を察して別れを告げる。
B 宮は式部が他の男性と交際していることを許そうとするが、式部はその誤解が許せなくて宮との交際を拒絶する。
C 宮は式部との交際がどうでもよくなった気持ちをつたえるが、式部はまだ愛していることを告げて再考をうながす。
D 宮は自分を海人にたとえて式部から心が離れたことを告げるが、式部は自分の方こそ心が離れていると言い返す。
E 宮は式部の心が自分から離れていると思って別れを告げるが、式部は捨てられる悲しみを述べて引きとめようとする。

D　月を見て荒れたる宿にながむとは見に来ぬまでもたれに告げよと

E　ふけぬらむと思ふものから寝られねどなかなかなれば月はしも見ず

〔問二〕　傍線(2)「聞こしめしなほされにしがな」において、宮に対して式部はどのような思いをもっているか。その説明としてもっとも適当なものを左の中から選び、符号で答えなさい。

A　宮は自分のことを変な女だと聞いていらっしゃるが、本当は常識のある女であるとわかってもらいたい。

B　宮が自分を素行が悪い女だとお思いになっているのを、なんとかしてそんなことはないと思われたい。

C　宮には自分の悪いうわさが耳に入っているけれども、決してそのうわさを信じないでいただきたい。

D　宮のことが好きなので、どんな手をつかってでも、宮にだけはすてきな女性であるように思わせたい。

E　宮は自分を身分の低い女だとお思いになっているが、実は対等の立場であると認識を改めてもらいたい。

〔問三〕　傍線(3)(5)(11)の文法的な説明としてもっとも適当なものを左の中からそれぞれ選び、符号で答えなさい。

A　動詞　　B　形容動詞の語尾　　C　断定の助動詞　　D　伝聞の助動詞　　E　推定の助動詞

〔問四〕　傍線(4)(6)(8)の解釈としてもっとも適当なものを、左の各群の中からそれぞれ選び、符号で答えなさい。

(4)　「あはあはしうおぼされて」

A　源少将や治部卿の振る舞いにがっかりなさって
B　人びとが好き勝手なことを言うように思われて
C　自ずとわたしを軽薄な女だとお思いになって
D　自分たちの恋がとてもはかなく感じられて

「かくなむ言ふ」と聞こえて、「いと久しう、なによかよと聞こえさすることもなく、わざと頼みきこゆることこそなけれ、ときどきもかくおぼし出でむほどは、(6)絶えであらむとこそ思ひつれ。ことしもこそあれ、かくけしからぬことにつけて、かくおぼされぬる」と思ふに、身も心憂くて、「なぞもかく」と嘆くほどに、御文あり。

日ごろは、あやしき乱り心地のなやましさになむ。いつぞやも参り来てはべりしかど、(7)折あしうてのみ帰れば、いと(8)人げなき心地してなむ。

(9)よしやよし今はうらみじ磯に出でて漕ぎはなれ行く海人(あま)の小舟を

とあれば、あさましきことどもを聞こしめしたるに、聞こえさせむも恥づかしけれど、このたびばかりとて、

(10)袖のうらにただわがやくとしほたれて舟流したる海人とこそ(11)なれ

と聞こえさせつ。

（和泉式部日記）

注　小舎人童……敦道親王に仕える童。　樋洗童……和泉式部に仕える童女。

〔問一〕(1)の和歌は式部が送った歌に対する宮の返歌である。式部が宮に送った歌としてもっとも適当なものを左の中から選び、符号で答えなさい。

A　月見ればちぢにものこそ悲しけれわが身一つの秋にはあらねど

B　わがごとく思ひは出づや山の端の月にかけつつなげく心を

C　よそにても君ばかりこそ月見めと思ひて行きし今朝ぞくやしき

算し損なったためと考え、ロンブローゾと同じく教育的な配慮が必要と考える。

D　応報刑論者は殺人を犯した人間には死刑を与えることが妥当と考えるが、目的刑論者とロンブローゾは刑罰を人間の矯正のためと考え、死刑を回避して刑務所で適切な教育を施すべきと考える。

E　応報刑論者と目的刑論者は、人間は自由意思、または合理的な損得計算を間違えることで犯罪を犯すと考えるが、ロンブローゾは生物学的に決定されている気質によって犯罪を犯すと考える。

二　次の文章は、『和泉式部日記』の一節である。和泉式部は敦道親王（宮）と交際をはじめたが、しばらく疎遠となっていた。式部は宮に歌を送って久々の来訪を得た。これを読んで後の問に答えなさい。(30点)

帰らせたまひぬるのち、ありつる御文見れば、

(1)われゆゑに月をながむと告げつればまことかと見に出でて来にけり

とぞある。「なほいとをかしうもおはしけるかな。いかで、いとあやしきものに聞こしめしたるを、(2)聞こしめしなほされにしがな」と思ふ。宮も、言ふかひなからず、つれづれの慰めにとはおぼすに、ある人々聞こゆるやう「このごろは、源少将なむいま(3)すなる。昼もいますなり」と言へば、また「治部卿もおはすなるは」など、口々聞こゆれば、いとあはあは(4)しうおぼされて、久しう御文もなし。

小舎人童（こどねりわらは）来たり。樋洗童（ひすましわらは）例も語らへば、ものなど言ひて「御文やある」と言へば、「さもあらず。一夜おはしましたりしに、御門に車のありしを御覧じて、御消息もなきにこそはあめれ。人おはしまし通ふやうにこそ聞こしめしげ(5)なれ」など言ひて去ぬ。

〔問六〕　空欄(6)に入れるのにもっとも適当な四字以上六字以内の語句を本文中から抜き出して答えなさい。

〔問七〕　傍線(9)「事後法による処罰」の説明としてもっとも適当なものを左の中から選び、符号で答えなさい。

A　行為時に捕らえ損なった人を、後になって捕まえて処罰すること。

B　実行時には適法であった行為を、後に法律を作って処罰すること。

C　一度無罪となった行為を、後に別の行為から類推して処罰すること。

D　行為時の法律ではなく、後に露見した時点での法律で処罰すること。

E　一度処罰を決めた後に、新しく発見した犯罪でさらに処罰すること。

〔問八〕　空欄(10)に入れるのに最も適当な語句を左の中から選び、符号で答えなさい。

A　悪人　　B　劣者　　C　病人　　D　他者　　E　偏人

〔問九〕　応報刑論者と目的刑論者とロンブローゾの考えについて、もっとも適当なものを左の中から選び、符号で答えなさい。

A　応報刑論者は犯罪者に苦痛を与えることが正義と考え、目的刑論者は苦痛を与えることで犯罪を制御できると考えるが、ロンブローゾは犯罪者に苦痛を与えることは重要でないと考える。

B　応報刑論者も目的刑論者も、どんな人間でも犯罪を犯す可能性があると考えるが、ロンブローゾは、快楽マイナス苦痛が最大になるように計算して行動できない人間が犯罪を犯すと考える。

C　応報刑論者は敢えて悪を選んだ犯罪者の意思をとがめるために刑罰が必要と考えるが、目的刑論者は犯罪を利害を計

C　窃盗は、自分の財産を殖やそうとする点で快楽であるが、窃盗をしてまで財産を殖やそうとするのは少数の利己的な人間だけである。そこで国家が大多数の人間の利益のために窃盗を罰する法律を作れば、利己的に行動する少数の人間の窃盗が予防できる。

D　窃盗は、ある人にとっては自分の財産を殖やそうとする点で快楽であるが、窃盗の快楽の追求を認めると、窃盗をしようとしない多くの人の不幸を招く。そこで国家が窃盗を罰する法律を作れば、功利的に行動するはずの人間は、窃盗をしなくなる。

E　窃盗は、自分の財産を殖やそうとする点で誰にとっても快楽であるが、窃盗を国家が罰しないと、多くの人が幸福に暮らせる社会が実現できなくなる。そこで窃盗を罰する法律を作れば、快楽と苦痛を計算して行動する人間は、窃盗をしなくなる。

〔問五〕　傍線(5)「ロンブローゾの犯罪者論」とあるが、ロンブローゾの説として適当でないものを左の中から一つ選び、符号で答えなさい。

A　犯罪者を生物学的に判定して、矯正可能であれば教育し、そうでなければ隔離すべきである。

B　犯罪者に苦痛を与えても、再犯の防止にもならず、社会の犯罪全体が減ることにもならない。

C　犯罪者の特質を生来的に持っていそうな人間を医者があらかじめ診断して隔離すべきである。

D　犯罪者に与えられる刑罰をあらかじめ予告しておいても、犯罪を予防することにはならない。

E　犯罪者の処遇は法律によって一律に決めるべきではなく、人間を見てから決めるべきである。

〔問二〕 傍線(1)「刑を以て刑を去る」の意味としてもっとも適当なものを左の中から選び、符号で答えなさい。

A　刑罰をあらかじめ知らせることで、刑罰を受ける人が出ないようにする。
B　刑罰を一度科したら、その犯罪に対して別の刑罰を科さないようにする。
C　刑罰を科すことによって、将来的に刑罰そのものがなくなるようにする。
D　刑罰をなるべく科さないようにして、次第に刑罰が減少するようにする。
E　刑罰を与えたとしても、それが刑罰とは受け止められないようにする。

〔問三〕 傍線(3)「両者の本質」にあたるもっとも適当な箇所を本文中から二〇字以上二五字以内で抜き出し、その最初と最後の五文字を答えなさい。(句読点等も一字と数える)

〔問四〕 傍線(4)「このような論理」とあるが、その論理の前段にあたる部分を窃盗を例にして説明するとすれば、どのような論理になるか。もっとも適当なものを左の中から選び、符号で答えなさい。

A　窃盗は、自分の財産を殖やそうとする点で本来自然権に属するが、他の人にも自分の財産を守る権利があり、権利が衝突する。そこで窃盗を自然権ではないとし、それを罰する法律を作れば、快楽と苦痛を計算して行動する人間は、窃盗をしなくなる。
B　窃盗は、自分の財産を殖やそうとする点で功利的な行動であるが、窃盗を国家が罰しないと、多くの人が財産を失い、社会の利益が損なわれる。そこで窃盗を罰する法律を作れば、人間はおのずと功利的な行動を抑制するようになり、窃盗が予防できる。

著作権の都合上、省略。

（長尾龍一『法学に遊ぶ』による）

注　自然法……時代や場所にかかわらず、自然に存在すると考えられている普遍的な法。　自然権……人が国家の成立以前から持っていて、国家もそれを侵せないとされる権利。　行刑……自由を剥奪する刑を執行すること。　カール・ビンディング……ドイツの法学者。一八四一～一九二〇年。

〔問一〕　傍線(2)(7)(8)のカタカナを漢字に改めなさい。（楷書で一画一画明確に書くこと）

著作権の都合上、省略。

著作権の都合上、省略。

著作権の都合上、省略。

著作権の都合上、省略。

国語

（六〇分）

（注）満点が一〇〇点となる配点表示になっていますが、国文学専攻（英語外部試験利用方式を除く）の満点は一五〇点となります。

一　次の文章は、イタリアの犯罪学者、チェーザレ・ロンブローゾ（一八三五～一九〇九年）が刑法に与えた影響について書かれたものである。ロンブローゾは一八七六年に発表した『犯罪者』で、犯罪者は生物学的に特殊な人間であることを論じている。これを読んで、後の問に答えなさい。（50点）

解答編

英語

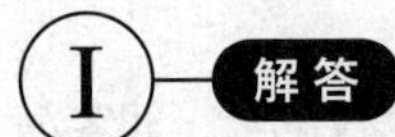

(1)—㋐ (2)—㋐ (3)—㋒ (4)—㋑ (5)—㋓ (6)—㋓
(7)—㋒ (8)—㋒ (9)—㋒ (10)—㋑

解説

(1) A：最近，多くの人が２つ以上の仕事をしていると聞きました。

B：ええ，多くの人が不景気のときに支えとなるような何かにすがろうとしています。

A：私もやってみようと思っているんです。

grasp at *A* は，「*A* にすがろうとする，つかみかかる」の意味の熟語表現。

(2) A：気候変動は最近の重要な問題です。大学は何か行動を起こしていますか。

B：大学の多くの建物にソーラーパネルがあります。石油やその他の化石燃料への依存を減らすことができます。

A：我が家の屋根にもありますよ。環境にやさしいし，お金も節約できる。

同じようなつづりで始まる単語が並んでいるが，ここでは文意より reduce *A*「*A* を減らす」が正解。

(3) A：明日の授業で，有名な発明家の名前を何人か挙げなきゃいけないんだけど。

B：トーマス=エジソンとアレクサンダー=グラハム=ベルが，それぞれ録音と電気通信の分野で重要な進歩を成し遂げてるよ。

A：ありがとう，２人について話すよ。

respectively は「それぞれに」を意味する副詞。「尊敬」に類する意味はもたないことに注意。

(4)　A：火星へのミッションには4年の歳月と莫大な費用がかかるでしょう。

B：その通りですが，私は科学の進歩のためのその可能性に期待しています。

A：同感です。太陽系を探査するメリットはたくさんありますから。

potential は「(潜在的な) 可能性」を示す語。

(5)　A：今日の午後の会議の予定はなんだっけ？

B：今日は最新の売上高が討議対象です。

A：ああ，そうだった。目標を達成できてよかったよ！

under discussion で「審議中で」の意味。

(6)　A：その試合が昨日だったか一昨日だったか覚えてないけど，観客が怪我したんだってね。

B：それがいつ起こったとしても，安全対策が不十分だったことに言い訳はできないよね。

A：そうそう，観客がフィールドに近すぎる場所に立つことが許されていたしね。

no matter＋疑問詞で「(疑問詞の意味)＋SがVだとしても」という譲歩の意味。Aが最初の発言で時間的なことを述べているので，受け手の発言と文法的な観点から，答えは㊁の when を選ぶ。

(7)　A：声は聞こえるけど，君の姿が見えないよ。画面が真っ暗だ。

B：了解，何か技術的な問題が発生しているようだね。ちょっと待っててくれるかな。

A：わかった。早く解決できることを願ってるよ。

by との結びつきと文意から，stand を選ぶ。stand by「待機する」

(8)　A：定期的に運動をし始めたんだけど，目標を達成できるかどうか自信がないんだよね。

B：トレーニングを計画するときは，自分の限界を自覚することが大切だよ。

A：少しずつ改善していけたらいいなと思ってるよ。

Aの2度目の発言で「改善する」という言葉が出ているので，そのスタートとして必要なのは，「いまの自分の限界を自覚する」ことである。realize *A*「*A* を悟る，自覚する」

(9)　A：ある有名な会社の社長が最近逮捕されました。

B：彼はどんな罪に問われたんですか。

A：警察によると，顧客に嘘をついたんだそうです。

熟語表現の問題。accuse *A* of *B*「*A* を *B* の理由で告訴する」

(10)　A：妹は科学者になるのが夢なの。励ますために，有名な女性科学者の本をプレゼントしようと思っているんだけど。

B：マリー=キュリーについての本を買うことを勧めるわ。彼女のアイデアは医学の発展に大きな影響があったのよ。

A：ありがとう，そうするわ。

have a＋形容詞＋effect on *A*「*A* に～な影響を与える，効果がある」の表現が用いられていることに気がつけば正答できる。

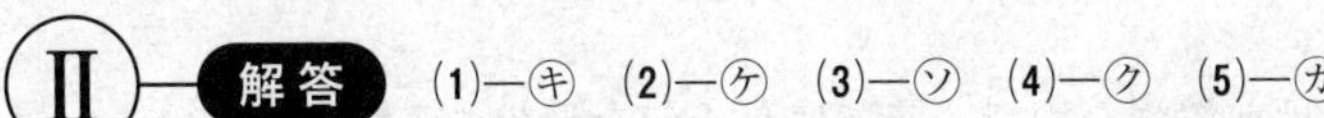

Ⅱ　解答　(1)―㋖　(2)―㋘　(3)―㋞　(4)―㋗　(5)―㋕

解説

(1)　正文は，Judging from the look of satisfaction on her face(, that wine must have tasted very good.) となり，㋖の look が正解。look「表情，目つき，顔つき」

(2)　正文は，(You have) an increased risk of lung cancer if you are exposed to (other people smoking for long periods of time.) となり，㋘の of が正解。なお，この of は risk の内容を説明するための同格の of。

(3)　正文は，(It) goes without saying that loving someone is the most valuable experience(.) となり，㋞の without が正解。it goes without saying that S V「SがVなのは言うまでもない」

(4)　正文は，(How) much trouble there would be if human beings could (actually control the weather!) となり，㋗が正解。

(5)　正文は，It is the responsibility of the living to remember the dead(.) となり，㋕の living が正解。the living や the dead といった the＋形容詞の表現は「～の人々」の意。

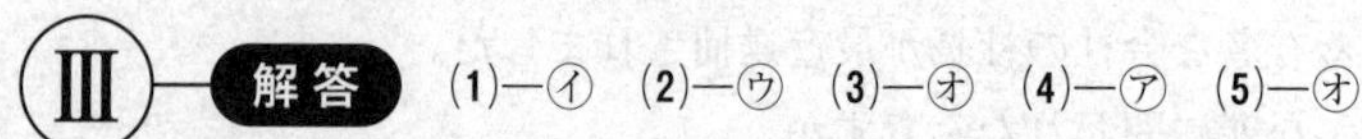

III 解答 (1)—㋑ (2)—㋒ (3)—㋔ (4)—㋐ (5)—㋔

解説

(1) 自動詞の follow には前置詞の to と共に用いる用法がない。また，内容的に考えても，重篤な状態はアレルギー反応を示した後で起こるので，follow を用いると因果関係が逆になる。following to の部分を causing などに代えれば可。

(2) 内容的な観点で考えると「タイプライターの大部分がコンピュータに取って代わられた」ことと，「タイプライターが今でも一部の作家によって使われている」ことは対比的なので，when ではなく while などが適切。

(3) 前置詞の後なので，形を動名詞 preventing にするべき。

(4) 「装置，器具」を表す単語は device である。devise「考案する，案出する」

(5) despite は前置詞なので，節ではなく句を形成するために用いる。接続詞 Though などに代える。

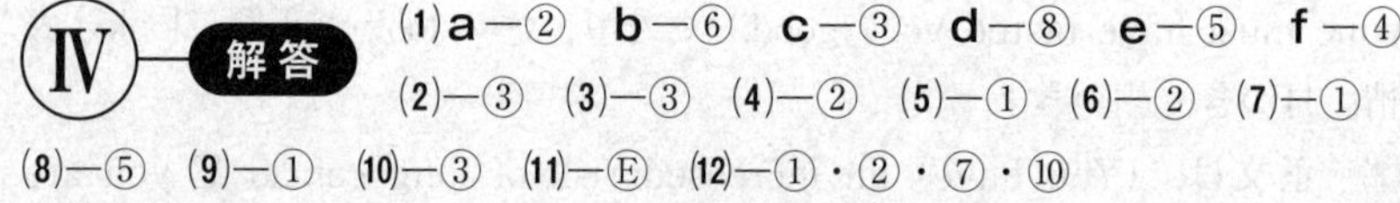

IV 解答 (1) a—② b—⑥ c—③ d—⑧ e—⑤ f—④ (2)—③ (3)—③ (4)—② (5)—① (6)—② (7)—① (8)—⑤ (9)—① (10)—③ (11)—Ⓔ (12)—①・②・⑦・⑩

全訳

《幸福の追求》

[1] 幸福の追求とはどのようなものだろうか。多くの人にとって，それは終わりのない旅であり，打ち込めば打ち込むほど，より多くを得られるものである。エリザベス=ギルバートの感動的なベストセラー『食べて，祈って，恋をして』の中にある次の一節についてちょっと考えてみよう。彼女はその中で，精神面での教えを得た師からのいくつかの助言について述べ，「幸せは個人の努力の結果である。人はそのために闘い，努力し，主張し，時には世界中を旅してまでそれを探し求める。人は自分が祝福されていることを限りなく認識しなければならない。そしていったん幸福の境地に達したら，その幸福の中へと上に向かって永遠に泳ぎ続けるために，そして幸福の上に浮かび続けるために，とてつもない努力をしなければならない。そうしなければ，自然な心の平穏を失ってしまうだろう」と言っている。

2 このような考え方は一部の人には有効かもしれないが，最新の科学的研究によれば，それは多くの人にとって逆効果をもたらす可能性もあり，たとえばストレス感，孤独感，個人的な失敗の感情につながる。この見解によれば，幸福とは怯えた鳥のようなもので，捕まえようと懸命になればなるほど，遠くに飛んで行ってしまうのだ。この研究結果は，誕生日やクリスマス，大晦日といった特別なイベント時に一部の人が感じがちなストレスや失望を説明するのに役立つ。しかし，この研究結果はまた，あなたの長期的な幸福にも大きな意味を持ち，より幅広い人生の目標を設定するための有用な指針も与えてくれる。

3 カリフォルニア大学バークレー校のアイリス=モースは，この考えを科学的に探究した最初の心理学者の1人である。彼女は，ここ数十年の間にアメリカで出版された大量の自己啓発本に触発されたと言う。そしてその多くは，幸福は生きるために必要不可欠なものだと説明している。「どこを見ても，幸福があなたにとっていかに良いものか，またあなたは基本的に自分自身をもっと幸福にしなければならず，それは義務のようなものだ，と書かれた本があります」と彼女は言う。しかしそのような本は人々が失望するための準備を整えているだけなのだろうか。「人々はこの結果，自分自身の幸せに対して非常に高い基準を設定するかもしれません。人々は，自分は常に幸せであるべきだ，あるいは極めて幸せであるべきだと考える可能性があります。するとそれによって人々は自分自身に失望したり，求める基準に達していないと感じたりする恐れがあります。そしてそれは自滅的効果を持つ可能性もあるのです」と彼女は言う。

4 彼女はまた「私はどのくらい幸せなのだろう」と単純に問いかけるだけでも，助長しようとしている感情を抑制する自意識を生むのではないかと考えた。モースは同僚と協力して，一連の研究でこの考えを検証した。たとえば詳細な質問リストを作って，次のような考え方について参加者に点数をつけてもらった。

- ある瞬間に私がどれだけ幸せであるかは，私の人生がどれだけ有意義なものであるかを物語っている。
- 有意義な人生を送るためには，私は幸せだとほとんどの時間感じる必要がある。
- 私の個人的な幸福に影響する範囲に限って，私は人生における物事の価値を評価する。

5　予想通り研究チームは，これらの考えを強く支持する人ほど現在の生活への満足度がより低いということを発見した。そしてこの結果は，参加者の置かれた状況によって複雑なものとなった。最愛の人の死など，ストレスの多い出来事を最近経験した人々は，幸福に対する感じ方に違いがなかった。つまり，幸せでありたいという願望は，状況が本当に厳しいときに人を必ずしも落ち込ませるわけではないが，状況が良いときに自然に生じるであろう充足感を抑制する可能性があるということだ。

6　モースの研究チームは次に，自分たちが人々の感じ方に影響を与えて，短期間で幸福感を変えることができるかどうかを調べた。そのために，参加者の半数には幸福の重要性を強調した偽の新聞記事を読んでもらい，もう一方のグループには「良い判断力」の利点について感情面にはまったく言及せずに書かれた同様の記事を読んでもらった。次に研究チームは参加者にオリンピックでの優勝を題材にした心温まる映画を見てもらい，その後に彼らの気分について質問した。するとまたしても研究チームは皮肉な結果に気づいた。その映画を見て，より大きな幸福を望むように促された参加者たちは，淡々とした記事を読んだ参加者たちに比べて，気分があまり向上しなかったのである。

7　幸福について書かれた記事を読んだことで，参加者たちはポジティブで希望に満ちたものを見たときに自分はどう感じるべきかについて期待を高め，自分がどう感じるかについて常に問いかけていたようだ。自分たちの実際の感情がそれらの基準に達しなかったとき，彼らは喜びよりも失望を感じて映画を見終えた。結婚式のような大きなイベントや，高価な「一生に一度の旅行」を経験した人は，おそらくこのように感じたことがあるだろう。最後の一瞬まで楽しもうと思えば思うほど，それは楽しくなくなってしまう。それに対して，近場で思いがけなく楽しい旅行をすると，それははるかにポジティブな経験になったかもしれない。また一方で，モースの研究は，このことが人生の他の多くの分野にも当てはまる可能性があることを示している。

8　モースはその後の研究で，幸福に対する欲求（および幸福の追求）は孤独感や離脱感を高める可能性があり，その理由はおそらく，幸福を求めることによって，自分の周りの人を十分に理解することよりも，注意を自分自身や自分自身の気持ちに集中させてしまうことであると示した。「自己収束は私に他の人々との関わりを少なくさせ，他の人々が自分の幸福を『邪魔している』と感じれば，私は彼らをより否定的に評価するかもしれません」とモースは付け加えた。

⑨ これらの影響はそれだけにとどまらない。今年初め，トロント大学のサム=マグリオとラトガース大学のエーキョン=キムは，時間がどんどん過ぎ去っていると感じるように仕向けることによって，幸福を意識的に追求することが逆効果を生む可能性があるという新たな別の発見をした。モースと同様，マグリオとキムはその原因を突き止めるために，自己報告式を含む簡潔で多岐にわたる調査を行った。そのうちの1つは，調査の参加者たちに，人生において自分を幸せにしてくれるであろうことを10個挙げてもらうというものであった（たとえば，週に数時間，家族と一緒に過ごす時間を確保するといったような簡単なこと）。すると参加者たちは，将来に対してポジティブな感情を抱くようになるどころか，それらすべてを行うための時間が限られていることに特にストレスを感じるようになり，結果として幸福度が低下したのである。これは，単純に「その時点」で自分を幸せに感じさせてくれることを列挙した場合は当てはまらなかった。つまり問題なのは，幸福度を増したいという欲求だったのである。

⑩ マグリオによると，問題なのは，幸福とは漠然とした動く目標のようなものだということだ。自分が最大限の幸福に達したと感じるのは非常に難しいし，たとえ本当に満足を感じたとしても，今度はその気持ちを長引かせたくなる。その結果，常にやるべきことが多く残ってしまう。「幸せは，『今すぐ享受できる楽しいもの』から，『何度も何度も取り組み続けなければならない重荷』に変わるのです」とマグリオは言う。

⑪ エリザベス=ギルバートが『食べて，祈って，恋をして』の中で「その幸福の中へと上に向かって永遠に泳ぎ続けるために，そしてその上に浮かび続けるためにとてつもない努力が必要」と書いているのを覚えているだろうか。マグリオとキムの研究によれば，まさにそのような考え方が，実際は私たちの幸福度を下げてしまうのである。

解説

(1)**a**．travel around ～「～中を旅する」

b．lead to *A*「*A* へとつながる」

c. present *A* as *B*「*A* を *B* として示す」

d. with no reference to emotion＝without referring to emotion と考える。

e. コロン以下は another way の説明と考えられるので，手段を表す by を選ぶ。

f. work at *A*「*A* に取り組む」

(2)　下線部直後の suggests 以下，it can also have the opposite effect … and personal failure がその結論なので，③が最も適切。

(3)　後述されている the harder you strive to catch it, the further it flies away「捕まえようと努力すればするほど，遠くに飛んで行ってしまう」のはどのような鳥かを考えるとよい。③ frightened「おびえた」が最も適切。

(4)　explore には「～を探検する」の他に，「～を（詳しく）調査する」の意味がある。

(5)　下線部を含む第3段には，「あなたは自分自身をもっと幸福にしなければならない，と書かれた自己啓発本を読むと，人は自分の幸福に対して非常に高い基準を設定し，その基準に達しないと失望する恐れがある」という内容が書かれている。したがって，self-defeating effects「自滅的効果（目的に反する効果）」は①が最も適切。

(6)　下線部(3)は「予想通り研究チームは，これらの考えを強く支持する人ほど現在の生活への満足度がより低いということを発見した」の意。したがって，「現在の生活への満足度がより低い」という結果を招いた要因は「これらの考えを強く支持すること」である。「これらの考え」とは下線部(3)の直前に書かれている3つの考えであり，その内容からは「私は幸福かどうかという自意識が非常に強い」ことが推測される。したがって②が最も適切。

(7)　第7段第1文（It seems that …）の the participants' expectations ～ positive and hopeful を受けた内容であるので，①が正解。

(8)　(ウ)の直前の the more you wanted to enjoy every last moment, the less fun it became「最後の一瞬まで楽しもうと思えば思うほど，それは楽しくなくなってしまう」と，(ウ)の直後の an unexpectedly good trip somewhere nearby may have been a far more positive experience「近

場で思いがけなく楽しい旅行をすると，それははるかにポジティブな経験になったかもしれない」は対比的な内容であるので，⑤ whereas「一方，それに対して」が適切である。

(9) (エ)の前に書かれている focus your attention on yourself and your own feelings「注意を自分自身や自分自身の気持ちに集中させる」と対比を成すような動詞を選ぶとよい。appreciate *A*「*A* を十分に理解する」

(10) (オ)の後に，「たとえ本当に満足を感じたとしても，今度はその気持ちを長引かせたくなる」のはどのような幸福に達したときかを主眼に答えを選ぶ。

(11) 「問題なのは，幸福度を増したいという欲求だったのである」という文を入れる場所を答える問題なので，「幸福度を増したいという欲求があるとどうなるのか」が具体的に書かれている文がその前にある箇所を選ぶとよい。Ⓐ～Ⓔが含まれる段落の要旨は以下の通りである。

第1段Ⓐ：「幸せは個人の努力の結果である」と主張する人もいる。

第2段Ⓑ：「幸せは個人の努力の結果である」という考え方は逆効果をもたらす可能性もあり，ストレスや孤独感などにつながる。

第5段Ⓒ：幸せでありたいという願望は状況が厳しいときに必ずしも人を落ち込ませるわけではないが，状況が良いときに自然に生じる充足感を減らす可能性がある。

第8段Ⓓ：幸福を追求すると人は孤独に感じることがあり，それはおそらく自分自身や自分自身の感情により注意を集中するためである。

第9段Ⓔ：現在自分を幸せにしている事柄ではなく，将来自分を幸せにしてくれるであろう事柄を考えると，ストレスを感じて幸福度が低下する。

したがってⒺが最も適切である。

(12)①「あるベストセラー本は，幸福とは個人の努力の結果であると考えている」

第1段第4文（“Happiness is the …）の記述内容に一致する。

②「幸福であり続けるということは，その幸福の中へと上に向かって永遠に力強く泳ぎ続けることだ，と言う人もいる」

第1段第7文（And once you …）でエリザベス=ギルバートがそのように述べている。

③「何人かの研究者は，ある研究において参加者に日常生活の中で守って

ほしいことを書いたリストを渡した」

この内容を記述した文は見当たらない。

④「何十年も前，アメリカでは幸福に関する本が数多く出版された」

第3段第2文（She says she …）によると，幸福に関する多くの本が出版されたのは過去数十年の間で，何十年も前ではない。

⑤「ある研究において，幸福の重要性に関する記事を読んだグループは，映画を見た後で他のグループよりももっと幸せに感じた」

第7段第2文（When their actual …）には，それとは逆のことが起こりうる可能性が書かれている。

⑥「一生に一度の高価な旅行では，近場の旅行ほど幸せにはなれないだろう」

第7段第3文（You've probably felt …）後半にこれに関連する内容が書かれているが，誰もがそうであるとは断定していない。

⑦「幸せなはずの人生の一大イベントでも，幸せを感じられないことはよくある」

第7段第3文（You've probably felt …）前半の内容に一致する。

⑧「幸福を追求するためには，人は周囲との関係を断ち切り自分自身に集中すべきである」

第8段に「幸福を追求すると人は孤独感を強める可能性があり，その理由はおそらく，周囲の人を理解するよりも注意を自分自身に集中させることだろう」と書かれているが，「人は周囲との関係を断ち切り自分自身に集中すべきである」とは書かれていない。

⑨「今感じている幸福に焦点を当てるよりも，未来に目標を定めたほうが幸福になれる」

第9段最終2文（Rather than leading … *at that moment.*）にこれとは逆の記述がある。

⑩「完全な幸福を達成しようと努力すると，人は幸福度が減ることが多い」

最終段（Remember Elizabeth Gilbert's …）の内容に一致する。

講評

2024年度は，すべてマークシート方式の選択式で大問4題の構成であった。2020年度まで出題されていた英文和訳，和文英訳問題が姿を消してから4年目の入試となるが，かつての形式に戻ることも考えられるので，授業レベルの英文和訳・和文英訳問題はきちんとこなせるようになっておきたい。

長文読解問題の英文量は2023年度同様に多めであり，英文を読む際に根気と速度が要求される。扱われている題材に目を向けると，2024年度は2023年度同様，評論文的な内容であった。読解問題には，社会問題や環境問題などを含め，エッセイ的なものや評論文，物語文など，多様な内容の英文が出題されることが考えられるので，さまざまなテーマが盛り込まれた問題集などを用いて，怠ることなく準備をしておくことをお勧めする。

解答の際には，量の多い課題文を素早く読み，内容を理解することが必要である。各段落の内容はもちろんのこと，課題文全体の段落構成を意識して英文を読む練習をしておくこと。基本的な語彙力・文法力を身につけ，長い英文を読むことに慣れておいてほしい。

日本史

I 解答

問1. エ　**問2.** イ　**問3.** オ　**問4.** 菜畑
問5. イ　**問6.** 前方後円墳　**問7.** イ　**問8.** イ
問9. エ　**問10.** 長岡京

解説

《旧石器時代～平安時代の遺跡・遺物》

問1. エ．正解。ア．誤文。和田峠ではなく白滝。

イ．誤文。芹沢長介ではなく相沢忠洋。

ウ．誤文。浜北人ではなく三ヶ日人。また直良信夫ではなく鈴木尚である。

オ．誤文。正しくは岩宿遺跡などの発見により「日本列島における旧石器時代の遺跡の存在は」証明された。

問2. イ．正解。やや難。日本最古の土器は，青森県の大平山元Ⅰ遺跡から発見されたもので，縄文などの文様がない完全に無文のものであった。「氷河期が終わる直前の頃」とはいえ，縄文草創期の土器は無文，という知識から導きたい。

ア．誤文。問題文に「氷河期が終わる直前」とあるから「氷河期が終わって暖かくなり」から誤っており，寒冷な気候で「ドングリが多く収穫できる植生」ではなかった。

ウ．誤文。前述のように，まだ寒冷であって縄文海進は起こっていない。

エ．誤文。「蛇のモチーフの取手や火焔を模した土器」は，縄文中期の土器の特徴で，「銅鐸」は弥生時代の宝器・祭器であるから誤り。

オ．誤文。「朝鮮半島から大陸系の技術がもたらされ」たのは，弥生時代である。

問3. オ．正解。やや難。

ア．誤文。三内丸山貝塚ではなく三内丸山遺跡である。

イ．誤文。大森貝塚の位置はｆではなくｇ，また昭和初期ではなく明治初期に発掘された。

ウ．誤文。加曽利貝塚の位置はｇではなくｆ。住居跡も見つかっている。

エ．誤文。夏島貝塚は縄文晩期ではなく縄文早期である。

問4． Aの佐賀県にある「日本列島で最も古い時期の水田」が発見されたのは，菜畑遺跡である。石包丁や鍬などの農具や炭化米も出土した。

問5． イ．正解。やや難。

ア．誤文。砂沢遺跡は，弥生前期に青森県にまで水稲耕作が伝播したことを示すものであり，「ムラ同士が連合してクニへと発展していった」という下線部④の状況とは関係がない。

ウ．誤文。紫雲出山遺跡には方形周溝墓はない。また大型環濠集落ではなく，高地性集落である。

エ．誤文。吉野ヶ里遺跡はmでなくn。また，卑弥呼がいたのは邪馬台国であり，伊都国ではないが，吉野ヶ里遺跡と卑弥呼の時代とはずれがあり，都とされていない。

オ．誤文。nでなくmの福岡県の須玖岡本遺跡から「大型の甕棺墓による王墓」が出土した。板付遺跡ではない。

問7． イ．正文。やや難。ア．誤文。鉄刀ではなく鉄剣。

ウ．誤文。qではなくr。また，特殊器台と特殊壺は，弥生時代後期の吉備地方の墳丘墓や，古墳時代初期の古墳にしかみられない。古墳時代中期の造山古墳からは出土していない。

エ．誤文。rではなくq。また，五色塚古墳は中期古墳であり，正しくは，竪穴式石室をもつ前方後円墳である。

オ．誤文。「倭王讃とされる大王銘の鉄剣」ではなく，ワカタケル大王の銘がある鉄刀，である。なおワカタケル大王は，『宋書』に倭王武と記された人物と同一とみられる。

問8． イ．正解。飛鳥板蓋宮は皇極天皇の宮。ここで蘇我入鹿が討たれる乙巳の変が起こった（645年）→孝徳天皇が即位して難波宮に遷都（645年）→白村江の敗戦のあと，中大兄皇子は近江大津宮へ遷都し（667年），翌年，即位した→壬申の乱で勝利した大海人皇子が飛鳥浄御原宮で即位した（673年）→持統天皇が中国の都城制に倣った藤原京に遷都した（694年）。どの天皇の宮だったか，どんな背景で遷都したか，などの知識から正解を導きたい。

問9． エ．正解。磐舟柵は孝徳天皇の時代にuの越後国（現・新潟県村上市）に造営された（648年）→聖武天皇の時代に，太平洋側に鎮守府と陸奥国府となる多賀城をx（宮城県多賀城市）に設置した（724年）→聖武天皇の時代に出羽柵（山形県庄内地方）を北進させてｗ（秋田県雄物川河口）に秋田城を造営した（733年）→桓武天皇が派遣した坂上田村麻呂は，北上川中流域のｙ（岩手県奥州市）に胆沢城を築いた（802年）。

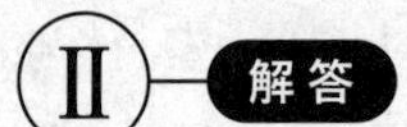

問1． 開発領主　**問2．** エ　**問3．** 留守所　**問4．** イ
問5． オ　**問6．** 有職故実　**問7．** イ　**問8．** エ
問9． 桂庵玄樹　**問10．** ア

解説

《「鹿子木の事」─中世の学問・教育》

問2． エ．正解。史料の２条目を冒頭から口語訳すれば，「寿妙の子孫の高方の時に，権威を借りるために藤原実政卿を領家として年貢400石を納めることとし，高方は荘園の現地を完全管理する預所職となった」。つまり，高方は税の負担から逃れるために鹿子木荘を藤原実政に寄進し，年貢の一部の400石を貢納する条件で，自らは預所職という荘官となって現地の管理・支配を継続した，ということなので，エと合致する。

問4． イ．正解。ｂ．誤文。「息子である堀河天皇の死後に本格的な院政を始め」たのは，白河上皇である。ｄ．誤文。藤原通憲が院の近臣であったのは，後白河上皇である。ｅ．誤文。「新たに滝口の武者を設置」したのは，宇多天皇である。よって，正文はａ・ｃである。

問7． イ．正解。すべての史書の成立年代はわからなくとも，最も古いものさえわかれば，選択肢はイに絞れる。年代順に並べると，ｂ．『大鏡』は院政期に成立した→ｅ．慈円は倒幕を計画する後鳥羽上皇を諫めるために，承久の乱直前に『愚管抄』を著した→ａ．虎関師錬は鎌倉後期に『元亨釈書』を著した→ｄ．北畠親房が，南北朝の内乱期に劣勢の南朝を継いだ後村上天皇の正統性を主張する『神皇正統記』を著した→ｃ．３代将軍足利義満から九州探題に任じられた今川了俊が，今川家の歴史や『太平記』の誤りを訂正するため『難太平記』を著した。

問8． エ．正解。金沢文庫は，北条実時が武蔵国六浦荘（現・神奈川県横浜市）に開設したから，位置はｃである。足利学校は，下野国足利荘（現・栃木県足利市）にあったから，位置はｄである。

問10． ア．正文。イ．誤文。博多ではなく奈良。
ウ．誤文。「村田珠光によって『万葉集』が」ではなく，東常縁によって

『古今和歌集』が，である。

エ．誤文。忍性が活躍したのは鎌倉時代であり，室町時代ではない。

オ．誤文。「宋版」ではなく五山版である。

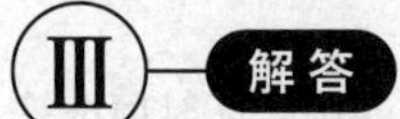

問1． たたら（製鉄）　**問2．** オ　**問3．** ア

問4． イ　**問5．** 後水尾（天皇）

問6． 楽市　**問7．** イ　**問8．** ウ　**問9．** 林　**問10．** エ

解説

《「楽市令」「足高の制」ほか―近世の政治・外交・文化》

問3． ア．正解。a．正。萩焼は毛利輝元が朝鮮から連れ帰った陶工を城下の長門国（山口県）萩に住まわせて焼かせたことに始まる。

b．正。有田焼は鍋島直茂の家臣が朝鮮から連れ帰った陶工が肥前国（佐賀県）有田で白磁焼成に成功したことに始まる。

c．誤。瀬戸焼は，鎌倉時代に中国の製陶技術を導入して尾張国（愛知県）瀬戸付近で生産が始まった。

問4． イ．誤文。秀吉は「商船の来航禁止」は命じていない。

問7． イ．正解。b．誤文。「逃げ延び候ハバ，追船等差し出すに及ばず」つまり，外国船が逃げ延びたら，追跡船を出す必要はない，というから「決して逃がしてはならないと命じている」は誤り。

d．誤文。この異国船打払令は，日米和親条約の締結（1854年）より前に，漂着した外国船には薪水・食料を与える天保の薪水給与令によって緩和された（1842年）。

問8． ウ．正解。この足高の制は，「御役勤め候内御足高仰せ付けられ」と，在職中のみ役高の不足の石高を支給することで，加増を世襲せず幕府の財政膨張を防ぎながら，「有能な人材の登用」を図るものであった。

問9．「朱学」を，将軍家は「慶長以来御代々御信用」し，その朱子学を代々維持するよう将軍から「仰せ付け置かれ」ている家だから，林家である。林羅山が初代将軍徳川家康に登用されて以来，代々林家が幕府の儒官として仕えていた。

問10． エ．正解。史料1は，織田信長が安土城下町に出した楽市令→史料3は，享保の改革で出された足高の制→史料4は，寛政の改革で出された寛政異学の禁→史料2は，大御所時代に出された異国船打払令である。

IV 解答 **問1**．イ **問2**．高杉晋作 **問3**．エ **問4**．ア
問5．エ **問6**．時事新報 **問7**．エ
問8．平塚らいてう **問9**．オ **問10**．ウ

解説

《「脱亜論」ほか―江戸～大正の政治・文化・社会》

問1．イ．正解。江川英竜は，銃砲の製造のために伊豆韮山に反射炉を築いた。なお，アは大塩平八郎，ウは本多利明，エは勝海舟，オは渋沢栄一の事績である。

問3．エ．誤文。兵役についた者には農家の二男以下の者などが多かった。

問4．ア．誤文。「土地を支給する」ではなく，一時金を支給する，である。

問5．エ．正文。史料を執筆したのは，福沢諭吉である。なお，アは中村正直，イは前島密，ウは西郷隆盛・板垣退助・後藤象二郎ら複数該当者がある。オは新島襄である。

問6．福沢諭吉は，この史料を掲載した『時事新報』を1882年に創刊した。

問7．エ．正解。この史料は甲申事変のあと，日清関係が悪化したなかで発表された「脱亜論」である。日本はアジア諸国との連帯はやめ，むしろ「西洋諸国側の一員となり」，ともにアジア分割に加わるべきとしている。

問8．史料は，「『青鞜』創刊の辞」である。文芸団体「青鞜社」を設立した平塚らいてうが書いたものである。平塚雷鳥・平塚明と解答してもよいだろう。

問9．オ．正文。難。

ア．誤文。途中2回の休刊はあったが，1911年9月～1916年2月号まで出版された。発行停止に追い込まれた訳ではない。

イ．誤文。「男性が女性をないがしろにしている現状を批判」ではなく，「女性が一個の人間として目覚め，その自我を全国的に解放する精神革命」を女性解放と呼び，訴えている。

ウ．誤文。矢島楫子が1893年に設立した日本基督教婦人矯風会が廃娼運動を起こした。

エ．誤文。「女性の解放をめざす運動が成果を上げた頃に発表」ではなく，この『青鞜』の発表を機に女性解放運動が始まったのである。

問10. ウ．正解。b．第一次世界大戦前に，鈴木文治らが友愛会を組織した（1912年）→e．第一次世界大戦中のインフレと「シベリア出兵を当て込んだ米の買い占め」などで，米騒動が発生した（1918年）→d．第一次世界大戦後のパリ講和会議中，民族自決の国際世論が高まるなか朝鮮で三・一独立運動が起こった（1919年）→a．友愛会から改称した大日本労働総同盟友愛会が，日本初のメーデーを開催した（1920年）→c．社会的差別の自主的な撤廃を目的に全国水平社が組織された（1922年）。

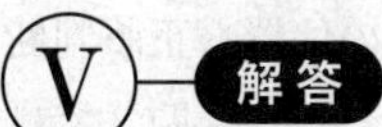

問1. 戒厳令　**問2.** エ　**問3.** オ　**問4.** イ
問5. ウ　**問6.** 片山哲　**問7.** イ
問8. 警察予備隊　**問9.** ア　**問10.** オ

解説

《「日本改造法案大綱」―昭和の政治・外交・文化》

問2. エ．正解。1942年4月のいわゆる翼賛選挙は，東条英機内閣によって実施された。前回の1937年4月に実施された総選挙で議席を伸ばしたのは，安部磯雄を党首とする社会大衆党であった。なお，高野房太郎は社会民主党の結成に参加していないうえに，明治末年に死去している。幸徳秋水は社会民主党の結成メンバーだが，1910年に大逆事件で死刑になっているから，両者は消去できる。

問3. オ．誤文。正しくは，「鮎川義介の日産コンツェルンや野口遵の日窒コンツェルン」である。

問4. イ．誤り。正しくは，高山樗牛『太陽』。

問5. ウ．正解。e．第1次加藤高明内閣で日ソ基本条約が締結された（1925年）→d．田中義一内閣で山東出兵が実施された（1927・28年）→a．浜口雄幸内閣がロンドン海軍軍縮条約を締結した（1930年）→c．満州国の承認撤回を求める勧告を拒否した斎藤実内閣は，国際連盟からの脱退を通告した（1933年）→b．米英と対立し国際的に孤立した一方で，広田弘毅内閣が日独防共協定を締結して（1936年），日本は枢軸国に接近し始めた。以上，内閣ごとに因果関係を交えて配列を考えるとよい。

問7. イ．正解。a．誤文。サンフランシスコ平和条約に，ソ連は調印していない。b・c．正文。

問9. ア．誤文。極東委員会ではなく対日理事会の説明である。なお，極東委員会は，ワシントンに設置された対日占領政策決定の最高機関である。

問10. オ．誤文。「文化庁が設置された」ではなく，文化財保護法が制定された。なお，文化庁は1968年に設置された。

講評

Ⅰ　旧石器時代～平安時代の遺跡・遺物に関して，考古学分野に歴史地理的分野を交えて重点的に出題された。問1・3・5・7では正文5択問題の中に，問9では配列問題の中に，遺跡・城柵の位置も正誤判断する必要があり，判断ポイントが増して複雑になった。また，問2では大平山元Ⅰ遺跡出土の土器について，問3では夏島貝塚に関して，問7では鉄剣と鉄刀の違いなど，細かい知識が正誤判断の基準であった点も難度を増した。よって，問1・2・3・5・7がやや難である。日頃の歴史地理的学習の有無で得点差は大きく開いたであろう。全体的にⅠは，「やや難」であった。

Ⅱ　1は「鹿子木の事」の史料，2は中世の学問・教育に関する問題文を軸に，平安時代～戦国時代の社会・経済・文化について出題された。問2は鹿子木荘の寄進関係のあり方についての史料読解。問4は正文の組み合わせ問題。問7は史書の成立順を問う配列問題。問8は地図上の位置を問う歴史地理的問題。このように，中央大学文学部らしい出題形式の多様さと，出題切り口の多様さがみられ，良問揃いであった。一方で，すべて精緻な教科書学習で対応可能な「標準レベル」であった。ただ，受験生は一問一問異なる出題形式に，細心の注意が必要である。

Ⅲ　1は豊臣政権期の外交に関する問題文，2は「楽市令」「異国船打払令」「足高の制」「寛政異学の禁」の史料4つをもとに，近世の外交・政治に関して出題された。本問でも，問2は地図こそ用いないが地理的出題。焼物に関する問3は正誤問題，異国船打払令に関する問7は正文の組み合わせ問題。問10が史料4つの年代配列問題と，やはり出題形式の多様さはありつつも，難問はなかった。ただ史料4つ中2つは教科書未収載であり（史料3・4），日頃の史料問題演習次第では問8・9で得点に差が出たであろう。Ⅲ全体では，「標準レベル」であった。

Ⅳ　1は江戸～明治初期の兵制，2は「脱亜論」の史料，3は「『青轄』創刊の辞」を用いて，江戸時代～大正の政治・文化・社会について問われた。問９の文章選択問題は，教科書学習では対応に苦しむ細かな知識を要する難問であった。それ以外の文章選択問題は誤りを見つけやすく，問10の年代配列問題も１番・２番目さえわかれば正解できるようになっており，標準レベル。よって，全体としても「標準レベル」であった。

Ｖ　１は「日本改造法案大綱」の史料，２は吉田茂の略歴に関する問題文をもとに，昭和戦前～戦後の政治・外交・文化に関して問われた。問１では，初見史料「日本改造法案大綱」の史料中の空欄補充問題ではあったが，設問文での誘導により無理なく戒厳令を記述できるようになっており，標準レベルであった。他にも問５の配列問題・問７の正誤問題も，頻出分野であり標準レベルであった。問２の空欄Ｃに入る社会大衆党の初代党首と問10の戦後文化に関する問題は，教科書学習で無理なく対応できるレベルだが，学習の盲点になりやすい部分だけに難しく感じた学生は多かったかもしれない。よってⅤは「標準レベル」である。

総括すれば，2024年度は，2021年度から続く大問５題の構成で，総設問数50個も変化はない。2023年度に出題があった視覚資料に関する出題はなかったものの，地図に関する出題と史料の出題が増加したことなどで，全体の分量も2023年度から変化は見られなかった。また，配列問題が2023年度の４問から６問に増加したが，2023年度には「古い順に並べた場合○番目は△である」という年代配列を前提とした文章選択問題が２問あったが，2024年度はその形式がなくなり単純な配列問題が２問増えたと見れば，これも大きな変化はなかったといえる。全50問中，やや難４問，難１問であり，結果的に2024年度の難易度は「昨年並・変化なし」と評価できる。ただし，時間的には実にタイトである。Ⅰには考古学分野と地理的分野の難度が高い設問が集中しており，この大問の攻略には相当時間がかかるであろう。これを解き終えてからⅡ以降に進むとなると，概ね標準レベルの問題ばかりとはいえ，途中で時間が不足しないとも限らない。Ⅰから順に解くと決めずに，全体を見通してからフレキシブルに易しそうな問題から解くという作戦で対応すべきである。

世界史

A. ⑴ニーベルンゲン ⑵―オ ⑶カタラウヌム ⑷―ア

B. ⑸君主 ⑹フィレンツェ ⑺フリードリヒ２世 ⑻―ウ

C. ⑼リヴァイアサン ⑽―エ ⑾王権神授説 ⑿―イ

解説

《中世の騎士道文学と近世の政治思想》

A. ⑴ 『ニーベルンゲンの歌』は13世紀に完成した中世ドイツの英雄叙事詩で，民族移動期のゲルマン人の伝承がもとになっている。

⑵ オ．東ゴート人はテオドリックのもとで黒海沿岸から北イタリアに移動し，ここに王国を建てた（東ゴート王国 493～555 年）。

⑷ ア．ルドルフ１世はハプスブルク家最初のドイツ王，神聖ローマ皇帝（位 1273～91 年）で，彼の即位によって大空位時代（1256～73 年）は終了した。

B. ⑸ マキァヴェリは『君主論』のなかで権謀術数を説き，政治を宗教や道徳から切り離すことを主張した。

⑺ フリードリヒ２世（大王／位 1740～86 年）は啓蒙専制君主として知られるプロイセン王。彼は皇太子時代に著した『反マキァヴェリ論』で「君主は国家第一の下僕」と述べたが，国王になってからの統治はマキァヴェリズムであった。

⑻ ウ．誤り。ダンテが『神曲』を著したのは 14 世紀初頭である。

C. ⑽ エ．「万人の万人に対する闘争」は，個人が自然権を行使しようとすると万人による闘争状態に陥るということを表現する言葉。

⑾ 王権神授説は国王の権力は神によって授けられた神聖不可侵なものであるという説で，絶対王政を正当化する理論。この説を唱えたボシュエはルイ 14 世に仕えた司教・神学者である。他に王権神授説を唱えた人物としてはボーダン（仏）やフィルマー（英）らがいる。

⑿ イ．『リヴァイアサン』はピューリタン革命（1642～49 年）後の共和政時代に刊行された（1651 年）。著者のホッブズは，「万人の万人に対す

る闘争」を避けるため国家に絶対主権を委ねるべきであるとして，国王の専制支配を擁護した。

Ⅱ 解答 (1)パンとサーカス（パンと見世物） (2)デルフォイ (3)ディズレーリ (4)―イ (5)ホスロー1世 (6)イコン (7)―イ (8)デヴシルメ (9)カピチュレーション (10)―ウ (11)エディルネ (12)チューリップ時代

解説

《イスタンブル》

(2) デルフォイはギリシア中部に位置し，この地にあったアポロン神殿では多くのポリスがその信託を求めた。

(3) ディズレーリは保守党の政治家。ヴィクトリア女王のもとで首相（任1868, 74～80年）を務め，スエズ運河株の買収（1875年）やインド帝国の樹立（1877年）など帝国主義的政策を推進した。

(4) ア．誤文。卑弥呼が魏に使節を送ったのは239年。

ウ．誤文。突厥が柔然を滅ぼして，モンゴル高原を支配したのは6世紀中ごろ。

エ．誤文。クローヴィスがアタナシウス派に改宗したのは496年。

(5) 『ローマ法大全』の編纂や領土の拡張を進めた皇帝はユスティニアヌス大帝（位527～565年）。彼と争ったササン朝のホスロー1世（位531～579年）は，東方では突厥と同盟してエフタルを滅ぼすなど，ササン朝の最盛期を築いた。

(7) 難問。イ．誤文。グラフ中の1816～1835年から，ウィーン会議（1814～15年）後に北カフカスへの移住が増加していることがわかるが，次の1836～1850年ではさらに増加しているので，1828年に結ばれたトルコマンチャーイ条約を機に減少したというのは誤り。なお，アのムラヴィヨフが清と条約を結んだのは1858年のアイグン条約と1860年の北京条約，ウのエカチェリーナ2世がクリム=ハン国を併合したのは1783年，エのクリミア戦争が始まったのは1853年（～56年）である。

(9) カピチュレーションは本来恩恵として与えられたものであるが，オスマン帝国が衰退すると事実上の不平等条約として他の欧米諸国と結ばれ，帝国主義的侵略を受ける結果となった。

⑾ エディルネはローマ時代にハドリアヌス帝が再建したことからハドリアノポリス（アドリアノープル）とよばれたが，1361年ごろオスマン帝国領となり，都が置かれた（～1453年）。

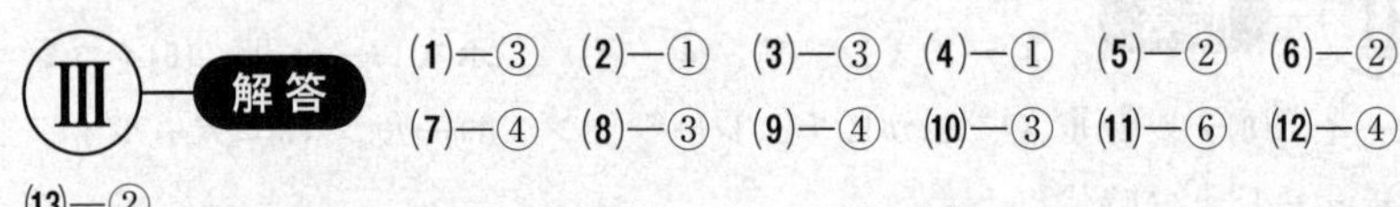
III 解答 ⑴—③ ⑵—① ⑶—③ ⑷—① ⑸—② ⑹—② ⑺—④ ⑻—③ ⑼—④ ⑽—③ ⑾—⑥ ⑿—④
⒀—②

解説

《15世紀における東アジアの地理認識》

⑴ ①誤文。帯方郡は遼東の公孫氏が設置した（204年）。
②誤文。高麗の都は開城。
④誤文。大韓民国の初代大統領は李承晩（任1948～60年）である。朴正熙は1961年の軍部クーデタで実権を掌握し，その後，大統領（任1963～79年）となった。
⑵ ②誤文。王安石が新法を行ったのは宋代。
③誤文。パスパ（パクパ）はチベット仏教サキャ派の高僧である。
④誤文。黄巣が反乱を起こしたのは唐末のことである（黄巣の乱875～884年）。
⑶ ③正解。あ．誤文。臨安（杭州）は大運河の南端に位置する。
い．正文。
⑷ ②誤文。南京条約（1842年）でイギリスに割譲されたのは香港島。
③誤文。下関条約（1895年）で日本に割譲されたのは遼東半島・台湾・澎湖諸島。
④誤文。威海衛を租借したのはイギリスである（1898年）。
⑸ ②正解。あ．正文。
い．誤文。ホメロスは古代ギリシアの叙事詩人。
⑹ ①誤文。メロエ文字はメロエ王国（後期クシュ王国／前670ごろ～後350年ごろ）で作られた文字。
③誤文。ベルベル人が建てた国でマラケシュに都を置いたのはムラービト朝（1056～1147年）・ムワッヒド朝（1130～1269年）である。
④誤文。アイユーブ朝（1169～1250年）はマムルーク軍団のクーデタによって滅んだ。

(8)　③イブン=バットゥータは中国・アフリカ以外にもインド・東南アジア・西アジア・イベリア半島などを訪れ，『旅行記』(『三大陸周遊記』)を著した(口述筆記)。

(9)　空欄アに入るのは永楽帝（第3代／位1402～24年）である。

①誤文。一条鞭法が導入されたのは16世紀中ごろ。

②誤文。遷界令（1661年）は清朝が鄭成功の勢力を孤立させるため，広東・福建を中心とする沿岸住民の海上貿易を禁止し，内陸部への移住を命じたものである。

③誤文。六諭を定めたのは洪武帝（位1368～98年）。

(10)　③正解。あ．マテオ=リッチが「坤輿万国全図」を製作したのは1602年。い．トスカネリが地球球体説を唱えたのは15世紀。う．ブーヴェが製作に関与した「皇輿全覧図」が完成したのは1717年。したがって，年代の古いものから順に正しく配列すると　い→あ→う　となる。

(13)　②誤文。オランダが強制栽培制度を導入したのはジャワ島を中心とする地域で，オランダ東インド総督のファン=デン=ボスが導入した（1830年)。

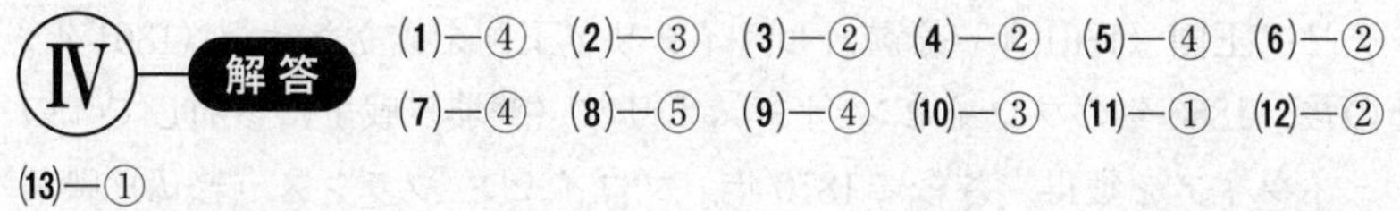

Ⅳ　解答　(1)―④　(2)―③　(3)―②　(4)―②　(5)―④　(6)―②　(7)―④　(8)―⑤　(9)―④　(10)―③　(11)―①　(12)―②　(13)―①

解説

《ナショナリズム》

(2)　③シモン=ボリバルはｃの領域に大コロンビア共和国を建設した(1819年)。

(3)　①誤文。第2回大陸会議（1775年）で植民地軍総司令官に任命されたのはワシントン。

③誤文。ジェファソンは州の自治や主権を主張する反連邦派（アンチ=フェデラリスト）の中心人物である。

④誤文。大統領としてスポイルズ=システムを導入したのはジャクソン（第7代／任1829～37年)。なお，スポイルズ=システム（猟官制度）は，選挙で勝利に貢献した人物に論功行賞として公職を与える制度のことである。

⑷　①誤文。アメリカ合衆国が債権国になったのは第一次世界大戦後のことである。

③誤文。シャーマン反トラスト法が制定されたのは 1890 年で，第一次世界大戦前の出来事。

④誤文。マーク=トウェインが「金ぴか時代」と名付けたのは南北戦争後の 1860 年代後半から 70 年代で，アメリカの経済が発展するなかで金銭を崇拝するような風潮を揶揄して使われた。

⑸　①誤文。ナイティンゲールが看護活動に従事したのはクリミア戦争（1853～56 年）である。

②誤文。バイロンはイギリスのロマン派詩人。

③誤文。ギリシア独立戦争（1821～29 年）で，ロシアはイギリス・フランスとともにギリシアを支援した。

⑹　②正解。ブルガリアは 1908 年，青年トルコ革命を機に独立した。したがって，日露戦争（1904～05 年）と第一次バルカン戦争（1912～13 年）の間であるイの時期となる。

⑻　⑤(c)→(a)→(b)が正解。サルデーニャ王国は 1859 年のイタリア統一戦争で(c)のロンバルディアを獲得したのち，中部イタリア（1860 年）や両シチリア王国（1861 年）を統合し，イタリア王国を成立させた（1861 年）。その後，1866 年のプロイセン=オーストリア（普墺）戦争に参加して(a)のヴェネツィアを獲得，さらに 1870 年，プロイセン=フランス（普仏）戦争に乗じて(b)の教皇領を獲得した。

⑼　④正解。タイ立憲革命は 1932 年の出来事。したがってイラン立憲革命（1905～11 年）後のコの時期となる。

⑽　③正解。自治領になったのは，(a)オーストラリアが 1901 年，(b)カナダが 1867 年，(c)ニュージーランドが 1907 年。したがって，年代の古いものから順に正しく配列すると(b)→(a)→(c)となる。

⑾　②誤文。インド大反乱（1857～59 年）を起こしたのはイギリス東インド会社のシパーヒーである。インド帝国の成立は反乱鎮圧後の 1877 年である。

③誤文。インド国民会議の創立大会はボンベイで開かれた（1885 年）。

④誤文。全インド=ムスリム連盟が結成されたのは 1906 年で，ベンガル分割令が廃止された 1911 年より前の出来事。

⑿　①誤文。AU（アフリカ連合）はOAU（アフリカ統一機構）が発展・改組してできた組織である（2002年）。
③誤文。EFTA（ヨーロッパ自由貿易連合）はイギリスがEEC（ヨーロッパ経済共同体）に対抗して結成した組織（1960年）。
④誤文。MERCOSUR（南米南部共同市場）はブラジル・アルゼンチン・パラグアイ・ウルグアイで結成され（1995年），のちベネズエラが加盟した（2006年）。
⒀　難問。①正解。(a)正文。パリ協定が採択されたのは2015年であるが，表からこの時点ですでに二酸化炭素排出量が300億トンを超えていることがわかる。
(b)正文。リーマン=ショックによる金融危機は2008年に起こった。表によるとこの年の二酸化炭素排出量は291億トン，翌2009年は287億トンなので減少していることがわかる。

講評

Ⅰ　中世の騎士道文学と近世の政治思想に関する大問。3つの短いリード文からなり，記述法，語句と正文・誤文の選択，地図からの選択で構成されている。地図を含め，記述法・選択法とも標準的なレベルである。

Ⅱ　イスタンブルをテーマに古代ギリシアから19世紀まで，幅広い年代・地域について問う大問。記述法，正文選択，グラフの読み取りに関する誤文選択，視覚資料（建物写真）の選択からなっている。(7)のグラフの読み取りは正確な年号を知っていないと対応できない部分もあり，難問といえる。その他の問題はおおむね標準的な内容である。

Ⅲ　15世紀に朝鮮で作成された地図をもとに，当時の東アジアの地理認識に関して問う大問。正文・誤文選択，正誤法，配列法や語句と視覚資料（船の写真）の組み合わせ・地図からの選択などで構成されている。おおむね標準的なレベルで，配列法も各人物が活躍した時代がわかっていれば解答できるものである。

Ⅳ　ナショナリズムに関する大問。語句・正文の選択，地図からの選択，語句の組み合わせ選択，配列法，表の読み取りに関する正誤法で構成されている。配列法はここでも流れがわかっていれば解答できるものになっている。⒀の表の読み取りに関する正誤法の問題は２つの文章の内容がともに2000年以降の出来事なので，受験生にとっては難問であったと思われる。

数 学

I 解答

(1) $$\frac{1}{k(k+1)(k+2)}$$

$$=\frac{\frac{1}{2}\{(k+2)-k\}}{k(k+1)(k+2)}=\frac{\frac{1}{2}}{k(k+1)}+\frac{-\frac{1}{2}}{(k+1)(k+2)}$$

より

$$a=\frac{1}{2},\ \ b=-\frac{1}{2}\quad\cdots\cdots(\text{答})$$

別解 $$\frac{1}{k(k+1)(k+2)}=\frac{a}{k(k+1)}+\frac{b}{(k+1)(k+2)}$$

両辺に $k(k+1)(k+2)$ をかけて

$$1=a(k+2)+bk$$

$$\therefore\quad (a+b)k+2a-1=0$$

これがすべての自然数 k に対して成り立つような $a,\ b$ についての条件は

$$\begin{cases}a+b=0\\2a-1=0\end{cases}\qquad\therefore\quad\begin{cases}a=\frac{1}{2}\\b=-\frac{1}{2}\end{cases}$$

(2) (1)より

$$\sum_{k=1}^{n}\frac{1}{k(k+1)(k+2)}=\sum_{k=1}^{n}\left\{\frac{\frac{1}{2}}{k(k+1)}+\frac{-\frac{1}{2}}{(k+1)(k+2)}\right\}$$

$$=\frac{1}{2}\sum_{k=1}^{n}\left\{\frac{1}{k(k+1)}-\frac{1}{(k+1)(k+2)}\right\}$$

$$=\frac{1}{2}\left\{\left(\frac{1}{1\cdot2}-\frac{1}{2\cdot3}\right)+\left(\frac{1}{2\cdot3}-\frac{1}{3\cdot4}\right)+\cdots+\left(\frac{1}{n(n+1)}-\frac{1}{(n+1)(n+2)}\right)\right\}$$

$$=\frac{1}{2}\left\{\frac{1}{1\cdot2}-\frac{1}{(n+1)(n+2)}\right\}$$

$$=\frac{n(n+3)}{4(n+1)(n+2)} \quad \cdots\cdots(\text{答})$$

(3)　(1), (2)と同様にして

$$\sum_{k=1}^{n}\frac{1}{k(k+1)(k+2)(k+3)}$$

$$=\sum_{k=1}^{n}\frac{\frac{1}{3}\{(k+3)-k\}}{k(k+1)(k+2)(k+3)}$$

$$=\frac{1}{3}\sum_{k=1}^{n}\left\{\frac{1}{k(k+1)(k+2)}-\frac{1}{(k+1)(k+2)(k+3)}\right\}$$

$$=\frac{1}{3}\left\{\frac{1}{1\cdot2\cdot3}-\frac{1}{(n+1)(n+2)(n+3)}\right\}$$

$$=\frac{n(n^2+6n+11)}{18(n+1)(n+2)(n+3)} \quad \cdots\cdots(\text{答})$$

参考　c, dを実数として

$$\frac{1}{k(k+1)(k+2)(k+3)}=\frac{c}{k(k+1)(k+2)}+\frac{d}{(k+1)(k+2)(k+3)}$$

両辺に$k(k+1)(k+2)(k+3)$ をかけて

$$1=c(k+3)+dk$$

$$\therefore \quad (c+d)k+3c-1=0$$

これがすべての自然数kに対して成り立つようなc, dについての条件は

$$\begin{cases} c+d=0 \\ 3c-1=0 \end{cases} \quad \therefore \quad \begin{cases} c=\dfrac{1}{3} \\ d=-\dfrac{1}{3} \end{cases}$$

よって

$$\sum_{k=1}^{n}\frac{1}{k(k+1)(k+2)(k+3)}$$

$$=\sum_{k=1}^{n}\left\{\frac{\frac{1}{3}}{k(k+1)(k+2)}+\frac{-\frac{1}{3}}{(k+1)(k+2)(k+3)}\right\}$$

$$=\frac{1}{3}\sum_{k=1}^{n}\left\{\frac{1}{k(k+1)(k+2)}-\frac{1}{(k+1)(k+2)(k+3)}\right\}$$

(あとは〔解答〕と同じ)

解説

《和の計算》

$\sum$ 公式の適用だけでは和が求まらない場合は

① $\displaystyle\sum_{k=1}^{n}\{f(k)-f(k+1)\}=f(1)-f(n+1)$ の利用

② (等差)×(等比) の和

のいずれかであることが多く，本問は①に誘導がついている。

(1) 〔解答〕の変形に気づけば速いが，〔別解〕のように係数比較により求めてもよい。

(2) 上記①を利用すればよい。また，①が成立するのは

$$\sum_{k=1}^{n}\{f(k)-f(k+1)\}$$
$$=\{f(1)-f(2)\}+\{f(2)-f(3)\}+\cdots+\{f(n-1)-f(n)\}+\{f(n)-f(n+1)\}$$
$$=f(1)-f(n+1)$$

のように隣接項が相殺されるからである。

(3) (1), (2)で処理した内容と同様に式の変形を行う。

Ⅱ 解答

まず，くじ引きを1回行うときを考える。

i)太郎さんの方法の場合

コインを1回投げ，表が出たら当たりの確率は $\frac{2}{3}$，はずれの確率は $\frac{1}{3}$

コインを1回投げ，裏が出たら当たりの確率は $\frac{1}{3}$，はずれの確率は $\frac{2}{3}$

ii)花子さんの方法の場合

コインを1回投げ，表が出たら当たりの確率は $\frac{2}{3}$，はずれの確率は $\frac{1}{3}$

コインを1回投げ，裏が出たら当たりの確率は $\frac{1}{3}$，はずれの確率は $\frac{2}{3}$

であるから

コインを1回投げ，当たりの確率は　$\frac{1}{2}\cdot\frac{2}{3}+\frac{1}{2}\cdot\frac{1}{3}=\frac{1}{2}$

コインを1回投げ，はずれの確率は　$\frac{1}{2}\cdot\frac{1}{3}+\frac{1}{2}\cdot\frac{2}{3}=\frac{1}{2}$

(1)　$n=3$ のとき

$$\begin{aligned}p(3,\ k)&=\frac{1}{2}\cdot\left(\frac{2}{3}\right)^k\cdot\left(\frac{1}{3}\right)^{3-k}\cdot{}_3\mathrm{C}_k+\frac{1}{2}\cdot\left(\frac{1}{3}\right)^k\cdot\left(\frac{2}{3}\right)^{3-k}\cdot{}_3\mathrm{C}_k\\&=\frac{1}{2}{}_3\mathrm{C}_k\left\{\left(\frac{2}{3}\right)^k\cdot\left(\frac{1}{3}\right)^{3-k}+\left(\frac{1}{3}\right)^k\cdot\left(\frac{2}{3}\right)^{3-k}\right\}\\&=\frac{1}{2}{}_3\mathrm{C}_k\cdot\frac{2^k+2^{3-k}}{3^3}\end{aligned}$$

$$\begin{aligned}q(3,\ k)&=\left(\frac{1}{2}\right)^k\cdot\left(\frac{1}{2}\right)^{3-k}\cdot{}_3\mathrm{C}_k\\&={}_3\mathrm{C}_k\cdot\frac{1}{2^3}\end{aligned}$$

であるから

$$\frac{p(3,\ k)}{q(3,\ k)}=\frac{\frac{1}{2}{}_3\mathrm{C}_k\cdot\frac{2^k+2^{3-k}}{3^3}}{{}_3\mathrm{C}_k\cdot\frac{1}{2^3}}=\frac{4}{27}(2^k+2^{3-k})$$

これより

$k=0$ のとき $\frac{4}{27}(1+8)=\frac{4}{3}>1$ であるから　$p(3,\ 0)>q(3,\ 0)$

$k=1$ のとき $\frac{4}{27}(2+4)=\frac{8}{9}<1$ であるから　$p(3,\ 1)<q(3,\ 1)$

$k=2$ のとき $\frac{4}{27}(4+2)=\frac{8}{9}<1$ であるから　$p(3,\ 2)<q(3,\ 2)$

$k=3$ のとき $\frac{4}{27}(8+1)=\frac{4}{3}>1$ であるから　$p(3,\ 3)>q(3,\ 3)$

とわかるので，求める k は

$k=0,\ 3$　……(答)

(2)　$q(n,\ k)=\left(\frac{1}{2}\right)^k\cdot\left(\frac{1}{2}\right)^{n-k}\cdot{}_n\mathrm{C}_k=\left(\frac{1}{2}\right)^n\cdot{}_n\mathrm{C}_k$

であるから

$$\frac{q(n,\ k+1)}{q(n,\ k)}=\frac{\left(\frac{1}{2}\right)^n\cdot{}_n\mathrm{C}_{k+1}}{\left(\frac{1}{2}\right)^n\cdot{}_n\mathrm{C}_k}$$

$$=\frac{{}_n\mathrm{C}_{k+1}}{{}_n\mathrm{C}_k}$$

$$=\frac{n!}{\{n-(k+1)\}!(k+1)!}\cdot\frac{(n-k)!k!}{n!}$$

$$=\frac{n-k}{k+1}\quad\cdots\cdots(答)$$

よって，$n=10$ のとき

$$\frac{q(10,\ k+1)}{q(10,\ k)}=\frac{10-k}{k+1}$$

であり，$q(10,\ k)<q(10,\ k+1)$ を満たす k $(0\leqq k\leqq 1)$ は

$$\frac{q(10,\ k+1)}{q(10,\ k)}>1\qquad\therefore\quad\frac{10-k}{k+1}>1$$

を解くことにより，$k<\frac{9}{2}$ であるから

$0\leqq k\leqq 4$ のとき　$q(10,\ k)<q(10,\ k+1)$　……①

同様にして

$5\leqq k\leqq 9$ のとき　$q(10,\ k)>q(10,\ k+1)$　……②

①，②より

$$q(10,\ 0)<q(10,\ 1)<\cdots<q(10,\ 4)<q(10,\ 5)>q(10,\ 6)>\cdots>q(10,\ 10)$$

を得るので，$q(10,\ k)$ が最大となる k は

$k=5$ ……(答)

(3)　$p(n,\ 0)=\frac{1}{2}\cdot\left(\frac{1}{3}\right)^n+\frac{1}{2}\cdot\left(\frac{2}{3}\right)^n=\frac{1}{2}\cdot\frac{2^n+1}{3^n}$

$q(n,\ 0)=\left(\frac{1}{2}\right)^n=\frac{1}{2^n}$

であるから

$$p(n,\ 0)>q(n,\ 0)\iff\frac{1}{2}\cdot\frac{2^n+1}{3^n}>\frac{1}{2^n}$$

$$\iff 2^n(2^n+1)>2\cdot 3^n\cdots\cdots③$$

よって，2以上のすべての整数 n に対して③が成り立つことを，数学的帰納法により証明すればよい。

(Ⅰ) $n=2$ のとき

$$(\text{左辺})=4(4+1)=20$$

$$(\text{右辺})=2\cdot 9=18$$

より，③は成立する。

(Ⅱ) $n=k$ $(k\geqq 2)$ のときの成立を仮定すると

$$2^k(2^k+1)>2\cdot 3^k \quad \cdots\cdots④$$

であり

$$\begin{aligned}2^{k+1}(2^{k+1}+1)-2\cdot 3^{k+1}&=2^{k+1}(2^{k+1}+1)-3\cdot(2\cdot 3^k)\\&>2^{k+1}(2^{k+1}+1)-3\cdot 2^k(2^k+1)\quad(\because\ ④)\\&=2^k\{2(2\cdot 2^k+1)-3(2^k+1)\}\\&=2^k(2^k-1)\\&>0\quad(\because\ k\geqq 2)\end{aligned}$$

であるから

$$2^{k+1}(2^{k+1}+1)>2\cdot 3^{k+1}$$

となり，$n=k+1$ のときも③は成立する。

以上により，2以上のすべての整数 n に対して③が成り立つことが示されたので，題意も示された。　(証明終)

解説

《反復試行の確率，確率の最大・最小，数学的帰納法》

(1)　花子さんの当たりの確率は，コインを投げて表が出た場合と裏が出た場合をまとめるとよい。はずれの確率も同様である。立式については，太郎さん，花子さんともに反復試行に関する典型的な処理となる。また，$k=0,\ 1,\ 2,\ 3$ のすべての場合を立式するのは大変なので，まず $p(3,\ k)$，$q(3,\ k)$ を k の式で表し，それに各 k の値を代入するとよい。

(2)　確率 p_n の最大・最小では $\dfrac{p_{n+1}}{p_n}$ と1との大小比較から，p_n と p_{n+1} の大小比較につなげ，それに n の値を代入し具体化するのが定石である。本問はその解法に誘導がついている。

(3)　$p(n,\ 0)>q(n,\ 0)$ を変形すると，指数がらみの数列の比較に帰着する。自然数 n に関する命題の証明では，数学的帰納法が有効な手段の1

つである。

III 解答　$C_1 : y = x^3 + 3x^2 + 2x$, $C_2 : y = ax^2$

とする。

(1)　C_1 と C_2 の共有点の x 座標は

$$x^3 + 3x^2 + 2x = ax^2 \qquad \therefore \quad x\{x^2 + (3-a)x + 2\} = 0 \quad \cdots\cdots①$$

の実数解であり，①より

$$x = 0$$

または　$x^2 + (3-a)x + 2 = 0$

の実数解である。

$x^2 + (3-a)x + 2 = 0$（……②とする）の判別式を D とすると

$$D = (3-a)^2 - 8 = a^2 - 6a + 1$$

であるから，②の実数解の個数は

$$\begin{cases} D>0,\ \text{すなわち}\ a<3-2\sqrt{2},\ a>3+2\sqrt{2}\ \text{のとき 2 個} \\ D=0,\ \text{すなわち}\ a=3\pm2\sqrt{2}\ \text{のとき 1 個} \\ D<0,\ \text{すなわち}\ 3-2\sqrt{2}<a<3+2\sqrt{2}\ \text{のとき 0 個} \end{cases}$$

また，②は $x=0$ を解にもたない。

したがって，①の実数解の個数，すなわち，2つの曲線の共有点の個数は

$$\begin{cases} a<3-2\sqrt{2},\ a>3+2\sqrt{2}\ \text{のとき 3 個} \\ a=3\pm2\sqrt{2}\ \text{のとき 2 個} \\ 3-2\sqrt{2}<a<3+2\sqrt{2}\ \text{のとき 1 個} \end{cases} \qquad \cdots\cdots(\text{答})$$

(2)　(1)より，$a = 3\pm2\sqrt{2}$ のときを考える。

$f(x) = x^3 + 3x^2 + 2x$, $g(x) = ax^2$ とおくと

$$\begin{aligned} f(x) - g(x) &= x\{x^2 + (3-a)x + 2\} \\ &= \begin{cases} x(x^2 - 2\sqrt{2}x + 2) & (a = 3+2\sqrt{2}\ \text{のとき}) \\ x(x^2 + 2\sqrt{2}x + 2) & (a = 3-2\sqrt{2}\ \text{のとき}) \end{cases} \\ &= \begin{cases} x(x-\sqrt{2})^2 & (a = 3+2\sqrt{2}\ \text{のとき}) \\ x(x+\sqrt{2})^2 & (a = 3-2\sqrt{2}\ \text{のとき}) \end{cases} \end{aligned}$$

である。

i) $a = 3+2\sqrt{2}$ のとき

2曲線の共有点の x 座標は，$x=0$（交点），$x=\sqrt{2}$（接点）であり，$0 \leqq x \leqq \sqrt{2}$ において

$$f(x)-g(x) \geqq 0 \quad すなわち \quad f(x) \geqq g(x)$$

であるから，求める面積は

$$\int_0^{\sqrt{2}} \{f(x)-g(x)\}dx$$
$$=\int_0^{\sqrt{2}} x(x-\sqrt{2})^2 dx$$
$$=\int_0^{\sqrt{2}} \{(x-\sqrt{2})+\sqrt{2}\}(x-\sqrt{2})^2 dx$$
$$=\int_0^{\sqrt{2}} \{(x-\sqrt{2})^3+\sqrt{2}(x-\sqrt{2})^2\}dx$$
$$=\left[\frac{1}{4}(x-\sqrt{2})^4+\frac{\sqrt{2}}{3}(x-\sqrt{2})^3\right]_0^{\sqrt{2}}$$
$$=0+0-\frac{1}{4}(-\sqrt{2})^4-\frac{\sqrt{2}}{3}(-\sqrt{2})^3$$
$$=\frac{1}{3}$$

ⅱ）$a=3-2\sqrt{2}$ のとき

2曲線の共有点の x 座標は，$x=0$（交点），$x=-\sqrt{2}$（接点）であり，$-\sqrt{2} \leqq x \leqq 0$ において

$$f(x)-g(x) \leqq 0 \quad すなわち \quad f(x) \leqq g(x)$$

であるから，求める面積は

$$\int_{-\sqrt{2}}^0 \{g(x)-f(x)\}dx$$
$$=\int_{-\sqrt{2}}^0 \{-x(x+\sqrt{2})^2\}dx$$
$$=-\int_{-\sqrt{2}}^0 \{(x+\sqrt{2})-\sqrt{2}\}(x+\sqrt{2})^2 dx$$
$$=-\int_{-\sqrt{2}}^0 \{(x+\sqrt{2})^3-\sqrt{2}(x+\sqrt{2})^2\}dx$$
$$=-\left[\frac{1}{4}(x+\sqrt{2})^4-\frac{\sqrt{2}}{3}(x+\sqrt{2})^3\right]_{-\sqrt{2}}^0$$
$$=-\frac{1}{4}(\sqrt{2})^4+\frac{\sqrt{2}}{3}(\sqrt{2})^3+0-0$$

$=\dfrac{1}{3}$

以上により，求める面積は

$a=3+2\sqrt{2}$ のとき $\dfrac{1}{3}$，$a=3-2\sqrt{2}$ のとき $\dfrac{1}{3}$　……(答)

解説

《共有点の個数，曲線どうしで囲まれた図形の面積》

(1)　共有点の個数を実数解の個数に言い換える，典型問題である。3次方程式になるが，因数分解できるので微分は不要である。

(2)　3次関数のグラフがらみの面積では，図だけではグラフの上下関係がわかりにくいことが多いので，不等式を利用して上下関係を読み取る。また，「接する」場合の面積計算では計算が工夫できることが多い。本問では，$\int(x+b)^n dx=\dfrac{1}{n+1}(x+b)^{n+1}+C$（$C$は積分定数）を用いた。

講評

I　$\sum_{k=1}^{n}\{f(k)-f(k+1)\}=f(1)-f(n+1)$ を利用して数列の和を求める問題であった。適切な誘導がついていて，取り組みやすい。

(1)　〔別解〕のような係数比較による解答でもよいが，解答時間を考えると〔解答〕のような処理をしたいところである。

(2)　$\sum_{k=1}^{n}\dfrac{1}{k(k+1)}=\sum_{k=1}^{n}\left(\dfrac{1}{k}-\dfrac{1}{k+1}\right)=1-\dfrac{1}{n+1}$ のような問題は経験があるであろう。その経験と(1)の誘導から解法が見える。

(3)　(1)，(2)の自然な拡張となっていて，誘導の意図は読み取りやすい。

II　反復試行の確率の立式に加えて，確率の最大・最小，不等式の証明（数学的帰納法を利用）など，様々なことを問う問題であった。${}_n\mathrm{C}_r$ がらみの処理もあり，計算力も要する。

まず，太郎さんの方法と花子さんの方法の違いを正確に読み取らなければならない。それぞれのくじ引き1回における確率を求めておくと，後の問題の立式がしやすくなる。

(1)　$k=0$，1，2，3の場合を個別に処理すると時間がかかるので，まず

$p(3,\ k)$，$q(3,\ k)$ を求めておくとスムーズである。また，$p(3,\ k)$ と $q(3,\ k)$ の大小は $\dfrac{p(3,\ k)}{q(3,\ k)}$ と1との大小を利用して処理するとよい。

(2)　確率の最大・最小は典型問題であり，解法は必ず身につけておきたい。本問では ${}_n\mathrm{C}_r$ が含まれ数式がやや複雑であるから，丁寧に処理したい。

(3)　$p(n,\ 0)$，$q(n,\ 0)$ ともに自然数 n についての数式であるから，数列に関する不等式の証明である。数列に限らず，自然数 n に関する命題の証明では数学的帰納法が有効であることが多く，この解法も必ず身につけておきたい。

Ⅲ　3次曲線と放物線の共有点や面積に関する問題であった。3次曲線がからむと共有点や囲まれる部分などは図からは判断しづらくなることが多い。不等式により判断すれば正確である。

(1)　3次方程式の実数解を数えることになるが，因数分解に気づくことがポイントである。因数分解すれば，2次方程式の処理で済む。

(2)　まずは2曲線の上下関係などを不等式により正確につかむ。次に定積分の計算を上手く行う。この2点がポイントである。普通の積分計算でも解答可能であるが，処理は相当大変になってしまう。

Ⅰ・Ⅱ・Ⅲともに標準的な問題であるが，60分という解答時間ですべて記述するのはやや難しいかもしれない。解法が身についていなければ処理が大変な問題もあり，計算力も要する。数学的な深い理解に基づく典型問題の解法習得と，それを正確に実行する力が要求されている。

的で解きやすい。今回は、記述も読みしか出なかった。問一は「迷惑」の意味を答えるのに、現代語の感覚で選んでしまわないよう注意する。問四は白文を読ませて正しい書き下し文を選ばせる形式の問題。漢文の語順に慣れている必要がある。毎年白文の読みは出題されるが、時制がなく、能動受動の区別もなく、品詞が位置づけで決まる漢文というものにいかに慣れ親しんでいるかが大きくものを言う。

という意味の動詞として使われているので、その直下「聖人之智」を「師〈学ぶ〉」というのが「不知」の目的語なのだとわかる。主語「今人」、述語「不知」、目的語「師聖人之智」の構成になっているBを選ぶ。愚かさをもって聖人の賢さを学ぶ事を知らないというのは、端的に言って謙虚さの美徳がないということである。

問五　「亦」には〈また〉以外に〈おおいに・なんと〉など感嘆・強調の意味があり、〈亦……ズヤ〉は句法としては感嘆文である。これをヒントに選択肢を選ぶ。感嘆文で訳されているのはCである。直訳すると〝おおいに過ちを犯していないだろうか、いや犯している〟となる。

講評

現代文・古文・漢文各一題、計三題で試験時間は六十分。設問の大部分は、マークシート方式による選択式。記述式は書き取りと箇所指摘、読みだけであった。

一の現代文は、ロンブローゾが刑法に与えた影響について書かれた評論が出題された。現代の刑罰実態を指摘したものまでが選択肢に含められ、刑罰や法律の理論などに不慣れな受験生にはやや難解な問題であった。問二・問五は迷った受験生もいるかもしれない。微妙な差異を分かつ選択肢に習熟しておくことが重要である。

二の古文は『和泉式部日記』から出題された。述語中心の日本語だからこそ古文の難しさは主語の想定にある。特に日記文学は物語以上に、そこでつまずきがちである。また当時の時代背景を理解しておく必要がある。さらには和歌のやりとりが問一・問六と二問出されていて、相聞歌に親しんでいないと解答に苦しむかもしれない。また問四は基礎文法やそれに基づいた訳にとどまらず心情を判別しなければならず、多少戸惑ったかもしれない。

三の漢文は『韓非子』から出題された。文章も短くエピソードのパターンに気づけば、読みやすい。人物に軸を置いて徳を考える儒家に対して、行為・現象に対する理性的な判断を重視する法家らしい文章である。設問はおおむね基本ではないか。

読み 管仲・隰朋桓公に従ひて孤竹を伐つ。春往きて冬反り、迷惑して道を失ふ。管仲曰はく「老馬の智用ふ可きなり」と。乃ち老馬を放ちて之に随ひて、遂に道を得たり。山中に行きて水無し。隰朋曰はく「蟻は冬には山の陽に居り、夏には山の陰に居る。蟻壌一寸にして仞に水有り」と。乃ち地を掘り、遂に水を得たり。管仲の聖・隰朋の智を以てするも、其の知らざる所に至りては、老馬と蟻とを師とするを難からず。今人其の愚心を以てして、而も聖人の智を師とするを知らず。亦過たずや。

解説

問一 結果として「失道」となっているのだから「迷惑」は文字通り〈迷い惑う〉ことである。したがってBを選ぶ。「孤竹」討伐で、慣れない場所に春に行って冬に帰り、すっかり風景が変わっていたため、迷子になったと推察できる。

問二 「随之、遂得道〝＝ついて行って、ついに帰り道を見つける〟」と続くので、(2)は「放つ」である。また(3)も、「遂得水（＝ついに水脈を見つける）」とあるので「地」を「掘る」以外に考えにくい。

問三 漢文入試の読みの問題で頻度の高いものの一つが「与」である。せめて〈あたふ・あづかる・くみす・ともに・と・より・か・や・かな〉の九個は覚えておきたい。ここは「老馬」「蟻」という一見役に立たないものを並べて、それらを「師（先生）」とするという逸話なので、これらを「と」でつなぐのが妥当。

問四 白文を書き下し文とする際、大切なのは原則として上から下へ読むことと、意味から判明させていくことである。主語と述語が早めに出てくる点、漢文は英語に似ている。主語は「今人（＝今の人）」であり、述語は「不知」である。〝今の人はわかっていない〟では何をわかっていないのか、という目的語を求める発想が、英語に習熟した今の受験生にはあるだろう。そして「以」などという前置詞めいたものの下にはそれはない。したがってこれは重文ではなく、一文だと気づく。接続語「而」の下に「師」があるのでこれが目的語だとわかる。「師」は本文で〈師事する〉

いうことの比喩）海人」を自分にたとえて失恋を嘆くものである。以上の関係を的確に読み取ったものはEである。

Aは宮が「別れを避けようとする」、式部が「別れを告げる」がともに誤り。Bは「式部は……宮との交際を拒絶する」とあるが、切々と捨てられる悲しみを訴える式部の歌と正反対の解釈である。Cは「式部はまだ愛していることを告げて」とあるが、式部の歌は自分が失恋した嘆きであって、相手への愛を直接的に詠んだ歌ではない。Dは「宮は自分を海人にたとえて」とあるが、「海人」にたとえられているのはどちらの歌でも式部である。

出典　『韓非子「説林上第二十二」』（「新釈漢文体系」明治書院）

解答

問一　B

問二　A

問三　と

問四　B

問五　C

全訳

管仲・隰朋（しゅうほう）らが（斉の）桓公に随行して孤竹（国）を伐った。往きは春だが帰りは冬で、迷って道がわからなくなった。（そのとき）管仲が言うには「老馬の知恵を用いることができるのだ」と。そこで老馬を放って後をつけて行って、ついに道がわかった。（また）山中に入って水がなくて困った。隰朋が言うには「蟻は冬には山の南におり、夏には山の北にいる。蟻塚の高さが一寸ならばその下一仞（八尺）のところに水がある（そうだ）」と。そこで（蟻塚を見つけて）地面を掘り、ついに水が出た。管仲・隰朋ほどの賢人智者でも、その知らないところについては老馬と蟻とを師とあおぐことをはばからない。今の人はその愚かさを省みて聖賢の知恵を師とするということを知らない。なんと誤ったありかた者や親戚、女房などであって、決して式部の家に居るわけがないことからも、D、「伝聞の助動詞」を選ぶ。
(5)「げ（気）」は〝いかにも…のようすだ〟という意味で形容動詞の語幹をつくる。よってB、「形容動詞の語尾」を選ぶ。
(11)「海人とこそなれ」は〝海人になる〟と訳す。したがって「なれ」はA、「動詞」である。

問四 (4)「あはあはしう」はシク活用形容詞の連用形（ウ音便）で〝軽々しい・軽率な〟という意味。
(6)傍線部前後の敬語に注目すると、「聞こえさする」「頼みきこゆる」は謙譲語なので、ここまでは式部が主語。その次の「おぼし出で」は尊敬語なので宮が主語。傍線部を含む「絶えであらむとこそ思ひつれ」は敬語がなく、式部が主語である。接続助詞「で」は〝～せずに・～しないで〟という意味。直訳で〝絶えないでいよう〟となるから、Bが正解。
(8)「人げなき」は〝人並みでない・一人前に扱われていない〟などを訴える言葉であり、直前「折あしうてのみ帰れば」がそう感じる理由の部分である。ある夜、宮は思い立って式部を訪ねてきたのだが、他の人物の牛車があったことから、先客がいることがわかり、タイミングが悪くて帰ったのである。訪ねてきても帰らざるを得なくなる自分への和泉式部の不当な待遇を責めての発言である。

問五 傍線部(7)直後に「帰れば」とあるので、宮が式部の元を訪ねたが帰ったという状況が、どこかに書かれていないか探す。すると「小舎人童来たり」に始まる「樋洗童」とのおしゃべりの段落に見つかる。「一夜おはしまし……」は敬語が使われているので主語は宮である。「御門に車のありしを御覧じて」は、宮が、式部の家の門に牛車が停まっていたのを御覧になって、先客がいる、と判断して、式部には会わずに引き返したということである。「十字以内」では「御門に車のありし」とまとまる。

問六 (9)の宮の歌は「今はうらみじ」と、「漕ぎはなれ行く」式部の心変わりを恨まないという別れを告げるものであるのに対し、(10)の式部の歌は「しほたれて（＝涙にひたって）」「舟流したる（＝浪に舟を奪われた。あなたを失ったともうどうにでもなれ今となっては恨むまい。磯から出て漕ぎ離れてゆく海人の小舟のように、私から離れて行くあなたを。

と書いてあるので、節操もない噂をお聞きになっているのに、（宮に）ご返事を申し上げるのも気が引けるが、今度だけはと思って、

袖の浦で藻を焼いて垂らした塩水のように、ただ私の役目として袖の裏まで涙でひたして、舟を海に流して失って途方にくれる海人のような（＝宮に捨てられた）身となってしまいます。

とお返事した。

解説

問一　贈答歌は同じ趣向・同じ語句にからめて詠むものである。ここでは、月・ながむ・告ぐ・見に・来、という五つの共通要素があるのでDが選べる。

問二　まず傍線部⑵を正確に品詞分類する。「聞こしめす」は〈聞く〉の尊敬語で〝お聞きになる〟と訳す。「なほさ（直さ）」はサ行四段活用動詞、「れ」は尊敬の助動詞、「にしがな」は願望の終助詞。直訳すると〝お聞きになり直してほしい〟となる。直前に「いとあやしきものに聞こしめしたるを」とあるので、式部のことを「いとあやしきもの」と宮がお聞きになっていることを直してほしい、という願望である。「あやしきもの」とは、源少将や治部卿といった複数の男性が式部の所へ通っている、という噂のことであるから正解はB。Aは「変な女」「常識のある女」という観点は本文にない。C・Dには「聞こしめし直す」の〝現在の認識を改める〟というニュアンスがない。Eは、高貴な身分である宮から見れば式部が「身分の低い女」であることは確かだが、それはわざわざ「聞こしめしたる」までもなく自明のことであるし、「対等の立場」になれるわけでもない。

問三　⑶　「います」は時代によってサ行四段活用であったりサ行変格活用であったりするが、どちらであっても活用形は終止形なので、「なる」は伝聞・推定の助動詞である。さらに宮に直接話のできる「ある人々」とは宮の周囲の従

とある。（式部は）「やはり（宮は）たいそう優雅でいらっしゃるのね。なんとかして、（自分を）ひどく素行が悪い女と（宮が）お聞きになっているのを、お考え直しになってほしい」と思う。宮も、（式部のことを）気が利いていて、退屈なときの気晴らしになるというほどには思っていらっしゃるのだが、（宮の周囲に）いる人々が申し上げるには「このごろは、源少将が（式部の家に）いらっしゃるそうだ。（夜通ってくるだけではなく）昼間も（ずっと）いらっしゃるそうだ」と言うと、他の者も「（源少将だけではなく）治部卿も（式部の所に）おいでになるそうだよ」など、口々に申し上げるので、（宮は式部のことを）たいそう軽々しい女とお思いになって、長い間お手紙もない。

（久しぶりに、宮に仕える）小舎人童（こどねりわらわ）が（式部の所へ）来た。（式部に仕える）樋洗童（ひすましわらわ）といつもおしゃべりしている（親しい仲な）ので、話などをして「（宮からの）お手紙はあるの」と（樋洗童が）言うと、（小舎人童は）「そういう（＝宮が式部にお手紙を書かれる）ようなこともない。ある夜（宮がこちらに）いらっしゃったときに、御門に牛車が停まっていたのを御覧になって（そのまま引き返したということがあって）、（そのせいで）お手紙もないのだろう。他の人がお通いになっているとお聞きになったご様子であるよ」などと言って帰っていった。

（樋洗童が式部に）「（小舎人童は）こんなことを言っていました」と申し上げて、（式部は）「たいそう長いこと、（こちらから宮に）何やかやと申し上げることもなく、特に（宮を）頼みにしておすがり申し上げることはなかったが、時々でも（宮が）この間のように思い出して（会いに来て）くださるかぎりは、関係を切らないでいようと思っていた。（それなのに）こともあろうに、こんなとんでもないことによって、（宮が）このように（私を軽薄な女だと）お思いになったと思うと、わが身までもいとわしくなって「なぞもかく」と（古今集の「なぞもかく海人の刈る藻に思ひ乱るる」という歌のように）嘆いているときに、（宮の）お手紙があった。

近ごろは、理由のわからない病気で体調が悪かったことで（ご無沙汰しておりました）。いつかもお訪ねしましたところ、（先客がいて）まったく間が悪くて帰ったので、ひどく人として扱われていないような気持ちがして（その後もご無沙汰しておりました）。

B、「快楽マイナス苦痛」の計算ができるかできないかというのは近代の「目的刑論」の功利主義の発想であってロンブローゾの考えではない。

C、「目的刑論者」は刑罰を犯罪予防に用いるのであってロンブローゾのように「教育的な配慮が必要と」は考えない。

D、「死刑」については(5)の次段落でロンブローゾも認めている。

E、「応報刑論者と目的刑論者は、人間は自由意思、または合理的な損得計算を間違えることで犯罪を犯す」とあるが、「自由意思」は「応報刑論者」の、「損得計算」は「目的刑論者」のそれぞれの考えであり、まとめて同じ考えであるように述べられており不適切。

出典 『和泉式部日記』

解答

問一 D

問二 B

問三 (3)―D (5)―B (11)―A

問四 (4)―C (6)―B (8)―C

問五 御門に車のありし

問六 E

全訳

(宮が)お帰りになったのち、(式部が)さきほどの(宮からの)お手紙を見ると、

私のせいで物思いにふけって月をながめていると(あなたが)告げたので、本当かと見に出てきたのでしたよ。

る。Bも「苦痛を加えても意味はなく」と空欄(6)の二段落前に指摘されているので正しい。Dも空欄(6)の三段落前に『法律なければ刑罰なし』という罪刑法定主義も、誤っている」とあり、正しい。Eも傍線部(5)の次々段落に「問題は彼（犯罪者）が何をしたかではなく、彼がどういう人間かである」とあり、犯罪者の素質を分類した上で処置する主旨にかなっているので正しい。Cについては「生来的犯罪者」を「あらかじめ診断して隔離すべき」とあるが、犯罪者でない者を「隔離」することについては、傍線部(5)の三段落後の「赤ん坊」の「隔離」について、「極端に言えば」というただし書きがあるので、「隔離すべき」とまでは言えず、これを「適当でないもの」と判断する。

問六　空欄(6)の次の文に、「このような思想は、執行ユウヨ・仮出獄などの制度として、現在の刑事政策に生かされている」とあり、すぐに隔離をして矯正、治療などの処置をほどこさないでよい対象のことだと推察できる。つまり「偶発的犯罪者」である。

問七　「事後法」は、文字通り「事」が起こった「後」に作られた「法」のことである。たとえて言うならば後出しじゃんけんである。したがって正解はB。法律について言及している選択肢は他にDがあるが、Dは「露見した時点」と限定している点と、「露見した時点」ですでに存在する法律であるという点が不適切。

問八　誰もが犯罪者になると考える旧派に対して、ロンブローゾは「生来的犯罪者」を「本質的には同一の人間」ではなく別の種の動物と考え、それを生物的に識別しようとしたところに、筆者は「動物実験を行う……冷血性」があると感じるのである。「同一の人間」ではないという意味で、D、「他者」がふさわしい。残りの選択肢はすべて同じ人間と考えてのものであり外れる。Aの「悪人」は矯正で、Bの「劣者」は教育で、Cの「病人」は治療で、Eの「偏人」も社会化で、「同一の人間」になり得る。

問九　A、「応報刑論者は犯罪者に苦痛を与えることが正義と考え」は、第一段落の「応報刑論は、……応報律は、人間と人間社会に本質的なもので、いわば一種の自然法だと考える思想である」に合致する。「目的刑論者は……制御できると考える」は第三段落、「ロンブローゾは……重要でないと考える」は傍線部(5)の次の段落に合致する。

所に収監する必要を認めない。ロンブローゾの考え方は心理学や社会学の発達もあいまって、後世犯罪学や刑事政策学の発達に寄与した反面、異常者を特定できるという冷たい発想は全体主義国家による人種差別や人権侵害にもつながった。

解説

問二　「目的刑論」として、韓非子の「刑を以て刑を去る」の意味を考える。傍線部(1)の段落では「目的刑論」について「刑罰は犯罪の予防のために行われる」と説明されていて、同様に「行刑」を減らす威嚇として「刑罰」を用いようとした韓非子の主張に沿うものはCである。Aは傍線部(4)の段落で紹介される「法律なければ刑罰なし」という「罪刑法定主義」の説明である。「目的刑論」に含まれるがあくまで近代の考え方であり、傍線部(5)の段落で「古典的目的刑論」という表現があって区別を付けている以上許容できない。B・D・Eのような現代の刑法上の諸課題については、どれも本文では言及されていない。

問三　「両者」とは「個別予防説」と「一般予防説」のことで、ともに「目的刑論の予防説」である。前段落冒頭に「目的刑論は、具体的には『予防説』、即ち」とあり、この後に「目的刑論の予防説」について説明されている。

問四　「このような論理」とは、近代的「目的刑論」である「罪刑法定主義」を導く「論理」を指す。その内容は直前の引用文にあるように、人間は「快楽マイナス苦痛の値が最大になる」ように「計算」して生きる、という「功利主義的人間像」を前提とすると、あらかじめ刑罰を予告しておくことで、窃盗も含め、犯罪を抑止できるという考え方である。これに近いものはEである。Aの「窃盗を自然権ではないとし」は、引用文の「殺人も窃盗も、…自然権に属する」に反する。B・C・Dはどれも「計算」に触れていない。

問五　「適当でないもの」を選ぶ問題は消去法で確実に解きたい。「ロンブローゾの犯罪者論」について傍線部(5)の次の段落に端的な説明がある。犯罪者が生来的犯罪者か偶発的犯罪者かを見分け、次に矯正（治療・教育）可能かどうかを見分け、不可能な者を隔離する、ということである。Aはほぼこの説明と合致する。「生物学的に判定し」という部分に違和感があるかもしれないが、空欄(6)の前の段落に「生物学的に偏っていた彼の犯罪理論」とあるので許容され

国語

一

出典 長尾龍一『法学に遊ぶ』（日本評論社）

解答

問一 (2)懲 (7)猶予 (8)有意

問二 C

問三 刑罰は犯罪～という主張

問四 E

問五 C

問六 偶発的犯罪者

問七 B

問八 D

問九 A

要旨

刑罰について古来応報刑論と目的刑論の論争がある。過去に犯した罪に対する報いとして刑を科すか、未来に罪を犯させないために予防策として刑を科すかの対立である。これら「旧派」では人は誰でも犯罪者になる可能性があると考えるのに対して、ロンブローゾは犯罪者になる人間は生物学的に見分けられると考えた。まず犯罪者を偶発的犯罪者と生来的犯罪者に分類し、後者であれば矯正・治療・隔離から場合によっては死刑などと処置する。偶発的犯罪者については刑務

////////////////////// ·memo· //////////////////////

//////////////////// · memo · ////////////////////

////////////////////// · memo · //////////////////////

////////////////////// · memo · //////////////////////

//////////////////// · memo · ////////////////////

2023年度

問題と解答

■一般方式・英語外部試験利用方式

問題編

▶試験科目・配点

〔一般方式〕

教　科	科　　目	配　点
外国語	コミュニケーション英語Ⅰ・Ⅱ・Ⅲ，英語表現Ⅰ・Ⅱ	150 点
選　択	日本史B，世界史B，「数学Ⅰ・Ⅱ・A・B」から1科目選択	100 点
国　語	国語総合	100 点

▶備　考

- 「数学B」は「数列，ベクトル」から出題する。
- 日本史学専攻，心理学専攻，学びのパスポートプログラムの「外国語」は 150 点を 100 点に換算する。
- 国文学専攻の「国語」は 100 点を 150 点に換算する。
- 選択科目について，日本史学専攻は「日本史B」，東洋史学専攻・西洋史学専攻は「日本史B」もしくは「世界史B」の受験が必須。

〔英語外部試験利用方式〕

- 指定の英語外部試験のスコアおよび合格級により，中央大学独自の「英語」の受験が免除される。
- 合否判定は，一般方式の「国語」および「地理歴史・公民」または「数学」の２教科２科目の合計得点（200 点満点）で行う。
- 各外部試験のスコアおよび合格級は出願資格としてのみ使用される。

英語

（80分）

（注）満点が150点となる配点表示になっていますが，日本史学専攻，心理学専攻，学びのパスポートプログラムの満点は100点となります。

I　次の(1)～(10)の対話文を完成させるために（　　）に入れるべき最も適切な語を，それぞれ㋐～㋓の中から1つ選び，マーク解答用紙にその記号をマークしなさい。

（40点）

(1) A：Although the Grand Opening will be Saturday, the restaurant will start serving dinner on Friday.

B：Is there any way we might open (　　　　) in the week than Friday?

A：I don't think so. They won't finish installing the lights until Thursday.

㋐ earlier

㋑ faster

㋒ former

㋓ quicker

(2) A：I'm looking for a nice fruit basket for a wedding present. Can you help me?

B：How's this? You could (　　　　) it with this English tea set.

A：They look great together, thanks! I'll take them both, please.

㋐ pair

㋑ pear

㋒ poor

㋓ pour

(3) A：It looks like we're making some significant progress on our line of electronic clothing.

B：I don't know..., I really thought the new product development would be (　　　　　) the design phase by now.

A：The team is very focused on safety as well as innovation, and that simply takes time.

㋐ beside

㋑ beyond

㋒ farther

㋓ further

(4) A：How do you remain so positive about the future despite the many problems in modern society?

B：To be honest, I think it's because today's students have such a (　　　　　) for politics and social justice.

A：I suppose they are the ones who will play leading roles in society in the future.

㋐ belief

㋑ favor

㋒ passion

㋓ virtue

(5) A：So, it appears that the manager has a big announcement to make at this meeting.

B：Oh? I only (　　　　　) at the agenda before coming in here. I don't know anything about it.

A：Apparently, he irritated one of the vice presidents somehow and now is getting transferred.

㋐ glanced
㋑ sought
㋒ viewed
㋓ watched

(6) A：I heard the police are investigating our company's finance department.
B：Yeah, and they are demanding that we hand (　　　　　　) copies of all our contracts.
A：That won't be easy, but I suppose we're just going to have to do as they say.

㋐ after
㋑ down
㋒ on
㋓ over

(7) A：You must be so proud that your son has decided to be a concert musician, too.
B：Some people believe it was (　　　　　　) since my wife and I are both musicians.
A：How wonderful to have a shared interest with the whole family.

㋐ avoidable
㋑ inevitable
㋒ liable
㋓ preventable

(8) A：Thanks for all your help. This set-up is going to work just fine.

B：(　　　　　) you wish any assistance with the equipment, please let us know.

A：Thanks, but I've been using computers for years. I think I'll be fine.

㋐ Could
㋑ Might
㋒ Should
㋓ Would

(9) A：Why has Ms. Roberts returned from her overseas assignment?

B：It appears she's going to (　　　　　) you as department manager.

A：What?! Now?! This is news to me. I only just started the position last November!

㋐ precede
㋑ proceed
㋒ process
㋓ succeed

(10) A：I understand your company has made significant advances in COVID testing.

B：Yes! Our new test is (　　　　　) enough to detect the virus by just breathing into this tube.

A：That's amazing! That is going to change the way testing gets done everywhere.

㋐ sensational
㋑ sensible
㋒ sensitive
㋓ sentimental

Ⅱ　次の(1)～(5)の（　　）内の語群に 1 語を補って並べかえると，それぞれの日本語の文に相当する英文ができます。補うべき最も適切な 1 語を下の㋐～㋞の中から選び，マーク解答用紙にその記号をマークしなさい。ただし，同じ語を 2 回以上選んではいけません。(20 点)

(1)　You (have, imagination, letting, stop, to, your) wild.
想像力をあまり働かせすぎないようにしないといけないよ。

(2)　We shouldn't turn our back on them just because (expectations, failed, have, live, our, they, to, to).
わたしたちの期待に沿うことができなかったからといって，彼らのことを見捨ててはいけない。

(3)　You're (I, just, make, of, to, told, trying, what, you).
ぼくが君にたったいま言ったことを，理解しようとしてるんだね。

(4)　We had better (a, is, make, papers, she, sign, still, the, to, while, willing).
彼女が取引に応じようとしているうちに，書類にサインしたほうがいい。

(5)　So (available, choice, is, its, let, nature, only, take, the, to).
だから残されたのは，成りゆきに任せることだけだ。

㋐ agreement	㋑ along	㋒ course	㋓ deal	㋔ manage
㋕ meet	㋖ move	㋗ on	㋘ run	㋙ sense
㋚ stimulate	㋛ treaty	㋜ understand	㋝ up	㋞ way

Ⅲ　次の(1)〜(5)の英文には，それぞれ1つだけ適切でない箇所があります。その箇所を㋐〜㋔の中から選び，マーク解答用紙にその記号をマークしなさい。(20点)

(1) This old dog went right along(㋐) with the child, saw he didn't drown or get hurt, and till(㋑) the end, when the child was tired, brought him on(㋒) back home. Peter Jackson heard this and spent that spring driving practically all over(㋓) creation looking at different kinds of dogs. Finally, Jackson ended up(㋔) at the place of this woman way out on Lebanon Road who bred bulldogs.

(2) She's been wanting to do the role, and here's her chance. Is she nervous? "Absolutely(㋐). The idea of walking across the stage(㋑) just makes me freeze," she says. "I have never, ever walked onto the stage in a performance without having butterflies in my brain(㋒). Until I open my mouth and I'm into the character(㋓). But leading up to that point(㋔), it's difficult."

(3) In the last couple of years, whenever(㋐) my son comes into my bedroom, he gives me an Eastern-style bow and says something(㋑) in Japanese, I think, which I don't understand. I don't even know where(㋒) he learned it. Maybe from TV. You think always(㋓) your child is picking up from television is how(㋔) to become a cold-blooded killer.

(4)

著作権の都合上，省略。

Love in the Time of No Time, The New York Times on November 23, 2003 by Jennifer Egan

(5) A recent survey found Americans miserably ignorant of(㋐) world geography. Three out of four(㋑) couldn't find the Persian Gulf on a map. It implied that(㋒) we knew any more about(㋓) our own country, and that this ignorance called into question(㋔) our political processes and the efficiency of our business enterprises.

Ⅳ 次の文章を読んで，⑴～⑿の設問に答えなさい。＊の付いた語句は注を参照しなさい。(70点)

Despite its current popularity in movies, books, and TV, and even as a serious topic of study in physics, the concept of time travel is absent from most of human history. The Bible, along with other religious texts and myths, is full of stories of talking animals, gods, and other mysterious beings or legendary voyages over vast distances. But, (ア) enough, little or no time travel. Charles Dickens's* *A Christmas Carol*, written in the mid-nineteenth century, was an ancestor of time-travel stories. In it, Ebenezer Scrooge is led to Christmases past and future by ghosts, but the voyage is a dreamlike, passive one—there is no contact between characters from different points in time. It was only in the late nineteenth century that the notion of true time travel emerged, most famously in H. G. Wells's* *The Time Machine*, in which the main character travels to the future, has an exchange with a future generation of humankind, and returns to his present time.

Why was true time travel absent from fiction until the end of the nineteenth century? Perhaps because human beings are born as presentists(1): few things are as obvious as the fact that the past is definitely gone and thus unchangeable, and that the future does not yet exist. The notion that the past and the future are as real as the present, and thus potential travel destinations, was simply too unbelievable to be absorbed even into fiction. So what changed in the late nineteenth century that opened the gates of time travel in our imaginations? It is difficult to answer this question, but certainly a scientific revolution was in progress. A key event in this revolution came (a) the publication of Einstein's* theory of special relativity in 1905, which forever smashed our understanding of the nature of time. Einstein established that clocks would run at different rates depending on the speed at which they were traveling. Two years after that, Einstein's mathematics professor, Hermann Minkowski, demonstrated that, mathematically speaking, Einstein's theory could be beautifully placed in the framework of a 4D* universe—that is, a universe in which time was literally another dimension, much like space. Thus, in the twentieth century, little by little, time travel became an acceptable(2) topic of study in physics. Not so much because most scientists believed that true time travel into the past or future was actually possible, but because no one was able to prove that it was not. Many scientists accept that in principle there are "places" in time to travel to, but nevertheless believe that the laws of physics will forbid jumping back and forth between them.

However, my goal is not to discuss whether true time travel is possible or not, but to convince you that your brain is the best time machine you will ever own. Or put in another way, you are the best time machine that has ever been built. Of course, the brain does not allow us to physically travel through time, but it is a time machine of sorts for four connected reasons. Firstly, the brain is a machine that remembers the past in order to predict the future. Over hundreds of millions of years, animals have engaged in a race to predict the future. Animals forecast the actions of prey*, predators*, and mates; they prepare for the future by catching food and building nests; and they anticipate dawn and sunset, spring and winter. (3)The degree to which animals succeed in predicting the future becomes the evolutionary factor of survival and reproduction. Therefore, the brain is at its core a prediction or expectation machine. And whether you realize it or not, on a moment-by-moment basis your brain is attempting to predict what is (b) to happen. These short-term predictions, up to a few seconds into the future, are entirely (イ). If a ball rolls off the table, we automatically adjust our movements to catch it. Humans and other animals are also continuously attempting to make long-term predictions. The simple act of an animal surveying its environment is an attempt to look into the minutes and hours that lie ahead: as a wolf stops to take in the sights, sounds, and smells around it, it is searching (c) clues that will help it avoid potential predators and find prey and mates. In order to predict the future, the brain stores a vast amount of information about the past and sometimes adds time labels (dates) to these memories, allowing us to review episodes of our lives organized on a timeline.

Secondly, the brain is a machine that tells time. Your brain performs a wide range of calculations, including those (ウ) to recognize a face, or to choose your next move in chess. Telling time is another type of calculation the brain performs: not simply measuring the seconds, hours, and days of our lives, but recognizing and producing patterns, such as the complex rhythms of a song, or the carefully timed sequence of movements that allow athletes to perform their sports. Telling time is a <u>critical</u>(4) component of predicting the future. As any weather forecaster knows, it is not sufficient to announce that it will rain; one must also predict when it will rain. As a cat launches into the air to catch a bird (d) flight, it must predict where the bird will be a second into the future. Some birds, in turn, are known to keep track of the amount of time that passed since their last visit to a particular flower, in order to allow the honey to be restored before the next visit.

Thirdly, the brain is a machine that creates the sense of time. Unlike vision or hearing, we do not have a sensory* organ that detects time. Time is not a form of energy or a fundamental property of matter that can be detected via physical measurements. Yet, much in the same way that we consciously perceive the color of objects, we consciously perceive the passage of time. The brain creates the feeling of the passage of time. Like most human perceptions, our sense of time is not (エ). The same length of time, as measured by a clock, can seem to fly by or drag depending on many factors. The conscious perception of the passage of time, and that the world around us is in continuous time flow, is among the most familiar and certain experiences of all.

Finally, the brain allows us to mentally travel back and forth in time. The race to predict the future was won easily (e) our ancestors when they developed the ability to understand the concept of time and mentally project themselves backward into the past and forward into the future—that is, to engage in mental time travel. As U.S. President Abraham Lincoln is reported to have said, "The best way to predict the future is to create it," and this is exactly what mental time travel allowed us to do. We went from predicting nature's various ways to creating the future by (オ) nature. Endel Tulving, an influential Canadian scholar, explained: "Early expressions of future-based thought and planning consisted of learning to use, preserve, and then make fire, to make tools, and then to store and carry these with them. Growing their own crops, fruits, and vegetables; raising animals as sources of food and clothing. Every single one is based (f) the awareness of the future." We have all mentally re-experienced the joy or sorrow of past events and re-imagined those episodes to explore what could have been. In the other direction we jump into the future every time we fear or dream about what may come, and (5) <u>we imagine different plot lines of our future lives in the hope of determining the best course of action in the present</u>. Humans may or may not be the only creatures on the planet to engage in mental time travel, but we are certainly the only animals to use this ability to consider the possibility of actually traveling to the past or future.

注　Charles Dickens　イギリスの小説家。代表作『クリスマス・キャロル』(*A Christmas Carol*) の主人公がエベニーザ・スクルージ (Ebenezer Scrooge)。

H. G. Wells　イギリスの小説家。代表作『タイム・マシン』(*The Time Machine*)。

Einstein　アルベルト・アインシュタイン。ドイツ出身の物理学者。特殊相対性理論 (the theory of special relativity) を提唱した。

4D　四次元の

prey　獲物

predator　捕食者

sensory　感覚の

(1) 空所 (a) ～ (f) のそれぞれに入れるのに最も適切なものを下の①～⑧から1つ選び，マーク解答用紙にその番号をマークしなさい。ただし，同じ語を2回以上選んではいけません。

① about　② at　③ by　④ for　⑤ in　⑥ on　⑦ to　⑧ with

(2) 空所 (ア) に入れるのに最も適切なものを下の①～⑤から1つ選び，マーク解答用紙にその番号をマークしなさい。

① correctly　② fortunately　③ naturally　④ strangely

⑤ typically

(3) 下線部(1)の人々の考えとしてあてはまるものを下の①～④から１つ選び，マーク解答用紙にその番号をマークしなさい。

① 現在の世界のみが今，実在する世界である。
② 過去や未来への時間旅行は可能である。
③ フィクションの中でのみ過去や未来を想像することが許される。
④ 過去を変えたいと願うのは当然である。

(4) 下線部(2)の理由として最も適切なものを下の①～④から１つ選び，マーク解答用紙にその番号をマークしなさい。

① 多くの物理学者が過去や未来への時間旅行は可能だとしているから。
② 時間には目的地となりえる場所があり，時間旅行の実現可能性も高いから。
③ 時間上の点の往復が可能である以上，時間旅行が不可能とまではいえないから。
④ 時間旅行は物理法則と相いれないものの，不可能とまではいえないから。

(5) 下線部(3)の内容として最も適切なものを下の①～④から１つ選び，マーク解答用紙にその番号をマークしなさい。

① 未来を予測する能力は生存競争や繁殖には有利であるが，動物の進化の要因であるとまではいえない。
② 未来を予測する能力がどの程度あるかは動物の進化に影響するが，動物の生存競争や繁殖には無関係である。
③ 未来を予測する能力は動物の生存競争と繁殖にかかわり，動物の進化に影響をおよぼす。
④ 生存競争に勝ち，繁殖する動物はすべて未来を予測する能力にすぐれている。

(6) 空所（　イ　）に入れるのに最も適切なものを下の①～⑤から１つ選び，マーク解答用紙にその番号をマークしなさい。

① contrary　② irregular　③ thoughtful　④ unconscious
⑤ unreliable

(7) 空所（　ウ　）に入れるのに最も適切なものを下の①～⑤から1つ選び，マーク解答用紙にその番号をマークしなさい。

① capable　② easy　③ necessary　④ possible　⑤ responsible

(8) 下線部(4)を言い換える別の表現として最も適切なものを下の①～⑤から1つ選び，マーク解答用紙にその番号をマークしなさい。

① certain　② dangerous　③ negative　④ stable　⑤ vital

(9) 空所（　エ　）に入れるのに最も適切なものを下の①～⑤から1つ選び，マーク解答用紙にその番号をマークしなさい。

① limited　② precise　③ total　④ vague　⑤ variable

(10) 空所（　オ　）に入れるのに最も適切なものを下の①～⑤から1つ選び，マーク解答用紙にその番号をマークしなさい。

① competing　② controlling　③ experiencing　④ perceiving
⑤ prohibiting

(11) 下線部(5)の内容として最も適切なものを下の①～④から1つ選び，マーク解答用紙にその番号をマークしなさい。

① 現在における最善の選択がさまざまな未来の可能性をもたらすと考えること。
② 未来のさまざまな可能性を考え，現在が最善の状態だと自分に言い聞かせること。

③ 現在とれる最善の行動が未来においてどのような道筋を描くのか思いめぐらすこと。

④ 現在とれる最善の行動を見極めるため，未来のさまざまなありようを想像すること。

(12) 下の①～⑩から本文の内容に合っているものを4つ選び，マーク解答用紙にその番号をマークしなさい。ただし，5つ以上選んだ場合は0点になります。

① The Bible includes few, if any, time travel episodes.

② The development of time travel fiction was partly enabled by a scientific revolution.

③ Einstein's theory of special relativity was challenged by his mathematics professor.

④ The author believes that true time travel is possible.

⑤ Humans are good at making long-term predictions but other animals are not.

⑥ We perceive both color and time in exactly the same way.

⑦ Humans and animals have the ability to recognize patterns in the passage of time.

⑧ Birds cannot tell when a particular flower becomes filled with honey again.

⑨ Humans have the ability to move mentally backward and forward in time.

⑩ Humans are unique in that only they can engage in mental time travel.

日本史

（60分）

I　次の1と2の文章を読み，それぞれの設問に答えなさい。解答は，漢字を用いるべきところは正確な漢字で記述解答用紙の所定の解答欄に記入しなさい。選択問題についてはマーク解答用紙の記号をマークしなさい。(20点)

1　弥生時代には，盛り土を盛った墓が広範囲に出現した。方形の低い墳丘の周りに溝をめぐらした［A］墓が各地に見られるほか，後期になると円形の墳丘の両側に突出部を持つ岡山県の楯築墳丘墓，また山陰地方の四隅突出型墳丘墓など，大規模な墳丘を持つ墓が現れた。3世紀中頃から後半になると，前方後円墳①をはじめとする古墳が近畿地方から瀬戸内海沿岸にかけての西日本を中心に出現した。古墳時代前期の早い段階である出現期の古墳は，長い木棺を竪穴式石室におさめた埋葬施設や呪術的な副葬品②を持つなど，画一的な特徴を持っていた。古墳時代前期・中期には，木棺や石棺を竪穴式石室におさめたものや，棺を粘土で覆った粘土槨などが営まれ，副葬品も前期には鉄製の武器や農工具などとともに，銅鏡や腕輪型石製品などが多く，中期になって鉄製武器・武具の占める割合が高くなった。古墳時代後期になると，横穴式石室③が一般化し，新しい葬送儀礼にともなう多量の土器の副葬が始まった。埴輪も人物埴輪・動物埴輪などの［B］埴輪が盛んに用いられた。

問1　空欄Aに入る名称を漢字4文字で記しなさい。

問2　下線部①について，出現期の前方後円墳として最大の規模を持つ古墳の名称を，次のア～オの中から一つ選び，その記号をマークしなさい。

ア．五色塚古墳

イ．大仙陵古墳

ウ．箸墓古墳

エ．石舞台古墳

オ．誉田御廟山古墳

問3　下線部②について，前期の古墳から出土した，周縁の断面形が三角形をしている次の資料を説明した適切な文章を，下のア～オの中から一つ選び，その記号をマークしなさい。

ア．有力な首長墓に供えられた特殊壺を載せる特殊器台に起源を持ち，墳丘の上に並べられた。

イ．邪馬台国が交渉した中国の魏の鏡とする説と，日本列島でつくられたとする説がある。

ウ．朝鮮半島から伝えられた実用の青銅製武器であり，日本列島で祭器として大型化した。

エ．鏡の縁の内側にある銘文には，漢字の音を借りて日本人の名や地名などが書き表されており，漢字使用の日本最古の例の一つと考えられている。

オ．両面に約60文字の銘文があり，百済王の世子が倭王のためにつくったことが記されている。

問4　下線部③について，次の文章a～eのうち，古墳時代中期・後期における埋葬の状況を説明した文章の適切な組み合わせを，下のア～オの中から一つ選び，その記号をマークしなさい。

a．朝鮮半島の影響を受けて九州北部に出現し，その後，日本の古墳の一般的な埋葬施設となった。

b．死者の霊が生者に災いをおよぼすことを恐れ，多くの遺骸は屈葬されていた。

c．死者を納める墓室である玄室と，玄室と墳丘外部とを結ぶ通路（羨道）を持ち，追葬が可能となった。

d．特製の大型の甕棺や木棺が用いられ，遺骸の多くは伸展葬により埋葬された。

e．古墳頂上から掘られた土壙の底に遺骸と副葬品を埋葬後，石室をつくり，上部から封土を盛って密封した。

ア．a，b　　イ．a，c　　ウ．b，e　　エ．c，d

オ．d，e

問5　空欄Bに入る名称を漢字2文字で記しなさい。

2　8世紀末になると，新羅から日本への使節の派遣がなくなり，また894年には遣唐使の派遣が停止されたが④，9世紀前半には新羅の商人，そして9世紀後半になると唐の商人が，貿易のため日本に来航するようになった。907年に唐が滅亡した後，諸王朝の分立を経て中国を再統一した宋に対して，日本は朝貢関係を避けるために正式な国交を開こうとはしなかったが，筑前国の［ C ］に来航した宋の商人を通じて，書籍や陶磁器などの工芸品や薬品などが輸入され，代わりに金や水銀，真珠，硫黄などが輸出された。10世紀初めには，朝鮮半島で高麗が起こり新羅を滅ぼして半島を統一したが，日本は高麗とも国交を開かなかった一方，商人などの往来が行われた。また11世紀には，契丹の支配下にあった沿海州に住む女真人である［ D ］が，九州北部に襲来し，大宰権帥の藤原隆家に率いられた九州の武士たちによって撃退される事件が起きた。12世紀になると，後白河上皇⑤を武力で支えて昇進を遂げた平清盛が日宋貿易を推進し，摂津国の大輪田泊⑥を修築して宋商人の畿内への招来を図り，平氏政権の重要な経済的基盤とした。

問6　下線部④に至る，7～9世紀の対外関係の変遷に関して説明した次の文章a～eについて，古いものから年代順に正しく配列したものを，下のア～オの中から一つ選び，その記号をマークしなさい。

a．九州北部には，西海道を統轄する大宰府が設置され，外交・防衛の拠点としての機能を果たした。

b．遣唐留学生の吉備真備は，礼制・暦・測量・音楽・軍事など多彩な分野の文化をもたらし，玄昉とともに橘諸兄政権を支えた。

c．台密の成立に寄与した円仁は，渡唐して密教を学び，帰国するまでの記録として『入唐求法巡礼行記』を著した。

d．唐・新羅からの防衛政策が進められて，九州の要地を守る水城や大野城・基肄城が築城され，対馬から大和にかけて古代朝鮮式山城が築かれた。

e．安史の乱の混乱が広がると，渤海が唐・新羅に進出する動きに応じて，藤原仲麻呂が新羅攻撃を計画した。

ア．a→c→e→d→b

イ．c→a→d→e→b

ウ．c→b→d→a→e

エ．d→a→b→e→c

オ．d→b→e→a→c

問7　空欄Cに入る都市名を漢字2文字で記しなさい。

問8　空欄Dに入る名称を漢字2文字で記しなさい。

問9　下線部⑤の人物が，自ら今様を学んで編纂した『梁塵秘抄』には，念仏往生の教えを説いた当時の信仰が反映されている歌がある。『梁塵秘抄』に該当する史料を，次のア～オの中から一つ選び，その記号をマークしなさい。

ア．極楽浄土のめでたさは　ひとつも虚(あだ)なることぞなき　吹く風立つ波鳥も皆　妙(たえ)なる法(のり)をぞ唱ふなる

イ．此の世をば　我が世とぞ思ふ　望月の　かけたることも　無しと思へば

ウ．夫(そ)れ天下の富を有(たも)つ者は朕(ちん)なり。天下の勢を有つ者も朕なり。此の富勢を以てこの尊像を造る。事や成り易き，心や至り難き。

エ．難波津に　装(よそ)ひ装ひて　今日の日や　出でて罷(まか)らむ　見る母なしに

オ．世間(よのなか)を　憂(う)しとやさしと　思へども　飛び立ちかねつ　鳥にしあらねば

問10　下線部⑥について説明した適切な文章を，次のア～オの中から一つ選び，その記号をマークしなさい。

ア．院と結んだ源頼朝は，弟の源範頼・義経らの軍を派遣して，この地で行われた壇の浦の合戦で平氏を滅亡させた。

イ．院によって六勝寺をはじめとする多くの御願寺が造営されるとともに，院の離宮が置かれ，熊野詣や高野詣を行う際の拠点となった。

ウ．奈良時代には，聖武天皇が平城京や恭仁京から都を移した難波宮が，この地に置かれていた。

エ．この地にある鹿ヶ谷では，藤原成親や僧俊寛ら院近臣が，平氏打倒の陰謀をめぐらし，露顕して平清盛に捕らえられた。

オ．近くには，平清盛の別荘が置かれ，瀬戸内海支配の拠点となった福原があり，以仁王の挙兵の後には同地に都が移された。

Ⅱ　次の1の史料と2の文章を読み，それぞれの設問に答えなさい。解答は，漢字を用いるべきところは正確な漢字で記述解答用紙の所定の解答欄に記入しなさい。選択問題についてはマーク解答用紙の記号をマークしなさい。なお，史料は読みやすさを考えて一部改変している。(20点)

1　史料

一　寺社本所領の事　観応三・七・廿四御沙汰

（中略）

次に近江・美濃・尾張三ヶ国の本所領半分の事，兵粮料所(注1)として，当年一作，軍勢に預け置くべきの由，守護人等①に相触れ(注2)訖んぬ。半分に於いては，宜しく本所に分かち渡すべし。若し預人事を左右に寄せ(注3)，去り渡さざれば(注4)，一円に本所に返付すべし。(「建武以来追加」)

（注1）兵粮米を確保するために指定した所領

（注2）通知する

（注3）あれこれといいのがれをして

（注4）返納しなければ

問1　この史料は1352年に発令された法令であるが，一般に何と呼ばれているか，漢字3文字で記しなさい。

問2　この史料の内容に関する説明文として**誤っているもの**を，次のア～オの中から一つ選び，その記号をマークしなさい。

ア．この法令が適用された地域は，当初，近江国・美濃国・尾張国の3ヶ国であった。

イ．この法令は，該当地域の荘園・公領の年貢の半分を，兵粮米として軍勢が確保することを守護に通達したものである。

ウ．この法令が発令された1352年より以前にも，ほぼ同内容の法令が全国に発令されている。

エ．この法令が発令された1352年は，観応の擾乱が足利直義の敗死によって一応の収束を見た年にあたる。

オ．この法令は，その年に限っての時限立法的なものである。

問3　次のⓐ～ⓔの出来事は，この法令が発令された前後（14世紀）の出来事である。これらの出来事が発生した年を古い方から順に並べた時，正しいものを，下のア～オの中から一つ選び，その記号をマークしなさい。

ⓐ 北畠親房が『神皇正統記』を著す。

ⓑ 京都の室町に「花の御所」が建設される。

ⓒ 雑訴決断所が設置される。

ⓓ 明徳の乱が発生する。

ⓔ 建武式目が制定される。

ア．一番目の出来事はⓔである。

イ．二番目の出来事はⓒである。

ウ．三番目の出来事はⓑである。

エ．四番目の出来事はⓐである。

オ．五番目の出来事はⓓである。

問4 下線部①にみえる守護について，鎌倉幕府が御成敗式目において成文化した守護の職権は何と総称されているか。適切な語を記しなさい。

問5 室町時代における守護の職権拡大に関する語句と，この語句についての説明文の組み合わせとして正しいものを，次のア～オの中から一つ選び，その記号をマークしなさい。

ア．使節遵行―土地をめぐる紛争で，幕府での裁判に敗訴した者が判決に従わない可能性があった場合，勝訴した者に代わって守護が家臣を派遣して強制執行することが認められる。

イ．段銭の徴収―家屋ごとに賦課した税を守護が徴収することが認められる。段銭は当初，天皇即位・内裏造営・伊勢神宮造営・幕府の行事などに際し，一国平均役として臨時に賦課されたが，のちには守護独自の段銭もみられるようになった。

ウ．棟別銭の徴収―田地の面積に応じて賦課した税を守護が徴収することが認められる。棟別銭は当初，朝廷の費用や寺院・橋の修造料として臨時に賦課されたが，のちには恒常的に賦課されるようになった。

エ．刈田狼藉―土地（田地）をめぐる紛争で，当事者の一方（その田地を実力で押さえている者）が相手との話し合いに応じなかった場合，守護の手で収穫前にその田地の稲を刈り取ることが認められる。

オ．守護請―守護が管轄している地域内における荘園・公領からの小物成の徴収を請け負うことが一般化する。これにより，荘園内部への守護の介入が進んだ。

2　1501年旧暦3月，かつて関白の地位に就いていた公家の九条政基は，数少なくなった九条家領の荘園のうちの一つで和泉国に所在した日根荘（現大阪府泉佐野市）にくだり，同地に居を構えて直接支配に乗り出した。

4年近くにわたり日根荘に在住した政基は，その間の出来事を『政基公旅引付』と呼ばれる日記に書き残したが，この克明な日記によって今日私たちは，戦国時代初期の近畿地方における守護による荘園侵略とそれに対する領主政基側の対抗策をはじめ，荘園支配をめぐる政基と住民の間のやりとりや駆け引き，住民らの日常生活や荘内で発生した諸事件，村・地域社会の自治的システム，村どうしの協力関係と対立関係，1493年に発生した［　A　］により室町幕府の実権を握った細川政元と九条政基の個人的な関係（注1）など，さまざまな史実を知ることができる。

1504年旧暦12月，政基は日根荘を去り京都に戻るが，この頃より，近畿地方のみならず，全国各地で戦国の争乱がさらに進行することとなった。

（注1）九条政基の子息が細川政元の養子となり，のちに元服して細川澄之を名のった。

問6　下線部②について，五摂家の一つとして摂政・関白の地位に就くことができた九条家（藤原氏）に関わる人物の名と，同人物に関する説明文の組み合わせとして正しいものを，次のア～オの中から一つ選び，その記号をマークしなさい。

ア．九条頼嗣―九条家の始祖。源頼朝の支援を得て朝廷内で権勢をふるったが，頼朝の娘大姫の入内をめぐって頼朝と対立し，関白を罷免される。彼の日記『玉葉』は鎌倉時代初期を知る上での重要史料。

イ．九条道家―法然が広めた専修念仏の教えに帰依した。彼の弟は『愚管抄』の著者で天台座主の地位に就いた慈円。

ウ．九条兼実―最初の摂家将軍。1219年に源実朝の死を受けて鎌倉に下り，1226年将軍となる。

エ．九条頼経―若くして摂家将軍となるが，成長して執権北条氏と対立し，1244年，将軍職を子息に譲らざるをえなくなる。1246年，幕府への謀反に加担した疑いをかけられて京都に送還された。

オ．九条兼実―外孫四条天皇の摂政として，将軍の父として，朝廷内で実権を握り，関東申次（朝廷と幕府の取り継ぎ役）の地位にも就いて権勢をふるった。

問7　下線部③について，1504年，日根荘内のとある村で，飢饉の際の非常食として村が栽培していた蕨(わらび)を盗んだ容疑で，母子家庭の母親と子どもたち全員が，村人によって殺害されるといういたましい出来事が発生した。村内で発生した盗難事件について，領主である政基に頼らず，村独自に容疑者を捕えたり刑罰を科したりするこのシステムは，一般に何と呼ばれているか。漢字3文字で記しなさい。

問8　空欄Aは細川政元が10代将軍足利義稙を廃して11代将軍足利義澄を擁立した事件の名称である。空欄Aに当てはまる語を，漢字と平仮名合わせて5文字で記しなさい。

問9　次のⓐ～ⓔの出来事は，『政基公旅引付』が書かれた前後（15世紀後半～16世紀前半）の出来事である。これらの出来事を古い方から順に並べた時，正しいものを，下のア～オの中から一つ選び，その記号をマークしなさい。

ⓐ　北条早雲が堀越公方を滅ぼして伊豆を奪う。

ⓑ　山城国一揆が発生する。　　ⓒ　応仁・文明の乱が発生する。

ⓓ　享徳の乱が発生する。　　ⓔ　今川仮名目録が制定される。

ア．一番目の出来事はⓒである。

イ．二番目の出来事はⓓである。

ウ．三番目の出来事はⓑである。

エ．四番目の出来事はⓔである。

オ．五番目の出来事はⓐである。

問10　下線部④について，戦国時代の説明文として**誤っているもの**を，次のア～オの中から一つ選び，その記号をマークしなさい。

ア．戦国大名は領国経済を発展させるため，鉱山の開発にも力を入れたが，武田氏の甲斐の金山，大内氏・尼子氏・毛利氏が争奪した石見銀山などが有名である。

イ．16世紀中頃になると，室町幕府の実権は細川氏の手から家臣の松永久秀の手に，さらには久秀の家臣三好長慶の手に移っていった。

ウ．戦国大名の中には，年貢をはじめとする土地からの得分を銭に換算した上で，その額を家臣への軍役の賦課の基準や，領民への課役の賦課の基準とする者も存在したが，この制度は貫高制と呼ばれている。

エ．戦国大名の中には，中国地方の毛利氏・尼子氏，四国地方の長宗我部氏，北陸地方の朝倉氏・長尾氏（上杉氏），東海地方の織田氏，東北地方の伊達氏をはじめ，国人や守護代から身をおこした者も多く存在した。

オ．戦国大名は地侍を家臣団に組み入れることで，軍事力の強化をはかったが，多くの場合，彼ら地侍は有力家臣に預けられる形をとって家臣団に編入された。この制度を寄親・寄子制と呼ぶ。

Ⅲ　次の1の文章と2の資料を読み，それぞれの設問に答えなさい。解答は，漢字を用いるべきところは正確な漢字で記述解答用紙の所定の解答欄に記入しなさい。選択問題についてはマーク解答用紙の記号をマークしなさい。(20点)

1　中央大学の多摩キャンパスは現在，東京都八王子市東中野に位置する。時代を江戸時代までさかのぼると，ここは［　A　］国多摩郡中野村であった。多摩地域の村々について知りうる1716年の史料によると，中野村は二つの部分に分かれており，その一つは旗本多門（おかど）伝八郎の領地352石余，もう一つは旗本勝田万次郎の領地29石余であった。このように1村を複数の領主が支配する村のことを相給村（あいきゅうそん）と言う。

①徳川家康は1590年の関東入部後に，知行割（家臣への領地配分）を実施し，小規模な家臣には江戸から一泊で行ける範囲に，大規模な家臣にはそれより遠方に領地を与えた。その結果，多摩地域を含む江戸周辺では小規模な家臣の領地が錯綜する傾向が見られた。この傾向は，元禄期の知行割り替えによってさらに顕著なものとなった。

そのような家臣の一人である多門伝八郎は700石の領地を持つ②旗本で，幕府の目付を務めた。1701年の③江戸城本丸御殿松之大廊下で浅野長矩が吉良義央に斬りかかった事件の際に現場に居合わせ，記録を残したことで知られる。このように多摩地域には，④幕府を支える将軍直属家臣団の領地が広がっていた。多門や勝田の領地は，そのすべてが中野村に置かれたのではなく，各地に散在していた。

問1　空欄Aには，現在の東京都・埼玉県などが該当する旧国名が入る。その旧国名を記しなさい。

問2　下線部①に関連して，徳川家康の関東入部前後に起きた出来事に関して述べた次の文a～cについて，古いものから年代順に正しく配列したものを，下のア～オの中から一つ選び，その記号をマークしなさい。

a．大仏建立の釘にあてるなどとして，百姓から刀・鉄砲などを没収する法令が出された。

b．人掃令が出され，全国的な戸口調査が行われた。

c．織田信雄・徳川家康の軍と羽柴秀吉の軍が，小牧・長久手で戦った。

ア．a→b→c　　イ．a→c→b　　ウ．b→a→c

エ．b→c→a　　オ．c→a→b

問3　下線部②の旗本に関する次のa～cの記述について，正しいものと誤っているものの適切な組み合わせを，下のア～オの中から一つ選び，その記号をマークしなさい。

a．旗本は1万石未満の将軍に直属する家臣で，将軍にお目見え（謁見）することを許された。

b．旗本や御家人の監察を，目付が行った。

c．旗本や御家人の生活難を救済するため，徳川吉宗が棄捐令を出した。

ア．a＝正　b＝正　c＝誤

イ．a＝正　b＝誤　c＝正

ウ．a＝誤　b＝正　c＝正

エ．a＝誤　b＝誤　c＝誤

オ．a＝誤　b＝正　c＝誤

問4　下線部③に関連して，徳川綱吉治下の政治や社会に関する記述として**誤っているもの**を，次のア～オの中から一つ選び，その記号をマークしなさい。

ア．綱吉は将軍就任当初，会津藩の保科正之の補佐のもと政治を進めたが，後に側用人の柳沢吉保を重用して政治を進めた。

イ．幕府が大嘗会（大嘗祭）の再興を認めるなど，幕府と朝廷の協調関係が見られた。

ウ．鉱山収入の減少，多額の寺社造営費などにより幕府財政が逼迫した。

エ．近親者に死者があった際に喪に服す日数や，忌引の日数を定める法令が出された。

オ．綱吉は木下順庵に学び，儒教を重視した。

問5　下線部④に関連して，家臣団の中から有能な人材を登用するために徳川吉宗が設けた制度の名称を記しなさい。

2　次に示す資料ａ～ｃは，いずれも近世社会の特徴を示す資料である。

資料ａ　　資料ｂ

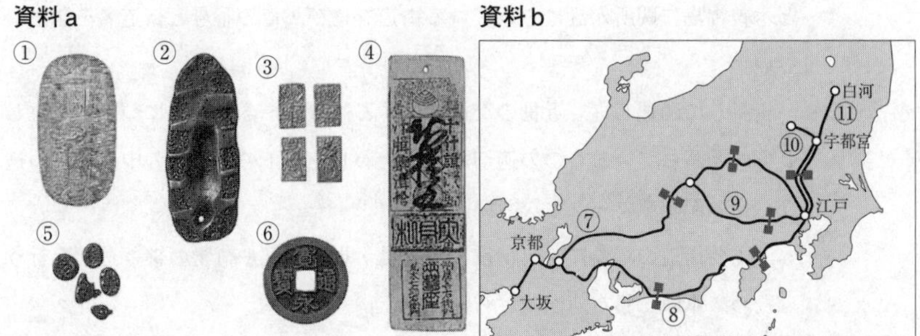

資料ｃ

資料ａの出典：日本銀行金融研究所貨幣博物館

問６　資料ａの①～⑥の中から，諸大名が発行したその領内を中心に通用する貨幣を選び，その番号と名称を記しなさい。

問７　資料ａに関連して，近世の貨幣に関する記述として正しいものを，次のア～オの中から一つ選び，その記号をマークしなさい。

ア．金貨は重さをはかって取り引きする秤量貨幣であった。

イ．東日本では主に銀貨が，西日本では主に金貨が用いられた。

ウ．金座・銀座は通貨の両替や秤量を行い，公金の取扱いや大名貸を行う者もいた。

エ．幕府は財政が悪化すると，金貨を小さくしたり，金の含有量を減らすなどの改鋳を行った。

オ．徳川吉宗は，金２朱の価値がある銀貨を発行し，金貨・銀貨の一本化を試みた。

問８　資料ｂの⑦～⑪の中から，江戸と草津（近江国）の間を結び，途中の碓氷と木曽福島に関所が設けられている街道を選び，その番号と街道名を記しなさい。

問９　資料ｂに関連して，近世の交通に関する次のａ～ｃの記述について，正しいものと誤っているものの適切な組み合わせを，下のア～オの中から一つ選び，その記号をマークしなさい。

ａ．主要街道の宿場には，宿役人が人足・馬の差配や荷物の継ぎ送りを行うため，本陣・脇本陣が設けられた。

ｂ．宿場で用意した人馬で荷物輸送がまかないきれない時は，周辺村々が助郷役を負担した。

ｃ．水上では陸上よりも安く大量に物資を輸送でき，17 世紀後半には東廻り海運（東廻り航路）や西廻り海運（西廻り航路）も整備された。

ア．ａ＝正　ｂ＝正　ｃ＝誤

イ．ａ＝正　ｂ＝誤　ｃ＝正

ウ．ａ＝誤　ｂ＝正　ｃ＝正

エ．ａ＝誤　ｂ＝誤　ｃ＝誤

オ．ａ＝誤　ｂ＝正　ｃ＝誤

問10　資料ｃに関する説明として正しいものを，次のア～オの中から一つ選び，その記号をマークしなさい。

ア．池大雅と蕪村が描いた文人画で，明や清の画風の影響が見られる。

イ．円山応挙が写生を重視しながら描いた絵画である。

ウ．狩野永徳が大和絵を母体にして完成させた濃絵である。

エ．鈴木春信による多色刷りの浮世絵版画である。

オ．尾形光琳が装飾的な画法を取り入れて描いた絵画である。

Ⅳ　次の１から３の文章・史料を読み，それぞれの設問に答えなさい。解答は，漢字を用いるべきところは正確な漢字で記述解答用紙の所定の解答欄に記入しなさい。選択問題についてはマーク解答用紙の記号をマークしなさい。なお，史料は読みやすさを考えて一部改変している。(20点)

1　18世紀の終わり頃から19世紀にかけて外国船の来航が相次いだため①，いわゆる「鎖国」体制をとっていた幕府は対応を迫られた。幕府は，諸大名に命じて江戸湾（現在の東京湾）の防備を固めるとともに，全国各地の海岸線に砲台を備えさせた。北方では，ロシアへの警戒を強め，②18世紀末から19世紀初期には蝦夷地の調査や海防の強化を進めた。

同じ頃，国内ではさまざまな産業が活気づき，市場・流通が発展する一方で，農村では貧富の差が拡大した。有力農民が，土地を集積して力をつける反面，没落する農民が多数発生し，荒廃する地域も見られるようになった。こうした社会状況の中で，農村の復興のために，報徳仕法による改革を目指した二宮尊徳や，道徳と経済の調和に基づく性学を講じた［ A ］のような指導者が現れた。また，江戸周辺地域では，無宿人や博徒らの増加によって治安の悪化が深刻化したため，③幕府は治安維持や風俗取締のための対策をとった。

問1　下線部①に関する次の出来事ａ～ｅについて，古いものから年代順に正しく配列したものを，下のア～オの中から一つ選び，その記号をマークしなさい。

ａ．イギリスの軍艦が，オランダ船を捕まえるために長崎湾に侵入した。

ｂ．ロシア使節ラクスマンが，日本人漂流民を連れて根室に来航し，幕府に通商を求めた。

ｃ．幕府は，日本人漂流民の送還と通商要求のために来航したアメリカ商船モリソン号を砲撃した。

ｄ．幕府は，長崎に来航したロシア使節レザノフによる通商要求を拒否した。

ｅ．ロシア使節プチャーチンが長崎に来航し，開国と国境の画定を幕府に要求した。

ア．a→b→d→e→c

イ．b→c→d→a→e

ウ．b→d→a→c→e

エ．d → b → c → e → a

オ．d → b → a → e → c

問 2　下線部②に関する記述として**誤っているもの**を，次のア～オの中から一つ選び，その記号をマークしなさい。

ア．1798 年，幕府は蝦夷地政策に本格的に着手し，最上徳内・近藤重蔵らを国後・択捉の探査にあたらせた。

イ．1802 年，幕府は東蝦夷地を直轄地とした。

ウ．1806 年，通商要求を拒否されたロシア船が樺太を攻撃した。

エ．1807 年，幕府は松前氏を改易して松前を直轄地とし，松前奉行を置いた。

オ．1808 年，幕府は間宮林蔵に樺太探査を命じ，樺太が島であることを確認した。

問 3　空欄Aに入る人物の姓名を記しなさい。

問 4　下線部③に関する記述として正しいものを，次のア～オの中から一つ選び，その記号をマークしなさい。

ア．幕府領・藩領・旗本領などが複雑に入り組んでいたことが，江戸周辺地域の治安悪化を招いた要因の一つであった。

イ．幕府は，関東取締出役を設け，藩領を除く地域を巡回させ，無宿人・博徒らの逮捕・取締にあたらせた。

ウ．幕府は，譜代諸藩に命じて，幕府領・藩領・旗本領を支配の別なく巡回させ，無宿人・博徒らの逮捕・取締にあたらせた。

エ．幕府は，近隣の村々をまとめた寄場組合を幕府領・藩領・旗本領ごとに編制し，農村の秩序維持などをはかった。

オ．幕府は，江戸周辺の 50 万石の地を直轄地にして，無宿人・博徒の一斉取締を実施しようとしたが，譜代大名や旗本に反対されて実施できなかった。

2　次の史料は，1868 年に制定された「政体書」の一部である。

政体

一，大ニ斯国是（このこくぜ）ヲ定メ，制度・規律ヲ建ツルハ，御誓文④ヲ以テ目的トス（中略）

一，天下ノ権力総（すべ）テコレヲ太政官⑤ニ帰ス，則チ政令二途ニ出ルノ患無カラシム，太政官ノ権力ヲ分ツテ，立法・行法・司法ノ三権トス，則偏重ノ患無ラシムルナリ（中略）

一，立法官ハ行法官ヲ兼ヌルヲ得ス，行法官ハ立法官ヲ兼ヌルヲ得ス（中略）

一，各府・各藩・各県皆貢士ヲ出シ議員トス，議事ノ制ヲ立ツルハ輿論公議ヲ執ル所以ナリ（中略）

一，諸官四年ヲ以テ交代ス，公選入札ノ法ヲ用フヘシ，但今後初度交代ノ時其一部ノ半ヲ残シ，二年ヲ延シテ交代ス，断続宜シキヲ得セシムルナリ，若其人衆望ノ所属アツテ，難去（さりがたき）者ハ猶（なお）数年ヲ延サザルヲ得ス（後略）（『法令全書』）

問5　下線部④に関する記述として正しいものを，次のア～オの中から一つ選び，その記号をマークしなさい。

ア．「御誓文」は，天皇が臣下・民衆に対して誓約する形で発表された。

イ．「御誓文」によって，天皇による専制政治が宣言された。

ウ．「御誓文」は，幕府による統治の理念をそのまま引き継いでおり，儒教道徳を説くものであった。

エ．「御誓文」によって，キリスト教の信仰が改めて禁止された。

オ．「御誓文」によって，公論を尊重して統治を行うことが示された。

問6　下線部⑤に関する記述として**誤っているもの**を，次のア～オの中から一つ選び，その記号をマークしなさい。

ア．太政官制は，1868年の発足後，数度の改革が実施されたが，1885年に内閣制度が発足するまで続いた。

イ．版籍奉還後の官制改革では，祭政一致の方針により神祇官が太政官のもとに置かれた。

ウ．廃藩置県後の官制改革では，太政官に正院・左院・右院が置かれた。

エ．廃藩置県後の官制改革では，太政官正院のもとに各省が置かれ，中央集権体制が強化された。

オ．1873年に太政官正院のもとに新設された内務省は，地方行政や殖産興業，警察組織の統轄などの役割を担った。

問7　「政体書」に関する記述として正しいものを，次のア～オの中から一つ選び，その記号をマークしなさい。

ア．「政体書」により，中央に太政官が設置されたが，府県には自治が認められ，府知事・県知事は独自の体制を築いた。

イ．「政体書」は，復古的な色彩が強く，欧米の制度はまったく採用されなかった。

ウ．「政体書」では，政治に関する命令が，多方面から出るのを避けるために，諸大名の知行権が否定された。

エ.「政体書」では，公議輿論の理念に基づき，府藩県において地方議会を開くことが定められた。

オ.「政体書」では，立法・行政・司法の三権分立が規定された。

3　明治政府は，明治初期からヨーロッパの法制度の調査を進め，近代的な法典の編纂に着手した。1880年には，大逆罪や不敬罪，内乱罪を厳罰とする規定を含む刑法と，刑事訴訟法にあたる治罪法を公布した。また，民法・商法の編纂も急がれ，1890年に民法⑥・商法ならびに民事訴訟法・刑事訴訟法が公布された。

法典の編纂は，フランスの法学者ボアソナードらを招いて進められたが，明治期には法学以外の諸分野でも，西洋の諸制度や技術・学問を導入するために，欧米から学者を招いた。例えば，農業の分野では，アメリカ式の大農場制度の移植を図るためにクラークを招いて，1876年に［　B　］を設立した。

こうした⑦「西洋文明」の移植を背景として，日本固有の文化と西洋由来の文化が，混在・併存して明治の文化は形成された。明治初期の頃には，政府主導で文明開化が推進されたが，明治中期頃からは教育の普及や出版・交通などの発達によって国民を担い手とする文化も発展していった。

問8　下線部⑥の「民法」の内容を批判する論文「民法出デヽ忠孝亡ブ」を執筆した人物の姓名を記しなさい。

問9　空欄Bに入る用語を記しなさい。

問10　下線部⑦に関する記述として**誤っているもの**を，次のア～オの中から一つ選び，その記号をマークしなさい。

ア. 河竹黙阿弥は，文明開化の風俗を取り入れた新しい歌舞伎の演目を発表した。

イ. 坪内逍遙による文芸協会などが，西洋の近代劇を翻訳・上演した。

ウ. 東京美術学校では，設立時から伝統的な日本美術とともに西洋美術が積極的に教授された。

エ. 彫刻の分野では，高村光雲による木彫と荻原守衛らの彫塑が，競合しながら発展した。

オ. 小学校教育に，西洋の歌謡を模倣した唱歌が採用された。

V　次の1の文章と2の史料を読み，それぞれの設問に答えなさい。解答は，漢字を用いるべきところは正確な漢字で記述解答用紙の所定の解答欄に記入しなさい。選択問題についてはマーク解答用紙の記号をマークしなさい。なお，史料は読みやすさを考えて一部改変している。(20 点)

1　災害大国ともいわれる日本は，歴史上，地震や台風など幾多の災害を経験し，それが当時の政治や社会に様々な影響を与えてきた。

本年 2023 年は関東大震災①の発生からちょうど 100 年目にあたる。1923 年 9 月 1 日，神奈川県西部を震源とするマグニチュード 7.9 の地震は，東京や横浜をはじめとする南関東を中心に多くの死傷者と甚大な被害をもたらした。そのさまは「帝都を中心として関東の天変地異（中略）大混乱言語に絶す」(『大阪朝日新聞』）と報じられ，作家永井荷風②はそのときの状況を「日将(まさ)に午(ひる)ならむとする時天地忽(たちまち)鳴動す。（中略）身体の動揺さながら舩上(せんじょう)に立つが如し」(『断腸亭日乗』）とみずからの日記に認めている。

震災発生の翌日に発足した第二次山本権兵衛③内閣は，内務大臣の［ A ］を総裁とする帝都復興院を創設して復興事業を進めた。しかし，その事業は道路建設や土地区画整備など大規模なもので，多額な予算を必要としたため，帝国議会における審議では野党立憲政友会④の反発にあい，予算案は大幅に縮小されてしまった。その後，［ B ］事件により山本内閣が総辞職すると，帝都復興院は廃止され，復興事業は内務省へと引き継がれた。

問1　下線部①について，関東大震災にかかわる次のa～cの記述に対する指摘として正しいものを，下のア～オの中から一つ選び，その記号をマークしなさい。

a．震災の混乱のさなか，無政府主義者の大杉栄や山川均らが憲兵隊に連行され殺害された。

b．1924 年設立の同潤会は，震災の罹災地区に住宅を建設した。

c．震災手形の処理をめぐる片岡直温大蔵大臣の失言により取付け騒ぎが起こった。

ア．a・bは正しい，cは誤り。　　イ．b・cは正しい，aは誤り。

ウ．a・cは正しい，bは誤り。　　エ．a・b・cすべて正しい。

オ．a・b・cすべて誤り。

問２　下線部②に関連して，大正期の文化や学問に関する説明として**誤っているもの**を，次のア～オの中から一つ選び，その記号をマークしなさい。

ア．『善の研究』で知られる津田左右吉は，独自の哲学体系を打ち立てた。

イ．柳田国男による民間伝承などの調査研究は，民俗学の確立に大きく貢献した。

ウ．演劇界では築地小劇場を中心とした新劇運動が展開された。

エ．詩人として知られる高村光太郎は，「手」などの彫刻作品も多数残した。

オ．新思潮派の代表的作家として芥川龍之介や菊池寛がいた。

問３　下線部③に関連して，山本権兵衛と同様に，陸海軍出身の内閣総理大臣とその内閣時代の出来事の組み合わせとして**誤っているもの**を，次のア～オの中から一つ選び，その記号をマークしなさい。

ア．桂太郎―第一次護憲運動

イ．寺内正毅―シベリア出兵

ウ．加藤友三郎―ワシントン海軍軍縮条約締結

エ．阿部信行―第二次世界大戦勃発

オ．東条英機―真珠湾攻撃

問４　空欄Aに入る人物の姓名を記しなさい。

問５　下線部④について，当時の立憲政友会総裁である高橋是清に関する次の説明文の波線部a～dに関する指摘として正しいものを，下のア～オの中から一つ選び，その記号をマークしなさい。

　高橋是清は原敬[a]の後を受け組閣するも短命に終わったが，その後の内閣では大蔵大臣としてたびたび入閣した。とりわけ注目されるのは犬養毅内閣以降における昭和恐慌[b]への対応であり，このとき高橋は金解禁[c]の断行や「自力更生」をはかる農山漁村経済更生運動[d]などの政策を実施した。

ア．aが誤りで，正しくは加藤高明。

イ．bが誤りで，正しくは金融恐慌。

ウ．cが誤りで，正しくは金輸出再禁止。

エ．dが誤りで，正しくは新体制運動。

オ．a～dはすべて正しく，誤りはない。

問６　空欄Bに入る事件の名称を記しなさい。

2　次の史料は，1943年11月に発表されたカイロ宣言の日本語訳の一部である。

三大同盟国ハ日本国ノ侵略ヲ制止シ且之ヲ罰スル為今次ノ戦争ヲ為シツツアルモノナリ。右同盟国ハ自国ノ為ニ何等ノ利得ヲモ欲求スルモノニ非ス。又領土拡張ノ何等ノ念ヲモ有スルモノニ非ス

右同盟国ノ目的ハ，日本国ヨリ千九百十四年ノ第一次世界戦争⑤ノ開始以後ニ於テ日本国カ奪取シ又ハ占領シタル太平洋ニ於ケル一切ノ島嶼(しょ)ヲ剥奪スルコト，並ニ満洲⑥，台湾及澎湖(ほうこ)島ノ如キ日本国カ清国人ヨリ盗取シタル一切ノ地域ヲ中華民国ニ返還スルコトニ在リ

日本国ハ又暴力及貪欲ニ依リ日本国ノ略取シタル他ノ一切ノ地域ヨリ駆逐セラルヘシ

前記三大国ハ朝鮮ノ人民ノ奴隷状態⑦ニ留意シ，軈(やが)テ朝鮮ヲ自由且独立ノモノタラシムルノ決意ヲ有ス

右ノ目的ヲ以テ右三同盟国ハ同盟諸国中日本国ト交戦中ナル諸国ト協調シ，日本国ノ無条件降伏ヲ齎(もたら)スニ必要ナル重大且長期ノ行動ヲ続行スヘシ

問7　この史料に関連して，カイロ宣言の前後に起こった次の出来事a～eについて，古いものから年代順に正しく配列したものを，下のア～オの中から一つ選び，その記号をマークしなさい。

a．サイパン島陥落　　　b．南部仏印進駐開始

c．鈴木貫太郎内閣発足　　　d．大東亜会議開催

e．ミッドウェー海戦勃発

ア．b→d→e→a→c　　　イ．b→e→d→a→c

ウ．d→b→e→c→a　　　エ．d→c→b→e→a

オ．e→b→d→a→c

問8　下線部⑤に関する記述として正しいものを，次のア～オの中から一つ選び，その記号をマークしなさい。

ア．第一次世界大戦の三国同盟とは，ドイツ・イタリア・ロシアを指す。

イ．幣原喜重郎外務大臣の主導により，日英同盟を理由として第一次世界大戦に参戦した。

ウ．第一次世界大戦のさなか，第二次大隈重信内閣は中国に対して西原借款とよばれる巨額の資金貸与を行った。

エ．第一次世界大戦を機に，中国で工場経営を行う日本の紡績業（在華紡）が拡大した。

オ．第一次世界大戦後のワシントン会議では，中国問題に関する四カ国条約，太平洋問題に関する九カ国条約がそれぞれ結ばれた。

問9　下線部⑥について，1920年代後半以降の日本と満州の関係をまとめた次の年表の空欄C・D・Eに入る語の組み合わせとして正しいものを，下のア～オの中から一つ選び，その記号をマークしなさい。

年　月	事　項	内　閣
1928年6月	張作霖爆殺事件	C
1931年9月	柳条湖事件（満州事変の勃発）	若槻礼次郎
1932年3月	満州国建国の宣言	犬養毅
1932年9月	D 調印	斎藤実
1939年5月	E 事件	平沼騏一郎

ア．空欄C＝田中義一　空欄D＝日満議定書　空欄E＝済南

イ．空欄C＝浜口雄幸　空欄D＝塘沽（タンクー）停戦協定　空欄E＝済南

ウ．空欄C＝田中義一　空欄D＝塘沽停戦協定　空欄E＝ノモンハン

エ．空欄C＝浜口雄幸　空欄D＝日満議定書　空欄E＝済南

オ．空欄C＝田中義一　空欄D＝日満議定書　空欄E＝ノモンハン

問10　下線部⑦は日本による朝鮮の植民地統治のことを指すが，朝鮮の土地開発や地主経営を展開した1908年設立の国策会社の名称を記しなさい。

世界史

（60 分）

I　次の文章A～Cを読み，下線部(1)～(12)について下記の【設問】に答えなさい。解答は，記述解答用紙の所定の欄に正しく記入しなさい。(24 点)

A　百年戦争(1)末期の 1429 年に，ジャンヌ=ダルクは王太子シャルルに会見し，オルレアンをイングランドから解放すると，ランスの大聖堂でシャルルの即位式を行った。このようにフランスの王の多くは即位の儀式を教会で，聖職者のもとで行った。10 世紀(2)にカロリング家の王が急死したあと，パリ伯ユーグ=カペーを王に選出することに，ランスの大司教は大きな役割を果たした。そして即位の儀式(3)を，ランスの大司教をはじめとする聖職者が出席して諸侯とともに教会で行った。中世から近世にかけての西ヨーロッパでは，王の即位だけでなく，さまざまな場面で君主と聖職者の関係(4)が重要な役割を果たした。

【設　問】

(1)　百年戦争のあとイングランドでもいろいろな変化が起こった。これについて述べた文として正しいものを，次のア～エの中から一つ選び，記号で答えなさい。

ア　ヘンリ 8 世がテューダー朝を開いた。

イ　16 世紀にスコットランドとアイルランドがイングランドに併合された。

ウ　ヨーク家とランカスター家の間で王位継承をめぐって内乱が起こった。

エ　ヘンリ 7 世が王を首長とするイギリス国教会を成立させた。

(2)　10 世紀のボヘミア（ベーメン）では，ヴァーツラフ 1 世は国内を統治するとともにキリスト教の布教を行い，死後に聖なる君主と讃えられた。14 世紀に金印勅書を発し，ヴァーツラフ 1 世にちなんだ王冠を作らせて，支配の正当性を印象付けようとした君主は誰か。

(3)　王の即位式では，戴冠のみでなく王の体に油を注ぐ儀式も行われた。これは旧約聖書のソロモン王などに関する記述に由来するといわれる。ソロモン王の父で，ソロモンに油を注ぐことを命じて後継者としたヘブライ人の王は誰か。

(4) 宰相として王に仕える聖職者もあった。たとえばリシュリューは，ルイ13世の時代に内政，外交につとめるとともに，文化面でも活動した。リシュリューがフランス語の統一などを目的に創立した組織を何というか。

B ナポレオンの皇帝戴冠式はパリで行われた。ローマ教皇ピウス7世をはじめ聖俗の有力者が出席した様子は，ダヴィド（ダヴィッド）の絵画(5)に描かれ，伝えられている。戴冠式が行われたパリの歴史は古く，古代ローマ人に支配される前から人が住み着いていた。やがて古代ローマ人は浴場(6)，神殿，劇場(7)などの施設を建てた。キリスト教が広まると，パリの中心のシテ島にキリスト教の教会が立てられるが，これを現在の形に改築したのは12～13世紀の王たちである。なかでもフィリップ2世は，教会の改築のみならず，ルーヴル城の建築，学問(8)の保護などにもつとめた。

【設　問】

(5) ダヴィド（ダヴィッド）だけでなく，この時期の画家は神話や聖書の場面のほかに，同時代の事件を描いた。ナポレオンの支配に対するスペインでの抵抗運動を描いたゴヤの作品を，次のア～エの中から一つ選び，記号で答えなさい。

ア

イ

ウ

エ

(6) 古代のパリで浴場のあった場所に，中世になって修道院の建物が建てられた。現在その建物は，古代の浴場跡とともに国立中世美術館（博物館）として使われている。この建物は主として10世紀から修道院の改革運動を行った会派のものであった。この会派を次のア～エの中から一つ選び，記号で答えなさい。

ア　シトー

イ　クリュニー

ウ　ドミニコ

エ　フランチェスコ

(7) 古代ローマの劇場では，古代ギリシアで創作された演劇が，ときとして改編を加えられながら上演されたといわれる。古代ギリシアの悲劇作家として知られる人物として正しいものを，次のア～エの中から一つ選び，記号で答えなさい。

ア　ソフォクレス

イ　アリストファネス

ウ　ヘロドトス

エ　ソクラテス

(8) このころの学問や文芸の動きは「12世紀ルネサンス」と呼ばれ，イスラーム世界からもたらされたギリシアの古典を復興させた側面があった。9世紀にバグダードで発展し，ギリシア語の文献がさかんにアラビア語に翻訳された機関を何というか。

C　フランスの王たちは，パリから離れた宮殿(9)に滞在するようになり，ルイ14世はヴェルサイユ宮殿に居住するようになる。フランス革命が起こると，王はヴェルサイユを離れてパリに居住することになった。民衆はテュイルリー宮殿を襲撃し，当時の議会は王権の停止を決議し，やがて国民公会は共和政⑽の成立を宣言した。このころ教会も破壊の対象となった。歴代のフランス王が礼拝堂に安置していた神聖な宝物の多く⑾も犠牲となった。19 世紀になると，破壊された文化財の修復運動が進んだ。20 世紀の二度の世界大戦⑿でパリは大規模な破壊を免れ，古代ローマにまでさかのぼる多くの文化財が保存されている。

【設　問】

⑼　18 世紀のプロイセンではフリードリヒ 2 世がポツダムに優美な宮殿を建てた。この宮殿の名を答えなさい。

⑽　現在のフランスはド=ゴールのときに発足した第五共和政である。ド=ゴールの政権掌握の背景にはアルジェリアの独立戦争をめぐる問題があった。アルジェリアは 1962 年にフランスから独立する。フランスから独立した国として正しいものを，次の地図のア～エの中から一つ選び，記号で答えなさい。

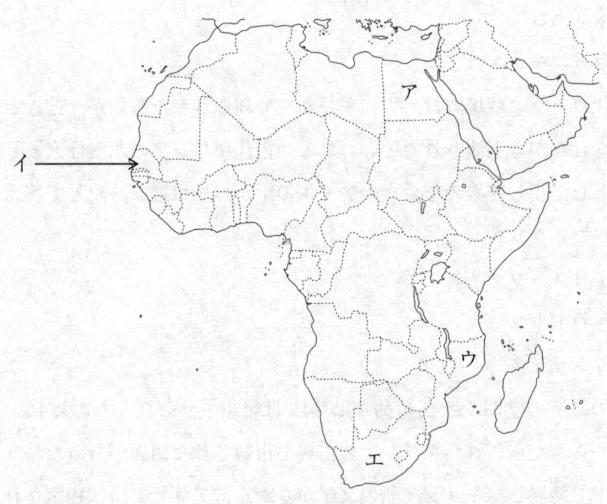

⑾　そのなかに，フランス王ルイ 9 世がフランスを聖地とすべく，コンスタンティノープルの宮廷に保管されていた宝物を 1230 年代から 1240 年代にかけて獲得したものがあった。1230 年代から 1240 年代当時コンスタンティノープルを拠点としていた帝国を何というか。

⑿　第二次世界大戦では，パリを含むフランス北部はドイツの占領地となり，南部はドイツに協力する政府が統治した。この政府を何というか。

Ⅱ　次の文章を読み，下線部⑴～⑿について下記の【設問】に答えなさい。解答は，記述解答用紙の所定の欄に正しく記入しなさい。（24点）

19世紀の西アジアと北アフリカ地域は，人々が近代化の試みと民族主義の台頭の間で葛藤する時代であった。これらの地域では，時代遅れの諸制度を改革しようと各地で立憲運動が展開されたが，権限の縮小を阻止しようとする支配者と，列強の介入に直面した。

16世紀スレイマン１世⑴の時代にヨーロッパに脅威を与えたオスマン帝国は，技術革新の点で西欧に後れを取り，ヨーロッパ諸国との戦争では度々窮境に立たされた。1839年，スルタンは財政，司法，行政など各方面に及ぶ近代化・西欧化政策⑵に着手した。1876年には，憲法も起草されたが，アブデュルハミト２世は，ロシア=トルコ（露土）戦争の混乱に乗じて議会を閉鎖し，憲法を停止するなど専制を強めた。1908年，この動きに対して民族意識に目覚めた知識人（青年トルコ人）は若手将校と連携し，政府に圧力をかけて憲法を復活させることに成功した。青年トルコ革命と呼ばれるこの出来事は，トルコ民族主義⑶が台頭するきっかけとなった。

イランでは，1848年にバーブ教徒による武装蜂起が起こるなど変革を求める声が上がったが，憲法が公布されるには，1906年の議会の開設⑷を待たねばならなかった。しかし，1911年にはイランへの影響力拡大を狙うロシアの介入で議会は閉鎖され，立憲体制確立の試みは挫折した。

このように，改革は進展せず，さらには列強諸国への従属の度合いが増すと，イスラーム教徒の連帯を主張するパン=イスラーム主義が台頭した。この主義を唱えた先駆的存在はアフガーニー⑸で，イスラーム教徒に地域を超えた民族意識を目覚めさせるなど，イスラーム世界全体に大きな影響を与えた。アフガーニーの本来の主張は，イスラーム的価値観をもとに，ヨーロッパの科学を取り入れ，対等な関係になることを模索するものであった。しかし，この考えに展望を見出せない人々の間では，預言者ムハンマドの教えに立ち返ることを是とする考え⑹が支持されるようになった。一方，アラブ地域のキリスト教徒の間では，アラブ文化の復興運動が起こった。これは後にアラブ民族主義(7)を掲げる政治的な運動へと変化していった。

列強諸国による政治的，経済的な干渉が激しさを増すと，各地で激しい抵抗運動や反乱が発生するようになった。エジプトでは，ウラービー大佐率いるエジプト軍が，経済的，政治的支配を強めるイギリスや，列強に追随するムハンマド=アリー家(8)の支配者と対立するようになり，1882年にはイギリス軍と交戦する事態となった。ウラービー軍は敗退し，エジプトは軍事的に占領された。この運動は，アラブ地域で初めての民族主義運動として人々に記憶されている。

スーダンでは，エジプトを軍事占領したイギリス軍が，エジプト軍とともにスーダンに影響力を拡大するようになった。すると，ムハンマド=アフマドを救世主とする勢力(9)が蜂起し，1885年にはイギリス軍を率いるゴードン将軍(10)が戦死した。イギリス軍はその後もこの勢力の掃討に手を焼くが，1898年には鎮圧した。

イランでは，政府が財政難を克服しようとイギリス人商人にタバコの専売権を与えると，1891年にそれに抗議するタバコ=ボイコット運動(11)が発生した。この抗議運動が勢いを増すと，翌年には専売権の譲渡が撤回されるなど，抵抗が功を奏した国もあった。

このように，西アジア・北アフリカ地域の近代は苦難の時代だった。第一次世界大戦を経てオスマン帝国は解体されたが，それは主権国家の成立(12)に向けた長い苦難の道のりの始まりだった。

【設　問】

(1) スレイマン1世の治世の出来事としてもっとも適切なものを，次のア～エの中から一つ選び，記号で答えなさい。

ア 首都をコンスタンティノープルに移した。

イ マムルーク朝を滅ぼした。

ウ サファヴィー朝から南イラクを奪った。

エ クリム=ハン国を服属させた。

(2) この改革を何というか。

(3) トルコ民族主義者であるムスタファ=ケマルが，1922年にギリシア軍を破って奪還した都市イズミルの場所として正しいものを，次の地図中のア～エの中から一つ選び，記号で答えなさい。

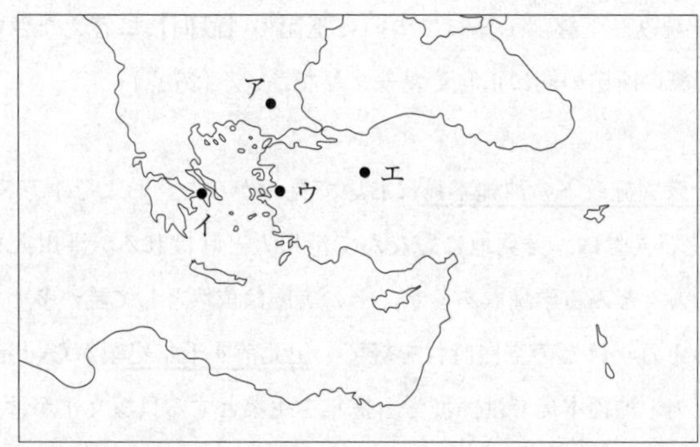

⑷　当時のイランの王朝名を何というか。

⑸　アフガーニーの説明として**誤っているもの**を，次のア～エの中から一つ選び，記号で答えなさい。

ア　フランスのパリでパン=イスラーム主義に関する雑誌を刊行した。

イ　ワフド党を設立した。

ウ　イランのタバコ=ボイコット運動に影響を与えた。

エ　イラン出身だが，アフガン人（アフガーニー）を自称した。

⑹　アフガーニー以前に，この考えをもとに18世紀アラビア半島に成立した王国を何というか。

⑺　アラブ民族主義が高揚するなか，1958年にエジプトと連合共和国を形成した国はどこか。

⑻　ムハンマド=アリーが総督の地位の世襲権を認められた会議を何というか。

⑼　この勢力を何というか。　〔解答欄〕　　（派）

⑽　ゴードン将軍が中国で率いた軍を何というか，漢字3文字で答えなさい。

⑾　イランでは，20世紀半ばにも外国企業による独占に抗議する世論が高まった。1951年にアングロ=イラニアン石油会社の接収を宣言したイランの首相はだれか。

⑿　第一次世界大戦以降に，保護国状態から独立した国として**誤っているもの**を，次のア～エの中から一つ選び，記号で答えなさい。

ア　チュニジア

イ　エチオピア

ウ　エジプト

エ　アフガニスタン

Ⅲ　次の文章を読み，下線部⑴〜⒀について下記の【設問】に答えなさい。解答は，マーク解答用紙の所定の欄に正しくマークしなさい。(26点)

アメリカ合衆国施政下の沖縄本島⑴において見つかった，およそ1万8000年〜1万6000年前の化石人骨は，発見地にちなんで港川人と呼ばれる。港川人を縄文人に連なる南方系の人々とみる学説もあるが，その実態は依然として謎が多い。

港川人から1万年ほどの空白時代を経て，紀元前4千年紀⑵頃から紀元後11世紀頃にかけての奄美・沖縄本島では，漁労・採集を生業とする貝塚文化が営まれた。一方，宮古・八重山では，貝塚文化と別系統の，中国南部やフィリピン⑶との関係をうかがわせる先史文化が栄えた。これら二つの文化には相互に交流した痕跡がないことから，沖縄本島と宮古・八重山の交通は長期間にわたり断絶していたと考えられている。よって，この時代に関する限り，南西諸島を介した日本への中国の文物の伝播⑷を想定することも，かなり難しい状況にある。

やがて日宋貿易⑸がさかんになるにつれ，ヤコウガイや硫黄といった南方の産物を求めて，日本の商人が琉球に来航するようになった。対価として九州からもたらされた石鍋は，徳之島で生産された煮炊き用の土器や貯蔵用の壺などとともに宮古・八重山にまで流通し，人々の生活様式を変化させた。広域流通圏の形成に伴い，琉球全体に文化的な一体性が生まれ，同時に農耕も広まって，人口が飛躍的に増大した。こうした一連の変化を背景に，12世紀⑹頃から琉球各地に有力な首長があらわれ，グスクと呼ばれる支配拠点が多数築かれた。さらに14世紀になると，複数のグスクを束ねる三つの王国があらわれ，明への朝貢をはじめた⑺。

15世紀前半，3王国の一つである中山王国が他の2国を併せ，琉球に統一政権が成立した。琉球王国は，東アジアから東南アジアにまたがる広い海域を中継貿易で結んで栄えた⑻。16世紀後半，明が海禁を解いて交易場での管理貿易に政策転換⑼すると，中継貿易の利益は縮小したが，日本に対する海禁が継続されたことから，琉球は明と日本を経済的に結びつける役割⑽を担った。

17世紀初頭に薩摩藩による侵攻を受けたのち，琉球王国は薩摩藩と中国王朝に両属するかたちとなった⑾。海域世界の秩序回復とともに，琉球の社会は安定した。結果，17世紀後半以降，首里・那覇では急速に都市化が進行し，それに伴って測量図・鳥瞰(ちょうかん)図などの地図⑿がさかんに作成されるようになった。

19世紀に列強のアジア・太平洋方面への進出が本格化⒀すると，琉球もその動きに翻弄された。1853 年，ペリーは浦賀に来航する前に，首里城を訪れている。列強は日本と並行して琉球にも圧力をかけ，琉球はアメリカ合衆国・フランス・オランダと相次いで修好条約を締結した。そして 1879 年，日本によって沖縄県が設置され，琉球王国の歴史は幕を閉じたのである。

【設　問】

(1)　次の年表に示した**ア～エ**の時期のうち，アメリカ合衆国から日本への沖縄返還の時期として正しいものを，下の①～④の中から一つ選びなさい。

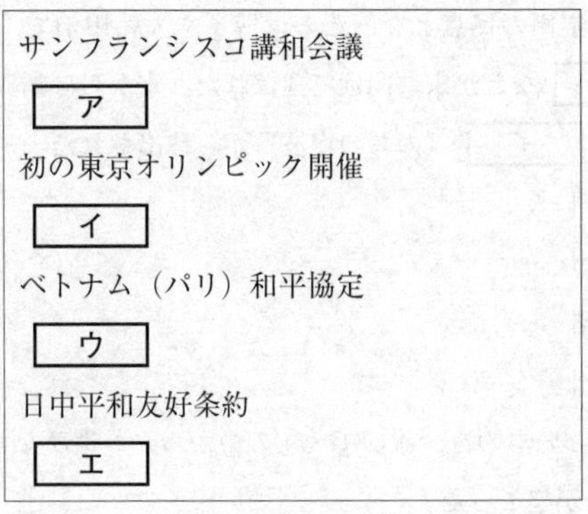

①　**ア**　　②　**イ**　　③　**ウ**　　④　**エ**

(2)　紀元前 4 千年紀の出来事について述べた文としてもっとも適切なものを，次の①～④の中から一つ選びなさい。

①　黄河流域で，仰韶文化が広がった。

②　西アジアで，麦の栽培がはじまった。

③　中央ユーラシアで，騎馬遊牧文化が形成された。

④　メキシコ湾岸で，オルメカ文明が成立した。

(3)　フィリピンの歴史について述べた文として**誤っているもの**を，次の①～④の中から一つ選びなさい。

①　16 世紀，スペインは，マニラをアカプルコ貿易の拠点とした。

②　19 世紀後半，ホセ=リサールが，民族意識を高める啓蒙運動をおこなった。

③　ソ連主導の軍事同盟である東南アジア条約機構（SEATO）に参加した。

④　1986 年，独裁をおこなっていたマルコス政権が崩壊した。

(4) 中国の文物の他地域への伝播について述べた文として**誤っているもの**を，次の①～④の中から一つ選びなさい。

① 渤海では，中国風の都城が造営された。

② イル=ハン国に伝わった中国絵画は，ミニアチュールの発達をうながした。

③ 18世紀のヨーロッパでは，中国の文物や中国風のデザインが流行した。

④ アッバース朝と隋がタラス河畔で戦い，中国の製紙法が西伝した。

(5) 日宋貿易について述べた次の文章中の空欄 [ア] と [イ] に入れる語の組み合わせとして正しいものを，下の①～④の中から一つ選びなさい。

日宋貿易において，日本側の拠点となったのは博多や大輪田泊で，主に砂金・硫黄・刀剣や [ア] などが宋に向けて運ばれた。宋からは銅銭や陶磁器・絹織物などが，主に [イ] （のちの寧波）から輸出された。

① ア－木材　イ－明州

② ア－木材　イ－泉州

③ ア－茶　イ－明州

④ ア－茶　イ－泉州

(6) 12世紀の出来事として正しいものを，次の①～④の中から一つ選びなさい。

① ノルマン=コンクェストが起こった。

② カラ=キタイ（西遼）が成立した。

③ 神聖ローマ帝国で大空位時代が生じた。

④ パガン朝が滅亡した。

(7) 次のグラフは，1368 年から 1566 年にかけて琉球・ベトナム・マラッカが明に対しておこなった朝貢の回数の推移を示している。グラフ中の国(a)〜(c)の組み合わせとして正しいものを，下の①〜⑥の中から一つ選びなさい。

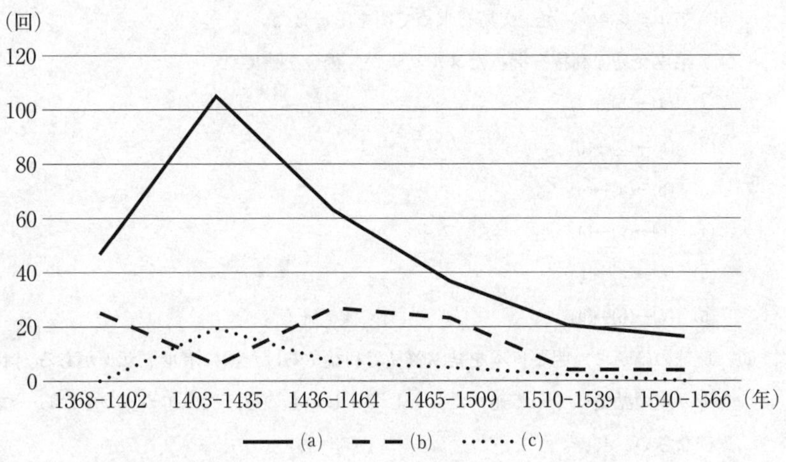

① (a)－ベトナム　(b)－琉球　(c)－マラッカ

② (a)－ベトナム　(b)－マラッカ　(c)－琉球

③ (a)－琉球　(b)－ベトナム　(c)－マラッカ

④ (a)－琉球　(b)－マラッカ　(c)－ベトナム

⑤ (a)－マラッカ　(b)－ベトナム　(c)－琉球

⑥ (a)－マラッカ　(b)－琉球　(c)－ベトナム

(8) 琉球王国は朝鮮ともさかんに通交した。朝鮮王朝（李朝）の歴史について述べた文として**誤っているもの**を，次の①〜④の中から一つ選びなさい。

① 両班が支配層を構成した。

② 倭寇をしりぞけた李舜臣が建国した。

③ 世宗が訓民正音を公布した。

④ 江戸幕府に朝鮮通信使を派遣した。

(9) 明は海禁を実施するだけでなく，内陸でも交易の制限・管理をおこなった。明との交易に関連して起こった出来事について述べた次の文(a)～(c)が，年代の古いものから順に正しく配列されているものを，下の①～⑥の中から一つ選びなさい。

(a) 交易拡大を拒まれたエセン=ハンは，明の正統帝を捕虜にした。

(b) アルタン=ハンが，交易を求めて明を圧迫した。

(c) 毛皮交易の利権を握ったヌルハチが，後金を建てた。

① (a)→(b)→(c)

② (a)→(c)→(b)

③ (b)→(a)→(c)

④ (b)→(c)→(a)

⑤ (c)→(a)→(b)

⑥ (c)→(b)→(a)

(10) 琉球のほかに，明と日本を結ぶ貿易で利益をあげた国にポルトガルがある。ポルトガルの歴史について述べた文として正しいものを，次の①～④の中から一つ選びなさい。

① アッバース1世にホルムズ島を奪われた。

② 1970年代，ヨーロッパ共同体（EC）に加盟した。

③ 14世紀後半，ジョアン2世のもとで海外進出を進めた。

④ スペイン王カルロス1世は，ポルトガルの王位を兼ねた。

(11) 琉球王国は清朝の冊封を受け，琉球には中国から渡来した人々も住んでいた。17世紀後半には，中国系の人々により，那覇に儒学の祖・孔子をまつる廟(びょう)も建てられている。儒学の歴史について述べた次の文(a)と(b)の正誤の組み合わせとして正しいものを，下の①～④の中から一つ選びなさい。

(a) 唐の孔穎達は，『五経大全』を編纂した。

(b) 明の王守仁は，陽明学をひらいた。

① (a)－正 (b)－正

② (a)－正 (b)－誤

③ (a)－誤 (b)－正

④ (a)－誤 (b)－誤

⑿　次の図版は，18世紀後半に琉球で作成された，行政区画の区割りを示す「間切図」と呼ばれる地図の一部である。図版中央にみえる2つの「塩濱（塩浜）」は，海水から塩をつくる製塩施設（塩田）である。塩の歴史について述べた文として波線部の正しいものを，下の①～④の中から一つ選びなさい。

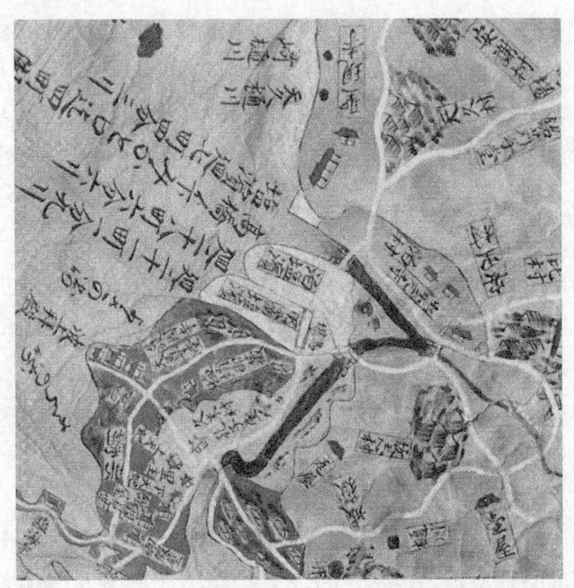

①　塩の交易をめぐって争った北宋と西夏は，澶淵の盟を結んで講和した。

②　内陸塩の積出港リューベック（リューベク）は，ロンバルディア同盟の中心都市となった。

③　インドのスカルノは，植民地支配に抵抗して，「塩の行進」を組織した。

④　ガーナ王国は，塩と金を交換する交易で栄えた。

⒀　19世紀における列強のアジア・太平洋方面への進出について述べた文として**誤っているもの**を，次の①～④の中から一つ選びなさい。

①　アメリカ合衆国は，アラスカを買収した。

②　ロシアは，イリ条約によってイリ地方の大半を獲得した。

③　フランスは，清との間に黄埔条約を結んだ。

④　イギリスは，コンバウン朝を滅ぼした。

Ⅳ　次の文章を読み，下記の【設問】に答えなさい。解答は，マーク解答用紙の所定の欄に正しくマークしなさい。(26点)

近代ヨーロッパが生み出した科学技術は，われわれの生活を計り知れないほど豊かで便利なものにしてきた。医学の発達によって，以前は不治の病だった病気が次々と治療可能になり，通信の発達によって，文字や動画などを瞬時に地球の反対側にも送れるようになった。しかし，これは科学技術の表の顔であり，裏の顔にも目を向けねばならない。科学は戦争に用いられ，前近代ではおよそ考えられないほど大量の人間を殺戮してきたのである。以下のA～Fの文章は，そうした科学技術の光と闇を述べたものである。

A　米ソの冷戦は宇宙開発の領域で火花を散らした。そこでの画期的な出来事は，ソ連の人工衛星スプートニクの打ち上げ成功で，その際に［ア］(ICBM) というミサイルが世界ではじめて用いられたことであった。米ソ両国はこの技術により互いに直接攻撃が可能になったが，その一方で宇宙開発技術の発達は気象・通信衛星などをもたらした。

B　スウェーデンの［イ］はダイナマイトを発明した。ダイナマイトは鉱山開発などに利用されて豊かな社会の建設に大いに貢献したが，他方で銃砲の破壊力と殺傷力を格段に高め，戦争での死傷者を激増させる一因になった。ダイナマイトが戦争に最初に用いられたのは，プロイセン=フランス戦争であったといわれる。

C　原子核の研究が飛躍的に進んだ結果，人類は核分裂による莫大なエネルギーを手にした。原子力の利用は，アメリカによる広島・長崎への原子爆弾投下が最初である。原子力という科学技術については，わが国ではその後も，［ウ］水爆実験に伴う第五福竜丸事件や，福島第一原子力発電所事故といった悲痛な出来事が続いている。

D　鉄道の発明は世界を一変させた。イギリスの［エ］によって実用化された蒸気機関車は急速に普及し，人も物もこれまでにない速度で移動するようになった。鉄道の軍事利用としては，プロイセン=オーストリア戦争時のプロイセン軍が有名である。これ以降，鉄道による迅速な大量動員を前提にして，各国の兵力の規模は格段に大きくなった。

E　ライト兄弟が動力飛行機を発明して以降，飛行機は著しい進化を遂げ，われわれの生活に多大な恩恵をもたらしている。これが戦争ではじめて使用されたのは，第一次世界大戦であった。第一次世界大戦では飛行機以外にも新兵器が投入された。例えば［　オ　］は，ソンムの戦いでイギリス軍によってはじめて用いられた。

F　良質かつ大量に生産される鉄は，近代産業の基礎をなしている。兵器への応用としては，1867年の［　カ　］万博（この都市では1900年にも万博が開かれた）に出品したドイツのクルップ社の鋼鉄砲がよく知られる。この大砲は日露戦争の時の日本軍も多数装備したといわれるが，こうした革新がより多くの人間を死傷させたのはいうまでもない。

【設　問】

(1)　文章A中の［　ア　］にあてはまる語句として正しいものを，次の①～④の中から一つ選びなさい。

①　潜水艦発射弾道ミサイル

②　中距離弾道ミサイル

③　極超音速ミサイル

④　大陸間弾道ミサイル

(2)　文章Aについて，冷戦期以降の軍備管理および核軍縮について述べた文として正しいものを，次の①～④の中から一つ選びなさい。

①　核拡散防止条約（NPT）が調印されたのはキューバ危機の翌年であった。

②　中距離核戦力（INF）全廃条約締結時のソ連の指導者はゴルバチョフであった。

③　第2次戦略兵器削減条約（START Ⅱ）は，ソ連がアフガニスタンに侵攻したため発効しなかった。

④　第1次戦略兵器制限交渉（SALT Ⅰ）の調印時のアメリカ大統領はフォードであった。

(3)　文章B中の［　イ　］にあてはまる語句として正しいものを，次の①～④の中から一つ選びなさい。

① エディソン

② ノーベル

③ リンネ

④ ダイムラー

(4) 文章Bについて，19～20世紀のスウェーデン史について述べた文として正しいものを，次の①～④の中から一つ選びなさい。

① 第一次世界大戦でも第二次世界大戦でも中立を貫いた。

② シュレスヴィヒ・ホルシュタイン両公国の帰属をめぐってプロイセンと戦った。

③ ノルウェーを併合していたが，ロシア革命によってその独立を許した。

④ 第二次世界大戦後に永世中立を宣言した。

(5) 文章C中の［ウ］にあてはまる語句として正しいものを，次の①～④の中から一つ選びなさい。

① チェルノブイリ

② ネバダ砂漠

③ ビキニ環礁

④ スリーマイル島

(6) 文章Cについて，原子力開発の歴史について述べた文として正しいものを，次の①～④の中から一つ選びなさい。

① ドイツの物理学者レントゲンは，エックス線という放射線を発見した。

② パストゥールは，ポロニウムとラジウムという新たな放射性物質を発見した。

③ 中間子理論で，江崎玲於奈が日本人ではじめてノーベル物理学賞を受賞した。

④ アインシュタインは，原子爆弾を開発するマンハッタン計画の中心人物だった。

(7) 文章D中の［エ］にあてはまる語句として正しいものを，次の①～④の中から一つ選びなさい。

① トレヴィシック

② ワット

③ ニューコメン

④ スティーヴンソン

⑻　文章Dについて，イギリスで最初の営業鉄道が開通した時にターミナル駅が置かれ，産業革命時に綿織物業の中心地だった工業都市はどこか。正しいものを，次の①～④の中から一つ選びなさい。

①　ダーリントン

②　マンチェスター

③　リヴァプール

④　バーミンガム

⑼　文章E中の［　オ　］にあてはまる語句として正しいものを，次の①～④の中から一つ選びなさい。

①　機関銃

②　潜水艦

③　戦車

④　航空母艦

⑽　文章Eについて，第一次世界大戦後に独立したヨーロッパ諸国のうち，マジャール人の建国に由来し，冷戦期にはワルシャワ条約機構からの離脱を図るナジ政権が成立した国はどこか。次の地図中の(a)～(c)からその国を選び，その記号と国名との組み合わせとして正しいものを，下の①～⑨の中から一つ選びなさい。

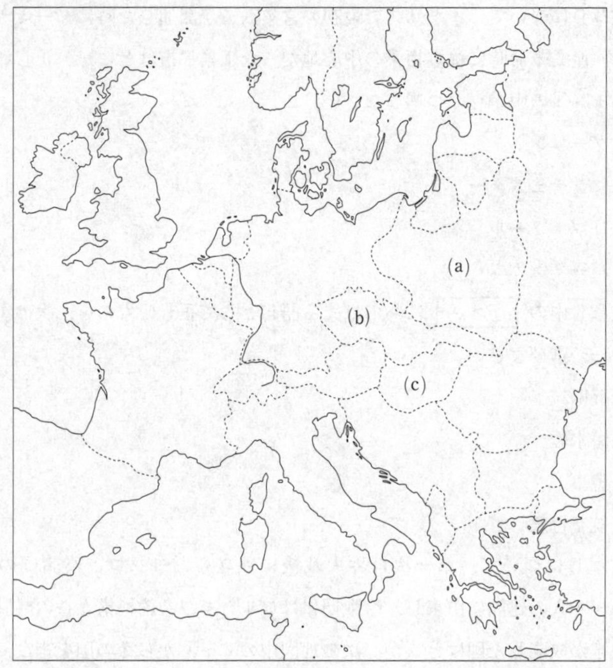

① (a)－ポーランド

② (a)－チェコスロバキア

③ (a)－ハンガリー

④ (b)－ポーランド

⑤ (b)－チェコスロバキア

⑥ (b)－ハンガリー

⑦ (c)－ポーランド

⑧ (c)－チェコスロバキア

⑨ (c)－ハンガリー

(11) 文章F中の **カ** にあてはまる語句として正しいものを，次の①～④の中から一つ選びなさい。

① フィラデルフィア

② パリ

③ ロンドン

④ ニューヨーク

⑿　文章Fについて，次の表は，イギリス，アメリカ，ドイツ，フランスの銑鉄生産量を示したものである。A国～D国がそれぞれどの国に該当するかを判断した上で，（＊）の時期のその国の出来事を述べた文としてもっとも適切なものを，下の①～⑧の中から一つ選びなさい。

銑鉄生産量（単位1,000トン）

年	A国	B国	C国	D国
1850	410	2,300	416	574
1870	1,350	6,100	1,200	1,692
1890	4,658	8,031	1,962(＊)	9,350
1900	8,500	9,100	2,700	14,000
1913	19,312	10,425	5,207	31,463

①　国務長官ジョン=ヘイが，中国の門戸開放・機会平等・領土保全を提唱した。
②　ドイツへの敗北を認めないパリ民衆は，パリ=コミューンを宣言した。
③　社会主義者鎮圧法が廃止され，社会主義労働者党は社会民主党に改称した。
④　南アフリカ戦争を起こして，ボーア人の国々をケープ植民地に併合した。
⑤　パン=アメリカ会議を開いてラテンアメリカ諸国への影響力を強めた。
⑥　バグダード鉄道敷設権を獲得して，いわゆる3B政策を推進した。
⑦　ロシアと同盟を結び，ビスマルクによる孤立化政策の打破に成功した。
⑧　第3回選挙法改正が行われ，農業労働者に投票権が拡大した。

⒀　文章A～Fの下線部を古い順に並べ替えた場合，2番目と3番目になる組み合わせとして正しいものを，次の①～⑥の中から一つ選びなさい。

①　B－E
②　B－F
③　E－B
④　E－F
⑤　F－B
⑥　F－E

数学

(60 分)

I 座標平面において，点 (a, b) は直線 $y = x - 2$ 上にある。直線 $\ell : y = ax - b$ と放物線 $C : y = x^2$ で囲まれる面積を S とする。このとき，以下の問に答えよ。(30 点)

(1) ℓ は定数 a の値によらずある定点を通る。この定点を求めよ。

(2) ℓ と C の相異なる 2 交点の x 座標をそれぞれ α, β とおく。ただし，$\alpha < \beta$ とする。このとき，$\beta - \alpha$ と S を a を用いて表せ。

(3) S が最小となるような ℓ を求め，そのときの S の値を求めよ。

II 実数を係数とする x の整式 $P(x)$ と $Q(x)$ に対し，差 $P(x) - Q(x)$ が $x^2 + x + 1$ で割り切れるとき，$P(x) \equiv Q(x)$ と表すことにする。このとき，以下の問に答えよ。(35 点)

(1) x の方程式 $x^2 + x + 1 = 0$ の解の一つを ω と表すとき，もう一つの解は ω^2 であり，また ω^2 は ω の複素共役 $\overline{\omega}$ と等しいことを示せ。

(2) $x^3 \equiv P(x)$ となる次数最小の整式 $P(x)$ を求めよ。

(3) 整式 $P(x), Q(x), R(x), S(x)$ が $P(x) \equiv R(x)$ かつ $Q(x) \equiv S(x)$ を満たすとするとき，$P(x)Q(x) \equiv R(x)S(x)$ が成り立つことを示せ。

(4) n を 0 以上の整数とするとき，$x^n \equiv P(x)$ となる次数最小の整式 $P(x)$ を求めよ。

III m 個の白玉と n 個の赤玉が入った袋がある。ただし，$m \geqq 2$, $n \geqq 2$ とする。この袋をよくかき混ぜて，2 個を同時に取り出すとき，以下の問に答えよ。(35 点)

(1) 取り出した 2 個が 2 個とも赤玉である確率を求めよ。

(2) $m = 3$ のとき，取り出した 2 個が 2 個とも赤玉である確率が $\dfrac{1}{2}$ 以上となる最小の n を求めよ。

(3) $n = m + 3$ のとき，取り出した 2 個が 2 個とも赤玉である確率が $\dfrac{1}{3}$ 以上となる最大の m を求めよ。

〔問三〕 空欄(3)に入る語としてもっとも適当なものを左の中から選び、符号で答えなさい。

A 魚肉之物　B 氷雪　C 今年　D 来年　E 穀麦

〔問四〕 傍線(4)「異ㇾ是」の解釈としてもっとも適当なものを左の中から選び、符号で答えなさい。

A これとは別である。

B これを変だと思う。

C 非常に納得できる。

D 非凡さを認識する。

E これと同じである。

〔問五〕 本文の内容に合致するものを左の中からひとつ選び、符号で答えなさい。

A 魚や肉が腐敗するのと同様に、人間には致命的な失敗もある。

B 人間は魚や肉と違って、風や陽射しや氷雪の影響を受けない。

C 人物の真価は、不遇な時期をどう過ごしたかによってわかる。

D 人間も魚も龍も、自分の状態を意識していないところがある。

E 折々の気候条件を認識して生活できるのは、人間だけである。

如(シ)二魚之於(ケル)レ水(ニ)、龍之於(ケルガ)レ石(ニ)。日夜沐-浴(シ)其中(ニ)一、特(ただ)(ダ)魚(ト)与レ龍不(ル)二之覚(さとラ)(ヲ)一耳(のみ)。

（明・張岱「一巻氷雪文序」による）

注　魚肉之物……魚や肉といった食物。　風日……風や陽射し。　敗……腐ること。　寿……長持ちさせること。
穀麦……穀物。　四時……四季。　旦昼……昼間。　煩燥……騒がしさ。　市朝……街中や朝廷。
在人……人の心の中にあること。

〔問一〕　傍線(1)「能」の読みを、送り仮名も含めて全て平仮名で書きなさい。（平仮名以外に何も書かないこと）

〔問二〕　傍線(2)「無不藉此氷雪之気以生」は「このひようせつのきをかりてもつていきざるはなし」と読む。これに従って、返り点の付け方としてもっとも適当なものを左の中から選び、符号で答えなさい。

A　無丙不乙藉二此氷雪之気一以生甲
B　無レ不二藉下此氷雪之気上以生一
C　無レ不下藉二此氷雪之気一以生上
D　無レ不下藉二此氷雪之気一以上レ生
E　無レ不レ藉三此氷雪之気二以生一

この娘と親しくなれば彼女の素性が聞き出せるのではないかと考えたから。

D　出会いから時間がたっていることから考えても、逢瀬を交わした女性は既に別の場所に移っているはずだが、この娘と親しくなれば彼女の居場所が聞き出せるのではないかと考えたから。

E　出会った時の状況から考えても、逢瀬を交わした女性と今回出仕させた娘は赤の他人であるはずだが、この娘を手なずければ彼女の居場所を探し出してくれるのではないかと考えたから。

三　次の文章を読んで、後の問に答えなさい。(設問の都合上、返り点・送り仮名を省いた箇所がある)(20点)

魚肉之物、見レバ二風日ヲ一則チ易クレ腐リ、入レバ二氷雪ニ一則不ルハレ敗レ、則氷雪之(1)能寿ひさシクスルレ物ヲ也なり。今年氷雪多ケレバ、来年穀麦必ズ茂ルハ、則氷雪之能生カスレ物ヲ也なり。蓋シ人ノ生クルハ(2)無不藉此氷雪之気以生。而シテ氷雪之気必ズ待チテ二氷雪ヲ一而有ラバ、則四時有ラン二幾いくばくノ(3)一哉や。若キハ二吾之所謂氷雪ノ一則(4)異レ是。凡ソ人遇ヘバ二旦昼ニ一則風日ニシテ而夜気則氷雪也なり。遇二煩燥一則風日而清静則氷雪也。遇二市朝一則風日而山林則氷雪也。氷雪之在ルハレ人ニ、

〔問三〕 傍線(6)「言ひしほど」とあるが、中納言が中宮に語った内容を本文中から十字以上十三字以内で抜き出して答えなさい。（句読点も字数に数える）

〔問四〕 傍線(7)「思ひおとしむる方ざまにおのづから思ひまぎれ」の説明としてもっとも適当なものを左の中から選び、符号で答えなさい。

A 相手の女性に比べて自分の容姿が美しくないことを自覚することで恋情をまぎらわしてきたということ。
B 相手の女性に比べて自分の家柄が低すぎると引け目を感じることで恋情をまぎらわしてきたということ。
C 実際に会ってみると期待ほどでないかもしれないと想像することで恋情をまぎらわしてきたということ。
D どれほど美しくても中宮の女房程度の女性でしかないと思うことで恋情をまぎらわしてきたということ。
E どれほど美しくても所詮は但馬守の娘にすぎないと思い込むことで恋情をまぎらわしてきたということ。

〔問五〕 傍線(8)「こよなくも思ひかへされず」とあるが、その理由としてもっとも適当なものを左の中から選び、符号で答えなさい。

A 出会った時の状況から考えても、逢瀬を交わした女性は今回出仕させた娘とまったくの無関係ではないはずなので、この娘を手なずければ彼女の素性が聞き出せるのではないかと考えたから。
B 出会った時の状況から考えても、逢瀬を交わした女性は屋敷から遠くない場所に住んでいるはずなので、今回出仕させた娘を手なずければ彼女の素性が聞き出せるのではないかと考えたから。
C 今回出仕させた娘の美しさから考えても、逢瀬を交わした女性はこの娘とそう遠くはない親戚関係にあるはずなので、

(2)「あてやかに」

A　端正で
B　若々しくて
C　趣があって
D　上品で

(3)「おぼつかなさに」

A　うしろめたくて
B　待ちどおしいので
C　もの足りなくて
D　気がかりなので

(4)「わりなく」

A　恐れ多く
B　じれったく
C　つらく
D　気味が悪く

〔問二〕　傍線(5)「に」の文法的説明としてもっとも適当なものを左の中から選び、符号で答えなさい。

A　完了の助動詞　　B　断定の助動詞　　C　格助詞　　D　接続助詞　　E　副詞の一部

そばめ、長押のしもにて琵琶弾きし人に見なしつ。

「あなあやし。後の聞こえもあり、他人を参らせむやは。姉二人あり。一人は右中弁の妻、いま一人は蔵人の少納言の妻にてこそあれ。それらをば出だしたつべきにあらず。また、これこそ、そのなかすぐらるるかたちならめ。ありしは、たとふべきかたなかりしものを。誰なりけむ」と、かき乱り心地騒ぎぬ。「まだ見知らぬさましたりとのみ申し聞かせたるに、げにかばかりにては、恥ならざめれど、言ひしほどよりはとや、御覧じおとすらむ」と、いとほしく思へど、思ひつるほどは、類なき心のうちながらも、思ひおとしむる方ざまにおのづから思ひまぎれ、また、「宮に参りなば、なにのとどこほりなく、見る目に飽くまで目馴れなむ」と思ふ頼みにこそ、心を慰めつれ、あらざりけりと見なし果てて、行方も知らず、果てもなく、わびしくて、「いかにも、これ離れぬにこそ。しか、これをだになつけ語らひて、その行方をもおのづから知りなむ」と思へば、あらざりけりとても、こよなくも思ひかへされず。

（『夜の寝覚』による）

注　御前……中宮の御前。　菊の色々……菊がさねの種々の色。　例の……初出仕の通例として。

〔問一〕　傍線(1)(2)(3)(4)の解釈としてもっとも適当なものを左の各群の中からそれぞれ選び、符号で答えなさい。

(1)　「いつしかと」

A　待ちかねたようにすぐに
B　知らないうちに早くも
C　いつのことだったかと
D　そう遠くない時期にと

う考え方は共通している。

C　無差別無分節の形而上的「無」を経験的「有」に転成させる上で言葉の働きが関与していることは、荘子の思想においては認められていない。

D　創世神話を持つ宗教では世界を創った神の力を強調するが、実践的な宗教では修行によって迷妄を脱却して新しい世界を構築する人間の力を重んずる。

E　国や民族を区分けする境界線は、互いに他を排除することで自己を主張する心の動きを人間にもたらすが、これは言語的迷妄の産物にすぎない。

二　次の文章は『夜の寝覚』の一節である。中納言は但馬守（たじまのかみ）の娘たちがよく訪れるという屋敷で姫君たちが合奏をする様子をかいま見する。そのうちの一人と逢瀬（おうせ）を交わした中納言は、その後も彼女のことが忘れられず、姉である中宮の女房として強引に出仕させることにした。これを読んで、後の問に答えなさい。（30点）

参りぬと聞きたまひて、(1)いつしかと御前に召す。中納言、胸うちつぶれて、目をたてて見たまへば、菊の色々を、濃く薄く、こちたくこきまぜて、濃き掻練（かいねり）に、蘇芳（すはう）の織物の袿（うちき）、青色の無紋（むもん）の唐衣（からぎぬ）にて、よきほどにゐ（い）ざり出でたる様体（やうだい）、頭つき、物より抜け出でたるさまして、髪のかかり、かんざし、(2)いとあてやかになまめきて、扇さしかざしたる袖口、もてなしたるさま、あくまでなつかしくたをやかなれど、見しその人とはおぼえず。なほあやしく、(3)おぼつかなさに、御殿油（おほとののあぶら）をすこし明くかかげて、「例の、ある気色ばかりはいかでかは」とて、扇をすこし引きやりたまへば、(4)いとわりなく思ひて、靡（なび）きかかれる髪のかかり、

〔問七〕傍線(9)「荘子の真意としては、破壊ではなくて、むしろ存在をその窮極的本源性に引き戻そうとすることなのである」とあるが、なぜ荘子の「斉物」は「破壊」ではなく「存在をその窮極的本源性に引き戻そうとすること」なのか。その理由としてもっとも適当なものを左の中から選び、符号で答えなさい。

A　普通の意味での破壊とは常識的な考え方を疑うという程度の軽いものだが、荘子の「斉物」は言語によって作られた観念を打ち壊すという徹底したものだから。

B　人間は自分の言語意識が作り出したものを初めからそこにあったものと見誤るものであり、その意識を破壊することは本当の物の区別を知ることになるから。

C　あらゆるものが互いに他を排除することによって自己を主張するような存在区分を取り払うことによって、多様な物同士が深く関与し合う世界が現象するから。

D　そもそも存在の本来の姿は言語によって区分けされてはいないのであり、既成の存在秩序を取り払うことは、存在の真相を現出させることにつながるから。

E　言語によって区別されている物であっても、徹底的に物を破壊し解体してみると、本質的な水準では同じ物質によって構成されていることがあると判明するから。

〔問八〕この文章の内容に合致するものとしてもっとも適当なものを左の中から選び、符号で答えなさい。

A　「多」が「多」でありながらしかも「一」という存在の矛盾的事態は、森羅万象が神のコトバを起点として生み出されたということの結果である。

B　『ウパニシャド』や『旧約聖書』、さらには荘子の思想においても、カオス的「無」から経験的な「有」が生じたとい

C　無差別的で自己固定性を持たないカオス的存在は、コトバの働きによって無数の存在へと分節され、さらにコトバによって出現した光の働きによって存在の区別が可視化されることで、存在秩序を持った「世界」として現出する。
D　何ものも存在していない「無」の暗闇に覆われていた世界に、神のコトバによって最初に「光」が創られ、それ以降、次第に種々の事物事象が生み出されることによって、現在我々が目にすることのできる現実が創られている。
E　あらゆるものが未分割であったカオス的「無」の状態に対して、コトバによって生み出された「光」が物と物との間に明示的な境界線を引いたことが、すべての物が自分自身のあるべき姿を見せることになった原理である。

〔問五〕　空欄(5)には慣用的な表現の一部が入る。もっとも適当な漢字二字の語を答えなさい。

〔問六〕　傍線(7)「それの評価、位置づけは、東と西、まったく異なる」とあるが、「カオス」と「コスモス」に関して「東と西」との「評価、位置づけ」はどのように「異なる」のか。その説明として適当でないものを左の中から一つ選び、符号で答えなさい。

A　西洋思想はカオスを否定的に捉えるが、東洋思想はカオスを肯定的に捉える。
B　西洋思想はカオスを虚無に対する恐怖と捉えるが、東洋思想はカオスを生の本源と捉える。
C　西洋思想はコスモスを深層的な世界と捉えるが、東洋思想はコスモスを表面的な世界と捉える。
D　西洋思想はコスモスを安住し得る場所と捉えるが、東洋思想はコスモスを「解体」の対象と捉える。
E　西洋思想はコスモスを言語的秩序の整った文化と捉えるが、東洋思想はコスモスを言語的差別性の迷妄と捉える。

〔問三〕 傍線(2)「「有」が「無」にひとしいという奇妙な事態」とあるが、その説明としてもっとも適当なものを左の中から選び、符合で答えなさい。

A　カオス的な存在状態は、存在が生じる可能性があるという点では「有」であるが、存在が消失する可能性があるという点では「無」である。

B　カオス的な存在状態は、可能性としてすべての物があり得るという点では「有」であるが、いかなる存在の区別もない点では「無」である。

C　カオス的な存在状態は、「底知れぬ水」や「濃い暗闇」として表現できる点では「有」であるが、それが象徴にすぎない点では「無」である。

D　カオス的な存在状態は、物が存在するかもしれないと思われる点では「有」であるが、物が存在しないかもしれないとも思われる点では「無」である。

E　カオス的な存在状態は、物が確固として存在している点では「有」であるが、物と物との境界線が目に見えないという点では「無」である。

〔問四〕 傍線(4)「このような哲学的意味」とあるが、その説明としてもっとも適当なものを左の中から選び、符号で答えなさい。

A　万物の間にある存在の区別を生み出し、それぞれに「名」を与えた神のコトバの意味分節作用と、物と物との境界を人間の目に見える形で照らし出した光の働きは、森羅万象を創造した神の偉大な存在形成力を示している。

B　黒闇々たる暗闇に覆われた状態であった原初の世界が、「光あれ！」という神のコトバによって光が生み出され、さらに光と闇とを切り分けることで世界が生み出されたという物語は、天地創造の経過を詳細に表現している。

ろう。「多」が「多」でありながらしかも「一」、「有」が「有」でありながらしかも「無」。常識的には論理的矛盾としか思えないこの存在論的事態を、荘子は「渾沌」という語であらわそうとするのである。

（井筒俊彦『意味の深みへ』による）

注　ヘブライ……他民族がイスラエルの民を呼ぶのに用いた名称。　ゾロアスター教……紀元前六世紀の予言者ゾロアスターを開祖とする民族宗教。拝火教とも称される。　オリンポス……ギリシャ北部のテッサリアとマケドニアとの境にある山。その山上にギリシャ神話の神々が住むと考えられた。　ヨーガ……古代から伝わるインドの宗教的実践の方法。

〔問一〕　傍線(3)(6)(8)のカタカナを漢字に改めなさい。（楷書（かいしょ）で一画一画明確に書くこと）

〔問二〕　傍線(1)「古代インドの宗教哲学書『ウパニシャド』は、「有」と「無」との存在論的関係を、その主要テーマの一つとして論究している」とあるが、『ウパニシャド』における「「有」と「無」との存在論的関係」の説明としてもっとも適当なものを左の中から選び、符号で答えなさい。

A　まったく何物も存在しない原初の状態が変化することで、我々が現実とか宇宙とかと呼ぶ世界が現出する。

B　「非有」から「有」への存在論的変貌によって、人間は現実世界が有るという感覚を得ることができる。

C　「無」とは、何物も存在しない状態ではなく、物と物とが分割されずに混融している存在状態である。

D　「非有」とは渾然として捉えどころのないあり方をしており、「有」とは知覚可能なあり方をしている。

E　物と物とがきちんと区分けされ整頓された「有」の世界は、カオス的「無」を根源として成り立っている。

秩序を取り払って全てをカオス化し、そこからあらためて現象的多者の世界を見なおしてみる。そこにこそ存在はその真相・深層を(8)ロテイする、と荘子は言うのだ。

　このカオス化の操作は、今日の哲学的術語で言い表わすなら、「解体」ということになるだろう。言語の意味分節的システムの枠組みの上にきちんと区分けされ整頓されている既成の存在構造を解体するのだ。荘子自身はこの操作を「斉物（せいぶつ）」と呼ぶ。「斉物」とは、字義通り、（全ての）物を斉（ひと）しくする、の意。物と物とを区別する境界線を、きれいさっぱり取りのけてしまう、ということ。

　こう言うと、何か人為的な破壊作業のように聞こえもしよう。たしかに、「斉物」は一種の破壊、それも徹底した存在破壊には違いない。だが、普通の意味での破壊とは違う。(9)荘子の真意としては、破壊ではなくて、むしろ存在をその窮極的本源性に引き戻そうとすることなのである。

　もともと、荘子によれば、存在の本源的リアリティ、「道」、にはなんの区切りも区劃もなかった。「夫（そ）れ道は未だ始めより封（ほう）有らず」。存在は、その本来の姿においては、絶対に無分節。物と物とを区別して相互対立にもちこむような分割線（「封」）など、どこにも引かれてはいない。この渾然たる無分節的存在リアリティ（「広莫（こうばく）の野」）の諸処方々に人間が「名」をつけて、それによって限りなく分け目をそこに作り出していく。「是（これ）が為めにして畛（しん）あるなり」。「畛」とは区劃、つまり、コトバの意味分節機能が喚起する事物事象間の分別のことである。しかも人間は、こうして自分の言語意識の生み出したものを、はじめからそこにあったもの、と思いこむ。彼の目には、存在の現象的「多」だけが見えて、その背後にひそむ前現象的、本源的「一」は見えない。

　だが人が、ロゴス的差別性の迷妄から脱却して、純粋に「一」の見所から存在を見ることができるなら、その時、人は「多」は「多」でありながらしかも「一」であること、つまり、万物は万物でありながらしかも根源的に「斉」しいことを覚知するだ西洋人はまったく否定的・消極的な意味での存在否定、つまり虚無と解する。

「無」を虚無と同定するこのような西洋的思想傾向に対立して、「無」（あるいは「空」）を「有」の原点とし、生の始原とする考え方が、東洋の思想伝統では重要な位置を占める。この考え方を、古来、東洋の哲人たちはヨーガ的冥想体験を通じて開発し、それを宗教的に、哲学的に、あらゆる思想の分野で展開してきた。

「廓然無聖（かくねんむしょう）」とか「無一物（むいちもつ）」とかいう禅の表現が(6)シサするように、ここでも「無」は、一応文字通りには、何もないことを意味する。だが、この「何もない」は、冥想の実践的極限状況に現成する体験的事態なのであって、西洋的ニヒリズムの考える虚無とはその内実がまったく違う。「無」とは、ここでは、意識と存在の分節以前、つまり「コトバ以前」という意味での「何もない」なのである。

コトバの存在喚起力（存在分節機能）については前に触れた（「光あれ！」）。絶対無分節的意識においては、いうまでもなく、コトバはまったく働いていない。意識のこの無分節的深層の暗闇の中に、コトバの光がゆらめき始める。いままで「無」意識だった意識が、自らを意識として分節し、それを起点として、存在の自己分節のプロセスが始まる。そして、その先端に、万華鏡のごとき存在的多者の世界が現出する。

意識と存在の形而上（けいじじょう）的「無」が、こうして意識と存在の経験的「有」に移行する、この微妙な存在論的一次元を、荘子は「渾沌」と呼ぶのだ。東洋思想の「渾沌」は西洋思想の「カオス」に該当する、と私は前に書いたが、たとえ両者が表面的には同一の事態であるにしても、(7)それの評価、位置づけは、東と西、まったく異なる。現に、荘子のような思想家にとっては、「渾沌」（窮極的には「無」）こそ存在の真相であり深層であるのだから。

万物が、いかにも取り澄ました顔付きでそれぞれ己れの分を守り、各自があるべき所に位置を占め、互いに他を排除することによって自己を主張しつつ、整然たる存在秩序の空間を形成している。それがいわゆる「現実」というものだが、そんな既成の秩序において現出する。要するに、コトバと光との合力によって、現象界が、文字通り現象するのだ。しかも、その光そのものもまた、コトバの創り出したものである。「創世記」の天地創造神話におけるコトバと光の働きには、およそ(4)このような哲学的意味がある。

「神、光あれ、と言えば、光があった」。光というものの出現の前に、「光」というコトバの出現がなくてはならない。ヒカリという語が発される。と、［(5)］を容れず、光が現われる。そして、それに続いて、様々に異なる「名」が、森羅たる万物が。『旧約』的世界表象において、光は存在分節の原点、全存在界の始点、「無」から「有」への転換点である。

さきに引用した「創世記」冒頭の一節は、コスモス現成以前の、カオス的「無」の様相を、恐怖にみちた暗澹たる存在風景として描いていた。黒闇々たるこのカオスの夜が、光の出現とともに、燦爛たるコスモスの真昼に変わる。暗黒から光明へのこの転換に、人は天地をとよもす存在誕生の歓喜の歌声を聞くのだ。

一般に人間の心には、カオスを忌み嫌い、コスモスに愛着する斜向性がある。古代イランのゾロアスター教、あの光と闇の二元論的宇宙観は、それの典型的な場合だし、古代ギリシャの宇宙生成神話も、同じ心の傾きを鮮やかな形で示す。カオスはおぞましき闇の力、死と破壊のエネルギー、魔性のものどもの跳梁するところ。要するに、カオスは悪、カオスは醜。反対に、コスモスはオリンポス的神々の支配領域、明るい存在秩序の次元、人間が安んじて生存し、生の楽しみを心ゆくまで享受することのできる場所。要するにコスモスは善、コスモスは美、である。事実、ギリシャ語で「コスモス」とは、美しい調和の支配する世界のことであり、ロゴス的秩序に荘厳された文化の世界を意味した。ギリシャ精神とヘブライ精神とを基盤として、その上に築きあげられてきた西洋文化の深層には、カオスにたいするこの否定的・拒否的態度が沁みついている。

そして、この場合、カオスの恐怖は、真空あるいは虚無にたいする恐怖でもあるのだ。さきにも一言したように、カオスは「無」に直結している。存在の内的無差別、無分別は、もう一歩進めば、忽ち存在の「無」になってしまう。この「無」を、ずのものだが、この時点では、まだ地ではなく、むしろその不凝性において「底知れぬ水」である。水は、元来、あらゆるものを己れのうちに呑(の)みこんで無差別化し、無化してしまうカオスの底知れぬ深さの象徴的形象化である。

そして、茫漠(ぼうばく)と拡(ひろ)がるこの原始の水の上に、濃い暗闇が、濛々(もうもう)と立ちこめる。闇もまた、いうまでもなく、カオスの象徴的形象化。闇の中では、あらゆるものが互いに混入し、融合して無差別であり、「無」にひとしい状態にある。ということは、物と物との境界線が全然見えないということだ。可能態とか存在可能性ということを考えるなら、物はすべて、そこに有るのかもしれない。だが実は、相互の区別がなく、無差別状態にある物は、物としての自己固定性を保持しない。すなわち、この境位では、(2)「有」が「無」にひとしいという奇妙な事態が成立する。この矛盾的事態をカオスというのだ。

突如、この「無」の闇を引き裂いて、神のコトバが響く、「光あれ！」。カオス的「無」が経験的「有」に転成するに当たってまず第一に創られたものが光であり、それを創ったものが（神の）コトバである、ということは注目に値する。コトバ（「名」）こそ存在分節の根本原理であるのだから。しかも、光が、経験的に、存在顕現の源泉であることはいうまでもない。

どこにも分節線の引かれていない無差別無分節の存在（カオス的「無」）は、コトバの意味分節的エネルギーの働きで千々に分かれ、それら無数の存在区劃(くかく)が、それぞれ「名」によって固定され、こうしてはじめていわゆる現実としての存在世界（経験的「有」）が成立する。例えば、ある種の土地の(3)リュウキが「山」と名づけられることによって山というものになり、ある種の水が「川」と名づけられることによって川という自己同定性を獲得する、というようなことである。我々の表層的意識の見る「現実」とは、こんなふうにして確立された事物事象の相互連関的構造体にほかならない。

だが、それらの事物（万物）は、光に照射されて、はじめてその姿を現わし、現象する。「光」とは、存在の区劃が見えること、物と物との境界がはっきり見てとれること。つまり、光は存在のリアリティを分節態において提示するものである。光の照射を浴びて、万物はそれぞれのあるべき姿を見せる。そして、事物事象の相互連関的構造体としての「世界」が、整然たる存在別されていない存在状態を意味する。全てのものが混融する存在昏迷。いずれがいずれとも識別されず、どこにも分割線の引かれていない、渾然として捉えどころのないようなあり方、つまりカオスということだ。後でやや詳しく述べるつもりだが、カオスは古代中国思想の「渾沌」に当たる。

従って、「非有」に対立する「有」は、全てのものが互いにきっぱりと区別され、それぞれ己れの本質に準じて正しく働くことが期待されるような存在のあり方、存在秩序、を意味する。「名と形」に従って整然と分節され秩序づけられた事物事象のシステムがあってはじめて、人はそこに「有」を感得するのだ。絶対無分節的存在状態は、存在よりも無に近い。それが「非有」なのである。だから、「非有」から「有」への動きは、ここでは、カオスからコスモスへの存在論的変貌として捉えられる。

そういえば『旧約聖書』の天地創造譚も、本質的にはこれとまったく同じ思考パターンを示す。神の天地創造に関して、人はよく「無からの創造」を云々するが、実はここでも「無」はカオスという意味に解されなければならない。『旧約』の語る天地創造は、なんにもないところに、突然、天と地が創り出されたというのではなくて、原初のカオスが、神の存在形成力によって克服され、次第にコスモスに転成されていくプロセスを描くのである。「創世記」のテクスト冒頭の部分を読んでみよう。

「太初、神によって天と地とが創造された（が、その顚末は次の如くである）。地は（未だ地としては存在せず、見渡すかぎり、ただ）曠々漠々。暗闇が底知れぬ水を覆い、神の気息（飄風）がその水面を吹き渡っていた。神が、光あれと言うと、光があった。神は光をよしと見て、光を闇から分けた。神は光を日と名づけ、闇を夜と名づけた」（「創世記」）

いま「曠々漠々」と仮に訳したヘブライ語 tōhū-wā-vōhū は、何ものの形もなく、何ものの名もなく、従ってそこに一物も識別されぬ太初の存在状態、すなわちカオスのことである。このカオスは、後にその一部が凝り固まって「乾いた大地」となるは

国語

（六〇分）

（注）満点が一〇〇点となる配点表示になっていますが、国文学専攻（英語外部試験利用方式を除く）の満点は一五〇点となります。

一　次の文章を読んで、後の問に答えなさい。（50点）

(1)古代インドの宗教哲学書『ウパニシャド』は、「有」と「無」との存在論的関係を、その主要テーマの一つとして論究している。「有」と「無」——原語の字義に近づけて訳すなら、「有」(sat)と「非有」(a-sat)——の関係。太初、宇宙は完全に「非有」のみだった。それがやがて「有」になった、あるいは、そこから「有」が生じた、という。例えば『チャーンドーギア・ウパニシャド』に、「初めには、この（世界）はまったくの非有であった。それが有になった」とある。我々が現実とか宇宙とか世界とか呼び慣わして（なら）いるものは、もともとは完全に「無」だったのであり、その「無」を源として、そこから「有」が現われてきた、というのだ。

いま我々が問題としている古ウパニシャド的コンテクストにおいては、「非有」とは、たんに何かがないとか、なんにもないとか、我々が普通「無」という言葉で理解するような単純な存在否定の意味ではなくて、何ものも明確な輪郭で截然（せつぜん）と他から区

解答編

英語

I　**解答**　(1)―㋐　(2)―㋐　(3)―㋑　(4)―㋒　(5)―㋐　(6)―㋓
(7)―㋑　(8)―㋒　(9)―㋓　(10)―㋒

◀解　説▶

(1)A：「グランドオープンは土曜日ですが，レストランは金曜日にディナーの提供を開始する予定です」

B：「金曜日よりも早い時期にオープンできる可能性はないのでしょうか？」

A：「それはないと思いますよ。木曜日まで照明の取り付けが終わらないでしょうから」

「時期」なので，速度を意味する㋑や㋓は不適切。また語意の観点から「前者」の意味の㋒も該当しない。

(2)A：「結婚祝い用に素敵なフルーツバスケットを探しています。お手伝いしていただけますか？」

B：「こちらはいかがでしょう？　このイングリッシュ・ティーセットと組み合わせるとよろしいかと」

A：「あ，素敵ですね。アドバイスをありがとう。どちらもいただきます」

音の似た選択肢ばかりであるが，文意からすると「合わせる」の意味の㋐が適切。

(3)A：「スマートアパレルのラインアップは進捗がかなり順調のようだね」

B：「うーん，それはどうかな…新製品の開発は現時点でデザイン段階を越えているものと思っていたんだが」

A：「開発チームは，革新性だけでなく安全性にもかなり重点を置いているから，当然時間がかかるしね」

後続の名詞句を繋ぐ役割を果たすことができるのは㋐と㋑。さらに語意から選ぶと㋑が正解。beyond「～を越えて」

(4)A：「現代社会にはさまざまな問題があるのに，どうして君は未来についてそんなに前向きでいられるんだい？」

B：「正直なところ，それは今の学生たちが政治や社会的な正義に対してかなり情熱を持っているからだと思うよ」

A：「おそらく，将来社会の主役になるのは彼らなんだろうね」

語意と前置詞の for との組み合わせで考えると㋒が適切。passion for ～「～に対する情熱」

(5)A：「それで，この会議で店長から重大な発表があるようだよ」

B：「え，そうなの？　ここに来る前にちらっと議題を見ただけで，それについては何も知らないんだけど」

A：「どうやら彼が副社長の一人を怒らせたみたいで，異動になるみたいだよ」

文意，並びに前置詞 at と組み合わせられる語という観点がポイント。glance at ～「～を一瞥する」

(6)A：「警察がうちの会社の財務部門を調査しているそうだね」

B：「ああ，それで全契約書のコピーを渡すよう要求されてるよ」

A：「それは大ごとだけど，言われたとおりにするしかないだろうね」

熟語をなすのは㋐以外で，それぞれ hand down ～「～を（後世に）伝える」，hand on ～「(物など）を回す」，hand over ～「～を引き渡す」の意味になる。

(7)A：「息子さんもコンサートミュージシャンになることをお決めになったのは，さぞかし誇らしいことでしょう」

B：「私も妻も音楽家ですから，そうなったのは必然だと思う方もおられるでしょうね」

A：「家族全員で興味を共有するというのは，なんと素晴らしいことなんでしょう」

文意に沿う単語を選ぶ問題。avoidable と preventable は共に「避けられる」の意味で，inevitable は「必然的な」，そして liable は「責任のある」を意味する。

(8)A：「いろいろとお世話になりました。この設定でうまくいきそうです」

B：「機器のサポートが必要な場合は，何なりとお申し付けください」

A：「ありがとうございます。でも私もコンピュータを何年も使ってますから大丈夫だと思います」

仮定法のifの省略に関する問題。帰結節がpleaseを使った命令文になっていることから，「万一～ならば」の意味を表すshouldを選択すればよい。

(9)A：「なぜロバーツさんは海外赴任から帰ってきたのかな？」

B：「どうやら君の後任として部長になるようだよ」

A：「えっ，この時期に？！　そんなの聞いてないよ。僕は去年の11月に着任したばかりなのに！」

precede「～に先行する」，proceed「～を前に進める」，process「過程」は，どれも語意や品詞が合わない。succeedは他動詞として「～のあとを継ぐ」の意味を持つ。succeed *A* as *B*「*B*として*A*のあとを継ぐ」

(10)A：「御社は新型コロナの検査において大きな進歩を遂げたと聞いています」

B：「はい！　私たちの新しい検査方法は，このチューブに息を吹き込むだけでウイルスを検出できるほど感度が高いのです」

A：「それはすごいですね！　これは，あらゆる場所で検査の方法を変えることになるでしょうね」

語意の問題。選択肢のsensational「人騒がせな」，sensible「思慮深い」，sensitive「敏感な」，sentimental「感傷的な」のうち，文意に沿うのはㇱである。

II　解答　(1)—㋘　(2)—㋝　(3)—㋙　(4)—㋓　(5)—㋒

◀解　説▶

(1)正文は，You have to stop letting your imagination run wild.となり㋘が正解。let＋名詞＋動詞の原形の語法からして動詞を選ぶ必要がある。run wild「暴れる，野放しになる」

(2)正文は，We shouldn't turn our back on them just because they have failed to live up to our expectations.となり㋝が正解。熟語表現の知識を問う問題。live up to～「(期待など）に沿う」 fail to *do*「～しない，できない」

⑶正文は，You're trying to make sense of what I just told you. となり㋙が正解。make sense of ～「～を理解する」

⑷正文は，We had better sign the papers while she is still willing to make a deal. となり㋓が正解。make a deal「取引をする」

⑸正文は，So the only choice available is to let nature take its course. となり㋒が正解。let nature take its course「成りゆきに任せる」の熟語表現がカギ。

Ⅲ

解答　⑴―㋑　⑵―㋒　⑶―㋓　⑷―㋔　⑸―㋓

◀解　説▶

⑴下線部㋑を含む文を訳すと，「この老犬はその子にずっと寄り添い，溺れたり怪我をしたりしないように見張り，子供が疲れるまで，家に連れて帰ってくれた」と，「子供が疲れるまで」の部分がややおかしな意味になるので，内容的に till を in に置き換え in the end「ついに，最後には」とするとよい。

⑵ I have never, ever walked onto the stage in a performance without having butterflies in my brain. の文中にある brain は，表現的な観点からして stomach の誤りである。have butterflies in *one's* stomach「落ち着かない」

⑶ always your child is picking up from television の部分は，このままでは名詞節になっておらず，後続する is に対する主部として成立しない。always を関係代名詞の what に変える必要がある。

⑷下線部㋔を含む when 節は「彼らが視界から消えるとき」という意味になると推察できる。この場合，away from ではなく out of を用いるのが正しい。

⑸ Three out of four couldn't find the Persian Gulf on a map.「4人に3人のアメリカ人が地図上にペルシャ湾を見つけられなかった」という文の内容からすると，下線部㋓を含む文は，「我々はそれ以上に自国について知らなかったということになろう」という意味にするべきである。したがって，knew は didn't know とすべきである。

Ⅳ　解答

(1)a－⑧　b－①　c－④　d－⑤　e－③　f－⑥
(2)－④　(3)－①　(4)－④　(5)－③　(6)－④　(7)－③
(8)－⑤　(9)－②　(10)－②　(11)－④　(12)－①・②・⑦・⑨

◆全　訳◆

≪タイムトラベル≫

映画，本，テレビ，そして物理学の真面目な研究テーマとしてさえも現在人気があるにもかかわらず，タイムトラベルの概念は，人類の歴史のほとんどから欠落している。聖書には，ほかの宗教書や神話とともに，人の言葉をしゃべる動物，神，そしてそのほかの不思議な存在，あるいは広大な距離を旅する伝説的な物語が数多くある。しかし，不思議なことに，時間旅行に関するものは，ほとんど，あるいはまったく存在しない。19世紀半ばに書かれたチャールズ=ディケンズの『クリスマス・キャロル』はタイムトラベルものの元祖と言える。この物語では，エベニーザ=スクルージが幽霊に導かれて過去と未来のクリスマスを訪れるが，その旅は夢と同じく受動的なもので時間上の異なる点の人物同士が接触することはない。最も有名なものとして，主人公が未来に行き，未来の人類と交流した後に元の時代に戻ってくるというH.G.ウェルズの『タイム・マシン』に見られるように，真のタイムトラベルの概念が現れたのは19世紀末になって初めてのことである。

ではなぜ19世紀の終わりまで，真のタイムトラベルは小説界に姿を現していなかったのだろうか。おそらく人間は生まれながらにして現在主義者で，過去というものは絶対的に過ぎ去った時間で変えることができず，未来というものはまだ存在していない時間であるという事実ほど，明白なものはほとんどないと思っているからであろう。ゆえに，過去と未来が現在と同じように実在し，旅行の目的地となりうるという考え方は，小説の中に取り入れるにはあまりにも信じがたいものだったのである。では，19世紀末に何が変化し，私たちの想像力の中でタイムトラベルの門が開かれたのだろうか。この問いに答えるのは難しいが，科学革命が進行していたことは確かである。この革命の鍵となる出来事は，1905年，アインシュタインが特殊相対性理論を発表し，時間の本質に関する我々の理解を根底から覆したことだった。アインシュタインは，時計はそれが進行する速度によって異なる速度で動くことを立証した。その2年後，アインシュタインの数学の教授であったヘルマン=ミンコフスキーは，数学的にはアインシュタインの理論が，4 次元宇宙，つまり，時間が空間と同じように文字通り別の次元となっている宇宙という枠組みの中で見事に成立することを示した。こうして 20 世紀には，少しずつタイムトラベルが物理学の研究テーマとして受け入れられるようになったが，それは，ほとんどの科学者が過去や未来への真のタイムトラベルが実際に可能であると信じていたからというよりも，誰もそれが不可能であることを証明することができなかったからであった。多くの科学者は，原理的には時間旅行が可能な「目的地」が存在することを認めているが，それにもかかわらず，物理法則によって，その目的地間を自由に往来することはできないと信じているのである。

しかし，私の目的は真のタイムトラベルが可能かどうかを議論することではなく，人間の脳が最高のタイムマシンであることを納得してもらうことである。別の言い方をすれば，人はこれまでに作られた中で最高のタイムマシンなのである。もちろん，脳は物理的にタイムトラベルを可能にするものではないが，4 つの関連した理由から，ある種のタイムマシンであると言えるのである。まず第一に，脳は未来を予測するために過去を記憶する機械であるということだ。何億年もの間，動物たちは未来を予測する競争をしてきた。動物たちは獲物や捕食者，あるいは仲間の行動を予測し，餌を捕ったり巣を作ったりして将来に備え，夜明けや日没，春や冬を予知する。動物が未来を予測することにどれだけ成功するかは生存と繁殖という進化的な要因となる。したがって，脳はその核心において予測あるいは予想をする機械なのである。そして，気づいているかどうかにかかわらず，人の脳はこれから起こることを一瞬一瞬予測しようとしているのである。こうした数秒先までの短期的な予測は，まったく無意識に行われている。テーブルからボールが転がり落ちれば，人間はそれをキャッチするために自動的に動きを調整する。人間やほかの動物は常に長期的な予測も試みている。環境を調査するという動物の単純な行為は，その先に存在している時間を調査しようとすることである。例えばオオカミが立ち止まって周囲の景色や音，匂いを感じ取るのは，周辺にいるかもしれない捕食者を避け，獲物や仲間を見つけるための手がかりを探しているのである。未来を予測するために，脳は過去に関する膨大な情報を記憶し，時にはその記憶に時間ラベル（＝日付）を付け，時系列に整理された人生のエピソードを見直すことができるのである。

第二に，脳は時間を告げる機械であるということだ。脳は，顔を認識したり，チェスで次の一手を選んだりするために必要な計算を含めてさまざまな計算を行う。時間を告げるというのは脳が行うそれとは異なるタイプの計算で，私たちの生活の秒，時間，日という単位を測るだけでなく，歌の複雑なリズムや，スポーツ選手の競技遂行を可能にする慎重に計算された一連の動きのようなパターンを認識・生成することも行う。時間を告げることは未来を予測する上で重要な要素である。天気予報士なら誰でも知っているように，雨が降ると発表することはそれだけでは不十分で，いつ降るかも予測しなければならない。猫が空中に跳び上がって，飛んでいる鳥を捕まえるには，鳥が１秒先にどこにいるかを予測しなければならない。また，鳥の中には，次回訪れるまでに花に蜜を回復させるために，その花に最後に訪れてからどれくらいの時間が経ったかを把握しておくことが知られているものもいる。

第三に，脳は時間の感覚を作り出す機械であるということだ。視覚や聴覚とは異なり，人間は時間を検出する感覚器官を持っていない。時間はエネルギーの一形態でもなければ，物理的な測定で検出できるような物質の基本的な性質でもない。しかし人間は意識的に物の色を感じるのとほぼ同じように，意識的に時間の経過を感じることができる。脳は時間経過の感覚を作り出すのである。たいていの人間の感覚と同様に，人間の時間の感覚は正確ではない。時計で計った同じ長さの時間でも，さまざまな要因によってあっという間に過ぎていくように感じたり，引き伸ばされたように感じたりする。それでも時間の経過を意識すること，そして私たちの周りの世界が連続した時間の流れのなかにあることを認識することは，最も身近で確実な体験のひとつである。

最後に，脳は精神的なタイムトラベルを可能にするということだ。私たちの祖先は，時間の概念を理解し，精神的に過去や未来に自分を投影する能力を身につけたことで未来を予測する競争に簡単に勝利したのである。つまりそれは精神的なタイムトラベルを意味する。アメリカ大統領エイブラハム=リンカーンは「未来を予測する最善の方法は，未来を創造することである」と言ったと言われている。そして，まさにこのことによって精神的タイムトラベルが可能になったのである。人間は，自然をコントロールすることで，自然のさまざまな姿を予測することから，未来を創造することにまで到達した。カナダの著名な学者であるエンデル=タルヴィングが説明するところによると，「先を見越した思考と計画の早期の現れは，火を使い，保存し，そして火をおこし，道具を作り，それらを保存して持ち運ぶことの学習から成っていた。作物や果物，野菜を自分たちで育て，食料と衣料を調達するために動物を飼う――そのひとつひとつが未来を意識したものなのである」とのことである。人間は皆，過去の出来事の喜びや悲しみを精神的に再体験し，もしかすると起こり得たかもしれないことを探求するためにそのエピソードを再想像してきた。逆に，人間はこれから起こるかもしれないことを恐れたり夢見たりするたびに未来に飛び込み，また現在における最善の行動を決定できることを期待して未来の人生のさまざまな筋書きを想像したりする。この地球上で精神的なタイムトラベルをするのは人間だけかもしれないし，そうではないかもしれない。しかし，実際に過去や未来に行く可能性を考えるためにこの能力を使うのは，間違いなく人間だけなのである。

◀解　説▶

(1)主に文意や熟語で判断すると，a は come with ～「～とともに起こる」，b は be about to *do*「まさに～しようとする」，c は search for ～「～を探す，捜索する」，d は in flight「飛行中の」，e は受動態の動作主を表すための by，f は be based on ～「～に基づく」となる。

(2)空所直前に逆接の意味の接続詞が用いられているので，手前の内容と異なるような前置きとなる語を選ぶ。

(3) presentists「現在主義者」の考えとしては，「過去というものは絶対的に過ぎ去った時間で変えることができず，未来というものはまだ存在していない時間であるという事実ほど，明白なものはほとんどないと思っている」と後述されているので，①が正解。

(4)理由は直後に「それは，ほとんどの科学者が過去や未来への真のタイムトラベルが実際に可能であると信じていたからというよりも，誰もそれが不可能であることを証明することができなかったからであった」とあることから④が正解。

(5)「動物が未来を予測することにどれだけ成功するかは生存と繁殖という

進化的な要因となる」と同義なのは③。

⑹後続する文に例が述べられており，automatically「自動的に」という言葉があることから④が正解。

⑺該当する箇所の日本語訳は「顔を認識したり，チェスで次の一手を選んだりするために（　ウ　）なさまざまな計算」となるので，文意から判断すると③が正解。

⑻ critical は「重大な，重要な」の意味で用いられているので，同義語は⑤が該当する。

⑼後続する文に「時計で計った同じ長さの時間でも，さまざまな要因によってあっという間に過ぎていくように感じたり，引き伸ばされたように感じたりする」とあるので，「人間の時間の感覚は『正確』ではない」と考えればよい。

⑽「人間が自然のさまざまな姿を予測し，未来を創造する」ことができるのは，自然をどうすることによってかを考えればよい。

⑾下線部は，「現在における最善の行動を決定できることを期待して，未来の人生のさまざまな筋書きを想像する」の意味なので「未来がこうであるためには，今このような行動を取るのが一番である」と取れる。

⑿①「聖書にはタイムトラベルのエピソードは，たとえあるにしても，ほとんど含まれていない」 第1段第3文（But,（　ア　）enough, …）にこの記述がある。

②「タイムトラベル小説の発展は，科学革命によって可能になった部分もある」 第2段第9文（Thus, in the …）に，「こうして20世紀には，少しずつタイムトラベルが物理学の研究テーマとして受け入れられるようになった」とあるが，これはアインシュタインの特殊相対性理論を鍵とする科学革命があったことが関わっている旨が第2段第5・6文（It is difficult … nature of time.）に述べられている。

③「アインシュタインの特殊相対性理論は，彼に数学を教えた教授によって批判された」 第2段第8文（Two years after …）には，批判ではなく立証したとあるので誤り。

④「著者は，真のタイムトラベルは可能であると信じている」 文章中にこれを述べた文はなく，第3段第1文（However, my goal …）に「しかし，私の目的は真のタイムトラベルが可能かどうかを議論することではな

く，人間の脳が最高のタイムマシンであることを納得してもらうことである」とあることにも反する。

⑤「人間は長期的な予測を立てるのが得意だが，ほかの動物はそうではない」 第4段最終文（Some birds, in …）に，花の蜜が溜まるまでの時間を予測する鳥の例があることに反する。

⑥「私たちは色と時間の両方をまったく同じように知覚する」 第5段第2文（Unlike vision or …）の，「視覚や聴覚とは異なり，人間は時間を検出する感覚器官を持っていない」という内容に反する。

⑦「人間も動物も時間の経過のパターンを認識する能力を持っている」 第4段最終文（Some birds, in …）の鳥の例と，第5段第4文（Yet, much in …）にある「しかし人間は意識的に物の色を感じるのと同じように，意識的に時間の経過を感じることができる」という内容から，人間にも動物にも時間の経過パターンを認識する能力があると言える。

⑧「鳥は，ある花がいつまた蜜でいっぱいになるかを知ることができない」 前述の第4段最終文（Some birds, in …）の内容に反する。

⑨「人間は，精神的に時間を前後する能力を持っている」 第6段第1文（Finally, the brain …）にある「最後に，脳は精神的なタイムトラベルを可能にするということだ」という内容に一致する。

⑩「人間だけが精神的な時間旅行をすることができるという点で，人間はユニークである」 第6段最終文（Humans may or …）に，「この地球上で精神的なタイムトラベルをするのは人間だけかもしれないし，そうではないかもしれない」とあるので，人間だけが精神的な時間旅行をすることができるとは断定できない。

❖講　評

2023年度は，すべてマークシート方式で大問4題の構成であった。大問Ⅰ～Ⅲの会話文，文法・語彙問題については2022年度と同じ形式での出題である。基本的な文法事項や単語についての知識が必要とされる。

大問Ⅳの長文読解問題の英文量は2022年度同様に多めであり，英文を読む際に根気と速度が要求される。設問数は，2022年度より1つ増え，12問となった。文法・語彙の知識を問う空所補充問題や英文の理解を問う内容説明・内容真偽問題がバランスよく出題されている。2023年度は「タイムトラベル」を題材とした評論文的な内容であった。科学的な内容も含まれるものの，文学的・観念的な論調であり，文学部志望者も読みやすかったものと思われる。読解問題には，社会問題や環境問題などを含め，エッセイ的なものや，評論文，物語文など，多様な内容の英文が出題されることが考えられるので，さまざまなテーマが盛り込まれた問題集などを用いて，怠ることなく準備をしておくことをお勧めする。

解答の際には，量の多い課題文を素早く読み，内容を理解することが必要である。それぞれの段落の内容はもちろんのこと，課題文全体の段落構成を意識して英文を読む練習をしておくこと。基本的な語彙力・文法力を身につけ，長い英文を読むことに慣れておいてほしい。

日本史

I

解答　問1．方形周溝　問2．ウ　問3．イ　問4．イ
問5．形象　問6．エ　問7．博多　問8．刀伊
問9．ア　問10．オ

◀解　説▶

≪弥生時代～古墳時代の墓制，平安時代の外交≫

問2．ウ．正解。箸墓古墳は，３世紀中頃から後半の出現期に築造された前方後円墳で，この時期としては最大規模の墳丘全長約280ｍである。なお，アの五色塚古墳，イの大仙陵古墳，オの誉田御廟山古墳は中期（４世紀末～５世紀末）の古墳。エの石舞台古墳は終末期（７世紀）の古墳である。

問3．イ．正文。写真資料は三角縁神獣鏡である。

ア．誤文。「特殊壺を載せる特殊器台に起源を持」つのは円筒埴輪であり，墳丘の上や墳丘を取り巻くように並べられた。

ウ．誤文。「実用の青銅製武器で」「日本列島で祭器として大型化」したのは，銅剣・銅矛・銅戈である。

エ．誤文。和歌山県隅田八幡神社人物画像鏡の説明である。

オ．誤文。奈良県石上神宮の七支刀の説明である。

写真資料：奈良県立橿原考古学研究所提供

問4．イ．正解。ａ．正文。横穴式石室が古墳時代中期に九州北部で出現し，後期には一般的な埋葬施設となった。

ｃ．正文。横穴式石室は，玄室と羨道があり，追葬可能である。

ｂ．誤文。屈葬は，縄文時代の一般的な埋葬方法である。

ｄ．誤文。甕棺は弥生時代に九州北部でさかんに用いられた。

ｅ．誤文。竪穴式石室は，古墳時代前期から中期に採用された。

問6．エ．正解。ｄ．663年の白村江の戦いの敗戦後に国防策として水城や大野城などの朝鮮式山城が築かれた→ａ．大宰府は７世紀後半から存在したとされ，701年の大宝律令の制定で九州を統轄する官庁として整備された→ｂ．橘諸兄政権期は８世紀前半である→ｅ．藤原仲麻呂政権期は８

世紀半ばである→c．円仁は9世紀前半に派遣された最後の遣唐使船（838年）で入唐した。

問8．「契丹の支配下にあった沿海州に住む女真人」で，11世紀に「九州北部に襲来し」た事件は，刀伊の入寇である。

問9．ア．正解。「念仏往生の教えを説いた当時の信仰」とは，浄土教である。浄土教は念仏を唱えて極楽浄土に生まれることを説く信仰であるから，「極楽浄土」のキーワードからアを選べる。なお，イは藤原道長が三女の威子立后の日（1018年）に詠んだ和歌。ウは，聖武天皇が出した（743年）大仏造立の詔。エは，『万葉集』巻20収載の防人の歌。オは，『万葉集』巻5収載の山上憶良の長歌「貧窮問答歌」である。

問10．オ．正解。大輪田泊は，平清盛の別荘が置かれ，一時都が移された福原の地に修築された。なお，アは長門国下関。イは洛外の鴨川東岸の白河。ウは摂津の難波。エは，京都東山の鹿ヶ谷である。

Ⅱ 解答

問1．半済令　問2．ウ　問3．オ　問4．大犯三カ条
問5．ア　問6．エ　問7．自検断　問8．明応の政変
問9．ウ　問10．イ

◀解　説▶

≪鎌倉・室町時代の政治，戦国時代の政治・社会≫

問2．ウ．誤文。この法令は，近江・美濃・尾張の3国を対象として守護に荘園・公領の年貢の半分を兵粮米として取得することを認めた半済令としては，初めてのものである。

問3．オ．正解。年代順に並べると，ⓒ雑訴決断所は，後醍醐天皇による建武の新政で設置された→ⓔ建武式目は，室町幕府の発足にあたって足利尊氏が制定した→ⓐ『神皇正統記』は，北畠親房が後醍醐天皇の死後，劣勢の南朝を継いだ後村上天皇に献じた→ⓑ3代将軍足利義満が花の御所を建設した→ⓓ足利義満が山名氏清を討った明徳の乱が発生した。よって五番目はⓓである。

問4．鎌倉幕府が御成敗式目において成文化した守護の職権は，大番催促・謀叛人の逮捕・殺害人の逮捕で，これらを総称して大犯三カ条という。

問5．ア．正解。

イ．誤り。段銭の徴収ではなく，棟別銭の徴収。

ウ．誤り。棟別銭の徴収ではなく，段銭の徴収。

エ．誤り。正しくは，刈田狼藉の検断権―係争中や他人の田畑の稲を不法に刈り取る行為を，守護が取り締まることが認められる。

オ．誤り。「小物成の徴収を請け負う」ではなく，年貢の徴収・納入を請け負う。

問6．エ．正解。

ア．誤り。九条頼嗣ではなく九条兼実。

イ．誤り。九条道家ではなく九条兼実。

ウ．誤り。九条兼実ではなく九条頼経。

オ．誤り。九条兼実ではなく九条道家。

問8．やや難。1493年に「細川政元が10代将軍足利義稙を廃して11代将軍足利義澄を擁立した」クーデタは，明応の政変という。これにより幕府の実権は細川政元が握ることになった。

問9．やや難。ウ．正解。年代順に並べると，ⓓ鎌倉公方足利成氏が関東管領上杉憲忠を謀殺したことから，「享徳の乱が発生」した（1454年）が，これにより，応仁・文明の乱より早く関東は戦国の世に突入した→ⓒ「応仁・文明の乱が発生」したのは1467年である→ⓑ応仁・文明の乱後も南山城で戦闘を続ける畠山氏の両陣の退去を要求する「山城国一揆が発生」した（1485年）→ⓐ享徳の乱により鎌倉公方が分裂したが，15世紀末に北条早雲はその一方の「堀越公方を滅ぼして伊豆を奪」った（1493年）→ⓔ16世紀に今川氏親とその子の義元によって「今川仮名目録が制定され」た（1526年・1553年）。ⓐとⓔの，四番目・五番目との判断が難しいものの，「ⓓ→ⓒ→ⓑ」までの配列は明らかであり，「三番目の出来事はⓑ」とするウが正しいと判断できる。

問10．イ．誤文。「家臣の松永久秀の手に，さらには久秀の家臣三好長慶の手に移っていった」ではなく，家臣の三好長慶の手に，さらには長慶の家臣松永久秀の手に移っていった，が正しい。

III 解答

問1．武蔵　問2．オ　問3．ア　問4．ア
問5．足高の制　問6．番号：④　名称：藩札
問7．エ　問8．番号：⑦　街道名：中山道　問9．ウ　問10．イ

◀解　説▶

≪近世の政治・経済・文化≫

問2．オ．正解。c．「羽柴秀吉」が天下統一にむけて，徳川家康と「小牧・長久手で戦った」(1584年)→a．豊臣秀吉が，全国統一支配の一環として，一揆を防止するため刀狩令を出した（1588年)→b．全国統一後，朝鮮出兵のために，「人掃令」が出され，徴発人員や徴発できる夫役把握のため「全国的な戸口調査が行われた」。

問3．ア．正解。a・b．正文。c．誤文。徳川吉宗ではなく，老中の松平定信である。

問4．ア．誤文。「会津藩の保科正之の補佐」ではなく，大老の堀田正俊の補佐である。

問5．「徳川吉宗が設けた」享保の改革の施策で，「家臣団の中から有能な人材を登用するため」の制度は，足高の制である。旗本の人材登用にあたり，役職による基準の役高を決め，それに達しないものが就任するとき，在職中のみ不足の石高を加増した。加増が世襲されないため，才能のある少禄の者の登用が容易になった。

問6．正解は，④の藩札である。なお，ほかは金座・銀座・銭座で発行したもので，①は小判，②は丁銀，③は一分金，⑤は豆板銀，⑥は寛永通宝である。

問7．エ．正文。

ア．誤文。重さをはかったのは金貨ではなく銀貨である。

イ．誤文。正しくは，「東日本では主に」金貨が，「西日本では主に」銀貨が用いられた。

ウ．誤文。金座・銀座ではなく，両替商である。

オ．誤文。徳川吉宗ではなく田沼意次である。

問9．ウ．正解。a．誤文。本陣・脇本陣ではなく，問屋場である。b・c．正文。

問10．イ．正解。資料cは，円山応挙の『雪松図屏風』である。応挙は，日本に「写生を重視しながら描」く写生画を完成させた。

Ⅳ 解答

問1．ウ　問2．エ　問3．大原幽学　問4．ア
問5．オ　問6．イ　問7．オ　問8．穂積八束
問9．札幌農学校　問10．ウ

◀解　説▶

≪江戸時代～明治時代の政治・外交・文化≫

問1．ウ．正解。b．ラクスマンが根室に来航したのは寛政期（1792年）である→d．ラクスマンに与えた入港許可証をもってレザノフが長崎に来航した（1804年）→a．イギリス軍艦フェートン号が長崎湾に侵入した（1808年）→c．イギリス船の接近増加を背景に幕府は異国船打払令を出したが，そのためにアメリカ商船モリソン号が砲撃された（1837年）→e．ロシア使節プチャーチンは，ペリーに続いて長崎に来航し，開国などを要求した（1853年）。

問2．エ．誤文。「松前氏を改易して」ではなく，松前氏を陸奥梁川に転封して，である。

問4．ア．正文。

イ．誤文。「藩領を除く地域を」ではなく，幕府領・藩領・旗本領を支配の別なく，である。

ウ．誤文。「譜代諸藩に命じて」ではなく，関東取締出役を設け，である。

エ．誤文。「幕府領・藩領・旗本領ごとに編制し」ではなく，幕府領・藩領・旗本領の区別なく編制し，である。

オ．誤文。正しくは，天保の改革で，江戸・大坂周辺10里四方の地を直轄地にする上知令を命じたが，「譜代大名や旗本に反対されて実施できなかった」である。またこれは幕府権力の強化や対外危機への対応のためであり，「治安維持や風俗取締のため」ではない。

問5．オ．正文。

ア．誤文。「臣下・民衆に対して誓約する形」ではなく，神々に誓約する形。

イ．誤文。「天皇による専制政治が宣言された」ではなく，公論を尊重して統治を行うことが示された。

ウ．誤文。「『御誓文』は」ではなく，五榜の掲示は，とすれば正しくなる。

エ．誤文。「『御誓文』によって」ではなく，五榜の掲示によって，とすれば正しくなる。

問6．イ．誤文。「神祇官が太政官のもとに置かれた」ではなく，神祇官が太政官の外に置かれた，である。

問7．オ．正文。

ア．誤文。「政体書」は，中央政府の組織，官制を定めたものであり，府県の自治は認めていない。またこの時点で「府知事・県知事」は存在しない。

イ．誤文。「欧米の制度はまったく採用されなかった」ではなく，アメリカ合衆国憲法を参考に三権分立制を採用した。

ウ．誤文。「諸大名の知行権が否定された」ではなく，太政官に国家権力を集めた。

エ．誤文。「府藩県において地方議会を開くことが定められた」ではなく，府藩県から選出する議員による会議を開くことが定められた。

問10．ウ．誤文。正しくは，東京美術学校では，1887年の設立時には伝統的な日本美術のみを教授し，のちに西洋画科が新設された（1896年）。

V　解答

問1．イ　問2．ア　問3．ウ　問4．後藤新平
問5．ウ　問6．虎の門　問7．イ　問8．エ
問9．オ　問10．東洋拓殖会社〔東洋拓殖株式会社〕

◀解　説▶

≪大正～昭和戦前の政治・経済・社会・文化≫

問1．やや難。イ．正解。a．誤文。山川均ではなく，伊藤野枝。b・c．正文。

問2．ア．誤文。津田左右吉ではなく，西田幾多郎。

問3．ウ．誤り。加藤友三郎は，海相としてワシントン会議での日本全権であった。この時期の内閣は高橋是清内閣である。

問4．第2次山本権兵衛内閣の内務大臣で，関東大震災後の帝都復興院総裁となったのは，後藤新平である。

問5．ウ．正解。犬養毅内閣が成立すると高橋是清大蔵大臣は，即日，「金輸出再禁止」を断行した（1931年12月）。さらに円の金兌換を停止したことで，円の為替相場は暴落し，輸出が拡大していった。つまり高橋が断行した「金輸出再禁止」は，昭和恐慌克服の第一歩となる政策であった。

問7．イ．正解。b．第3次近衛文麿内閣で「南部仏印進駐」が開始された（1941年7月)→e．東条英機内閣で開始された（1941年12月）太平洋戦争で，日本は緒戦優位だったが，「ミッドウェー海戦」（1942年6月）の大敗北が戦局の転機となり，以後は劣勢となった→d．東条英機内閣は，大東亜共栄圏の結束を誇示するため，東京で「大東亜会議」を開催した（1943年11月)→a．「サイパン島陥落」で絶対国防圏の一角が崩壊し，責任を負う形で東条英機内閣は総辞職した（1944年7月)→c．東条英機内閣のあとをうけた小磯国昭内閣が，アメリカ軍の沖縄上陸直後に退陣して，「鈴木貫太郎内閣発足」（1945年4月)。

問8．エ．正文。

ア．誤文。ロシアではなく，オーストリア。

イ．誤文。幣原喜重郎外務大臣ではなく，加藤高明外務大臣。

ウ．誤文。第2次大隈重信内閣ではなく，寺内正毅内閣。

オ．誤文。正しくは，「中国問題に関する」九カ国条約，「太平洋問題に関する」四カ国条約，である。

問10．「朝鮮の土地開発や地主経営を展開した1908年設立の国策会社」は，東洋拓殖〔株式〕会社である。朝鮮総督府が進めた土地調査事業で，申告されず，または所有関係不明のため没収した農地の多くを払い下げられた東洋拓殖会社は，小作人を雇って地主経営を行ったり，土地開発や金融業などを行ったりした。

❖講　評

Ⅰ　1は弥生時代～古墳時代の墓制，2は平安時代の外交をテーマに取り上げ，弥生時代～院政期の文化や外交などが出題された。問3は三角縁神獣鏡の視覚資料を用いた出題，問4は正文2つの組み合わせ問題，問6は5文の配列問題，問9は史料の選択問題と，**Ⅰ**から中央大学文学部の特色である多様な出題形式に，やや戸惑うかもしれないが，問われている内容は基本～標準事項であり，とりたてて難問はない。ミスせず得点を固めたい。

Ⅱ　1は「観応の半済令」の史料，2は戦国時代の政治・社会に関する問題文を用いて，中世の政治・社会について問われた。問3・問9は，5つの事項の年代配列について，「○番目は□である」という文章選択問題にした新形式の問題であった。戦国時代は学習の盲点となりがちであり，問８と問９はやや難問。その他は基本～標準レベルだが，ひねった出題形式が多いので，慎重に解き進めたい。

Ⅲ　１は江戸幕府の将軍直属家臣団に関する問題文，２は江戸時代の貨幣６種の写真資料，五街道の地図，『雪松図屛風』の視覚資料に関連して，近世の政治・経済・文化などが出題された。とりたてて難問は見当たらないものの，問３・問９は，３つの文章の正誤組み合わせ形式であり，手応えとしては難しく感じたかもしれない。ただ大問Ⅲ全体では標準レベルであった。

Ⅳ　１は江戸時代後期の社会についての問題文，２は「政体書」の史料，３は明治の文化についての問題文を用いて，江戸時代～明治時代の政治・外交・文化に関して出題された。問６・問７の文章選択問題は，一部に詳細な知識が必要な選択肢もあり注意を要したものの，全体にとりたてて難問はなく，ほぼ教科書記述に沿った標準レベルの内容であった。ただ，文化史・社会史までの学習の緻密さ如何で，得点差はひらいたであろう。

Ⅴ　１は関東大震災の復興事業に関する問題文，２は「カイロ宣言」の史料で，大正～昭和戦前期の政治・経済・社会・文化に関して問われた。問１は，消去法が使えない正誤問題であり，やや難。その他は基本～標準レベルではあるが，問４の「後藤新平」の記述問題や，問７の配列問題など，細心の注意をもって臨みたい。

2023 年度は，出題形式の多様化と分量の増加によって，時間的な余裕は例年より厳しくなっただろう。しかし時代的には昭和戦後・平成期の出題はなく，問題文として出題された史料は３点で，2022 年度より１点減少した。また大問５題中，やや難は３問で，難問はなかった。以上から，2023 年度は「やや易化」したと評価できる。とはいえ，受験生の負担が軽くなったわけではなく，オールラウンドの実力が求められた内容であった。

世界史

I **解答** A. (1)—ウ (2)カール4世〔カレル1世〕 (3)ダヴィデ王 (4)アカデミー=フランセーズ〔フランス学士院〕

B. (5)—エ (6)—イ (7)—ア (8)知恵の館〔バイト=アルヒクマ〕

C. (9)サンスーシ宮殿 (10)—イ (11)ラテン帝国 (12)ヴィシー政府

◀解 説▶

≪西ヨーロッパにおける君主と教会の関係≫

A. (1)ア. 誤文。テューダー朝（1485～1603年）を開いたのはヘンリ7世。

イ. 誤文。イングランドとスコットランドが合併したのは1707年（大ブリテン王国），またアイルランドを併合したのは1801年のことである（大ブリテン=アイルランド連合王国）。

エ. 誤文。王を首長とするイギリス国教会を成立させたのはヘンリ8世（国王至上法：1534年）。

(2)カール4世（カレル1世）はボヘミア王・ドイツ王（位1346～78年）で，神聖ローマ皇帝（位1355～78年）即位後の1356年，金印勅書を発布して7人の選帝侯を定めたが，これは諸侯の皇帝に対する優位を決定づけるものとなった。

(3)ダヴィデはヘブライ王国第2代の王（位前1000～前960年頃）で，イェルサレムに都を定め，王国の全盛期を築いた。

B. (6)イ. 正解。910年に創設されたクリュニー修道院は，ベネディクトゥス戒律への復帰を主張し，教会改革運動の中心となった。アのシトー派修道会は11世紀末に設立され，大開墾時代（12～14世紀）に中心的役割を果たした修道会。またウのドミニコ修道会とエのフランチェスコ修道会はともに13世紀初頭に設立された托鉢修道会である。

(7)ア. 正解。ソフォクレスはアテネの3大悲劇詩人の1人（他の2人はアイスキュロスとエウリピデス）で，代表作に『アガメムノン』がある。イのアリストファネスは『女の平和』などで知られる喜劇作家，ウのヘロドトスは『歴史』を著して「歴史の父」と称される人物，エのソクラテスは客観的真理の存在を説いた哲学者である。

⑻知恵の館（バイト=アルヒクマ）は 9 世紀，アッバース朝カリフのマームーン（第 7 代　位 813～33 年）によって建てられた。

C．⑼サンスーシ宮殿はロココ式の代表的建造物で，フリードリヒ 2 世は啓蒙思想家のヴォルテールらをこの宮殿に招いた。

⑽イ．正解。セネガルは他の領域とともにフランス領西アフリカを形成したが，その総督府はセネガルの首都ダカールに置かれた。なお，セネガルは「アフリカの年」といわれた 1960 年に独立を達成した。

⑾ラテン帝国（1204～61 年）は第 4 回十字軍がコンスタンティノープルを占領して建てた国。

⑿ヴィシー政府（1940～44 年）はフランスがドイツに降伏したのちに成立した政府で，国家主席はペタン。ドイツの占領政策への協力を余儀なくされたが，ドイツ敗退とともに崩壊した。

Ⅱ 解答

⑴―ウ　⑵タンジマート　⑶―ウ　⑷カージャール朝　⑸―イ　⑹ワッハーブ王国　⑺シリア　⑻ロンドン会議　⑼マフディー派　⑽常勝軍　⑾モサデグ　⑿―イ

◀解　説▶

≪西アジアと北アフリカ地域の民族運動≫

⑴ア．誤文。首都をコンスタンティノープルに移したのはメフメト 2 世（第 7 代　位 1444～46，51～81 年）。

イ．誤文。マムルーク朝を滅ぼしたのはセリム 1 世（第 9 代　位 1512～20 年）で 1517 年のこと。

エ．誤文。クリム=ハン国を服属させたのはメフメト 2 世で，1475 年のこと。

⑵タンジマート（1839～76 年）はアブデュルメジト 1 世（第 31 代　位 1839～61 年）のギュルハネ勅令から始まった近代化・西欧化政策で「恩恵改革」と訳される。

⑷カージャール朝（1796～1925 年）はトルコ系の政権。19 世紀以降，イギリス・ロシアへの従属化が進むなか，バーブ教徒の乱（1848～52 年）やタバコ=ボイコット運動（1891～92 年）などが起こり，イラン民族運動

が高揚した。

(5)イ．誤文。ワフド党は第一次世界大戦後，エジプトで結成された民族主義政党で，パリ講和会議（1919年）にエジプト人の「代表（ワフド）」を送ることをめざした。

(6)ワッハーブ王国（1744頃～1818，23～89年）は原始イスラームへの復帰を主張したワッハーブ派とアラビア半島中部の豪族サウード家が提携して建てた国。

(8)ロンドン会議（1840年）は第2次エジプト=トルコ戦争（1839～40年）の講和会議。この時にイギリス・ロシア・オーストリア・プロイセンが結んだロンドン4国条約によって，ムハンマド=アリーの世襲権が認められた（一方で，シリアは放棄）。

(9)マフディーは「導かれた者」を意味するアラビア語で，「救世主」の意味で用いられる。1881年，スーダンでムハンマド=アフマドがマフディーを宣言，これに従う人々が教団国家を形成し，反英武装闘争を展開した（マフディーの反乱：1881～98年）。

(10)常勝軍は太平天国の乱（1851～64年）鎮圧のために組織された傭兵部隊。1860年にアメリカ人のウォードが外国人部隊を編制したことから始まり，やがて中国人も徴集された。ウォード戦死後，李鴻章の依頼を受けたイギリス人のゴードンがこれを指揮，反乱鎮圧に貢献したのち，64年に解散した。

(11)モサデグ首相（任1951～53年）は1951年に石油国有化を実施したが財政難を招く結果となり，国王パフレヴィー2世（位1941～79年）のクーデタで失脚した。

Ⅲ 解答　(1)—②　(2)—①　(3)—③　(4)—④　(5)—①　(6)—②　(7)—③　(8)—②　(9)—①　(10)—①　(11)—③　(12)—④　(13)—②

◀解　説▶

≪琉球の歴史≫

(1)やや難。②正解。沖縄返還は1972年。したがって初の東京オリンピック開催の1964年とベトナム和平協定が調印された1973年の間であるイの時期になる。

⑵②誤文。西アジアで麦の栽培が始まったのは前7000年頃。

③誤文。中央ユーラシアで騎馬遊牧文化が形成されたのは前6世紀（スキタイ文化）。

④誤文。オルメカ文明は前1200年頃までに成立した。

⑶③誤文。東南アジア条約機構（SEATO）は1954年に結成されたアメリカ主導の反共集団防衛組織。加盟国はアメリカ・フィリピンの他，イギリス・フランス・オーストラリア・ニュージーランド・タイ・パキスタンの8カ国（パキスタンは1972年に脱退）であったが，1977年に解散した。

⑷④誤文。タラス河畔の戦い（751年）でアッバース朝と戦ったのは唐（618～907年）。

⑹①誤文。ノルマン=コンクェストが起こったのは1066年。ノルマンディー公ウイリアムがイングランドに侵入・征服してノルマン朝（1066～1154年）を開いた。

③誤文。神聖ローマ帝国で大空位時代が生じたのは1256～73年で，シュタウフェン朝滅亡後，神聖ローマ皇帝が実質的に空位となった。

④誤文。パガン朝が滅亡したのは1299年。元軍の侵入を受けて滅亡した。

⑺難問。③正解。⒜明に対する朝貢回数が最も多かったのは琉球で，1372年，明の太祖の求めに応じて中山王が入貢，1429年の琉球統一後も朝貢を続けた。⒝ベトナムは1400年に陳朝が滅亡したのち，明の永楽帝が一時支配（1407～28年），その後成立した黎朝（1428～1527，1532～1789年）があらためて明と朝貢関係を結んだ。⒞マラッカは鄭和の南海遠征（1405～33年）の寄港地となったことを機に明の朝貢国となったが，1511年，ポルトガルに占領された。

⑻②誤文。倭寇を退けて朝鮮王朝（李朝：1392～1910年）を建てたのは李成桂。李舜臣は壬辰・丁酉の倭乱（豊臣秀吉の朝鮮出兵　1592～93，97～98年）の際，亀甲船を率いて活躍した武将である。

⑼①正解。⒜エセン=ハンが明の正統帝を捕虜にしたのは1449年（土木の変），⒝アルタン=ハンが明を圧迫し，北京を包囲したのは1550年，⒞ヌルハチが後金を建てたのは1616年。したがって年代の古いものから順に正しく配列すると⒜→⒝→⒞となる。

⑽②誤文。ポルトガルがヨーロッパ共同体（EC）に加盟したのは1986年。

③誤文。ジョアン2世は15世紀後半の国王（位1481～95年）。ポルトガ

ルは15世紀前半,「航海王子」エンリケのもとで積極的な海外進出が進められ,ジョアン2世時代にはバルトロメウ=ディアスが喜望峰に到達した（1488年）。

④誤文。ポルトガル王位を兼ねたスペイン王はフェリペ2世（位1556～98年）で,1580年にポルトガルを併合した（～1640年）。

⑾③正解。(a)誤文。唐の孔穎達が編纂したのは『五経正義』。『五経大全』は明代,永楽帝の命で編纂されたもの。(b)正文。

⑿①誤文。北宋と西夏が結んだのは慶暦の和約（1044年）。

②誤文。リューベックは北ドイツ諸都市で形成されたハンザ同盟の盟主。ロンバルディア同盟はイタリアのロンバルディア地方における諸都市が結成した同盟である。

③誤文。「塩の行進」（1930年）を組織したのはガンディー。スカルノはインドネシアの独立運動を指導し,インドネシア共和国初代大統領（任1945～67年）になった人物。

Ⅳ　解答

⑴―④　⑵―②　⑶―②　⑷―①　⑸―③　⑹―①
⑺―④　⑻―②　⑼―③　⑽―⑨　⑾―②　⑿―⑦
⒀―①

◀解　説▶

≪科学技術の光と闇≫

⑵やや難。①誤文。キューバ危機の翌年である1963年に調印されたのは部分的核実験禁止条約。核拡散防止条約が調印されたのは1968年である。

③誤文。ソ連のアフガニスタン侵攻は1979年で,89年に撤退したのちの1993年に第2次戦略兵器削減条約（START II）が調印された。

④誤文。第1次戦略兵器制限交渉（SALT I）が調印されたのは1972年で,当時のアメリカ大統領はニクソン（任1969～74年　共和党）。

⑷やや難。②誤文。シュレスヴィヒ・ホルシュタイン両公国の帰属をめぐってプロイセンと戦ったのはデンマーク（1864年）。

③誤文。スウェーデンはウィーン会議によってノルウェーを領有したが（1814年）,ノルウェーは独自の憲法をもち,1905年の国民投票で独立した。

④誤文。第二次世界大戦後に永世中立を宣言したのはオーストリア。

(5)③正解。第五福竜丸は 1954 年，マーシャル諸島ビキニ環礁でおこなわれたアメリカの水爆実験によって被爆した。

(6)②誤文。ポロニウムとラジウムを発見したのはキュリー夫妻である。パストゥールは狂犬病の予防接種など伝染病の予防・治療に貢献した細菌学者である。

③誤文。中間子理論で，日本ではじめてノーベル物理学賞を受賞したのは湯川秀樹（1949 年）。江崎玲於奈はトンネル効果の実証例によってノーベル物理学賞を受賞した（1973 年）。

④誤文。マンハッタン計画（アメリカの原子爆弾製造計画）はアインシュタインが大統領にあてた勧告書がきっかけとなって始まったが，彼自身は計画実施に直接関与していない。

(8)②正解。イギリスで最初の営業鉄道はマンチェスター・リヴァプール間で始まった（1830 年）。マンチェスターは産業革命期に綿織物の中心地となり，ここで生産された製品がリヴァプールから輸出された。

(10)⑨正解。冷戦期の 1956 年，ハンガリーで反ソ暴動が勃発，改革派のナジ=イムレが首相に就任してワルシャワ条約機構からの脱退を図ったが，ソ連の軍事介入によって失敗した。

(11)②正解。1867 年のパリ万博はナポレオン 3 世のもとで開催され，日本（幕府・薩摩藩・佐賀藩）も初めて参加した。

(12)難問。⑦正解。表のA国はドイツで，1871 年の統一後，工業化が進展，19 世紀末にイギリスに追いついた。1898 年以降，第一次世界大戦まで大規模な戦艦建造がおこなわれ，建造に必要な鉄鋼の原料となる銑鉄の生産量も増大した。B国はイギリスで，いち早く産業革命を開始するなど技術革新が進んだ。また，19 世紀末以降はドイツに対抗して戦艦建造を進めた。D国はアメリカで，1865 年に南北戦争が終了すると工業化が進み，19 世紀末には世界一の工業国となった。1901 年には鉄鋼業の巨大独占企業であるUSスチールが形成されている。残るC国がフランスで，第二帝政時代（1852～70 年）にナポレオン 3 世が産業革命を推進した。文①～⑧のうちフランスに関するものは②と⑦であるが，（＊）の時期に該当するのは⑦で，1891～94 年にかけて露仏同盟が成立した（～1917 年）。

(13)難問。①正解。A．スプートニク打ち上げ成功は 1957 年，B．プロイセン=フランス戦争は 1870～71 年，C．広島・長崎への原子爆弾投下は

1945年，D．プロイセン=オーストリア戦争は1866年，E．ライト兄弟が動力飛行機を発明したのは1903年，F．日露戦争は1904～05年。したがって古い順に並び替えるとD→B→E→F→C→Aとなるので2番目がB，3番目がEとなる。

❖講　評

Ⅰ　西ヨーロッパにおける君主と教会の関係について問う大問。3つの短いリード文からなり，それぞれ正文・語句の選択と絵画・地図からの選択，記述法で構成されている。視覚資料（絵画）・地図を含め，選択法・記述法とも標準的なレベルである。

Ⅱ　西アジアと北アフリカ地域の民族運動に関する大問で，おもに19世紀以降の出来事を中心に問う。正文・誤文選択，語句の選択，地図からの選択，記述法で構成されているが，おおむね標準的な内容といえる。

Ⅲ　琉球の歴史と，これに関連してアジアや他地域の動向についても問う大問。配列法，正文・誤文選択，正誤法などで構成されており，解答はすべてマーク形式である。(1)の沖縄の返還時期は年代が近いものがあり，やや難。また，(7)の朝貢回数に関するグラフの読み取りも難問といえる。

Ⅳ　科学技術の発展に関する光と闇について問う大問。リード文は6つの短文になっている。正文・語句・事項の組合せに関する選択，配列法からなり，解答はすべてマーク形式。(2)と(4)は正確，かつ詳細な知識が必要でやや難。(12)の統計表を用いた問題はかなりの難問で，(13)の配列法も難しい。

数学

I

解答 (1)　直線 $y=x-2$ は点 $(a,\ b)$ を通るから　　$b=a-2$

よって，直線 $l:y=ax-b$ は

$$y=ax-(a-2)$$
$$y=a(x-1)+2$$
$$(x-1)a+(-y+2)=0$$

a の値によらず成り立つから　　$x-1=0$，$-y+2=0$

すなわち　　$x=1$，$y=2$

よって，l は点 $(1,\ 2)$ を通り，傾き a の直線である。

ゆえに，定点は　　$(1,\ 2)$　……(答)

(2)　$\begin{cases} y=x^2 \\ y=ax-(a-2) \end{cases}$　より　　$x^2=ax-(a-2)$

よって　　$x^2-ax+a-2=0$　……①

交点の x 座標は①の実数解 α，β $(\alpha<\beta)$ である。

判別式　　$D=a^2-4(a-2)=a^2-4a+8=(a-2)^2+4>0$

解と係数の関係より

$$\alpha+\beta=a,\ \alpha\beta=a-2$$
$$(\beta-\alpha)^2=(\alpha+\beta)^2-4\alpha\beta=a^2-4(a-2)=a^2-4a+8$$

$\beta>\alpha$ より　　$\beta-\alpha=\sqrt{a^2-4a+8}$　……(答)

次に，面積 S は

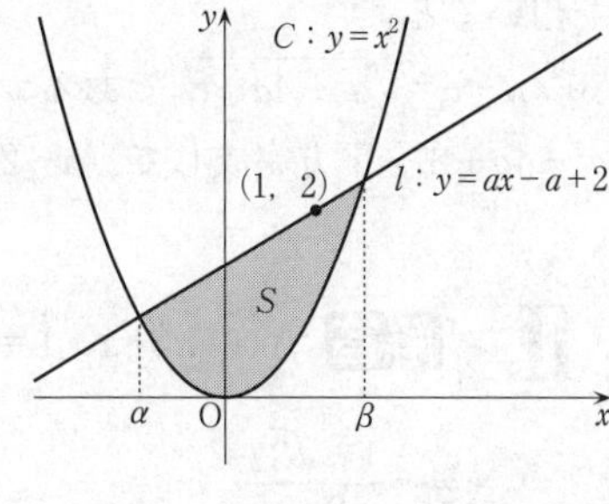

$$S=\int_\alpha^\beta (ax-a+2-x^2)\,dx$$
$$=-\int_\alpha^\beta (x^2-ax+a-2)\,dx$$
$$=-\int_\alpha^\beta (x-\alpha)(x-\beta)\,dx$$
$$=-\left\{-\frac{1}{6}(\beta-\alpha)^3\right\}=\frac{1}{6}(\beta-\alpha)^3$$
$$=\frac{1}{6}(a^2-4a+8)^{\frac{3}{2}}$$

$$=\frac{1}{6}(a^2-4a+8)\sqrt{a^2-4a+8}$$ ……(答)

(3)　$a^2-4a+8=(a-2)^2+4$ より，面積 S が最小になる a の値は $a=2$ である。このとき，$b=a-2$ より，$b=0$ であるから

直線 $l: y=2x$，面積 $S=\frac{1}{6}\cdot 4\cdot\sqrt{4}=\frac{4}{3}$ ……(答)

◀解　説▶

≪直線の方程式，放物線と直線の交点の座標，２次方程式の解，図形の面積，定積分，面積の最小値≫

(1)　直線 $y=x-2$ が点 $(a,\ b)$ を通ることより　　$b=a-2$

よって，直線 $l: y=a(x-1)+2$ となる。これより，直線 l は点 (1，2) を通り，傾きが a の直線であるから，a の値によらず定点 (1，2) を通っている。

(2)　直線 $l: y=a(x-1)+2$ と放物線 $C: y=x^2$ を連立させて，交点の x 座標は２次方程式 $x^2-ax+a-2=0$ の実数解の α，β $(\alpha<\beta)$ である。

これより，$\beta-\alpha$ を求めるとよい。なお，判別式 $D>0$ の確認をしたうえで，$(\beta-\alpha)^2=(\alpha+\beta)^2-4\alpha\beta$ として，解と係数の関係から求める。

次に，面積 S は $S=\int_\alpha^\beta(ax-a+2-x^2)\,dx$ を計算するとよい。積分計算においては，２次式の積分公式

$ax^2+bx+c=0$ の異なる実数解を α，β とすれば

$$\int_\alpha^\beta(ax^2+bx+c)\,dx=-\frac{a}{6}(\beta-\alpha)^3$$

を用いるとよい。

(3)　$\beta-\alpha=\sqrt{a^2-4a+8}$ であるから，面積 S の最小値は(2)の結果より，a^2-4a+8 を平方完成して $(a-2)^2+4$ として求めればよい。

II

解答　(1)　$x^2+x+1=0$ において，解の公式より

$$x=\frac{-1\pm\sqrt{3}i}{2}$$

$\omega=\frac{-1+\sqrt{3}i}{2}$ のとき

$$\omega^2=\left(\frac{-1+\sqrt{3}i}{2}\right)^2=\frac{1-2\sqrt{3}i+3i^2}{4}=\frac{-2-2\sqrt{3}i}{4}=\frac{-1-\sqrt{3}i}{2}$$

また，$\omega=\dfrac{-1-\sqrt{3}i}{2}$ のとき

$$\omega^2=\left(\frac{-1-\sqrt{3}i}{2}\right)^2=\frac{1+2\sqrt{3}i+3i^2}{4}=\frac{-2+2\sqrt{3}i}{4}=\frac{-1+\sqrt{3}i}{2}$$

よって，解の一つを ω とすれば，もう一つの解は ω^2 となる。

$-\dfrac{1}{2}\pm\dfrac{\sqrt{3}}{2}i$ の共役複素数は $-\dfrac{1}{2}\mp\dfrac{\sqrt{3}}{2}i$（複号同順）であるから，$\omega^2$ は ω の共役複素数 $\overline{\omega}$ に等しい。　（証明終）

(2)　$x^3\equiv P(x)$ より，$x^3-P(x)=(x^2+x+1)f(x)$　（$f(x)$ は整式）とおける。これより

$$P(x)=x^3-(x^2+x+1)f(x)$$

（x^3 を x^2+x+1 で割って商 $x-1$ 余り 1 より）

$$=(x-1)(x^2+x+1)+1-(x^2+x+1)f(x)$$
$$=(x^2+x+1)\{-f(x)+x-1\}+1$$

よって，次数が最小の整式 $P(x)$ は整式 $f(x)=x-1$ のとき，$P(x)=1$ である。 ………(答)

(3)　$P(x)\equiv R(x)$ より

$$P(x)-R(x)=(x^2+x+1)g(x)\quad (g(x)\text{ は整式})$$

$Q(x)\equiv S(x)$ より

$$Q(x)-S(x)=(x^2+x+1)h(x)\quad (h(x)\text{ は整式})$$

とおける。これらより

$$P(x)=R(x)+(x^2+x+1)g(x),\quad Q(x)=S(x)+(x^2+x+1)h(x)$$

であり

$$\begin{aligned}P(x)Q(x)&=\{R(x)+(x^2+x+1)g(x)\}\{S(x)+(x^2+x+1)h(x)\}\\&=R(x)S(x)+R(x)\{(x^2+x+1)h(x)\}\\&\qquad+\{(x^2+x+1)g(x)\}S(x)+(x^2+x+1)^2g(x)h(x)\\&=R(x)S(x)+(x^2+x+1)\{R(x)h(x)+S(x)g(x)\\&\qquad+(x^2+x+1)g(x)h(x)\}\\&=R(x)S(x)+(x^2+x+1)i(x)\quad (i(x)\text{ は整式})\end{aligned}$$

よって，$P(x)Q(x)-R(x)S(x)=(x^2+x+1)i(x)$ となるから

$$P(x)Q(x) \equiv R(x)S(x)$$

である。　(証明終)

(4)　$x^n \equiv P(x)$ より，$x^n - P(x) = (x^2+x+1)j(x)$　(n：0以上の整数，$j(x)$ は整式) とおける。

これより　$P(x) = x^n - (x^2+x+1)j(x)$

［ⅰ］　$n=0$ のとき

$$P(x) = x^0 - (x^2+x+1)j(x) = -(x^2+x+1)j(x) + 1$$

よって，次数が最小の整式 $P(x)$ は整式 $j(x)=0$ のとき　$P(x)=1$

$n=1$ のとき

$$P(x) = x^1 - (x^2+x+1)j(x) = -(x^2+x+1)j(x) + x$$

よって，次数が最小の整式 $P(x)$ は整式 $j(x)=0$ のとき　$P(x)=x$

$n=2$ のとき

$$\begin{aligned}P(x) &= x^2 - (x^2+x+1)j(x)\\&= x^2+x+1-(x^2+x+1)j(x)-x-1\\&= (x^2+x+1)\{-j(x)+1\}-x-1\end{aligned}$$

よって，次数が最小の整式 $P(x)$ は整式 $j(x)=1$ のとき

$$P(x) = -x-1$$

［ⅱ］　また，$x^3 = (x-1)(x^2+x+1)+1$ であるから，$n=3k$，$3k+1$，$3k+2$ ($k=1$，2，3，…) として，x^n は

$n=3k$ のとき

$$\begin{aligned}x^{3k} &= (x^3)^k = \{(x-1)(x^2+x+1)+1\}^k\\&= (x^2+x+1)T(x)+1\end{aligned}$$
(二項定理で展開して，$T(x)$ は整式)

よって

$$\begin{aligned}P(x) &= x^n - (x^2+x+1)j(x)\\&= x^{3k} - (x^2+x+1)j(x)\\&= (x^2+x+1)T(x)+1-(x^2+x+1)j(x)\\&= (x^2+x+1)\{T(x)-j(x)\}+1\end{aligned}$$

よって，次数が最小の整式 $P(x)$ は整式 $T(x)-j(x)=0$ のとき，$P(x)=1$ である。

$n=3k+1$ のとき

$$\begin{aligned}x^{3k+1} &= (x^3)^k x = \{(x-1)(x^2+x+1)+1\}^k x\\&= \{(x^2+x+1)T(x)+1\}x\end{aligned}$$

$$=x(x^2+x+1)T(x)+x$$

$$P(x)=x^n-(x^2+x+1)j(x)=x^{3k+1}-(x^2+x+1)j(x)$$
$$=x(x^2+x+1)T(x)+x-(x^2+x+1)j(x)$$
$$=(x^2+x+1)\{xT(x)-j(x)\}+x$$

よって，次数が最小の整式$P(x)$は整式$xT(x)-j(x)=0$のとき，$P(x)=x$である。

$n=3k+2$のとき

$$x^{3k+2}=(x^3)^k x^2=\{(x-1)(x^2+x+1)+1\}^k x^2$$
$$=\{(x^2+x+1)T(x)+1\}x^2=x^2(x^2+x+1)T(x)+x^2$$
$$=x^2(x^2+x+1)T(x)+x^2+x+1-x-1$$
$$=(x^2+x+1)\{x^2T(x)+1\}-x-1$$

$$P(x)=x^n-(x^2+x+1)j(x)$$
$$=x^{3k+2}-(x^2+x+1)j(x)$$
$$=(x^2+x+1)\{x^2T(x)+1\}-x-1-(x^2+x+1)j(x)$$
$$=(x^2+x+1)\{x^2T(x)+1-j(x)\}-x-1$$

よって，次数が最小の整式$P(x)$は整式$x^2T(x)+1-j(x)=0$のとき，$P(x)=-x-1$である。

以上[i]，[ii]より，次数が最小の整式$P(x)$は$k=0$，1，2，… として

$$\begin{cases} n=3k\text{のとき} & P(x)=1 \\ n=3k+1\text{のとき} & P(x)=x \\ n=3k+2\text{のとき} & P(x)=-x-1 \end{cases}\quad\cdots\cdots(\text{答})$$

◀解　説▶

≪2次方程式の虚数解，共役複素数，整式の乗法と除法計算，次数が最小な整式≫

(1)　2次方程式$x^2+x+1=0$の解を解の公式から求める。異なる2つの虚数解が求まり，一方の解の2乗が他方の解になっていることを示すとよい。なお，$a\pm bi$（$b\neq0$）の共役複素数は$a\mp bi$（$b\neq0$）（複号同順）である。

参考　$x^2+x+1=0$の解をωとすると，$\omega^2+\omega+1=0$であり

$$\omega^3=\omega\cdot\omega^2=\omega(-\omega-1)=-(\omega^2+\omega)=-(-1)=1$$

よって，$x=\omega^2$のとき

$$(\omega^2)^2+\omega^2+1=\omega^4+\omega^2+1=\omega\cdot\omega^3+\omega^2+1=\omega^2+\omega+1=0$$

すなわち，$x=\omega^2$は方程式の解になっている。

(2)　定義の条件式から，$P(x)\equiv Q(x)$ より

$$P(x)-Q(x)=(x^2+x+1)a(x)\quad (a(x)\text{ は整式})$$

とおける。したがって，$x^3\equiv P(x)$ より

$$P(x)=x^3-(x^2+x+1)f(x)\quad (f(x)\text{ は整式})$$

とおけて，x^3をx^2+x+1で割って商$x-1$余り1であるから

$$P(x)=(x^2+x+1)\{-f(x)+x-1\}+1$$

と表すことができる。これより，次数が最小の整式$P(x)$を求めるとよい。

(3)　$P(x)\equiv R(x)$ より

$$P(x)-R(x)=(x^2+x+1)g(x)\quad (g(x)\text{ は整式})$$

$Q(x)\equiv S(x)$ より

$$Q(x)-S(x)=(x^2+x+1)h(x)\quad (h(x)\text{ は整式})$$

これらより，$P(x)Q(x)$ を計算して

$$P(x)Q(x)=R(x)S(x)+(x^2+x+1)i(x)\quad (i(x)\text{ は整式})$$

の形になることを示せばよい。

(4)　$x^n\equiv P(x)$ より

$$x^n-P(x)=(x^2+x+1)j(x)\quad (n:0\text{ 以上の整数，}j(x)\text{ は整式})$$

とおける。これより，$P(x)=x^n-(x^2+x+1)j(x)$ として計算をする。

まず，$n=0$，1，2の場合について，次数が最小の整式$P(x)$を求める。

次に，$n=3k$，$3k+1$，$3k+2\,(k\geqq 1)$ について，次数が最小の整式$P(x)$を調べる。

なお，$\{(x-1)(x^2+x+1)+1\}^k$ については二項定理で展開して

$$\begin{aligned}&(x-1)^k(x^2+x+1)^k+{}_k\mathrm{C}_1(x-1)^{k-1}(x^2+x+1)^{k-1}\\&\qquad+{}_k\mathrm{C}_2(x-1)^{k-2}(x^2+x+1)^{k-2}+\cdots+{}_k\mathrm{C}_{k-1}(x-1)(x^2+x+1)+1\\&=(x^2+x+1)T(x)+1\quad (T(x)\text{ は整式})\end{aligned}$$

の形になることに注意する。

III **解答** (1)　$m+n$ 個の中から取り出した 2 個が赤玉であるから，求める確率は

$$\frac{{}_{n}C_{2}}{{}_{m+n}C_{2}}=\frac{\dfrac{n(n-1)}{2!}}{\dfrac{(m+n)(m+n-1)}{2!}}=\frac{n(n-1)}{(m+n)(m+n-1)}\quad\cdots\cdots(\text{答})$$

(2)　$m=3$ のとき，(1)の結果より，$\frac{1}{2}$ 以上の確率であるから

$$\frac{n(n-1)}{(3+n)(2+n)}\geqq\frac{1}{2}$$

$$2n(n-1)\geqq(n+3)(n+2)$$

$$n^2-7n-6\geqq0$$

よって　　$n\leqq\frac{7-\sqrt{73}}{2},\ n\geqq\frac{7+\sqrt{73}}{2}$

$n\geqq2$ であるから　　$n\geqq\frac{7+\sqrt{73}}{2}$

$8<\sqrt{73}<9$ より　　$n>7.5$

よって，求める最小の自然数は　　$n=8$　……(答)

(3)　$n=m+3$ のとき，(1)の結果より，$\frac{1}{3}$ 以上の確率であるから

$$\frac{(m+3)(m+2)}{(2m+3)(2m+2)}\geqq\frac{1}{3}$$

$$3(m+3)(m+2)\geqq(2m+3)(2m+2)$$

$$m^2-5m-12\leqq0$$

よって　　$\frac{5-\sqrt{73}}{2}\leqq m\leqq\frac{5+\sqrt{73}}{2}$

$m\geqq2$ であるから　　$2\leqq m\leqq\frac{5+\sqrt{73}}{2}$　……①

$8<\sqrt{73}<9$ より　　$6.5<\frac{5+\sqrt{73}}{2}<7$

よって，①より，求める最大の自然数は　　$m=6$　……(答)

◀解　説▶

≪袋から玉を取り出す確率，分数不等式，２次不等式，不等式を満たす整数値≫

(1)　赤玉と白玉の計 $m+n$ 個から２個を取り出す場合の数は ${}_{m+n}\mathrm{C}_2$ 通り，赤玉を２個取り出す場合の数は ${}_n\mathrm{C}_2$ 通りである。これより，確率を求める。

(2)　$m=3$ のとき，(1)の結果より，確率を求めて，不等式 $\dfrac{n(n-1)}{(3+n)(2+n)}\geqq\dfrac{1}{2}$ を解けばよい。$n\geqq2$ であるから，分母を払って n についての２次不等式 $2n(n-1)\geqq(n+3)(n+2)$ を解く。$n\geqq\dfrac{7+\sqrt{73}}{2}$ が求められたら，$8<\sqrt{73}<9$ に注意して最小の自然数 n の値を求める。

(3)　$n=m+3$ のとき，(1)の結果より，確率を求めて，不等式 $\dfrac{(m+3)(m+2)}{(2m+3)(2m+2)}\geqq\dfrac{1}{3}$ を解けばよい。$m\geqq2$ であるから，分母を払って m についての２次不等式 $3(m+3)(m+2)\geqq(2m+3)(2m+2)$ を解く。$2\leqq m\leqq\dfrac{5+\sqrt{73}}{2}$ が求められたら，$8<\sqrt{73}<9$ に注意して最大の自然数 m の値を求める。

❖講　評

Ⅰ　(1)　a についての恒等式を考え，直線が定点を通ることを示すとともに定点を求める。

(2)　放物線と直線の交点の x 座標の関係を２次方程式の解から求める。判別式，解と係数の関係を活用するとよい。また，放物線と直線で囲まれた図形の面積は定積分の公式を活用する。

２次式の定積分公式，$ax^2+bx+c=0$ の異なる実数解を α，β とすれば，$\displaystyle\int_\alpha^\beta(ax^2+bx+c)\,dx=-\frac{a}{6}(\beta-\alpha)^3$ を用いるとよい。

(3)　面積 S の最小値は a に関する２次関数の最小値として求める。

Ⅱ　(1)　２次方程式の解の公式により異なる２つの虚数解が求まり，一方の解の２乗が他方の解になっていることを示す。なお，複素数について，$a\pm bi\ (b\neq0)$ の共役複素数は $a\mp bi\ (b\neq0)$（複号同順）である。

(2)　定義の条件式から，$P(x)\equiv Q(x)$ より，
$P(x)-Q(x)=(x^2+x+1)a(x)$　($a(x)$ は整式)。よって，$x^3\equiv P(x)$ より，$P(x)=x^3-(x^2+x+1)f(x)$　($f(x)$ は整式) とおき，
$x^3=(x^2+x+1)(x-1)+1$ より，$P(x)=(x^2+x+1)\{-f(x)+x-1\}+1$ と表すことができ，これより，次数が最小の整式 $P(x)$ を求めるとよい。

(3)　$P(x)\equiv R(x)$ より，$P(x)-R(x)=(x^2+x+1)g(x)$　($g(x)$ は整式)，$Q(x)\equiv S(x)$ より，$Q(x)-S(x)=(x^2+x+1)h(x)$　($h(x)$ は整式) とおいて，$P(x)Q(x)$ を計算して，$P(x)Q(x)=R(x)S(x)+(x^2+x+1)i(x)$　($i(x)$ は整式) の形になることを示せばよい。

(4)　$x^n\equiv P(x)$ より，$x^n-P(x)=(x^2+x+1)j(x)$　(n：0以上の整数，$j(x)$ は整式) とおける。これより，$P(x)=x^n-(x^2+x+1)j(x)$ として計算をする。まず，$n=0$，1，2について，次に，$n=3k$，$3k+1$，$3k+2\ (k\geqq 1)$ について，次数が最小の整式 $P(x)$ を調べること。

Ⅲ　(1)　赤玉と白玉の計 $m+n$ 個から2個を取り出す場合 ${}_{m+n}\mathrm{C}_2$ 通り，赤玉を2個取り出す場合 ${}_n\mathrm{C}_2$ 通り。これらより，確率を求める。

(2)　$m=3$ のとき，(1)の結果より，確率を求めて，分数不等式 $\dfrac{n(n-1)}{(3+n)(2+n)}\geqq\dfrac{1}{2}$ を解く。$n\geqq 2$ より，$n\geqq\dfrac{7+\sqrt{73}}{2}$ を求めて，最小の自然数 n の値を求める。

(3)　$n=m+3$ のとき，(1)の結果より，確率を求めて，分数不等式 $\dfrac{(m+3)(m+2)}{(2m+3)(2m+2)}\geqq\dfrac{1}{3}$ を解き，$2\leqq m\leqq\dfrac{5+\sqrt{73}}{2}$ を求めて，最大の自然数 m の値を求める。

Ⅰ，**Ⅱ**，**Ⅲ**のいずれも難問ではなく，取組みやすい問題である。すべてが記述式であるから論理的にわかりやすい答案を作成することが大切である。また，証明問題もあり注意したい。**Ⅱ**の(4)は $n=3k$，$3k+1$，$3k+2$ について調べる必要があり，二項定理の活用も求められ，計算はやや面倒である。それ以外は全体的に複雑な計算がないので，途中のケアレスミスをしないこと。全問が数学の基礎・基本的な知識を問う良問である。

〔問八〕は、内容真偽の設問。選択肢は、本文のポイントとなる箇所の表現を組み合わせて作られており、本文での該当箇所を見つけるのに手間取る。やや難のレベル。

二の古文は、『夜の寝覚』が出典。リード文で場面の背景や人物関係をよく理解しておきたい。登場人物の心内語が読解の中心となっており、文脈把握はかなり難しい。〔問一〕は、古文の基本的な単語の意味を問う設問。やや易。〔問二〕は「に」の識別の設問。基本的な問題で易。〔問三〕は、会話の中に引用されている会話部分を答える設問。話の展開や人物関係をおさえている必要があり、やや難。〔問四〕・〔問五〕の内容説明の設問は、解答の根拠が直接示されているとは言えない。〔問四〕は、エピソードの背景にある貴族社会の身分制度についての知識、〔問五〕は会話表現（心内語）の中には表現されていない登場人物の思いを、文脈から補って読み取る力が必要となる。いずれもやや難。

三の漢文は、明代の張岱という政治・文筆家の文章が出典。「氷雪の気」の作用について述べている。比喩を多用した論の展開は、やや唐突でわかりにくい。ただ、中心部は同じ内容が表現を変えて繰り返されており、全体を理解する助けとなる。〔問一〕は「能」の読み、基礎的できわめて易しい。〔問二〕は、返り点を付ける設問。平仮名での書き下し文が示されており、これに従えばよい。訓点の原則的な知識があれば解答できる、やや易のレベル。〔問三〕は、文脈を理解した上で、反語の「有ランレ哉」や「幾」の語意を踏まえて答える必要がある。標準レベル。〔問四〕は、「是」の指示語としての意味用法や「異」の語意を理解していれば解答できる、やや易のレベル。〔問五〕は、正答となる選択肢が本文の表現を巧みに変えて作られているが、他の選択肢は見きわめが容易である。やや易のレベル。

〔問五〕「氷雪之在ルハレ人ニ」から始まる最後の二文の内容をおさえる。比況の助動詞「如」を用いて、人の心の中に「氷雪」があるのは、「魚」に水、「龍」に石が存在するようなものである、としている。「沐浴」は、本来〝水や湯を浴びて体を洗うこと〟の意だが、ここは〝恩恵を受ける〟ことの意。（「恩恵に浴す」などを想起するとよい。）「其中」の「其」は「水」や「石」を指す。「特ー耳」は、限定の句法。〝ただ～ばかり〟の意。「与」は「と」と読む並立の助詞。「不ル二之ヲ覚ラ一」の「之」は、「日夜沐二浴シ其中一ニ」を指す。つまり、「魚」も「龍」も「水」や「石」からの「沐浴」に気づかないだけであり、それは「人」が心の中にある「氷雪」に気づかないことに例えられるというのである。よって正解はD。

❖講評

現代文・古文・漢文各一題、計三題で試験時間は六十分。設問の大部分は、マークシートによる選択式。記述式は書き取り（慣用表現を含む）、箇所指摘、読みに限られている。

一の現代文は、荘子の「渾沌」についての評論。『ウパニシャド』『旧約聖書』との同型を見ながら、「存在」の根源的なありように迫る荘子の思想について解説している。本文はやや長め。哲学的で難解な漢語表現が多く、細部にわたって内容を理解するのは難しい。ただ、同一内容を、表現を変えて説明していることや、論の展開が明確なことから、主旨の把握に困難はない。設問の選択肢は、その主旨に基づいて本文を要約・換言して作られたものが多く、適否は比較的見きわめやすい。〔問一〕は、書き取り、〔問五〕は慣用表現の設問。「示唆」「露呈」など、硬質の文章によく用いられる語を書かせている。やや易。〔問二〕・〔問三〕は、よく似た内容を尋ねている。解答の根拠となる箇所は、いずれも傍線部付近にあり見つけやすい。ただ、選択肢は本文の表現を言い換えて作られており、標準レベル。〔問四〕・〔問七〕は、数段落にわたってその内容を読み取り、文脈を把握する必要がある。やや難のレベル。〔問六〕も、数段落にわたって内容を読み取った上で、「適当でない」ものを答えさせている。選択肢の見きわめがしやすく標準レベル。

▲解 説▼

〔問一〕「能」は「よク」と読んで、可能（〜デキル）の意をあらわす。不可能（〜デキナイ）の場合は、「不能」の形で通常「あたハズ」と読む。

〔問二〕「藉」は「かル」と読む動詞。「此氷雪之気」を目的語としているから、「気」から「藉」へ一・二点で返る。「無不」は、「……ざルはなシ」と読む二重否定の形。「不」から「無」へ一文字だけ返っているからレ点を用いる。また書き下し文では「いきざるはなし」となっており、「生」から「不」へ、先の「藉二此氷雪之気一」を挟んで返っており上・下点を用いる。以上より正解はC。A・Bは、レ点→一・二点→上・下点→甲・乙点という返点の使用順序を誤っている。Dは、上レ点が書き下し文に合わない。Eは、「気」に二点が付いているので、「このひょうせつのき」と読めない時点で誤りとわかる。

〔問三〕空欄(3)の直前にある「−有らば、則ち」という仮定条件を示す句法に着目。「氷雪之気必待二氷雪一而有ラバ」と〝氷雪の気が必ず氷雪によってもたらされる（限定された）ものであるならば〟という意味である。「有−哉」は、「あランや」と読む反語の形。〝〜があろうか、いやない〟の意。「幾の」と形容句があり、〝どれほどの−もない〟という意となる。この後、筆者は「若二吾之所謂氷雪一則異レ是」として、「氷雪」が人の意識の中に日常的に存在することを述べている。以上、現実の限られた「氷雪」に対して、比喩としての常在する「氷雪」について主張する文脈にあることから、正解はB。

〔問四〕「異」には、〝同じではない、違っている〟〝変わったこと〟〝災い〟〝天変地異〟など〝むほん、反逆〟といった意があるが、「異論」「異説」など「怪異」など「異心」など。直前に「若二吾之所謂氷雪一」とあることから、〔問三〕の解説に述べた通り、ここは、現実の「氷雪」とは異なる比喩としての「氷雪」を示そうとした部分だとわかる。正解はA。「是」はここでは「これ・この・ここ」と読む指示語。（「ぜ」と読む〝正しい〟の意や「これ」と読む強意や語調を整える用法もある。）

〔問三〕　B
〔問四〕　A
〔問五〕　D

◆全　訳◆

魚や肉といった食物が、風や陽射しに当たると腐りやすく、氷や雪の中に入れると腐らないのは、氷や雪が物を長持ちさせることができるからである。今年、氷や雪が多いと、翌年に穀物が必ず良く実るのは、氷や雪が物を生み出すことができるからである。そもそも人が生きる際には必ずこの氷雪の気の助けを借りているのである。そしてまた氷雪がもたらす気が常に氷や雪の時だけに生じるものであるならば、四季の間にはどれほどの氷雪もない（のだから氷雪の気も限られたものとなる）。（しかし）私の（譬えて）言う氷雪は、これ（＝現実の氷雪）とは別である。そもそも人が昼間に身を置けば、（それは）風や陽射しのなかにいることに相当し、（その場合）夜気（に当たること）は氷雪（に包まれること）に相当する。（また人が）騒がしさのなかにあれば、風や陽射しのなかにいることに相当し、静寂は氷雪に相当する。（また）街中や朝廷にいることは風や陽射しのなかにいることに相当し、山林は氷雪に相当する。人の心のなかに氷雪がある様子は、魚における水、龍における石のようなものである。昼も夜も（水や石からの）恩恵を受けているが、魚と龍がそのことに気づかないだけなのである。

読み　魚肉の物、風日を見れば則ち腐り易く、氷雪に入れば則ち敗れざるは、則ち氷雪の能く物を寿しくするなり。今年氷雪多ければ、来年穀麦必ず茂るは、則ち氷雪の能く物を生かすなり。蓋し人の生くるは此の氷雪の気を藉りて以て生きざるは無し。而して氷雪の気必ず氷雪を待ちて有らば、則ち四時幾の氷雪有らんや。吾の所謂氷雪のごときは則ち是に異なれり。凡そ人日昼に遇へば則ち風日にして夜気は則ち氷雪なり。煩燥に遇へば則ち風日にして清静は則ち氷雪なり。市朝に遇へば則ち風日にして山林は則ち氷雪なり。氷雪の人に在るは、魚の水に於ける、龍の石に於けるがごとし。日夜其の中に沐浴し、特だ魚と龍と之を覚らざるのみ。

め て高い身分にあること、に一致する。よって正解はE。

〔問五〕「こよなし」は〝この上ない〟、「思ひかへす」は〝思い直す、後悔する〟の意。部分否定で、〝それほどには、悔やまない〟というのである。傍線部(8)直前に「……と思へば」とあり、その理由は、「いかにも、これ離れぬにこそ。しか、これをだになつけ語らひて、その行方をもおのづから知りなむ」の二文からなる中納言の会話（心内語）にある二箇所の「これ」、および「その」の指示内容を考える。どの選択肢も、後文の解釈はほぼ一致しており、「その行方」とは「逢瀬を交わした女性」の行方で、二つ目の「これ」は「今回出仕させた娘」を指す。文脈から、一つ目の「これ」も同じ娘を指すはずである。さらに、「離れぬにこそ」は、「あらめ」などの結びの語が省略された形。逢瀬を交わした彼女はこの娘と〝無関係ではないだろう〟の意。なお、「いかにも」は、下に「あれ」が省略された形で〝どうでもあれ、ともかく〟の意。AかCが残るが、リード文の「娘君たちが合奏する様子をかいま見」、第一段落末の「琵琶弾きし人に見なしつ」から、この娘は彼女と別人ではあるが、彼女と合奏していた姫君たちのうちの一人であることがわかるため、「出会った時の状況から考えても」とあるAが正解。Bは、「屋敷」を「これ」の指示内容とするのがおかしい。Cは、「今回出仕させた娘の美しさから考えても」が不適切。中納言は、出仕してきた娘の容姿を「げにかばかりにては、恥ならざめれど」などとしており、逢瀬を交わした女性の「たとふべきかたなかりし」容姿と同類には扱ってはいない。Dは「出会いから時間がたっている」が本文にはない内容。「既に別の場所に移っているはず」も本文にはない。Eは、「赤の他人であるはず」が「離れぬにこそ」に合わず、不適切。

三

出典　明・張岱「一巻氷雪文序」

解答

〔問一〕　よく

〔問二〕　C

の意が派生する。ここは、顔を見ようと扇を引きのけようとする中納言の行動に対する「娘」の心情。〝苦しい、つらい〟がふさわしい。正解はC。Aは「かしこし」、Bは「おぼつかなし」、Dは「すごし」などが相当する。

〔問二〕傍線部(5)直後の「あら」はラ変動詞「あり」の未然形。「にあらず」で〝ではない〟という意味であり、この場合の「に」は断定の助動詞の連用形である。

〔問三〕ここは中納言の会話部分。「言ひしほどよりは」と、敬語が用いられていないことから「言ひし」の主語は、自分自身（＝中納言）。「し」は過去の助動詞「き」。この後に「とや、御覧じおとすらむ」と尊敬語が用いられている。「御覧じおとす」の主語は中宮。「らむ」は、現在推量の助動詞。先の疑問の係助詞「や」の結び。自分が以前に語ったことに対して、中宮は、「言ひしほどよりは」と「御覧じおとし」ているだろうか、という意味になる。中納言が以前中宮に語ったことで、「御覧じおとす」きっかけとなる表現を探す。「まだ見知らぬさましたりとのみ申し聞かせたる」と娘の容姿を褒めたたえて中宮に申し上げた部分がある。

〔問四〕「思ひおとしむ」は「思ひ貶しむ」で〝見下して思う、さげすむ〟の意。「方ざま」は〝方面、方向〟の意。「思ひつるほど（＝〝彼女が但馬守の娘だと思い込んでいた間〟）」は「類なき心のうち（＝〝比類のない激しい恋心〟）」ながらも「思ひまぎれ（＝〝その恋心を紛らわして、ごまかして〟）」ていた、という文脈である。恋情を紛らわしてきたものが何であるかを問う設問だが、ここは中納言自身の心内語であり、明示されていない。リード文やエピソードの背景から、消去法で選択肢に当たるとよい。Aの「自分の容姿が美しくないことを自覚」は、中納言自身の容姿について触れた箇所はないので不適切。Bの「自分の家柄が低すぎる」は、中宮の弟で中納言の地位にある、物語の中心人物の形容として不適切。Cの「実際に会ってみると……かもしれないと想像」は、リード文の「逢瀬を交わした中納言」に合わない。Dの「中宮の女房程度の女性」は、リード文の「中宮の女房として強引に出仕させることにした」という中納言の行動に合わない。Eは、中納言が、「逢瀬を交わした」のは但馬守の娘だと思い込んでいること、「但馬守」が、受領階級と呼ばれる中下層の貴族であったこと、中納言が、中宮の弟で上達部（公卿）というきわたとえようもな（く美し）かったのに。（あれは一体）誰だったのだろう」と、わけがわからなくなるほどに動揺してしまった。「『いまだ見たこともない姿・形をしていた』と（中宮に）ひたすら申し聞かせたのに、本当にこの程度では、恥にはならないだろうが、（中宮は）『（中納言の）話したほどでは（ない）』と、（この娘を）さげすんで見なさっているだろうか」と、（この娘の身の上を）気の毒に思うが、（逢瀬を交わしたのが但馬守の娘だと）思い込んでいた間は、この上もなく恋しいと思う気持ちであるものの、（その恋情を、相手は）見下す程度の身分（＝受領階級の娘）だと思うことで自然と紛らわせたり、また、「中宮のもとに参上したならば、何の差支えもなく、見飽きるまでに逢おう」という気持ちを頼りに、恋情を抑えたりしてきたのだが、（この娘があの逢瀬を交わした彼女では）なかったのだとわかってしまうと、（彼女の）行方も知らず、果てしなく、無性に恋しくて、「とにかく、この娘は彼女とは無関係ではないだろう。そうだ、せめて、この娘を手なずけ語らって、彼女の行方も自然とわかるようにしよう」と思うと、（この娘が）あの時の彼女ではなくても、それほど悔やむことはなかった。

▲解　説▼

〔問一〕(1)「いつしか」には、〝いつになったら、早く〟と未来のことへの願望を表す意と、〝いつの間にか、早くも〟と過去のことに対する感慨を表す意とがある。ここは、中納言が「強引に出仕させ」た娘と対面しようとするときの気持ちを表す語句だから、〝いつになったら、早く〟に相当する。Aが正解。(2)「あてやか」は「貴やか」で〝高貴だ、上品だ〟の意。Dが正解。Aは「うるはし」、Bは「なまめかし」、Cは「をかし」に相当する。(3)「おぼつかなし」は漢字では「覚束なし」をあて、物事や景色が〝はっきりしない、ぼおっとしている〟が原義。そこから、〝よくわからない、不審だ〟の意や〝気がかりだ、不安だ〟の意や〝待ち遠しい〟の意が派生する。ここは、待ち望んだ眼前の娘が「見しその人」ではないと感じた時の中納言の心情を表す語。先に〝妙だ、不思議だ〟の意の「あやしく」があり、〝気がかりだ、不安だ〟がふさわしい。正解はD。(4)「わりなし」は「理なし」で、〝道理にあわない、むやみだ〟が原義。そこから〝苦しい、つらい〟の意や、〝やむをえない、どうしようもない〟、〝心惹かれる、けなげだ〟

二

出典 『夜の寝覚』〈巻一〉

解答

〔問一〕 (1)―A (2)―D (3)―D (4)―C

〔問二〕 B

〔問三〕 まだ見知らぬさましたり

〔問四〕 E

〔問五〕 A

◆全 訳◆

（中納言は）（彼女＝逢瀬を交わした女性が）参上したと聞きなさって、待ちかねたようにすぐに中宮の御前に召し出しなさる。中納言は、胸をどきどきさせて、目を凝らして見なさったところ、（その娘は）菊がさねの種々の色を、濃い色や薄い色、煩わしいほどに着重ねて、その上に濃い紅の掻練に、蘇芳の織物の袿、青色の無地の唐衣を身につけて、ころよい間合いに進み出た（その）居ずまい、髪かたちは、絵などから抜け出してきたような姿態であり、髪のかかり具合、生え際など、たいそう上品で若々しく、扇をちょっとかざしている袖口や、身の振る舞いは、十分に心惹かれるほどにしとやかではあるが、（しかし）逢瀬を交わしたあの人だとは思われない。なんとも奇妙で気がかりなので、御殿油を少し明るく掲げて「初出仕の習わしとして、ちょっと顔を見せなさい」と、扇を少し取りよけなさると、（その娘は）たいそううつらく思って、（顔を隠そうとするが、その）靡きかかった髪が顔にかかるようすや、横顔からして、（合奏の際）長押の下で琵琶を弾いた女性だと判断された。

「なんとも妙なことだ。後々の外聞もあることだし、別人を身代わりに参上させるだろうか、そんなことはないはずだ。彼女には姉が二人いる。一人は右中弁の妻で、もう一人は蔵人の少納言の妻だ。彼女らを出仕させるはずはない。また、確かにこの娘は、その（＝姉妹の）中で選りすぐられた容貌（の娘）なのだろう。（それにしても）逢瀬を交わしたのは、壊」と見えるが、「存在の真相であり深層」に迫ろうとしている点では「破壊」とは呼べない、という文脈である。Bは「本当の物の区別」が、本文の「存在の真相であり深層」にあたらない。Cは、「多様な物同士が深く関与し合う世界」が、Bと同様に「存在の真相であり深層」にあたらない。これは、むしろ「渾沌」を取りもどす前の、現実の目に見える世界（＝「有」）である。Eは、「本質的な水準では同じ物質によって構成されている」も、「存在の真相であり深層」にあたらない。また、「徹底的に物を破壊し解体し」が「既成の秩序を取り払って全てをカオス化し」の意にあたらず、器物の損壊の意になっている。

〔問八〕　選択肢の表現を本文の当該箇所と照合し、消去法で対処する。Aは、「森羅万象が神のコトバを起点として生み出されたということの結果」が不適切。これは、西洋的な世界観であり、前半部の荘子の思想と結びつかない。Bは、本文の第二段落で『ウパニシャド』哲学の「非有」（＝カオス）の意味が「古代中国思想の『渾沌』に当たる」としている点、および、第三段落で「『非有』から『有』への動き」を「カオスからコスモスへの存在論的変貌」とした上で、第四段落で「『旧約聖書』の……も、本質的にはこれとまったく同じ思考パターン」だとしている点から適切である。Cは、「荘子の思想においては認められていない」が不適切。傍線部(9)直後の段落には、荘子の「畛」の概念について、「コトバの意味分節機能が喚起する」区劃であるとしている。荘子はこの既成の「自分の言語意識の生み出したもの」の存在を認めていて、それを「解体」しようとしたのである。Dは、「実践的な宗教では……迷妄を脱却し」が不適切。本文では「ヨーガ的冥想体験を通じて開発し、それを宗教的に、哲学的に……展開してきた」（第十四段落）とある。「ヨーガ的冥想体験」は「実践的な宗教」ではない。「無」を体感することを「迷妄を脱却」とするのも誤り。Eは、「国や民族を区分けする境界線」が不適切。「境界線」とは、「物と物とを区別する境界線」（傍線部(9)の前段落）であり、現実「世界」の秩序をもたらすものである。（第八段落など）

というコトバが出現する〈とすぐに〉光というものが出現した、という文脈である。「間髪を容れず」は〝……するやいなや、即座に〟の意。

〔問六〕 選択肢の表現を、空欄(5)の二つ後の段落（第十二段落）から傍線部(9)の前段落（第十九段落）までの内容と照らし合わせて、確認する。Aは、前半部が、第十二段落の「西洋文化の深層には、カオスにたいするこの否定的・拒否的態度が沁みついている」に合致、後半部が、第十四段落の「『有』の原点とし、生の始原とする考え方が、東洋の思想伝統……」に合致する。Bは、前半部が、第十三段落の「カオスの恐怖は、……虚無にたいする恐怖」に合致。後半部は、第十四段落の「生の始原とする考え方が、東洋の思想伝統……」に合致する。Cは、前半部の「コスモスを深層的な世界と捉える」が、第十二段落の「『コスモス』とは、美しい調和の支配する世界」に反するので、これが正解。Dは、前半部が、第十二段落の「人間が安んじて生存し……」に合致し、後半部が第十九段落の「区分けされ整頓されている既成の存在構造を解体」に合致する。Eは、前半部が、第十二段落の「ロゴス的秩序に荘厳された文化の世界」に相当し、後半部が第十八段落の「……互いに他を排除することによって自己を主張しつつ、整然たる存在秩序の空間を形成している」に相当する。

〔問七〕 傍線部(9)の前の段落に、荘子の「斉物」を指して「物と物とを区別する境界線を、きれいさっぱり取りのけてしまう、ということ」だとある。その理由は、「『渾沌』（窮極的には『無』）こそ存在の真相であり深層であるのだから」（傍線部(7)の直後）である。傍線部(9)の「窮極的本源性」とは、この、世界の「渾沌」たるありさまを指すことになる。渾沌に「引き戻」すためには「物と物とを区別する境界線を……取りのけてしまう」必要があるというのである。また、第十八段落には、「既成の秩序を取り払って全てをカオス化し、……現象的多者の世界を見なおしてみる。そこにこそ存在はその真相・深層をロテイする」ともある。言語意識によって区分けされた世界をもとの渾沌の世界に戻すことにより、存在の真相が見えてくる、としたDが正解。Aは、「程度の軽いもの」・「徹底したもの」という「普通の意味」と「荘子の『斉物』」を対比している点が不適切。本文は、「荘子の『斉物』」が既成存在の「破かもしれないとも思われる点では」といった表現が「可能態とか……考えるなら、物はすべて、そこに有るのかもしれない。だが実は、……物としての自己固定性を保持しない」の〝存在するはずなのに、存在しない〟という文脈に合わない。Eは、「物が確固として存在している」も、「可能態とか……考えるなら、物はすべて、そこに有るのかもしれない」の文脈に合わない。

〔問四〕 傍線部(4)直前の「コトバと光の働き」は、傍線部(2)の後の第七段落で(i)「コトバ(『名』)こそ存在分節の根本原理である」、(ii)「光が、経験的に、存在顕現の源泉である」としてまとめられている。(i)は、第八段落の内容。「無差別無分節の存在(カオス的『無』)がコトバによって固定され、「現実としての存在世界(経験的『有』)が成立する」ことだとある。コトバがカオスを「無数の存在区劃」に「固定」し、無数の事物に存在をもたらすと言っている。(ii)は、第九段落の内容。「『光』とは、……物と物との境界がはっきりと見てとれ……存在のリアリティを分節態において提示するもの」とある。光がコトバによってうみ出された無数の事物に「整然たる存在秩序」を与えると言っている。(i)と(ii)をまとめて、(iii)「コトバと光との合力によって、現象界が、文字通り現象する」、すなわちコトバと光の相互作用によって秩序ある「世界」が生じた、と言っている。上記(i)・(ii)・(iii)の内容を踏まえたCが正解。なお、Cの「可視化される」は、本文の「はっきり見てとれる」を踏まえた表現。Aは、「神のコトバ」・「神の偉大な存在形成力を示している」が不適切。本文は、「創世記」の天地創造神話に基づいて「カオス」の象徴的意味を哲学的に考察したものであって、「神」の働きそのものを論じたものではない。Bは、「天地創造の経過を……表現」が(iii)の「現象界が、文字通り現象する」に反する。Dは、「何ものも存在していない『無』」がまず、(i)の「カオス的『無』」に合わない。また、「最初に『光』が創られ……種々の事物事象が生み出され」も、(i)の「無数の存在区劃」に分節するという内容に合わない。Eは、「自分自身のあるべき姿を見せる」が、(ii)の「境界がはっきりと見てとれ……存在のリアリティを分節態において提示する」といった、事物事象の明示の説明に合わない。

〔問五〕 空欄(5)は「を容れず」に続いている。また、先に「神、光あれ、と言えば、光があった」との引用がある。「光」

めて現象的多者の世界を見なおそうとした。

▲解　説▼

〔問二〕(i)「無」は「非有」であり（第一段落）、「非有」とは、「存在否定の意味ではなくて、……他から区別されていない存在状態」であると言っている。また、「全てのものが混融する存在昏迷（つまりカオス）」だともある（第二段落）。(ii)これに対し、「有」は、「『無』を源として、そこから」現れたものであり（第一段落）、「全てのものが互いにきっぱりと区別され……（るような）あり方、存在秩序、を意味」し、「『非有』から『有』への動きは、……カオスからコスモスへの存在論的変貌」であるとしている（第三段落）。(i)・(ii)の両方を正しくをおさえたEが正解。Aは、「まったく何物も存在しない」が(i)の「存在否定の意味ではなくて」に反する。Bは、「人間は現実世界が有るという感覚を得る」が、(ii)の「カオスからコスモスへの存在論的変貌」にあたらない。Cは、「有」に全く触れていないので、「存在論的関係」の説明になっていない。Dは、「知覚可能なあり方」が(ii)の「存在秩序＝コスモス」にあたらない。

〔問三〕ここは『聖書』の「曠々漠々」が、先に挙げた『ウパニシャド』のカオスに相当することを述べた部分。〔問二〕で触れた内容も参考になる。傍線部(2)の直前に「すなわち」とあり、この「奇妙な事態」とは、「可能態とか……考えるなら、物はすべて、そこに有るのかもしれない。だが実は、相互の区別がなく、無差別状態にある物は、物としての自己固定性を保持しない」という「矛盾的事態」を指している。〔問二〕の(i)の「存在否定の意味ではなくて、……他から区別されていない存在状態」すなわち、存在の形をもたない存在状態」の言い換えとも言える。「自己固定性を保持しない」は〝「他から区別されていない存在状態」すなわち、存在の形をもたない状態〟ということになる。物として存在するはずなのに存在の形をもたない（＝「無」）、とするBが正解。Aは、「消失する可能性」がカオスの「物としての自己固定性を保持しない」状態にあたらない。Cは、「表現できる点では『有』……象徴にすぎない点では『無』」が「相互の……無差別状態」「物としての自己固定性」の説明に合わない。Dは、「物が存在するかもしれないと思われる点では」・「存在しない

国語

一

出典　井筒俊彦『意味の深みへ――東洋哲学の水位』〈八　渾沌――無と有のあいだ〉（岩波文庫）

解答
（問一）(3)隆起（瘤起も可）　(6)示唆　(8)露呈
（問二）E
（問三）B
（問四）C
（問五）間髪
（問六）C
（問七）D
（問八）B

◆要　旨◆

『ウパニシャド』は、ものが混融する存在昏迷の状態（＝カオス）を「非有」と捉えた。「非有」から「有」への動きは、カオスからコスモスへの存在論的変貌である。『旧約聖書』も、同じ思考パターンである。カオス的「無」が経験的「有」に転成する際には、まず光が創られ、それを創ったものがコトバである。コトバと光との合力によって現象界が、現象する。西洋文化はカオスに対して否定的である。東洋の思想は「無」を「有」の原点・生の始原としてきた。荘子は、「渾沌」こそが、存在の真相であり、深層だと捉えた。そこで、既成の秩序を取り払い、全てをカオス化することで、あらた

2022年度

問題と解答

■一般方式・英語外部試験利用方式

問題編

▶試験科目・配点

〔一般方式〕

教　科	科　　　　　目	配　点
外国語	コミュニケーション英語Ⅰ・Ⅱ・Ⅲ，英語表現Ⅰ・Ⅱ	150 点
選　択	日本史Ｂ，世界史Ｂ，「数学Ⅰ・Ⅱ・Ａ・Ｂ」から１科目選択	100 点
国　語	国語総合	100 点

▶備　考

- 「数学Ｂ」は「数列，ベクトル」から出題する。
- 日本史学専攻，心理学専攻，学びのパスポートプログラムの「外国語」は 150 点を 100 点に換算する。
- 国文学専攻の「国語」は 100 点を 150 点に換算する。
- 選択科目について，日本史学専攻は「日本史Ｂ」，東洋史学専攻・西洋史学専攻は「日本史Ｂ」もしくは「世界史Ｂ」の受験が必須。

〔英語外部試験利用方式〕

- 指定の英語外部試験のスコアおよび合格級により，中央大学独自の「英語」の受験が免除される。
- 合否判定は，一般方式の「国語」および「地理歴史・公民」または「数学」の２教科２科目の合計得点（200 点満点）で行う。
- 各外部試験のスコアおよび合格級は出願資格としてのみ使用される。

英語

（80 分）

（注）満点が 150 点となる配点表示になっていますが，日本史学専攻，心理学専攻，学びのパスポートプログラムの満点は 100 点となります。

I　次の(1)〜(10)の対話文を完成させるために（　　）に入れるべき最も適切な語句を，それぞれ㋐〜㋓の中から 1 つ選び，マーク解答用紙にその記号をマークしなさい。

（40 点）

(1)　A：Why didn't you like the movie?

B：The story was (　　　　　) it was almost impossible to follow.

㋐　much complicated that

㋑　only complicated than

㋒　slightly less complicated than

㋓　so complicated that

(2)　A：Are you planning on buying that computer?

B：Well, it is nice.

A：You might want to wait. The newer model (　　　　　) at a recent convention. I heard it will be faster and lighter than the current model.

㋐　could be shown

㋑　has shown

㋒　was shown

㋓　will be shown

(3)　A：Where are you going tonight?

B：I have a reservation at that nice restaurant down by the beach. It's famous (　　　　　) its seafood dishes.

㋐ as
㋑ for
㋒ in
㋓ over

(4)　A：What are you doing? You don't know that guy.

B：I'm going to tell him that smoking in public places is (　　　　　) the law here.

㋐ against
㋑ break
㋒ contrary
㋓ out

(5)　A：Tom has returned from his business trip.

B：Are you sure? He's supposed to be in Europe.

A：I saw him (　　　　　) on the bus this morning.

㋐ catch
㋑ delay
㋒ get
㋓ take

(6)　A：I didn't mean to rush you. It's my fault. I woke up late. I'm sorry.

B：That's okay. We arrived on time.

A：I'm so glad we did. We (　　　　　) missed the train.

㋐ justly
㋑ nearly
㋒ relatively
㋓ shortly

(7) A：How is your arm?
B：Well, I still can't play baseball.
A：You should go see a doctor if it still (　　　　　) tomorrow.

㋐ consults
㋑ cures
㋒ hurts
㋓ troubles

(8) A：It's nice to see you after all these years. Everyone thought you were going to live in Paris.
B：Well, I (　　　　　) there if I hadn't attended college in California. The weather was so nice I ended up staying on the West Coast. In fact, I never left the country!

㋐ did go
㋑ should go
㋒ went as far
㋓ would have gone

(9) A：Did you hear about the office party on Friday?
B：Yes, but I'm not going.
A：Are you busy?
B：Not really. The truth is I'd (　　　　　) not be seen with you there.

㋐ help

㋑　like

㋒　prefer

㋓　rather

⑽　A：I heard that most of the houses you sell are old.

B：In New England, many people choose them over newer apartments (　　　　　) repairing them can be quite expensive.

㋐　all that much

㋑　even though

㋒　opposed to

㋓　with which

Ⅱ　次の(1)〜(5)の（　　　）内の語群に 1 語を補って並べかえると，それぞれの日本語の文に相当する英文ができます。補うべき最も適切な 1 語を下の㋐〜㋞の中から選び，マーク解答用紙にその記号をマークしなさい。ただし，同じ語を 2 回以上選んではいけません。文頭に来る語の先頭の文字も小文字になっています。(20 点)

(1)　(anyone, for, is, look, place, the, this, where, would, you).

まさかこんな所に君がいるとはだれも思わないだろう。

(2)　(consenting, marriage, parents, talked, their, their, they, to).

彼らは両親を説得して結婚を認めてもらった。

(3)　(but, looked, matter, no, nothing, snow, there, was, way, we).

どちらを見ても雪ばかりだった。

(4)　(at, describe, feelings, I, me, my, that, time, to, tried, when, words).

私はあのとき感じたことを説明しようとしたが，うまくできなかった。

(5)　(a, at, ease, feels, house, in, one, stranger's).
知らない人の家にいると落ち着かない気分になるものだ。

㋐ bad	㋑ by	㋒ direction	㋓ dropped	㋔ failed
㋕ from	㋖ hard	㋗ how	㋘ ill	㋙ into
㋚ last	㋛ only	㋜ stopped	㋝ where	㋞ which

Ⅲ　次の(1)〜(5)の英文には，それぞれ1つだけ適切でない箇所があります。その箇所を㋐〜㋔の中から選び，マーク解答用紙にその記号をマークしなさい。(20点)

(1)　In schools, as well as㋐ in the workplace, choice is important. Naturally, students must learn to read㋑, but why not㋒ let the group decide what to read? When people participate on㋓ decisions about what to do, they will be more committed to㋔ the task.

(2)　Language is what makes㋐ us human, so no wonder㋑ many great thinkers have come up with㋒ theories for how we became to㋓ speak. But looking back hundreds of thousands of years to work out㋔ whether one of our ancestors spoke a language is extremely challenging.

(3)　The problem is that most of㋐ us believe that we are better lie detectors than we are liars. In fact, the truth is the other way back㋑: we are much better at fooling others than we are at spotting㋒ it. We tend to look out for㋓ certain signs that seem to indicate㋔ that a person is lying, but it doesn't always help.

(4)　What is the difference between describing "how" and explaining "why"? To describe "how" means to trace㋐ back the series of events that leading from㋑ one point to another㋒. To explain "why" means to find㋓ causal connections that

出典追記：(1) Why We Do What We Do by Edward L. Deci and Richard Flaste, Grosset & Dunlap
(2)・(3) Now You're Talking by Trevor Cox, Vintage Books

㋔account for the occurrence of this particular series of events.

(5) Over the last ㋐few decades, we ㋑have invented many time-saving devices that are ㋒supposed to make life more relaxed. Once people ㋓get used to a certain luxury, they ㋔take for granted. Then, they reach a point where they can't live without it.

Ⅳ 次の文章を読んで，(1)～(11)の設問に答えなさい。＊の付いた語句は注を参照しなさい。(70点)

Eilis Lacey, sitting at the window of the upstairs living room in the house on Friary Street, noticed her sister walking briskly* from work. She watched Rose crossing the street from sunlight into shade, carrying the new leather handbag that she had bought in Clery's in Dublin in the sale. Rose was wearing a cream-colored cardigan over her shoulders. Her golf clubs were in the hall; in a few minutes, Eilis knew, someone would call for her and her sister would not return until very late in the evening.

Eilis's bookkeeping* classes were almost ended now; she had a manual on her lap about systems of accounting, and on the table behind her was a notebook where she had recorded, as her homework, the daily business of a company whose details she had taken down in notes in the Vocational School* the week (ア).

As soon as she heard the front door open, Eilis went downstairs. Rose, in the hall, was holding her pocket mirror (a) front of her face. She was (イ) herself closely as she applied lipstick and eye make-up before glancing at her overall appearance in the large hall mirror, settling her hair. Eilis looked on silently as her sister checked herself one more time in the pocket mirror before putting it away.

Their mother came from the kitchen to the hall.

"You look lovely, Rose," she said. "You'll be the beauty of the golf club."

"I'm starving," Rose said, "but I've no time to eat."

出典追記：(4)・(5) Sapiens by Yuval Noah Harari, HarperCollins Publishers

"I'll make a special supper for you later," her mother said. "Eilis and myself are going to have our supper now."

Rose reached into her handbag and took out her wallet. (ウ), she placed a one-shilling* piece on the table. "That's in case you want to go to see a movie," she said to Eilis.

"And what about me?" her mother asked.

"She'll tell you the story when she gets home," Rose replied.

(1) "That's a nice thing to say!" her mother said.

All three laughed as they heard a car stop outside the door and sound its horn. Rose picked up her golf clubs and was gone.

Later, as her mother washed the dishes and Eilis dried them, another knock came to the door. (2) When Eilis answered it, she found a girl whom she recognized from Kelly's grocery shop beside the cathedral.

"Miss Kelly sent me with a message for you," the girl said. "She wants to see you."

"Does she?" Eilis asked. "And did she say what it was about?"

"No. You're just to go and see her tonight."

"But why does she want to see me?"

"God, I don't know, miss. I didn't ask her. Do you want me to go back and ask her?"

"No, it's all right. But are you sure the message is for me?"

"I am, miss. She says you are to go and see her."

Since she had decided in any case to go to the movies some other evening, and being tired of her homework, Eilis changed her dress and put on a cardigan and left the house. She walked along Friary Street and Rafter Street into the Market Square and then up the hill to the cathedral. Miss Kelly's shop was closed, so Eilis knocked on the side door, which led to the upstairs part where she knew Miss Kelly lived. The door was answered (b) the young girl who had come to the house earlier, who told her to wait in the hall.

Eilis could hear voices and movement on the floor above, and then the young girl came down and said that Miss Kelly would be with her before long.

She knew Miss Kelly by sight, but her mother did not go to her shop as it was too expensive. Also, she believed that her mother did not like Miss Kelly, although she could think (c) no reason for this. It was said that Miss Kelly sold the best ham in the town and the best butter and the freshest of everything including cream, but Eilis did not think she had ever been in the shop, merely glanced into the interior as she passed and noticed Miss Kelly at the counter.

Miss Kelly slowly came down the stairs and turned on a light.

"Now," she said, and repeated it as though it were a greeting. She did not smile.

Eilis was about to explain that she had been sent for, and to ask politely if this was the right time to come, but Miss Kelly's way of looking her up and down made her decide to say nothing. Because of Miss Kelly's manner, (3) <u>Eilis wondered if she had been offended by someone in the town and had mistaken her for that person</u>.

"Here you are, then," Miss Kelly said.

Eilis noticed a number of black umbrellas resting against the table.

"I hear you have no job (d) all but a great head for figures."

"Is that right?"

"Oh, the whole town, anyone who is anyone, comes into the shop and I hear everything."

Eilis wondered if this was a reference to her own mother's consistent shopping at another grocery shop, but (4) <u>she was not sure</u>. Miss Kelly's thick glasses made the expression on her face difficult to read.

"And we are worked off our feet every Sunday here. Sure, there's nothing else open. And we get all sorts of customers. And, as a rule, I open after seven mass*, and between the end of nine o'clock mass until eleven mass is well over, there isn't room to move in this shop. I have Mary here to help, but she's slow enough at the best of times, so I was looking for someone sharp, someone who would know people and give the right change. But only on Sundays, mind. The rest of the week we can manage ourselves. And you were recommended. I made inquiries about you and it would be seven and six a week, it might help your mother a bit."

Ⓐ

Miss Kelly spoke, Eilis thought, as (e) she were describing a slight insult against her, closing her mouth tightly between each phrase.

"So that's all I have to say now. You can start on Sunday, but come in tomorrow and learn off all the prices and we'll show you how to use the equipment. You'll have to tie your hair back and get a good shop coat in Dan Bolger's or Burke O'Leary's."

Ⓑ

Eilis was already saving this conversation for her mother and Rose; she wished she could think of something smart to say to Miss Kelly without being openly rude. Instead, she remained silent.

Ⓒ

"Well?" Miss Kelly asked.

Eilis realized that she could not turn down the offer. It would be better than nothing and, at the moment, she had nothing.

Ⓓ

"And on Sunday you can go to seven o'clock mass. That's what we do, and we open when it's over."

"That's lovely," Eilis said.

"So, come in tomorrow, then. And if I'm busy I'll send you home, or you can fill bags of sugar while you wait, but if I'm not busy, I'll show you how to handle things."

"Thank you, Miss Kelly," Eilis said.

"Your mother'll be pleased that you have something. And your sister," Miss Kelly said. "I hear she's great at the golf. So go home now like a good girl. You can let yourself out."

Ⓔ

Miss Kelly turned and began to walk slowly (f) the stairs. Eilis knew as she made her way home that her mother would indeed be happy that she had found some way of making money of her own, but that Rose would think working behind the counter of a grocery shop was not good enough for her. She wondered if Rose would say this(5) to her directly.

注　briskly　きびきびと
bookkeeping　簿記
Vocational School　専門学校
shilling　アイルランドで使われていた通貨の単位
mass　キリスト教カトリックの礼拝集会

(1)　空所（　a　）〜（　f　）のそれぞれに入れるのに最も適切なものを下の①〜⑧から１つ選び，マーク解答用紙にその番号をマークしなさい。ただし，同じ語を２回以上選んではいけません。

①　at　②　away　③　by　④　during　⑤　in　⑥　of
⑦　though　⑧　up

(2)　空所（　ア　）に入れるのに最も適切なものを下の①〜⑤から１つ選び，マーク解答用紙にその番号をマークしなさい。

①　after　②　ahead　③　before　④　behind　⑤　next

(3)　空所（　イ　）に入れるのに最も適切なものを下の①〜⑤から１つ選び，マーク解答用紙にその番号をマークしなさい。

①　aiming　②　making　③　putting　④　smiling　⑤　studying

(4)　空所（　ウ　）に入れるのに最も適切なものを下の①〜⑤から１つ選び，マーク解答用紙にその番号をマークしなさい。

①　Being it opened　②　Being opened it　③　Opened it　④　Opening
⑤　Opening it

出典追記：Brooklyn by Colm Toibin, Penguin

(5) 下線部(1)から読み取ることができる状況として最も適切なものを下の①～④から1つ選び，マーク解答用紙にその番号をマークしなさい。

① 母親は，いつもお金を出してくれるRoseに感謝している。
② 母親は，Eilisが映画の話をしてくれるのを楽しみにしている。
③ Roseと母親は，お互いに冗談を言い交わす仲である。
④ Roseは，母親に映画の話をする手間賃としてEilisにお金を出している。

(6) 下線部(2)から読み取ることができる状況として最も適切なものを下の①～④から1つ選び，マーク解答用紙にその番号をマークしなさい。

① Eilisがドアを開けると，そこにいたのは大聖堂近くのMiss Kellyの店で見たことがある女の子だった。
② Eilisがドアを開けると，Miss Kellyの店で働いている女の子が大聖堂の横に立っているのが見えた。
③ Eilisは，返事をしたとき，大聖堂近くのMiss Kellyの店にいる女の子のことを思い浮かべた。
④ Eilisは，返事をしたとき，以前Miss Kellyの店で一緒に働いていた女の子を思い出した。

(7) 下線部(3)から読み取ることができる状況として最も適切なものを下の①～④から1つ選び，マーク解答用紙にその番号をマークしなさい。

① Eilisは，間違ったことを言わなければ責められずにすむのではないかと思った
② Eilisは，町の人が自分を誰かと間違えて責めているのではないかと思った
③ Eilisは，Miss Kellyが自分を誰かと間違えているのではないかと思った
④ Eilisは，Miss Kellyに人違いだと知らせたほうがいいのではないかと思った

(8) 下線部(4)の内容として最も適切なものを下の①～④から1つ選び，マーク解答用紙にその番号をマークしなさい。

① 母親がほかの店をひいきにしていることを Miss Kelly が知っているかどうか，Eilis には分からなかった

② Miss Kelly 自身の母親が，いつもほかの店をひいきにしているかどうか，Eilis には分からなかった

③ Miss Kelly の言ったことが，自分の母親が Miss Kelly の店に来ない理由なのかどうか，Eilis には分からなかった

④ Miss Kelly の言ったことが，自分の母親に対するあてこすりなのかどうか，Eilis には分からなかった

(9) 下の文章を入れるのに最も適切な場所を本文中のⒶ～Ⓔから１つ選び，マーク解答用紙にその記号をマークしなさい。

"Oh, yes, Miss Kelly," she said. "I'll start whenever you like."

(10) 最後の段落にある下線部(5) this が指す内容として最も適切なものを下の①～④から１つ選び，マーク解答用紙にその番号をマークしなさい。

① 自分だったら食料雑貨店では働かないと Rose が考えていること

② 食料雑貨店で働くのは Eilis には似合わないと Rose が考えていること

③ Eilis が自分の力でお金を稼げるようになるのを母親は喜ぶだろうということ

④ Miss Kelly のような人の下で Eilis は働くべきではないと Rose が考えていること

(11) 下の①～⑩から本文の内容に合っているものを４つ選び，マーク解答用紙にその番号をマークしなさい。ただし，５つ以上選んだ場合は０点になります。

① From the window, Eilis saw her sister approaching the house, so she took her golf clubs and went downstairs.

② After Rose came home, it took a long time before she went out again.

③ After Rose left the house, a girl appeared and asked Eilis to come to Miss Kelly's shop.

④ When Eilis arrived at Miss Kelly's shop, it was closed.

⑤ Miss Kelly did not go to mass because she opened her shop on Sundays.

⑥ Miss Kelly wanted to replace Mary with Eilis because Mary was a slow worker.

⑦ Miss Kelly wanted to hire Eilis because she was known to be good with numbers.

⑧ Miss Kelly asked Eilis to work at her shop six or seven days a week.

⑨ Eilis decided to take the job because her mother had always wanted her to work for Miss Kelly.

⑩ Eilis was not entirely comfortable talking with Miss Kelly, but she accepted her offer.

日本史

（60 分）

I　次の1と2の文章を読み，それぞれの設問に答えなさい。解答は，漢字を用いるべきところは正確な漢字で記述解答用紙の所定の解答欄に記入しなさい。選択問題についてはマーク解答用紙の記号をマークしなさい。なお，史料は読みやすさを考えて一部改変した部分がある。(20 点)

1　文献の少ない7～8世紀の歴史では，発掘調査などで見つかる出土文字資料が，歴史研究に大きな役割をはたしている。出土文字資料は，木簡・墨書土器①・漆紙文書などが代表的であるが，このうち木の札に文字を墨書した木簡は，堅牢で加工や削り直しが可能という木の特性を生かし，役所の日常的な文書や都への貢進物の荷札，漢字・漢文習得の練習などに利用された。藤原宮跡から出土した藤原宮木簡によって，大宝律令施行以前は地方行政単位の郡は，［　A　］と記されていたことがわかったほか，平城宮②跡の内裏北方官衙地区では，「肥後国益城郡［　B　］綿壹伯屯　四両　養老七年」と記された木簡が発見されており，絹・絁（あしぎぬ）・糸・綿・布など郷土の産物を朝廷に納めた，［　B　］の実例が確認されている。また，平城京の左京三条二坊にあった長屋王③邸跡から発見された長屋王家木簡によって，王家の生活，家政運営や家内で働く多数の人びとの実態などが明らかになった。

問1　下線部①について，次の資料のような7～8世紀の土器は，古墳文化の土器と同様の特徴を持っている。当時の土器の状況を説明した適切な文章を，下のア～オの中から一つ選び，その記号をマークしなさい。

写真　左：栃木県教育委員会提供　右：奈良文化財研究所提供

ア．深鉢が多数を占め，草創期には円形丸底や方形平底の土器が作られた。

イ．釉（うわぐすり）を用いる中国の製法が伝わり，各地で陶器の生産が発展をとげた。

ウ．土師器とともに，朝鮮半島由来の須恵器が用いられた。

エ．縄（撚糸）を転がしてつけた文様を持った土器が用いられた。

オ．銅鐸の鋳造をともなう文化が始まり，甕や高杯などの土器が作られた。

問2　空欄Aに入る地方行政単位の名称を記しなさい。

問3　下線部②において，政務や儀礼の場となった施設の名称を，次のア～オの中から一つ選び，その記号をマークしなさい。

ア．駅家　　イ．正倉院　　ウ．寝殿　　エ．朝堂院　　オ．国庁

問4　空欄Bに入る税の名称を記しなさい。

問5　下線部③について，次のa～eのうち，長屋王が政権を握っていた時期の状況を説明した文章の適切な組み合わせを，下のア～オの中から一つ選び，その記号をマークしなさい。

a．藤原広嗣が吉備真備・玄昉の排除を要求して，九州で大規模な反乱を起こしたが，政府によって鎮圧された。

b．政府は，人口増加による口分田の不足を補い税の増収をはかるため，百万町歩の開墾計画を立てるとともに，三世一身法を施行した。

c．仏教の持つ鎮護国家の思想によって国家の安定をはかろうとし，国分寺建立の詔が出され，諸国に国分寺・国分尼寺がつくられた。

d．政府は，唐にならい和同開珎の鋳造を開始し，その流通をめざして蓄銭叙位令を発した。

e．渤海が，唐・新羅との対抗関係から，初めて日本に使節を派遣して国交を求め，日本も新羅との対抗関係から，渤海と友好的に通交した。

ア．a，b　　イ．a，e　　ウ．b，e　　エ．c，d

オ．c，e

2　摂政・関白を外戚としない後三条天皇は，延久の荘園整理令④を出すなど，強力に国政の改革に取り組んでいった。子の白河天皇も親政を行ったが，堀河天皇に譲位すると，自ら院として院庁を開き，天皇家の家長として，天皇を後見しながら政治の実権を握る院政⑤を開始した。院政では，上皇が人事権を掌握して太政官を動かすとともに，富裕な受領や后妃・乳母（めのと）の一族などが，院庁の職員である院司として上

皇に仕え，院近臣とよばれる一団が形成され，院庁からくだされる院庁下文や，院近臣が院の命令を伝える［　C　］が国政一般に効力を持つようになった。また，白河上皇・鳥羽上皇・後白河上皇と続いた院政期には，六勝寺など多くの大寺院や離宮の造営，および盛大な法会の開催などが行われたが，これらに要する多額の費用を調達するために［　D　］などの売位・売官が盛んとなり，行政機構は変質していった。特に，鳥羽上皇の時代になると，院の周辺に荘園の寄進が集中するとともに，知行国⑥の制度や，上皇自身が国の収益を握る院分国の制度が広まって，公領は上皇や知行国主・国司の私領のようになり，院政を支える経済的基盤となった。

問6　下線部④について，当時の状況を説明した適切な文章を，次のア～オの中から一つ選び，その記号をマークしなさい。

ア．荘園の所有者から提出された証拠書類と国司の報告とを合わせて審査し，年代の新しい荘園や証拠不備の荘園を停止した。

イ．勅旨田や院宮王臣家による空閑地・荒廃地の占有を禁止し，違法な土地所有を取り締まった。

ウ．官物・臨時雑役を免除する範囲や対象をめぐる荘園領主と国衙との対立をふまえて，検田使など国衙の使者の立入りを禁止した。

エ．開墾する田地の面積を身分によって制限する一方，これらの田地の所有を永年に渡って保障した。

オ．新たに成立した荘園を停止することを定めたが，その実施は国司にゆだねられていたので，不徹底であった。

問7　下線部⑤の状況を表した適切な史料を，次のア～オの中から一つ選び，その記号をマークしなさい。

ア．六波羅殿の御一家の君達(きんだち)[注1]といひてしかば，花族(かしょく)も栄耀(えいゆう)も面(おもて)をむかへ肩をならぶる人なし。(『平家物語』)

イ．宇治殿ノ時，一ノ所[注2]ノ御領御領トノミ云テ，庄園諸国ニミチテ受領ノツトメタヘガタシナド云ヲ，キコシメシモチタリケルニコソ。(『愚管抄』)

ウ．今日，女御藤原威子(いし)を以て皇后に立つるの日なり。(中略) 太閤[注3]下官を招き呼びて云く，「和歌を読まむと欲す。必ず和すべし。」者(てえり)。(『小右記』)

エ．夫(そ)れ往生極楽の教行は，濁世(じょくせ)末代(注4)の目足(もくそく)なり。道俗貴賤，誰か帰せざる者あらんや。(『往生要集』)

オ．禅定法王(ぜんじょうほうおう)は，(中略)天下の政(まつりごと)をとること五十七年，(中略)意に任せ，法に拘(こだわ)らず，除目(じもく)・叙位(じょい)(注5)を行ひ給(たま)ふ。古今未(いま)だあらず。(『中右記』)

(注1)上級貴族の子弟，子息。　(注2)摂関家。
(注3)摂政または太政大臣。　(注4)末法の世。
(注5)官位の人事。

問8　空欄Cに入る適切な語を漢字2文字で記しなさい。

問9　空欄Dに入る適切な語を漢字2文字で記しなさい。

問10　下線部⑥に至る，9～12 世紀の地方支配について説明した次の文章 a～e について，古いものから年代順に正しく配列したものを，下のア～オの中から一つ選び，その記号をマークしなさい。

a．国家財政の維持が難しくなった政府は，国司の交替制度を整備し，任国に赴任する国司の最上席者である受領に，大きな権限と責任とを負わせた。

b．政府は，増えていた定員外の国司や郡司を廃止するとともに，勘解由使を設けて，国司の交替に際する事務の引継ぎをきびしく監督させた。

c．上級貴族は，有名無実化した俸禄の代わりに一国の支配権を与えられ，その国からの収益を取得した。彼らは，子弟や近親者を国守に任じた。

d．有力農民や地方に土着した国司の子孫たちの中に，国衙から臨時雑役などを免除されて一定の領域を支配するものが現れた。

e．受領は，交替の時以外，任国におもむかなくなり，代わりに目代を留守所に派遣し，在庁官人たちを指揮して政治を行わせた。

ア．a→b→e→d→c　　イ．b→a→d→e→c
ウ．a→b→d→c→e　　エ．b→d→a→e→c
オ．d→b→c→a→e

Ⅱ　次の1の史料と2の文章を読み，それぞれの設問に答えなさい。解答は，漢字を用いるべきところは正確な漢字で記述解答用紙の所定の解答欄に記入しなさい。選択問題についてはマーク解答用紙の記号をマークしなさい。なお，史料は読みやすさを考えて一部改変した部分がある。(20点)

1　史料

所領配分の事

嫡男大炊助入道(おおいのすけ)[注1]分　相模国大友郷[注2]地頭郷司職(ごうじしき)[注3]

次男宅万(たくま)別当分　豊後国大野庄[注4]内志賀村半分地頭職

大和太郎兵衛尉(たろうひょうえのじょう)分　同庄内上村半分地頭職

八郎分　同庄内志賀村半分地頭職

九郎入道分　同庄内下村地頭職

女子犬御前(いぬごぜん)分　同庄内中村地頭職

女子美濃局(みののつぼね)分　同庄内上村半分地頭職

帯刀左衛門尉後家(ごけ)[注5]分　同庄中村内保多田名(ほただみょう)

右，件(くだん)の所領等は，故豊前々司能直朝臣(こぶぜんぜんじよしなおあそん)，代々の将軍家の御下文(おんくだしぶみ)を賜はり，相違無く知行し来たるところなり。而(しか)るに尼深妙(あましんみょう)，亡夫能直の譲りを得て，将軍家の御下文を賜はり，領掌(りょうしょう)せしむるところなり。これに依りて，能直の遺言(ゆいごん)に任せ，数子等をはぐくまん[注6]が爲(ため)，かくのごとく配分するところなり。然らば均分の状に任せ，依違(いい)なく[注7]領掌せしむるところなり。但し，<u>関東御公事(みくうじ)仰せ下さるる時は，嫡男大炊助入道の支配[注8]を守り，所領の多少に随(したが)って，その沙汰を致すべきなり</u>①。仍(よっ)て後日の証文として惣配分の状，件(くだん)のごとし。

延応二年四月六日　　尼深妙（花押）

（注1）大友能直の子で家督相続人の大友親秀。以下の人名は彼の兄弟姉妹の名。

（注2）現神奈川県小田原市。

（注3）公領の単位である郷の支配にかかわる職務とそれにともなう収益権。職(しき)とは所領の領有権を意味する中世独特の概念（地頭職の職も同様）。

（注4）現大分県豊後大野市大野町・朝地町。　（注5）未亡人。

（注6）養育する。　（注7）誤りなく。　（注8）配分。

問1 この史料は，1240年（延応2年）のものであるが，その内容に関する説明文として**誤っているもの**を，次のア～オの中から一つ選び，その記号をマークしなさい。

ア．大友能直は将軍家よりの「御恩」として下文を発給してもらうことで，所領支配の安定化をはかった。

イ．大友能直の死後しばらくの間，妻の深妙は後家として，夫から譲与された所領を一括管理していた。

ウ．1240年に深妙は，彼女の一存で，夫より譲り受けた所領を子息らに譲与した。

エ．息子のみならず，娘たちも深妙から所領の配分を受けた。

オ．この史料に見えるような相続形態を分割相続とよぶ。

問2 1330年の関連史料によると，尼深妙の曽孫に当たる志賀貞泰の代にはすでに，本人一代に限り所領の支配が認められ，死後は惣領に返却することが義務づけられた相続の方法が登場しており，それが女子に対し適用されたことがわかる。このような所領相続の方法は何とよばれているか，漢字3文字で記しなさい。

問3 下線部①に関わる制度について，この制度の説明文として**誤っているもの**を，次のア～オの中から一つ選び，その記号をマークしなさい。

ア．関東御公事とは，将軍御所や鶴岡八幡宮の造営など，将軍・幕府に対する御家人の経済的負担（平時における奉公）を指す。

イ．史料中に見える嫡男大炊助入道は，一族を代表する惣領の地位に就いていた。

ウ．惣領は軍役を奉仕するために，一族に対する軍事統率権を有していた。

エ．幕府の政治・軍事体制はこの制度にもとづいており，幕府は惣領を通じて御家人の一族を掌握した。

オ．関東御公事は惣領を通さず，幕府より直接庶子に賦課された。

問4 鎌倉幕府をめぐる次のⓐ～ⓔの出来事は，大友能直の晩年（1219年）から，この史料が作成された1240年より数年のちに至るまでの時期に発生した出来事である。これらの出来事を古い方から年代順に並べた時，正しいものを，下のア～オの中から一つ選び，その記号をマークしなさい。

ⓐ 宝治合戦が起こる。　　ⓑ 御成敗式目が制定される。

ⓒ　評定衆が組織される。　ⓓ　六波羅探題が設置される。

ⓔ　源実朝が公暁に暗殺される。

ア．ⓐ→ⓒ→ⓑ→ⓓ→ⓔ　イ．ⓔ→ⓓ→ⓒ→ⓑ→ⓐ

ウ．ⓑ→ⓓ→ⓐ→ⓔ→ⓒ　エ．ⓒ→ⓓ→ⓐ→ⓔ→ⓑ

オ．ⓓ→ⓒ→ⓑ→ⓐ→ⓔ

2　中世において，本州の北端から当時蝦夷ヶ島とよばれた北海道にかけての北方地域と，奄美・沖縄をはじめとする南西諸島に属する南方地域は，いずれも日本国と外の世界（「異域」）との境界地域，あるいは「異域」そのものに当たる場所であったが，これらの地域は北方世界や，アジア諸国との交易・文化的な交流にもとづいて繁栄をとげた地域でもあった。

まずは北方に目を向けると，津軽半島の西海岸，日本海と十三湖にはさまれた砂州上に形成された十三湊は，中世を代表する港の一つとして，「廻船式目」という史料にもその名が見える港湾都市であった②。この十三湊の地を拠点にして，「異域」に当たる蝦夷ヶ島のアイヌとの交易により入手した北方世界の産物を畿内にもたらす日本海交易を推進し，莫大な利益を得ていた豪族が［　A　］氏である。［　A　］氏は鎌倉時代以来，蝦夷ヶ島南部の支配にも当たってきたが，同地に割拠した配下の豪族たちは，館とよばれる小規模な城塞に居住し，アイヌを圧迫するようになった③。

一方，南方に目を転じると，中世の日本国の境界は，鹿児島県の薩摩半島・大隅半島の南に連なる竹島・硫黄島・黒島（いずれも鹿児島県三島村）あたりと考えられており，それより南西に点在した島々は「異域」とみなされていたが，このうち，奄美大島以南の島々はしだいに地域的・文化的な一体性を強めていった。

その過程で沖縄本島においては［　B　］とよばれる首長たちの抗争が続き，14世紀には北山・中山・南山の三王国（三山）が成立したが，1429年に中山王の［　C　］は三山を統一し，琉球王国をつくり上げた。琉球王国は明より冊封を受けて朝貢関係をとり結び，明との朝貢貿易で入手した中国製品を用いてアジアの諸地域と貿易を行うことで繁栄した④。

問5　下線部②について，「廻船式目」に見える，「三津七湊」とよばれる港町をはじめ，室町時代には各地に都市（町場）が成立したが，ⓐに掲げた当時の都市に関し，ⓑこの都市が所在する国名，ⓒ都市の性格分類，ⓓ補足説明の組み合わせとして正しいものを，次のア～オの中から一つ選び，その記号をマークしなさい。

ア．ⓐ一乗谷―ⓑ越前国―ⓒ城下町―ⓓ朝倉氏の居館が中心

イ．ⓐ富田林―ⓑ河内国―ⓒ寺内町―ⓓ日蓮宗寺院

ウ．ⓐ坊津―ⓑ筑前国―ⓒ港町―ⓓ日明貿易の拠点

エ．ⓐ宇治・山田―ⓑ信濃国―ⓒ門前町―ⓓ自治組織による運営

オ．ⓐ春日山―ⓑ越後国―ⓒ港町―ⓓ隣接する直江津とともに繁栄

問6 空欄Aに当てはまる豪族の姓を，漢字2文字で記しなさい。

問7 下線部③に関わる説明文として**誤っているもの**を，次のア～オの中から一つ選び，その記号をマークしなさい。

ア．これらの館を道南十二館と総称する。

イ．函館市に所在する志苔館の近くから，甕(かめ)に入った大量の銅銭（中国銭）が出土したが，それはこの地域の経済的な繁栄を物語っている。

ウ．同地に進出した和人（本州系日本人の総称）による圧迫に対し，1557年に大首長のコシャマインが率いるアイヌが蜂起した。

エ．和人の豪族蠣崎(かきざき)氏は，コシャマインの蜂起を鎮圧して勢力を強め，しだいに蝦夷ヶ島の和人勢力の支配者となっていった。

オ．江戸時代になると，蠣崎氏は松前氏と名のる大名となった。

問8 空欄Bに当てはまる適切な語を，漢字2文字で記しなさい。

問9 空欄Cに当てはまる人物の名を，漢字3文字で記しなさい。

問10 下線部④に関わる説明文として**誤っているもの**を，次のア～オの中から一つ選び，その記号をマークしなさい。

ア．このような貿易の形態は一般に中継貿易とよばれている。

イ．那覇はこの貿易の拠点となる国際港として発展した。

ウ．琉球は室町幕府の将軍に国書を送り，日本とも国交を結んで貿易を行った。

エ．貿易を目的とする琉球船の行動範囲は，遠くインド（ヴィジャヤナガル王国）のカリカットにまで及んだ。

オ．琉球がこの貿易で繁栄した背景には，明の海禁政策で中国人商人の海外での活動が抑えられる中，かなり多くの回数に及ぶ朝貢貿易により，たくさんの中国製品を入手できたという事情があった。

Ⅲ　次の1の文章と2の史料を読み，それぞれの設問に答えなさい。解答は，漢字を用いるべきところは正確な漢字で記述解答用紙の所定の解答欄に記入しなさい。選択問題についてはマーク解答用紙の記号をマークしなさい。なお，史料は読みやすさを考えて一部改変した部分がある。(20 点)

1　江戸城の本丸御殿には，幕府の政治①に関わる公的空間としての表，将軍の日常生活や執務の場である奥，そして将軍とその正室・側室・家族らが生活する大奥があった。大奥には，将軍らに仕える女中たちも居住し，さながら女性の世界②であった。

大奥が表の政治に介入することは禁止されていたものの，実際には影響を及ぼすことがあった。一例をあげると，田沼時代③の大奥御年寄（有力女中）高岳は，仙台藩主の官位昇進運動の工作に関与したり，幕府中枢の人事に関与したりした。また，松平定信はこのような大奥の政治への介入を嫌って，大奥に対する規制を強めた④ことで大奥の反感を買っている。

また，大奥の女中は武家の子女が多くを占める中で，江戸近郊農村⑤から奉公に出た者もいた。武蔵国橘樹郡生麦村（現横浜市）の名主の娘関口千恵は 1797 年に生まれ，12 歳で大名屋敷に奉公に上がり，結婚・離婚を経て 32 歳から江戸城大奥で女中お美代の方の部屋子として 11 年間勤務した。この期間は徳川家斉⑥の晩年と重なっている。その後，43 歳で職を退いて生家に戻った後も，毎年のように江戸城との間を往復した。関口家で代々書き継がれた『関口日記』に，以上のような千恵の生涯が書き留められている。

問1　下線部①に関連して，武家諸法度に違反し無断で居城の広島城を修復したとして幕府から改易された人物の姓名を記しなさい。

問2　下線部②に関連して，江戸時代の女性に関する次のａ～ｃの文章の空欄に入る語の組み合わせとして正しいものを，下のア～オの中から一つ選び，その記号をマークしなさい。

ａ．徳川秀忠の娘和子が，［　A　］天皇のもとに入内した。

ｂ．近世前期に女歌舞伎がさかんになると，幕府はこれを［　B　］した。

ｃ．社会不安が増大する中，中山みきが［　C　］を創始して人びとの心をとらえた。

ア．空欄Ａ＝後陽成　空欄Ｂ＝禁止　空欄Ｃ＝天理教

イ．空欄Ａ＝後陽成　空欄Ｂ＝奨励　空欄Ｃ＝黒住教

ウ．空欄Ａ＝後水尾　空欄Ｂ＝禁止　空欄Ｃ＝天理教

エ．空欄Ａ＝後水尾　空欄Ｂ＝奨励　空欄Ｃ＝黒住教

オ．空欄Ａ＝後陽成　空欄Ｂ＝禁止　空欄Ｃ＝黒住教

問３　下線部③に関連して，田沼時代の文化に関する記述として正しいものを，次のア～オの中から一つ選び，その記号をマークしなさい。

ア．大田南畝（蜀山人）が狂歌の作者として活躍した。

イ．大坂町人の出資により，町人の教育を担う懐徳堂が設立された。

ウ．式亭三馬が『浮世風呂』で，湯屋に通う庶民の姿を軽妙に描いた。

エ．伊能忠敬が地図作成のため全国の沿岸を測量して歩いた。

オ．荷田春満が『古事記』や『日本書紀』を研究し，国学を発展させた。

問４　下線部④に関連して，松平定信が進めた政治に関する記述として**誤っているもの**を，次のア～オの中から一つ選び，その記号をマークしなさい。

ア．出版統制令を出して政治批判をおさえ，風俗の取締りもおこなった。

イ．江戸・大坂周辺の大名・旗本の領知をとりあげて，幕府の直轄地にしようとした。

ウ．江戸の石川島に無宿人の収容施設を設け，収容者に職業技術を身につけさせた。

エ．漂流民をともない根室に来航したロシア使節ラクスマンに，長崎に入港する許可書を与えた。

オ．湯島聖堂の学問所で朱子学以外の学問を教えることを禁じた。

問５　下線部⑤に関連して，武蔵国川崎宿の名主の出身で，徳川吉宗に登用されて民政にあたった人物の姓名を記しなさい。

問６　下線部⑥に関連して，徳川家斉の存命中に起きた出来事について述べた次の文ａ～ｃについて，古いものから年代順に正しく配列したものを，下のア～オの中から一つ選び，その記号をマークしなさい。

ａ．幕府は，幕府の政策を批判する者たちを蛮社の獄で処罰した。

ｂ．レザノフが長崎に来航して，通商を要求した。

ｃ．幕府が異国船打払令を出して，海辺に近づく外国船を打ち払うよう命じた。

ア．a→b→c　　イ．a→c→b　　ウ．b→a→c

エ．b→c→a　　オ．c→a→b

2　**史料**

一，異国え奉書⑦船の外（ほか），舟遣すの儀，堅く停止の事。

一，奉書船の外，日本人異国え遣し申す間敷（まじく）候。若（もし）忍び候て乗まいり候者これあるに於ては，其者は死罪，其船并に船主ともに留置，言上仕るべき事。

一，⑧異国え渡り住宅仕りこれある日本人来り候は，死罪に申し付くべく候。

（後略）

問7　下線部⑦の「奉書」を出した者の幕府における役職名を記しなさい。

問8　下線部⑧に関連して，東南アジアに移住した日本人の中には日本町を作ったり，現地の王朝に登用されたりする者もいた。そのうちシャムの王朝（アユタヤ朝）に登用された人物の姓名を記しなさい。

問9　この法令が出された時の将軍の在任中の出来事に関する記述として正しいものを，次のア～オの中から一つ選び，その記号をマークしなさい。

ア．大坂夏の陣で大坂城が落城し，豊臣氏が滅亡した。

イ．輸入生糸の価格を統制するため，糸割符制度が設けられた。

ウ．明暦の大火によって江戸で大きな被害が発生した。

エ．島津氏の軍勢によって琉球王国が征服され，その支配下に入れられた。

オ．厳しい年貢取立とキリスト教弾圧に反抗する島原の乱（島原・天草一揆）が発生し，鎮圧された。

問10　**史料**に関連して，次の**年表**の空欄に入る語の組み合わせとして正しいものを，下のア～オの中から一つ選び，その記号をマークしなさい。

年表

1616年	[D] 船をのぞく外国船の入港を平戸・長崎に制限
1624年	[E] 船の来航を禁止
1633年	**史料**の法令が出される
1635年	日本人の海外渡航および帰国を全面禁止
1639年	[F] 船の来航を禁止
1641年	オランダ商館を出島に移転

ア．空欄D＝中国　空欄E＝ポルトガル　空欄F＝スペイン

イ．空欄D＝中国　空欄E＝スペイン　空欄F＝ポルトガル

ウ．空欄D＝中国　空欄E＝ポルトガル　空欄F＝イギリス

エ．空欄D＝イギリス　空欄E＝ポルトガル　空欄F＝スペイン

オ．空欄D＝イギリス　空欄E＝スペイン　空欄F＝ポルトガル

Ⅳ　次の1と2の文章と3の史料を読み，それぞれの設問に答えなさい。解答は，漢字を用いるべきところは正確な漢字で記述解答用紙の所定の解答欄に記入しなさい。選択問題についてはマーク解答用紙の記号をマークしなさい。(20 点)

1　江戸時代以来，琉球王国は，薩摩藩①の支配を受けながらも中国（明のちに清）を宗主国とする両属の状態にあった。明治政府は，琉球王国を日本領とすべく1872年に琉球藩を置き，琉球国王を琉球藩王とした。しかし，清国は宗主権を主張し，この措置を認めなかった。

1871 年，台湾②で琉球漂流民が現地住民に殺害される事件が発生した。この事件について，清国は現地住民の行為に責任を負わない姿勢を示した。これに対して，日本は国内の強硬論に押される形で1874年に台湾出兵を行った。日清間には緊張が走ったが，イギリスの調停もあって清国は日本の出兵を正当な行動と認めて事実上の賠償金を支払った。

琉球の帰属問題には決着がつかないまま，日本は1879年に武力を背景として琉球藩を廃止し，沖縄県を設置した。これによって琉球は，日本の領土に組み込まれることになったが，沖縄県では旧慣温存策がとられ，本土とは異なる制度がしかれることになった。③しかし，清国は琉球処分を認めず，沖縄県の帰属問題が解決するのは日清戦争④後のことであった。

問1　下線部①に関する記述として**誤っているもの**を，次のア～オの中から一つ選び，その記号をマークしなさい。

ア．江戸時代後期の薩摩藩主島津斉彬は，反射炉や造船所を建設した。

イ．生麦事件が原因となり，1863 年に薩英戦争が勃発した。

ウ．過激な尊王攘夷論を主張していた薩摩藩は，八月十八日の政変により長

州藩や急進派の公家とともに京都から追放された。

エ．薩摩藩の出身者は，長州藩・土佐藩・肥前藩出身者とともに明治政府の実権を握った。

オ．1877年，薩摩藩出身の士族を中心とした大規模な士族反乱が発生した。

問2 下線部②に関する記述として**誤っているもの**を，次のア～オの中から一つ選び，その記号をマークしなさい。

ア．1895年に結ばれた下関条約により，台湾は清国から日本に割譲された。

イ．日本の台湾領有に対して，現地住民の武力による抵抗が発生した。

ウ．台湾統治のために置かれた台湾総督府は，軍事指揮権のほか行政権も有したが，立法権はもたなかった。

エ．海軍軍令部長樺山資紀が，初代台湾総督に任命された。

オ．植民地経営のため，台湾の中央発券銀行として台湾銀行が設置された。

問3 下線部③に関する記述として正しいものを，次のア～オの中から一つ選び，その記号をマークしなさい。

ア．土地制度や地方制度は，旧来の制度が温存されたが，租税制度はすみやかに本土と同様の制度に改められた。

イ．琉球処分直後は旧来の制度が温存されたが，明治政府は1880年代前半に方針を転換して本土と一致させた。

ウ．琉球王国のすべての旧支配階層は，沖縄県設置直後から本土と同じ制度を施行するように明治政府へ求めた。

エ．沖縄県での諸制度の実施は本土と比較して大きく遅れ，1912年の衆議院議員総選挙において初めて沖縄県に選挙区が設定された。

オ．謝花昇らは，旧慣温存策を支持する運動を展開した。

問4 下線部④に関して，日清戦争のきっかけとなった朝鮮南部で発生した農民蜂起の名称を記しなさい。

2 明治初期における活版印刷技術の発達によって出版活動がさかんになり，日刊新聞や雑誌がつぎつぎと創刊された。1870年には，最初の日刊新聞として『横浜毎日新聞』が創刊され，『郵便報知新聞』や『朝野新聞』などがこれに続いた。福沢諭吉・加藤弘之・西周らが結成した団体は，機関誌『 A 』を通じて功利主義・自由主義思想などを紹介した。

⑤1880年代以降，出版活動は一層さかんになった。新聞は，1880年代から90年代にかけて自由民権運動や条約改正問題をめぐる世論の高まりなどを背景としてめざましく発達し，日清戦争では発行部数を大きく伸ばした。雑誌は，1880年代後半には『日本人』など，明治後期には『太陽』などが創刊された。

⑥日露戦争後から1920年代にかけて，メディアはさらに発達し，新聞・雑誌の発行部数は飛躍的に伸びた。また，1925年にラジオ放送が東京・大阪・名古屋で開始され，映画（活動写真）も普及した。

問5　空欄Aに入る機関誌の名称を記しなさい。

問6　下線部⑤に関する記述として正しいものを，次のア～オの中から一つ選び，その記号をマークしなさい。

ア．政治評論を中心とした大新聞に対し，経済中心の新聞を小新聞といった。

イ．判の大きさが大きい新聞を大新聞，小さい新聞を小新聞といった。

ウ．徳富蘇峰は，民友社を設立して雑誌『国民之友』を発行し，政府による欧化主義政策を平民的欧化主義と評価して支持した。

エ．陸羯南は，新聞『日本』を創刊して，日本固有の伝統や思想にこだわらない近代化の推進を主張した。

オ．矢野龍溪の『経国美談』のほか，政治思想を宣伝・啓蒙するための政治小説が刊行された。

問7　下線部⑥に関する記述として**誤っているもの**を，次のア～オの中から一つ選び，その記号をマークしなさい。

ア．メディアが急速に発達した理由の一つとして，就学率の向上による識字率の上昇があげられる。

イ．メディアが急速に発達する中で，文化の大衆化が進んだ。

ウ．１冊１円で購入できる円本が出版されるようになった。

エ．『サンデー毎日』『週刊朝日』などの週刊誌が創刊された。

オ．一般投資家向け雑誌『キング』が発行部数100万部を超えた。

3　次の史料は，1890年に開かれた第１回帝国議会における首相演説の一部である。

又是ト同時ニ国家ノ独立ヲ維持シ，国勢ノ伸張ヲ図ルコトガ最(もっとも)緊要ノコト、存ジマス，此ノ事タルヤ諸君及我々ノ共同事務ノ目的デアツテ，独(ひとり)政府ノナスベキコトデ御座(ござ)リマスマイ，将来政事上ノ局面ニ於テ何等ノ変化ヲ現出スルモ，決シテ変化スルコトハ御座リマスマイト存ジマス，大凡帝国臣民タル者ハ協心同力シテ，此ノ一直線ノ方向ヲ取ツテ，此ノ共同ノ目的ニ達スルコトヲ誤ラズ，進マナケレバナラヌト思ヒマス，蓋(けだし)国家独立自営ノ道ニ二途アリ，第一ニ主権線ヲ守護スルコト，第二ニハ利益線ヲ保護スルコトデアル，其ノ主権線トハ国ノ疆(きょう)域(いき)ヲ謂ヒ，利益線トハ其ノ主権線ノ安危ニ，密着ノ関係アル区域ヲ申シタルノデアル，凡国トシテ主権線，及利益線ヲ保タヌ国ハ御座リマセヌ

（帝国議会衆議院議事速記録）

問8　この演説を行った首相の姓名を記しなさい。

問9　第一議会の動向を踏まえて，この演説に関する説明として適切だと判断できるものを，次のア～オの中から一つ選び，その記号をマークしなさい。

ア．国家の独立・自立を維持することは，政府の国民に対する責任である，と首相としての覚悟を表明した。

イ．国民は，国家を守るために率先して戦争に協力しなければならないと徴兵の義務を説いた。

ウ．首相は，軍備拡張を含む予算を成立させるため，国家の独立・自立には主権線・利益線の防衛が必要であることを述べた。

エ．主権線とは，日本の国土および朝鮮半島のことを指している。

オ．利益線とは，国家の安全・独立を保障する勢力範囲として樺太を指している。

問10　初期議会に関する記述として**誤っているもの**を，次のア～オの中から一つ選び，その記号をマークしなさい。

ア．政府は，政党の意向に左右されず政治を行う超然主義の立場をとった。

イ．第一議会において，政府は予算案をめぐって民党に攻撃されたが，立憲自由党の一部を切り崩し，予算を成立させた。

ウ．1892年に行われた第2回総選挙に際して，内務大臣を中心に激しい選挙干渉を行ったが，民党の優勢をくつがえすことはできなかった。

エ．第四議会において，政府は海軍の予算をめぐって民党と衝突したが，天

皇の詔書の力もあって予算を成立させた。

オ．第四議会閉会後，自由党は国民協会とともに政府の条約改正交渉が軟弱であると攻撃した。

V　次の1の史料と2の文章を読み，それぞれの設問に答えなさい。解答は，漢字を用いるべきところは正確な漢字で記述解答用紙の所定の解答欄に記入しなさい。選択問題についてはマーク解答用紙の記号をマークしなさい。なお，史料は読みやすさを考えて一部改変した部分がある。(20 点)

1　次の史料は，1936 年に起こった二・二六事件に際して，その首謀者らが作成した蹶起(けっき)趣意書の一部である。

然るに頃来(けいらい)(注1)，遂に不逞(ふてい)凶悪の徒，簇出(そうしゅつ)(注2)して私心我慾(よく)を恣(ほしいまま)にし，(中略) 随つて外侮外患，日を逐(お)うて激化す。所謂(いわゆる)元老，重臣，軍閥，財閥①，官僚，政党②等はこの国体破壊の元兇(げんきょう)なり。

倫敦(ロンドン)軍縮条約，並に教育総監更迭に於ける統帥権干犯，至尊兵馬大権の僭窃(せんせつ)(注3)を図りたる三月事件，或は学匪(がくひ)，共匪(きょうひ)，大逆教団(注4)等の利害相結んで陰謀至らざるなき等は最も著しき事例にして，(中略) 中岡，佐郷屋(さごうや)(注5)，血盟団の先駆捨身，五・一五事件③の憤騰，相沢中佐の閃発(せんぱつ)(注6)となる，寔(まこと)に故なきに非ず。(中略) 内外真に重大危急，今にして国体破壊の不義不臣を誅戮(ちゅうりく)(注7)し，稜威(りょうい)(注8)を遮り御維新を阻止し来れる奸賊(かんぞく)を芟除(さんじょ)(注9)するに非ずして，宏謨(こうぼ)を一空せん(注10)。

(注1) ちかごろ。　(注2) むらがり出ること。

(注3) 臣下が主君に属するものを押領すること。

(注4) 自由主義学者，共産主義者，不敬罪で検挙された大本教団。

(注5) 原敬を暗殺した中岡艮一(こんいち)，浜口雄幸を狙撃した佐郷屋留雄(とめお)。

(注6) 1935 年の永田鉄山暗殺事件。　(注7) 罪ある者を殺すこと。

(注8) 天皇の威光。　(注9) 除き去ること。

(注10) 国家の大計が一挙に無に帰すること。

問1　この史料に関連して，二・二六事件に関係する人物の説明として**誤っているもの**を，次のア～オの中から一つ選び，その記号をマークしなさい。

ア．東条英機は陸軍内部において革新官僚や財閥と結んで総力戦体制の樹立を目指す皇道派に属した。

イ．岡田啓介は二・二六事件当時の内閣総理大臣であり，在職中に起こった天皇機関説問題に対して国体明徴声明を出した。

ウ．斎藤実は二・二六事件当時は内大臣の地位にあり，この事件で渡辺錠太郎教育総監らとともに殺害された。

エ．北一輝は『日本改造法案大綱』などの著作があり，二・二六事件の首謀者らは北の思想的影響を受けていた。

オ．広田弘毅は岡田啓介の後を受けて組閣したが，軍部の意向を無視できず，軍部大臣現役武官制を復活させた。

問2　下線部①について，戦前以来の財閥は，戦後，ＧＨＱ（連合国軍最高司令官総司令部）の指令により解体されたが，その一環として1947年に公布された，巨大独占企業を分割するための法律の名称を記しなさい。

問3　下線部②について，戦前の政党に関する説明として**誤っているもの**を，次のア～オの中から一つ選び，その記号をマークしなさい。

ア．立憲帝政党は1882年に結成された政府系政党だが，翌年解党した。

イ．進歩党の大隈重信は第2次松方正義内閣の外務大臣に就任した。

ウ．犬養毅を代表とする革新倶楽部は第二次護憲運動を推進した。

エ．立憲民政党は憲政会と政友本党の合同により結成された。

オ．1928年の衆議院議員総選挙では無産政党からの当選者は出なかった。

問4　下線部③の五・一五事件により，大正末期より続いた政党内閣は8年で終止符を打つこととなったが，この8年間の政党内閣継続の始まりとなった内閣の総理大臣の姓名として正しいものを，次のア～オの中から一つ選び，その記号をマークしなさい。

ア．原敬　　イ．高橋是清　　ウ．若槻礼次郎　　エ．加藤高明

オ．清浦奎吾

2　1993年6月，衆議院に提出された［　A　］内閣の不信任決議案が可決され，翌7月に行われた衆議院議員総選挙で，当時与党であった自由民主党（以下，自民

党）は大敗を喫した。その結果，日本新党代表の細川護熙を首班とする8党派連立政権が発足，自民党は野党にくだり，55年体制はここに崩壊した。④

そもそも「55年体制」とは，議席数の約3分の2を占めて政権を担当する自民党と，約3分の1を有する日本社会党（以下，社会党）が国会を形成する状態が1955年に成立したことに由来する。この年，日本民主党と自由党が合同して自民党が結成され，その翌年には［　B　］が初代総裁に就任した。一方，社会党はそれまで左右両派に分裂していたものが，日本国憲法⑤の改正阻止などを目指して再び統一した。55年体制は，親米保守の自民党と革新勢力の社会党という保革対立の構図としてとらえられる戦後日本の政治体制であった。

⑥55年体制の成立から崩壊までの38年間，日本は国際社会の一員として世界各国との関係を深め，一方国内では経済大国⑦への道を歩んだ。その反面で，環境破壊や公害などの様々な社会問題が発生したのである。

問5　空欄Aに入る人物の姓名を記しなさい。

問6　下線部④について，55年体制崩壊後の政治に関する次のａ～ｃの記述に対する指摘として正しいものを，下のア～オの中から一つ選び，その記号をマークしなさい。

ａ．細川護熙内閣は小選挙区比例代表並立制の導入という選挙制度改革を行った。

ｂ．橋本龍太郎内閣の成立時点から，自民党は再び政権に復帰した。

ｃ．小渕恵三内閣は新たな大型間接税として消費税を実施した。

ア．ａは正しい，ｂ・ｃは誤り。　イ．ａ・ｂは正しい，ｃは誤り。
ウ．ｂは正しい，ａ・ｃは誤り。　エ．ｃは正しい，ａ・ｂは誤り。
オ．ｂ・ｃは正しい，ａは誤り。

問7　空欄Bに入る人物の姓名を記しなさい。

問8　下線部⑤に関する説明として正しいものを，次のア～オの中から一つ選び，その記号をマークしなさい。

ア．1945年10月，ＧＨＱは東久邇宮稔彦内閣に対して憲法改正を指示した。

イ．ＧＨＱは政府が設置した憲法問題調査委員会による憲法改正要綱をふまえて改正草案を作成した。

ウ．民間においても新憲法の検討が行われ，高野岩三郎らによる憲法研究会は「日本国憲按」をまとめた。

エ．日本国憲法の制定は大日本帝国憲法を改正する形式をとり，改正案は衆議院と参議院で修正可決された。

オ．日本国憲法の規定に基づき制定された地方自治法では，都道府県知事などの首長が公選制となった。

問9　下線部⑥について，55年体制下の内閣とその政策やスローガンの組み合わせとして正しいものを，次のア～オの中から一つ選び，その記号をマークしなさい。

ア．岸信介内閣―日ソ共同宣言調印

イ．池田勇人内閣―「寛容と忍耐」

ウ．佐藤栄作内閣―日中共同声明調印

エ．田中角栄内閣―日韓基本条約締結

オ．竹下登内閣―「戦後政治の総決算」

問10　下線部⑦について，戦後の日本経済に関する説明として**誤っているもの**を，次のア～オの中から一つ選び，その記号をマークしなさい。

ア．「神武景気」とよばれる好景気のなか，1956年の『経済白書』には「もはや戦後ではない」と記された。

イ．1973年の石油危機などにともなう「狂乱物価」は，国民生活に多大な影響を与えた。

ウ．1980年代，日本はアメリカへの輸出を増やし貿易黒字が続いたため，日米間での貿易摩擦が激化した。

エ．1985年のプラザ合意は円安の急速な進行を招き，輸出産業を中心に不況が深刻化した。

オ．1980年代後半の「バブル経済」は90年代に入ると崩壊し，平成不況とよばれる景気の後退期が続いた。

世界史

（60分）

I 次の文章を読み，下線部(1)～(15)について下記の【設問】に答えなさい。解答は，記述解答用紙の所定の欄に正しく記入しなさい。(30点)

ヨーロッパ世界では，14世紀のペスト（黒死病）(1)以降にも，伝染病の流行が繰り返し発生した。検疫や隔離の制度，防疫のための行政組織の編成などの公衆衛生政策の基礎が次第に確立したが，1665年のロンドンのペスト大流行(2)では多数の死者が発生し，イギリス社会に大きな影響を与えた。ヨーロッパでペストの大規模な感染が見られなくなるのは，18世紀のことである。同世紀後半には天然痘(てんねんとう)の伝播が拡大した。天然痘対策として開発された種痘(しゅとう)法は，免疫を生むウィルスを接種する予防措置であり，その登場によって天然痘は下火になった。しかし，19世紀には工業化(3)と都市化の過渡期にあったヨーロッパで，労働者層や貧民が居住する地域を中心に，もともとはインド(4)の風土病であったコレラの大流行が起きた。

コレラの「パンデミック」（世界的な大流行）が発生した要因は多様である。ヨーロッパ諸国における産業革命の進展，商工業都市における人口増大(5)，貿易取引の拡大，鉄道と蒸気船の到来やスエズ運河(6)の開通による世界の一体化(7)，国際的な移民(8)の増加があげられる。交通・輸送網の発達によって人やモノの移動が増すことで，感染症の伝播が加速したのである。ヨーロッパ列強によるアジア・アフリカ諸地域への進出や軍事行動も，コレラの蔓延(まんえん)の引き金になったと考えられている。

とくに世界的な領土支配と自由貿易(9)を展開したイギリス帝国(10)の動向は，感染拡大に強い影響をおよぼした。ヨーロッパに到達したコレラは，公衆衛生，住宅事情，栄養状態が良好ではなかった大都市のスラムを中心に蔓延し，労働者層や貧民の生活を直撃した。公衆衛生や生活環境の改善が急務となり，最新の土木技術を用いた道路・街区の整備，上下水道の改良が進められた。フランス第二帝政期(11)にパリで行われた大規模な都市改造は，代表的な事例である。19世紀末の細菌学や予防科学の発展は，コレラの流行拡大を防止するうえで前進であった。1883年にドイツの細菌学者(12)によってコレラ菌が発見されたことは，この伝染病の蔓延の抑制に重要な効果をもたらしている。

20 世紀に入ると，第一次世界大戦の末期(13)には，「スペイン・インフルエンザ」の世界的な感染爆発が発生した。感染拡大の第一波ではアメリカ合衆国が流行の中心地となったが，1917 年に合衆国が協商国（連合国）側で参戦(14)したことで，大量の兵士たちが動員され，ヨーロッパの戦地へ渡った。この兵士たちの移動が各地で病気の流行を拡大させる一因となったといわれる。多くの兵士を輸送する船や衛生状態の劣悪な戦場は，感染拡大の温床であった。「スペイン・インフルエンザ」はヨーロッパのみならず世界中で猛威を振るい，死者数は数千万人にのぼった。第一次世界大戦はパリ講和会議やヴェルサイユ条約などの一連の条約によって終結し，ヴェルサイユ体制(15)と呼ばれる国際秩序が形成された。「スペイン・インフルエンザ」の感染爆発も次第に収束にむかった。

【設　問】

(1)　14 世紀半ばにはペスト（黒死病）が，モンゴル帝国が形成したユーラシア規模のネットワークにのって，ヨーロッパ世界だけではなく，エジプトやシリアを支配するマムルーク朝にも到達した。マムルーク朝では土地の徴税権を軍人に与える制度が施行されていた。この制度を何というか。

(2)　18 世紀前半に出版されたイギリス小説『ロビンソン=クルーソー』の著者は，1665 年にロンドンを襲ったペストの被害を題材にした作品を残している。この著者は誰か。

(3)　19 世紀にはヨーロッパ大陸諸国で工業化が進んだ。七月革命の影響を受けて独立し立憲王国となったベルギーは，豊富な資源を背景に産業革命を達成した。1830 年代初頭にベルギーはどの国から独立を果たしたか。

(4)　1877 年にはヴィクトリア女王がインド皇帝に即位し，インド帝国が成立した。イギリスはインド内部の宗教の相違・利害の対立を利用して，植民地側の団結を防ごうとする政策をとった。この政策を何というか。〔解答欄：　　　　政策〕

(5)　産業革命期のイギリスでは商工業都市を中心に急速な人口増加が生じた。その動向を詳しく研究し，人口の増大と食糧生産・貧困の関係を論じる『人口論』をあらわした人物は誰か。

(6)　1870 年代にイギリスはスエズ運河会社株の買収を通して運河の経営権をにぎ

ると，エジプトへの介入を強めた。外国による内政干渉や経済的支配に反抗して，1880年代初頭のエジプトでは国民的な抵抗運動が起こった。この運動を指導した軍人は誰か。

(7)　世界の一体化の進展は，さまざまな領域の国際的組織の形成や国境を越えた人々の連帯を促した。1889年にはパリで各国の社会主義政党と労働組合の連帯組織が結成された。この組織を何というか。

(8)　19世紀中葉以降，アメリカ合衆国に大量の移民が流入し，急速な経済成長や西部開拓を支える労働力となったが，その反動で移民労働者を排斥する動きが強まった。1882年にアメリカ合衆国への流入が禁止された移民を，次のア～オの中から一つ選び，記号で答えなさい。

ア　東欧系移民

イ　ユダヤ人移民

ウ　中国人移民

エ　アイルランド人移民

オ　インド人移民

(9)　イギリスの自由貿易について述べた文として**誤っているもの**を，次のア～エの中から一つ選び，記号で答えなさい。

ア　1813年に東インド会社の中国貿易独占権が撤廃された。

イ　コブデンやブライトらが，反穀物法運動を主導した。

ウ　アダム=スミスは重商主義を批判し，自由放任政策の重要性を主張した。

エ　自由貿易の障害となっていた航海法が，1849年に廃止された。

(10)　イギリス帝国はオセアニア諸地域にも進出し，先住民を迫害した。ニュージーランドでは1840年に統治権を獲得し，先住民の抵抗を武力でおさえこんだ。このニュージーランドの先住民は何と呼ばれるか。

(11)　第二帝政以降のフランスは積極的な対外政策を展開し，インドシナではカンボジアやベトナムへの介入によって支配地域を拡大した。ベトナムの宗主権を主張する清朝との戦争の結果，1885年にフランスは清朝と結んだ条約でベトナムに対する保護権を承認された。この条約を何というか。〔解答欄：　　　　条約〕

(12)　このドイツの細菌学者は，結核菌の発見やツベルクリンの製造などの重要な業績をあげている。この人物は誰か。

(13)　第一次世界大戦末期のロシアでは，ボリシェヴィキが武装蜂起によって政権を

獲得し，1918 年にドイツと不利な条件で単独講和にふみきった。この講和条約を何というか。　〔解答欄：　　　　　条約〕

⒁　第一次世界大戦への参戦を決断したウィルソン大統領の提案により，大戦の終結後に国際連盟が設立された。国際連盟の本部が置かれた都市の場所として正しいものを，次の地図中のア～オから一つ選び，記号で答えなさい。

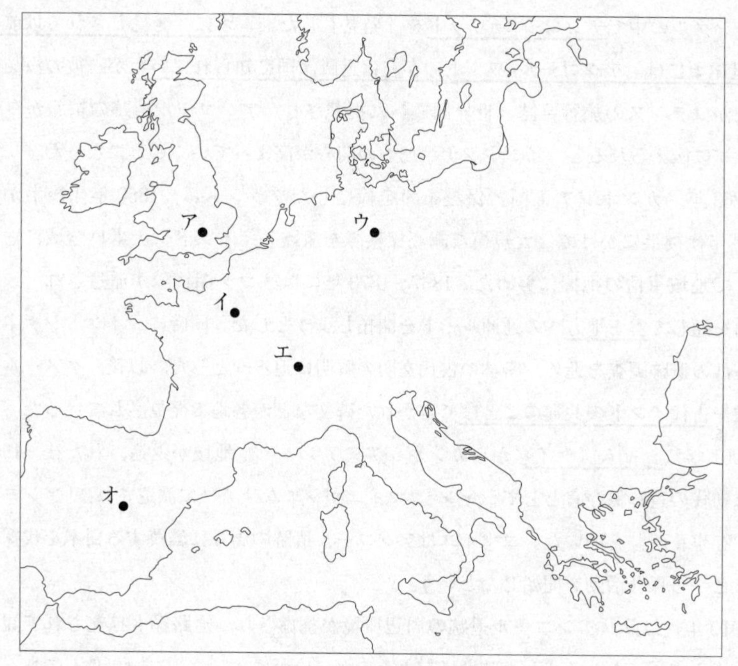

⒂　ヴェルサイユ体制下のドイツでは，フランスによるルール占領をきっかけに経済がさらに停滞し，激しいインフレーションが進んだ。1923 年にシュトレーゼマン内閣が，インフレーションを解消するために発行した通貨を何というか。

Ⅱ　次の文章を読み，下線部(1)〜(10)について下記の【設問】に答えなさい。解答は，記述解答用紙の所定の欄に正しく記入しなさい。(20 点)

19 世紀後半の東南アジア大陸部，特にインドシナ半島はフランスによる植民地化が進められた時期であると同時に，探検の時代(1)でもあった。フランス人博物学者アンリ=ムオは，バンコクを拠点にしてインドシナ半島を 4 回にわたり踏査し，1860 年にジャングルの中でアンコール=ワット(2)を「発見」した。ムオに「発見」される以前の 17 世紀頃には，アンコール=ワットの存在は近隣諸国に知られていた(3)が，彼の没後に日記がフランスの旅行雑誌『世界周遊』に掲載され，アンコール遺跡の情報がヨーロッパに伝えられると，インドシナ半島への関心が高まっていくことになった。

1863 年，カンボジア王国と保護条約を締結したフランスは，1860 年代後半から 1880 年代後半にかけて，大規模な調査探検隊を組織し，インドシナ半島全域に送り出して地域事情の把握に努めた。1867〜1873 年にはメコン探検隊が派遣され，メコン川を通じて雲南地方(4)への通商ルートを開拓しようとした。同時に，インドシナ半島内陸部の遺跡調査を進め，密林の古代文明の解明に迫ろうとした。以後，クメールの彫像や古代インドの共通のことば(5)で書かれた碑文などが各地で発見されていった。

1907 年にシャム（タイ）(6)からカンボジアにアンコール地域が返還された後，1908 年に初代の遺跡保存官としてジャン=コマイユがシエムリアプに派遣され，「アンコール保存事務所」を開いた。コマイユはアンコール遺跡の周りに繁茂する樹木を伐採することから保存活動を開始したという。

1910 年代以降，アンコール遺跡の周辺環境が整備され，道路網も拡充されて観光客が増えていった。そうした時期に起きたのが，いわゆる「マルロー事件」であった。1923 年，若き前衛作家アンドレ=マルロー(7)が，アンコール遺跡群の中のバンテアイ=スレイ寺院壁面の女神像を友人と共に剥ぎ取り，持ち去ろうとして捕まったのである。マルローは遺跡内彫像窃盗罪で起訴され，後に減刑されてフランス本国に帰国した。この時の経験をもとに執筆されたのが，アンコール遺跡を題材にした冒険小説(8)『王道』であった。

アンコール遺跡の調査研究や保存修復活動は，フランス領インドシナ連邦の学術研究機関である「フランス極東学院」によって担われた。その前身は，1898 年にサイゴンで「碑文・文芸アカデミー」の主導によって創設された「インドシナ考古学協会」で，1901 年にインドシナ総督府によって「フランス極東学院」と改名・再組織され，翌年ハノイに本部を移して本格的な調査研究活動を開始した。フランス極東学院は，南はインドから東は日本までのアジア地域を対象に，考古学，歴史学，碑文学，民族学などの学問研究，遺跡の調査研究や保存修復に携わった。(9) インドシナ戦争(10)後の1957年にハノイから引き上げ，本部をパリに移転するまで，植民地の学術研究機関として学問分野の発展に寄与した。

【設　問】

(1)　19世紀後半は，リヴィングストンやスタンリーらによるアフリカ内陸部の探検が進む一方，中国奥地や中央アジアの学術調査も行われるようになっていた。1893年以降に4回にわたって中央アジアを踏査し，楼蘭の遺跡を発見したスウェーデン人探検家・地理学者は誰か。

(2)　アンコール=ワットは12世紀にヒンドゥー教の寺院として建造された。ヒンドゥー教の神像の写真として正しいものを，次のア～ウの中から一つ選び，記号で答えなさい。

ア

イ

ウ

ユニフォトプレス提供
著作権の都合上，類似の写真と差し替えています。

(3)　17世紀にアンコール=ワットを訪れた日本人参詣者が描いたらしい「最初のアンコール=ワット図面」とされる絵図が水戸市に残されており，この図面ではアンコール=ワットはインドの仏教発祥の地「祇園精舎」として表されている。前

6世紀頃の北インドに城壁で囲まれた都市国家として栄え，仏教が誕生したとされるこの国を何というか。〔解答欄：　　　国〕

※設問(3)については，全員正解とする措置が取られたことが大学から公表されている。

(4)　10～13世紀に雲南地方を中心に存在し，フビライ（クビライ）の率いるモンゴル軍に滅ぼされた国を何というか。

(5)　グプタ朝で公用語化され，学術・宗教・文芸のための共通語として広く使用されていたことばは何か。カタカナで答えなさい。〔解答欄：　　　語〕

(6)　当時のシャム（タイ）ではチュラロンコン王（ラーマ5世）が，イギリスとフランスとの勢力均衡策を巧みに利用して植民地化を回避すると同時に，国内の行政・司法組織の改革を進め，外国留学を奨励するなどの近代化を推し進めていた。1782年に成立し，現在まで続くこの王朝を何というか。〔解答欄：　　　朝〕

(7)　マルローは，1936～1939年の人民戦線政府とフランコ将軍を中心とする反乱軍との間で戦われたスペイン内戦に，知識人の一人として人民戦線政府側に加わって戦った。この時，世界各国から共和国軍に参加した外国人部隊のことを何というか。漢字5文字で答えなさい。

(8)　19世紀後半から20世紀にかけて，未知の世界に繰り出す冒険小説が欧米で多数出版された。ポーランド出身の小説家ジョゼフ=コンラッドの代表作『闇の奥』は，ベルギー国王がアフリカに所有した土地を舞台にした一種の冒険小説である。この所有地を何というか。

(9) かつてフランス東インド会社が拠点としたインドのポンディシェリに，フランス極東学院は1955年に研究センターを開設した。ポンディシェリの位置として正しいものを，次の地図中のア～エから一つ選び，記号で答えなさい。

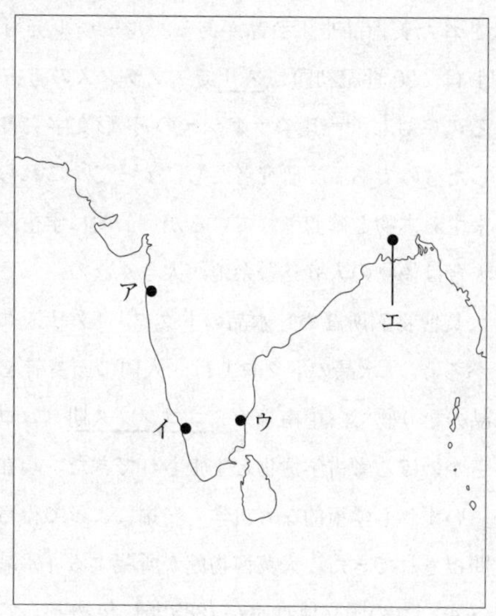

(10) 1954年5月にディエンビエンフーで大敗したフランスが，同年7月にベトナム民主共和国との間に結んだ協定を何というか。　〔解答欄：　　　　協定〕

Ⅲ　次の文章を読み，下線部(1)〜(10)について下記の【設問】に答えなさい。解答は，マーク解答用紙の所定の欄に正しくマークしなさい。(20点)

博物館や美術館の展示品の中には，学術的な考古学の発掘に由来する遺物と，古物商や美術商から購入された美術品や工芸品がある。ルーヴル美術館を例にとると，「ハンムラビ法典碑(1)」は，20世紀初頭にスサ(2)で，フランスの考古学遠征隊によって発掘されたものであるのに対し，一連のラガシュの楔(くさび)形(がた)文字文書は，市場に出回っていた盗掘品を購入したものである。研究者たちによって，これらのラガシュ文書はシュメール時代に由来する本物と確認されているが，公的に学術隊が発掘した品々に比べると，購入品の場合は偽物の入り込む余地が大きくなる。

その一例として，大英博物館所蔵の「水晶のドクロ」（クリスタル・スカル）をあげることができるであろう。「水晶のドクロ」は，人間の頭蓋骨を模した石英，または，透明度の高い水晶の彫り物で，中南米の先コロンブス期(3)（コロンブスのアメリカ到着以前の時代）にさかのぼる考古学遺物と主張されてきた。現在，世界中に十数点あるとされているが，いずれも学術的な考古学の発掘によって得られたものではなく，それらの真正性が疑問視されてきた。大英博物館が所蔵する「水晶のドクロ」もそのような一点である。メキシコ(4)の国立博物館が1885年に偽物として購入を拒否したものを，1897年，大英博物館が，ニューヨークの宝石商から購入したのであった。この物体の真正性をめぐる判定はなかなか確定しなかったが，近年めざましく発展した科学技術がそれを助けた。すなわち，走査型電子顕微鏡を用いる調査研究により，大英博物館の「水晶のドクロ」に，当時の中南米の技術では不可能な，鉄(5)や鋼，および，その他の器具による彫り跡が見つかり，偽物であることが明白になった。

しかし，土の中から発見されたからといって，その出土品が本物であるとは限らない。その一例が，16世紀後半，スペイン(6)のグラナダで出土した「鉛の文書」である。これは，円い形をした鉛板を鉛の紐(ひも)で綴じた文書で，アラビア文字風の文字で記されている。当時，この文書をたちどころに解読したのは，キリスト教に改宗した2名のムスリムであった。彼らは，アラビア語はもちろん，スペイン語やラテン語などにも精通しており，文書に用いられている言語は1〜2千年前のアラビア語であると主張した。しかし，それが，アラビア語のアンダルス方言を改変したものにすぎないことが判明し，17世紀(7)，インノケンティウス11世が偽書と宣言した。文書がイベリア半島におけるイスラーム(8)とキリスト教に関連した内容を持つことから，その解読者でもあった作成者の意図は，双方の信者に受け入れられる共通の教養を作ることだったのではないかと考えられている。

時代は前後するが，ここで，キリスト教世界に非常に大きな影響を与えた「コンスタンティヌスの寄進状」を見てみよう。この文書は，大半が偽書であるにもかかわらず，中世を通して本物の教会法例集と見なされていた『偽イシドルス教令集』に含まれている。ちなみに，イシドルスは，西ゴート王国(9)支配下の6～7世紀に実在したセヴィリアの司教であった。「コンスタンティヌスの寄進状」は，コンスタンティヌス帝が教皇シルウェステルによって洗礼を受けたこと，それに際して，コンスタンティヌス帝が，皇帝に対する教皇の優位を認め(10)，教皇にローマおよびイタリア各地の支配権を譲ることなどを記している。このため，ローマ教皇側の重要な文書であったが，ルネサンス期の人文主義学者ロレンツォ=ヴァッラによって，それが偽書であることが示された。その論拠の一つが，文書に用いられているラテン語が，コンスタンティヌス帝時代の用法にあてはまらないというものであった。しかし，「コンスタンティヌスの寄進状」が広く偽書と受け入れられたのは，18世紀になってからのことである。

【設　問】

(1)　ハンムラビ法典は，ハンムラビ王によって発布された。ハンムラビ王の時代にもっとも近い出来事を，次の①～④の中から一つ選びなさい。

①　アメンホテプ4世（イクナートン）が，アマルナ（テル=エル=アマルナ）に都を定めた。

②　クシュ王国が，テーベに王朝を建てた。

③　クフ王が，ピラミッドを築かせた。

④　エジプト新王国が，ヒクソスを撃退した。

(2)　アケメネス朝ペルシアは，スサに行政の中心をおいて広大な領土を治めた。アケメネス朝ペルシアについて述べた文として正しいものを，次の①～④の中から一つ選びなさい。

①　ダレイオス1世が，フィリッポス2世の息子アレクサンドロスに敗れた。

②　バビロン捕囚を行った。

③　リュディア（リディア）王国を滅ぼした。

④　マラトンの戦いに勝利した。

(3)　アメリカ古代文明について述べた次の文(a)と(b)の正誤の組み合わせとして正しいものを，下の①～④の中から一つ選びなさい。

(a)　マヤ文明では，二十進法が用いられていた。

(b)　インカ帝国では，物資の輸送に馬が用いられていた。

①　(a)－正　(b)－正

②　(a)－正　(b)－誤

③　(a)－誤　(b)－正

④　(a)－誤　(b)－誤

(4)　メキシコについて述べた文として**誤っているもの**を，次の①～④の中から一つ選びなさい。

①　ナポレオン3世が，メキシコに出兵した。

②　ディアス大統領のもとで，土地改革が断行された。

③　サパタは，メキシコ革命の指導者の1人であった。

④　北米自由貿易協定（NAFTA）を結んだ。

(5)　鉄について述べた文として波線部の**誤っているもの**を，次の①～④の中から一つ選びなさい。

①　ヒッタイト人は，はやくから鉄製の技術を有していた。

②　メロエでは，製鉄が行われていた。

③　ヨーロッパ中世において，鉄を用いた重量有輪犂（有輪犂(ゆうりんすき)）が，農業生産高の向上に貢献した。

④　19世紀に，ダービーがコークス製鉄法を発明した。

(6)　16世紀後半にスペインで活躍した画家と，16世紀後半の歴史的出来事の組み合わせとして正しいものを，次の①～④の中から一つ選びなさい。

①　ゴヤ－無敵艦隊（アルマダ）の敗北

②　ゴヤ－トラファルガーの海戦

③　エル=グレコ－無敵艦隊（アルマダ）の敗北

④　エル=グレコ－トラファルガーの海戦

(7)　17世紀のヨーロッパで起こった出来事について述べた次の文(a)～(c)が，年代の古いものから順に正しく配列されているものを，下の①～⑥の中から一つ選びなさい。

(a) トーリ（トーリー）党とホイッグ党の2党派が誕生した。

(b) ナントの王令が廃止された。

(c) ロマノフ朝が成立した。

① (a)→(b)→(c)

② (a)→(c)→(b)

③ (b)→(a)→(c)

④ (b)→(c)→(a)

⑤ (c)→(a)→(b)

⑥ (c)→(b)→(a)

(8) イスラームの拡大・浸透について述べた文として**誤っているもの**を，次の①～④の中から一つ選びなさい。

① イル=ハン国は，ガザン=ハンのもとでイスラーム化した。

② アフリカの東岸部で，イスラーム文化の影響を受けたスワヒリ文化が生まれた。

③ ジャワ島で，イスラーム国家のマタラム王国（新マタラム）が成立した。

④ イスラームの影響を受けたシク教は，カーストによる差別を支持した。

(9)　西ゴート王国を滅ぼした王朝の都の名前と，その位置を示す次の地図中のアまたはイの組み合わせとして正しいものを，下の①～④の中から一つ選びなさい。

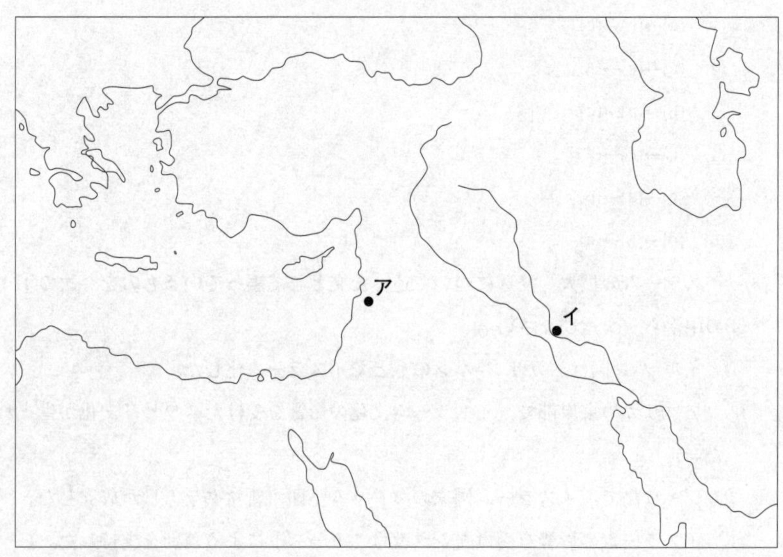

①　ダマスクス－ア

②　クテシフォン－ア

③　ダマスクス－イ

④　クテシフォン－イ

(10)　王と教皇について述べた次の文の空欄 ア と イ に入れる語の組み合わせとして正しいものを，下の①～④の中から一つ選びなさい。

ピピン3世（小ピピン）は， ア と戦って奪った イ 地方を教皇に寄進した。

①　ア－ブルグンド王国　　イ－ラヴェンナ

②　ア－ブルグンド王国　　イ－ガリア

③　ア－ランゴバルド王国　　イ－ラヴェンナ

④　ア－ランゴバルド王国　　イ－ガリア

Ⅳ　次の文章A～Cを読み，下線部(1)～(15)について下記の【設問】に答えなさい。解答は，マーク解答用紙の所定の欄に正しくマークしなさい。(30点)

A　キリスト教文化圏では，人類(1)の歴史を，天地創造から最後の審判に至る一つの大きな物語として捉えてきた。この考え方に基づき，ローマ帝政末期に活躍した正統教義の著述者(2)の1人アウグスティヌスは，歴史を神による人類教育の過程だとした。こうした歴史観は聖書に基づくものであったため，中世のヨーロッパの人々にとっては，聖書に登場する地域の歴史が，とりもなおさず「世界史」であった。

中世後期以降，人間の理性や感性を重視するルネサンス(3)や，カトリック教会の権威をゆるがす宗教改革などをとおして，歴史における人間の役割がしだいに重視されるようになった。さらに，15世紀以降の遠洋航海の拡大は，聖書に現れない諸地域との接触の機会を急増させた。とりわけ，極めて古い時代から詳細に記録されてきた中国の歴史(4)が聖書に書かれた歴史と矛盾することは，聖書に基づいて歴史を語ることに対する疑念を，ヨーロッパ人の間に生じさせた。こうした動きを受けて，18世紀には，人間の理性がもたらす「進歩」を歴史の動因とみなしたり，地球全体を視野に入れた人類史を構想するなど，聖書の枠組みから歴史を解き放つことが試みられるようになった。人類の進歩の軌跡の頂点にフランス革命(5)を位置づけるコンドルセ『人間精神進歩史』は，その代表例である。

【設　問】

(1)　先史時代の人類について述べた文として正しいものを，次の①～④の中から一つ選びなさい。

①　アウストラロピテクスは，磨製石器を用いた狩猟・採集生活を営んだ。

②　ネアンデルタール人は，ラスコーの洞穴絵画を残した。

③　ホモ＝エレクトゥスは，打製石器や火を使用した。

④　クロマニョン人は，約60万年前のアフリカに現れた。

(2)　ローマ帝政末期に活躍した正統教義の著述者について述べた次の文(a)と(b)の正誤の組み合わせとして正しいものを，下の①～④の中から一つ選びなさい。

(a)　こうした著述者たちは，教父と呼ばれた。

(b)　エウセビオスは，『神の国』を著した。

①　(a)－正　　(b)－正

② (a)－正　(b)－誤

③ (a)－誤　(b)－正

④ (a)－誤　(b)－誤

(3) ルネサンス建築の作例として正しいものを，次の①～③の中から一つ選びなさい。

①

②

③

(4) 中国やその近隣地域の歴史について述べた文として正しいものを，次の①～④の中から一つ選びなさい。

① 清の雍正帝は，皇帝直属の軍機処を設けた。

② 北宋の神宗に起用された張居正は，新法を断行した。

③ 匈奴の冒頓単于は，漢の武帝の軍を破った。

④ 元の末期，白蓮教徒が黄巾の乱を起こした。

(5) フランス革命の前後に起こった出来事について述べた次の文(a)～(c)が，年代の古いものから順に正しく配列されているものを，下の①～⑥の中から一つ選びなさい。

(a) 第 3 回ポーランド分割によってポーランド国家が消滅した。

(b) ワシントンがアメリカ合衆国大統領に就任した。

(c) トゥサン=ルヴェルチュールが獄死した。

① (a)→(b)→(c)

② (a)→(c)→(b)

③ (b)→(a)→(c)

④ (b)→(c)→(a)

⑤ (c)→(a)→(b)

⑥ (c)→(b)→(a)

B 市民革命を経ていち早く近代化したイギリス・フランスやアメリカ合衆国では，19 世紀，人類の歴史を「進歩」の量的増大の過程とみなす歴史観が広まった(6)。それに従えば，進歩の最先端にある彼らからみて異質な文化は，進歩の量が少ない，古く劣った段階にとどまっているということになる。この理屈は，アジア・アフリカ(7)・オセアニア(8)といった異文化圏への進出の口実とされた。一方，統一国家の形成が遅れたドイツでは，文化の違いは民族の個性の違いであるという主張が展開された。それを支えたのが，「進歩の量」のような歴史の外側にある基準によって歴史をはかるのではなく，各民族の各時代における状態を，時代背景との関連の中で，ありのままにかつ生き生きと捉えようとする歴史観であった。立場が異なれば，歴史がもつ意味も，また異なるのである。

戦後の日本では，前近代の世界をいくつかの小世界に分け，それぞれの小世界の歴史を内部の諸地域の相互関係の中で捉える理論が提唱された。世界史を構成する小世界の一つとして中国文化を共有する文化圏「東アジア世界」(9)を設定し，日本の歴史をその一部として説明することで，世界史の中に日本史を適切に位置づけ，戦中の独善的な歴史観を克服することが，日本の学者たちの目標であった。が，東アジアの他の地域からは，日本と東アジアの一体性が過度に強調されると，日本による東アジア支配の歴史(10)が肯定されかねないとの異論も出ている。

【設　問】

(6)　19世紀にアメリカ合衆国で起こった出来事について述べた文として正しいものを，次の①～④の中から一つ選びなさい。

①　スペインからルイジアナを購入した。

②　アメリカ労働総同盟（AFL）が結成された。

③　ジャクソン大統領のもとで，ホームステッド法が制定された。

④　奴隷制拡大に賛成する勢力が，共和党を結成した。

(7)　アフリカの歴史について述べた文として**誤っているもの**を，次の①～④の中から一つ選びなさい。

①　マリ王国は，ムラービト朝に征服された。

②　モノモタパ王国は，インド洋交易で栄えた。

③　アクスム王国は，キリスト教を受容した。

④　ベニン王国は，奴隷貿易を経済基盤とした。

(8)　次の地図は，20世紀初頭のオセアニアやその近隣地域における列強の勢力圏を示したものである。勢力圏(a)～(c)と国名の組み合わせとして正しいものを，下の①～⑥の中から一つ選びなさい。

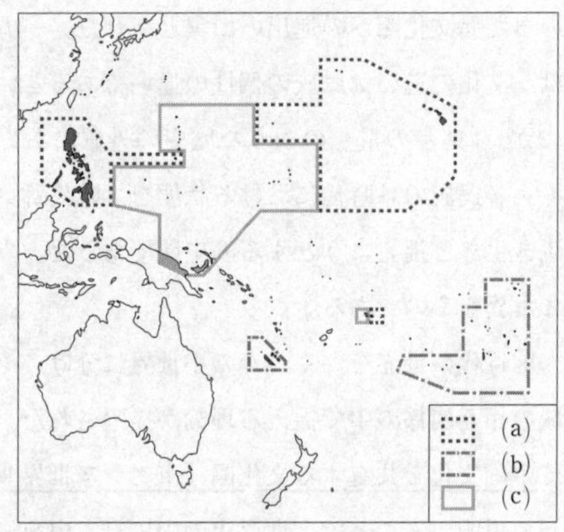

①　(a)－アメリカ合衆国　(b)－フランス　(c)－ドイツ

②　(a)－アメリカ合衆国　(b)－ドイツ　(c)－フランス

③　(a)－フランス　(b)－アメリカ合衆国　(c)－ドイツ

④　(a)－フランス　(b)－ドイツ　(c)－アメリカ合衆国

⑤　(a)－ドイツ　(b)－アメリカ合衆国　(c)－フランス

⑥　(a)－ドイツ　(b)－フランス　(c)－アメリカ合衆国

(9)　東アジアやその近隣地域における中国文化の受容や独自化について述べた文としてもっとも適当なものを，次の①～④の中から一つ選びなさい。

①　高麗では，中国的な官僚制とともに，身分制度として骨品制が行われた。

②　10世紀の日本では，国際性の豊かな天平文化が開花した。

③　ベトナムの黎朝は，儒教を振興し，中国的な官僚制を整えた。

④　吐蕃では，漢字をもとにチベット文字が作られた。

(10)　日本による東アジア支配の歴史について述べた文として**誤っているもの**を，次の①～④の中から一つ選びなさい。

①　朝鮮や台湾で，皇民化政策が推し進められた。

②　溥儀を擁立して，満州国の建国を宣言した。

③　伊藤博文は，初代韓国統監となった。

④　下関条約により，旅順・大連の租借権を獲得した。

C　1996年，アメリカのサミュエル=ハンティントンは『文明の衝突』を発表して，東西冷戦後の世界(11)では異なる価値観をもった文明同士の軋轢（あつれき）が深刻化し，文明の境界線にあたるバルカン半島やカフカース(12)などの地域において「衝突」が激化すると説いた。ハンティントンの見解によれば，現代世界に存在する中華・ヒンドゥー・イスラーム・日本・東方正教会(13)・西欧・ラテンアメリカという7つの主要文明のうち，支配的な立場にある西欧文明と強力な中華文明・イスラーム文明との「衝突」が，もっとも重大なものになるという。2001年9月11日に起こったアメリカ同時多発テロ事件は，国家以外の組織が場所を問わずに「衝突」を引き起こすという現実を，世の人々に突きつけた。

さらに，20世紀末以降急速に進んだ情報や経済のグローバリゼーション(14)は，国家どころか，文明を単位とした情勢の説明をも困難にした。今日より深刻な問題になっているのは，社会のうちにはびこる格差や対立であり，価値観をめぐる「衝突」は，むしろ国内で生じているとも言える。そうした中にあって，立場の違いによる歴史観をめぐる論争も，激しさを増している。そもそもこれまで語られてきた(15)歴史 history はみな「男性の物語」his story だとして，女性の視点から見た歴史の叙述 herstory を目指す動きもある。すべての国民が同じ歴史観を共有し，文明とか国家・民族とかいう枠組みを基本として人類の歴史を物語るような時代は，もはや過ぎ去った。

同じ時代を生きている人々でさえ，同じ世界を見てはいない。それでもすべての人々に等しく価値をもつ「世界史」を構想することは，はたして，可能なのだろうか。

【設　問】

(11)　東西冷戦後の世界で起こった出来事について述べた文として**誤っているもの**を，次の①～④の中から一つ選びなさい。

①　ヨーロッパ連合（EU）が共通通貨ユーロを導入した。

②　湾岸戦争により，イラクのフセイン政権が崩壊した。

③　温室効果ガスの削減目標値を定めた京都議定書が採択された。

④　北朝鮮が核拡散防止条約（NPT）からの離脱を宣言した。

(12)　次の年表に示した**ア**～**エ**の時期のうち，ロシアがカージャール朝からアルメニア（東アルメニア）を獲得した時期として正しいものを，下の①～④の中から一つ選びなさい。

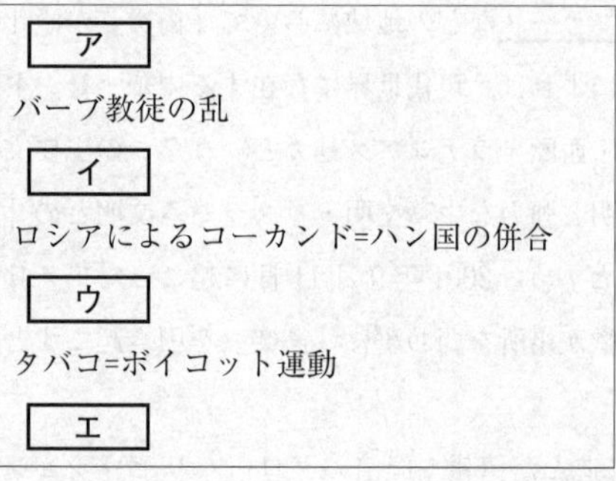

ア
バーブ教徒の乱
イ
ロシアによるコーカンド=ハン国の併合
ウ
タバコ=ボイコット運動
エ

①　**ア**　　②　**イ**　　③　**ウ**　　④　**エ**

(13)　ハンティントンが東方正教会文明に分類した範囲には，ロシア・ウクライナ・ベラルーシなど旧ソ連の多くの国々と，ルーマニア・ブルガリアなどバルカン半島一帯の諸国が含まれる。これらの地域の歴史について述べた文として正しいものを，次の①～④の中から一つ選びなさい。

① オスマン朝はアンカラの戦いに勝利し，バルカン半島に支配を広げた。

② キエフ公国のイヴァン3世は，ツァーリの称号を用いた。

③ ギリシア正教布教のため考案されたアラム文字が，スラブ人の間に広まった。

④ ルーマニアのチャウシェスク大統領が処刑された。

⒁ 次のグラフは，日本・韓国・中国・タイ・インド・アメリカ合衆国の1995年から2014年までの実質経済成長率の推移を示している。このグラフの国(a)と(b)の組み合わせとして正しいものを，下の①～④の中から一つ選びなさい。

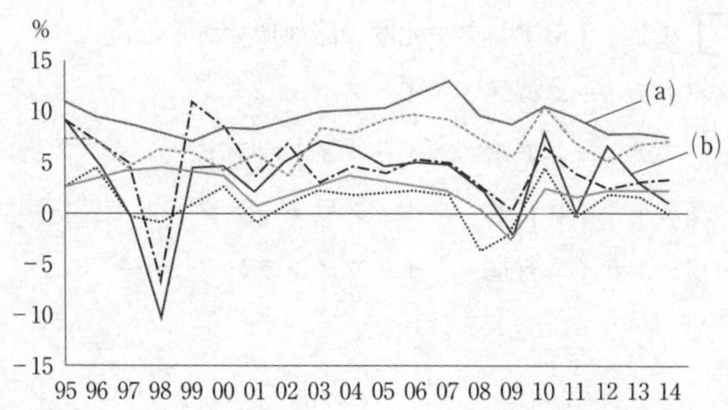

① (a)－韓国　(b)－タイ

② (a)－韓国　(b)－日本

③ (a)－中国　(b)－タイ

④ (a)－中国　(b)－日本

⒂ 近代化の過程の中で，男性たちは身分制度の打破を強く意識したが，男女間の差別には鈍感であり，近代以前よりも差別が強化される局面すらあった。しかも，現代社会にあってさえ，そうした歴史が語られる機会はほとんどない。近代社会における女性の政治参加の歴史について述べた次の文章中の空欄 ア と イ に入れる語の組み合わせとして正しいものを，下の①～④の中から一つ選びなさい。

フランス人権宣言は，すべての人間の自由と平等の実現に向けた偉大な一歩であった。その後まもなく，王家をパリに移送するため行われた ア において，女性たちはその先頭に立った。にもかかわらず，フランス革命は，女性にとって新たな抑圧の始まりとなった。それまで身分のために多くの男にも認められていなかった政治参加の道が，これ以降はもっぱら「女であること」を理由として，女性に対してのみ閉ざされるようになったからである。

こうした状況は，フランスに限ったことではない。フランスと同じく市民革命を経験した「進歩的」なイギリスやアメリカ合衆国でも，工業化の進行によって労働の場と生活の場が分離し，女性を家庭に縛りつける観念が広まったことで，女性の政治参加は阻まれ続けた。実際には多くの女性たちが工場労働に従事していたにもかかわらず，である。女性参政権をいち早く実現させたのは，イギリスの自治領ニュージーランドや，ロシアの支配下にあった［イ］など，オセアニアや北欧の諸地域であった。

① ア－バスティーユ襲撃　　イ－スウェーデン
② ア－バスティーユ襲撃　　イ－フィンランド
③ ア－ヴェルサイユ行進　　イ－スウェーデン
④ ア－ヴェルサイユ行進　　イ－フィンランド

数学

（60 分）

I　座標平面上の点 A は 1 回の試行で，確率 $\frac{p}{2}$ で x 方向へ 1 移動し，確率 $\frac{p}{2}$ で x 方向へ -1 移動し，確率 $\frac{1-p}{2}$ で y 方向へ 1 移動し，確率 $\frac{1-p}{2}$ で y 方向へ -1 移動するものとする。ただし，$0<p<1$ とする。いま，点 A が原点 $(0,0)$ にあるとする。このとき，以下の問に答えよ。(30 点)

(1) 試行を 5 回続けたとき，点 A が点 $(3,2)$ にある確率を求めよ。

(2) 試行を 9 回続けたとき，点 A が点 $(1,4)$ にある確率を求めよ。

(3) 試行を 9 回続けたとき，点 A が点 $(3,4)$ にある確率と点 $(4,3)$ にある確率が等しくなる p の値をすべて求めよ。

II　2 つの関数 $f(x), g(x)$ を $f(x)=\left||x-1|-1\right|$，$g(x)=\left||x^2-1|-1\right|$ とし，$a \geqq 0$ とする。以下の問に答えよ。(35 点)

(1) $y=f(x)$ のグラフをかけ。

(2) $y=ax-\frac{1}{2}$ と $y=f(x)$ のグラフの交点の個数を求めよ。

(3) $y=g(x)$ のグラフをかけ。

(4) $y=ax-\frac{1}{2}$ と $y=g(x)$ のグラフの交点の個数を求めよ。

III 数列 $\{a_n\}$ を

$$a_1 = 1, \quad a_{n+1} = \frac{2a_n + 1}{2a_n + 3} \quad (n = 1, 2, \cdots)$$

によって定義するとき，以下の問に答えよ。(35 点)

(1) 方程式 $x = \dfrac{2x+1}{2x+3}$ の正の解を α とする。このとき α を求めよ。さらにすべての $n = 1, 2, \cdots$ に対して $a_n > \alpha$ を示せ。

(2) 問 (1) で求めた α に対して，$b_n = \dfrac{1}{a_n - \alpha}$ とおく。このとき，数列 $\{b_n\}$ の満たす漸化式を求めよ。

(3) 一般項 a_n を求めよ。

(4) $4^n a_n$ が自然数となる n をすべて求めよ。

B　人は幼い頃どんなに聞き分けがなかったとしても、成長につれて善良な「性」があらわれる。

C　人の「性」の実質は、幼い頃に父母や年長の家族から受ける愛情と教育によって形成される。

D　儒教では人の「性」が善であると考えるのに対し、仏教では人の「性」が悪であると考える。

E　人の「性」を的確に論じるためには、儒教の考え方のみならず、仏教の考え方も必要である。

注　孺子……幼児。　多嗔……怒りがちであること。　多貪……欲深いこと。　捽……つかみかかること。
兄長……兄。　凌……ばかにすること。　義理之性……天が人々に与える本来の「性」。
気質之性……後天的に形成される実際の「性」。　二性……別のふたつの「性」。　夫子……孔子。　仏氏……仏門。

〔問一〕傍線(1)「何待レ習」にもっともよく対応する本文中の語句を左の中から選び、符号で答えなさい。

A　善而　B　生而　C　天下　D　然則　E　定論

〔問二〕空欄(2)に入る語としてもっとも適当なものを左の中から選び、符号で答えなさい。

A　父母　B　兄長　C　義理　D　気質　E　定論

〔問三〕傍線(3)「従」と同じ読みの文字を左の中からひとつ選び、符号で答えなさい。

A　焉　B　教　C　盍　D　自　E　習

〔問四〕傍線(4)「有謂義理之性善而気質之性不善者」は「ぎりのせいはぜんにしてきしつのせいはぜんならずといふものあり」と読む。これに従って、「者」字の下に付く返り点を解答欄に書きなさい。(返り点以外に何も書かないこと)

〔問五〕本文の内容に合致するものを左の中からひとつ選び、符号で答えなさい。

A　人の「性」の善悪に定論がないとしても、多くの人が善良であることは天下に明らかである。

三　次の文章を読んで、後の問に答えなさい。（設問の都合上、返り点・送り仮名を省いた箇所がある）（20点）

性善之説千古未レ明。以二性善一而習不レ善者、非也。今孺子生而怒啼、則多嗔、見二彩色一而喜、則多貪。等皆不レ善類也。(1)何待レ習。以二性之善不一レ可レ見而情之善可レ見、謂二性本善一者、亦非也。孺子雖レ知レ愛二父母一、亦能捽二父母一、長雖レ知レ敬二兄長一、亦能凌二 (2) 一。見レ食則争、見レ色則妬。其善(3)従二第一念一出、其悪亦従二第一念一出也。情亦何嘗善。(4)有謂義理之性善而気質之性不善者、亦非也。天下無二二性一。苟性中有二気質之性一、則性亦不レ得レ謂二之善一矣。然則性善之説尚紛紛無二定論一也。乃予則断レ之曰、論レ性者必以二夫子之言一合二仏氏之言一、而後其説始明。

（明・袁中道「論レ性」による）

(9)　沙汰し

A　うわさをして
B　自ら進んで
C　手配して
D　急いで

〔問四〕傍線(7)「速やかにおのれを彼の祭の都状に注せ」と僧が言った理由としてもっとも適当なものを左の中から選び、符号で答えなさい。

A　自分はこのままでは仏道に何も貢献できそうにないが、智興の身代わりになれば大きな貢献ができるから。
B　常日頃地味な生活をしているので、師の代わりに泰山府君の祭に出ることを自分の晴舞台としたかったから。
C　自分の人生を考えると、ひとに評価もされず将来性がまったくないので、この世に嫌気がさしてしまったから。
D　智興にはすばらしい弟子がたくさんいるので、目立たない自分が頭角を出すには絶好の機会だと思ったから。
E　智興には評価されていない自分でも、師を思う気持ちは他の弟子たちよりも強いことを示したかったから。

〔問五〕傍線(10)「師この僧をあはれびて、事に触れてやむごとなき弟子どもよりも重くしてありける」とあるが、智興は以前この僧をどのように思っていたか、本文中から十字以内で抜き出して答えなさい。（句読点を含む）

D　仏教を篤く信仰している智興の命は、陰陽師の力ではどうすることもできないと考えたから。
E　自分の力が未熟なので、普通に泰山府君の祭を行っても命を救うことはできないと考えたから。

〔問三〕　傍線(4)(5)(8)(9)の解釈としてもっとも適当なものを、左の各群の中からそれぞれ選び、符号で答えなさい。

(4)　顔をまもりて
A　表情を動かさないで
B　人目を気にして
C　顔をみつめて
D　顔を伏せて

(5)　半ばに過ぎぬ
A　まだ年端もいかない
B　修行中の身に過ぎない
C　中途半端に生きてきた
D　人生の中程を過ぎた

(8)　祭の験あるに似たり
A　あたかも祭をしたかのような素振りをしている
B　様子から見て祭の効果が出ているようである
C　祭の効き目があったような振りをしている
D　祭の効験がないのに、ありそうに見えるは必ず死なむとすれば、穢るべき所など沙汰し取らせたりければ、僧いささかなる物の具なむどしたため、言ふべきことなど言ひ置きて、死なむずる所に行きて独り居て念仏唱へて居たり。夜もすがら傍の人聞けども忽に死ぬとも聞こえぬに既に夜明けぬ。僧は死ぬらむと思ふに僧いまだ死なず。師は既に病癒えぬれば、「僧今日など死なむずるにや」と思ひ合ひたる程に、朝に晴明来りていはく「師今は恐れたまふべからず。また代はらむと言ひし僧も恐るべからず。ともに命を存することを得たり」と言ひて帰りぬ。師も弟子もこれを聞き喜びて泣くこと限りなし。その後、師この僧をあはれびて、事に触れてやむごとなき弟子どもよりも重くしてありける。

（『今昔物語集』による）

注 泰山府君……人の生死を司る神。 都状……神に祈祷する文章。 壺屋住み……小部屋に住んでいること。

〔問一〕 傍線(1)(3)(6)の文法的な説明としてもっとも適当なものを、左の中からそれぞれ選び、符号で答えなさい。

A 意志 B 推量 C 勧誘 D 適当 E 仮定

〔問二〕 傍線(2)「さらに力およばぬことなり」と晴明が判断したのはなぜか、その説明としてもっとも適当なものを、左の中から選び、符号で答えなさい。

A 智興のことを深く思う人が身代わりを申し出ることで、泰山府君の心を動かせると考えたから。
B 誰か他の人の命と引き替えにする手段でしか、智興の命を救うことができないと考えたから。
C 弟子たちが智興のことを思うならば、自ら泰山府君に願い出るのが筋であると考えたから。

Ｅ　性差について理解するためにはセックス（身体的な性差）の概念だけでは不十分であり、ジェンダー（社会的・文化的な性差）やセクシュアリティ（性実践や性欲望や性幻想）といったより細かい概念化を行う必要がある。

二　次の文章を読んで、後の問に答えなさい。（30点）

今は昔、智興といふ人ありけり。三井寺の僧なり。やむごとなき人にてありければ公私に貴ばれてありける間、身に重き病を受けて悩み煩ひけるに日かず積もりて病重くなりぬれば、やむごとなき弟子どももありて嘆き悲しんでかたがたに祈祷すといへどもさらにその験なし。しかる間安倍晴明といふ陰陽師ありけり。道につきてはやむごとなかりける者なり。しかるにその晴明を呼びて泰山府君の祭といふことをせしめて、この病を助けて命を存せむとするに、晴明来りていはく「この病をうらなふに極めて重くしてたとひ泰山府君に祈請すといへども叶ひがたかりな(1)む。ただし、この病者の御代はりに一人の僧を出だしたまへ。さらばその人の名を祭の都状に注して申し代へ試みむ。さらずは(2)さらに力およばぬことなり」と。弟子どももこれを聞きて「我、師に代はりて忽に命を棄て(3)む」と思ふ者一人もなし。互ひに(4)顔をまもりて言ふこともなくして居並みたるに、年ごろそのこととなくて相ひ副へる弟子あり。師もこれをねむごろにも思はねば、身貧しくして壺屋住みにてある者ありけり。このことを聞きていはく「おのれ(5)年既に半ばに過ぎぬ。生きたらむこと今いくばくにあらず。また身貧しくしてこれより後善根を修せむに堪へず。されば同じく死にたら(6)むことを今師に代はりて死なむと思ふなり。(7)速やかにおのれを彼の祭の都状に注せ」と。

晴明これを聞きて、祭の都状にその僧の名を注して丁寧にこれを祭る。師もこれを聞きて「この僧の心、かくばかりあるべしとは年ごろ思はざりつ」といひて泣く。既に祭果てて後、師の病頗る減気ありて(8)祭の験あるに似たり。しかれば、代はりの僧

D　男女の二分法とその両者の権力関係によって社会を維持するジェンダー規範は、社会の成員の総意によって決められているのではなく、規制を当然とする一部の人たちの合意に基づいているということ。

E　身体的性差よりも社会的性差を重視するジェンダー規範は、私たちの身体とは無関係に作り出された制度ではなく、私たちが社会的な性差を演じ続けることで身体に染みこませている制度であるということ。

〔問八〕　この文章の筆者の立場を表すとすれば、どのような言葉が適当か。もっとも適当なものを左の中から選び、符号で答えなさい。

A　社会構築主義　　B　男女平等主義　　C　文化多元主義　　D　人間中心主義　　E　生命至上主義

〔問九〕　この文章の主旨に合致するものとしてもっとも適当なものを左の中から選び、符号で答えなさい。

A　現在の性の体制においては生殖＝出産とは無関係な身体部位や振る舞いまでをも性的に意味づけているが、それらは歴史的な性の意味づけではあっても実用的なものではないので、社会の存続にとって不利に働いてしまう。

B　社会の成員を男女に二分するジェンダー規範は、次代再生産に関係する身体的な性差を根拠としてはいたが、人々によって繰り返し反復されるうちに当初の目的とは異なる事象にまで男女の二分法が機能するようになった。

C　身体はありのままに存在しているのではなく認識されたものとしてのみ存在するのであり、私たちの頭の中に身体についてのイメージがなければ、私たちの身に起こった出来事を「身体的な」出来事と把握することはできない。

D　身体的な性差（セックス）がジェンダーやセクシュアリティの原因であるという考え方は因果関係を誤って捉えたものであり、実際にはジェンダー規範が繰り返し演じられることによって身体的な性差が虚構的に生産される。

〔問五〕空欄(5)に入れるのにもっとも適当なものを左の中から選び、符号で答えなさい。

A　皮膚の色はありのままの事実だが、人種は総合的な差異である
B　皮膚の色は観念による分類だが、人種は文化的な虚構である
C　皮膚の色は誕生時の印象だが、人種は客観的な分類である
D　皮膚の色は所与のものだが、人種は社会的な意味づけである
E　皮膚の色は一度限りの区別だが、人種は反復される差別である

〔問六〕傍線(6)「パフォーマティヴ〈行為遂行的〉に反復しておこなわれる「男」「女」の性別化」とあるが、これとほぼ同様の内容を述べた一文をこれより後の文章から探し、最初の五字を抜き出しなさい。（句読点、かっこ類も一字と数える）

〔問七〕傍線(9)「ジェンダー規範は、社会的規制として人の外部にあるのではなく、規制を内面化している人の〈認識〉そのものである」とあるが、その説明としてもっとも適当なものを左の中から選び、符号で答えなさい。

A　男と女という「二種類の身体」を虚構的に作り上げるジェンダー規範は、人々の社会活動を抑制するために作られているわけではなく、円滑な社会生活を望む人々の意志によって作られているということ。
B　人を男女に二分する社会的なジェンダー規範は、社会の成員が準拠すべきものとしてあるのではなく、人々が常に自分たちを男か女かに二分しつづけるという精神作用によって維持されているということ。
C　私たちの身体を繰り返し性的にしるしづけるジェンダー規範は、身体の外面に〈存在〉する性的な差異に基づくものではなく、身体の外面に対する〈認識〉によって作られた規範にすぎないということ。

B　身体を存在と切り離して捉える点
C　身体を物質のように認識する点
D　身体を精神作用の結果と考える点
E　身体を意識に先行するものとする点

〔問三〕　空欄⑵には慣用的な表現の一部が入る。もっとも適当な漢字二字の語を答えなさい。

〔問四〕　傍線⑷「この皮肉」とあるが、その説明としてもっとも適当なものを左の中から選び、符号で答えなさい。

A　前近代の社会においては乳幼児の死亡率が高いにもかかわらず女が出産や育児に専念できる期間が短かったが、近代の社会においては医学が発達した上に出産にかかわる期間も長くなったということ。
B　過酷な労苦が課されるために身体的な性差への配慮が必要な労働においては身体的な性差が軽視され、身体的な性差を問題とする必要のない状況においては性差が重要視されるということ。
C　性差を重要な弁別手段とする必要があった近代以前の社会では性差に関する差異が少なく、性差による労働の分化を必要としない近代社会では性差による区別が根深く存在するということ。
D　性差の別なく社会活動に参加できるようになった近代社会においては、性差の弁別を必要とする階層の人たちに対しても身体的な性差を考慮した優遇措置が設けられなくなるということ。
E　貧農の妻は不衛生な環境の中で出産した後すぐに農作業に戻っていかなければならないのに対して、地主の妻は産婦のために設けられた環境の中で出産し十分に養生することができるということ。

したがって「ジェンダーはセックスのうえに構築される社会的・文化的な性差である」という定義は十分なものではなく、「社会的・文化的な性差であるジェンダーによって、セックスという虚構が構築される」と定義しなおさなければならない。しかもこの虚構の構築は、一回だけでは終わらない。たとえば人の一生で言えば、誕生時にそのときだけ、身体が性的にしるしづけられるわけではない。セックスという虚構を「事実」とみなすために、わたしたちは、あたかもジェンダーがその事実の「うえに」構築されたものであるかのように、繰り返し繰り返しジェンダーを演じつづけている。演じること（おこなうこと）によって、事実性を（再）生産するパフォーマティヴィティ（行為遂行性）のメカニズムは、ジェンダー規範のもっとも根幹をなすものである。ゆえに(9)ジェンダー規範は、社会的規制として人の外部にあるのではなく、規制を内面化している人の〈認識〉そのものであると言えるだろう。

（竹村和子『フェミニズム』による）

注　スラヴォイ・ジジェク……スロベニアの思想家。代表作に『イデオロギーの崇高な対象』がある（一九四九～）。
　　バトラー……アメリカのフェミニズム理論、セクシュアリティ研究者（一九五六～）。

〔問一〕　傍線(3)(7)(8)のカタカナを漢字に改めなさい。（楷書で一画一画明確に書くこと）

〔問二〕　傍線(1)「この答えは、問いと矛盾することになる」とあるが、「この答え」のどのような点が「問いと矛盾する」のか。もっとも適当なものを左の中から選び、符号で答えなさい。

A　身体を認識と不可分なものとする点

それらの意味づけのなかには、次代再生産と無関係なだけでなく、種の存続にとっては不利なもの、それとは矛盾するものもある。たとえば現代の極端な痩身願望や、イスラム圏でおもにおこなわれている女性性器切除は、文化的・歴史的な性的意味づけではあっても、種の存続にとっての最良の身体把握ではない。

これらの身体の性的意味づけは——そのあるものは、すでに明白に社会的な性役割を反映したものだが——社会の成員を男女に二分し、両者の権力関係で社会を維持するジェンダー規範に基づいてなされている。社会通念では、性欲望は、性本能から発したものと捉えられている。しかしバトラーが語っているように、セクシュアリティはつねにすでにジェンダーであって、性の権力関係を支える男女の二分法につねにすでに汚染されている。そしてセックス（身体的な性差）はセクシュアリティを実現する〈器〉であるとか、セクシュアリティを用意する〈所与の条件〉であるとみなす考え方——つまりセックスが原因であり、セクシュアリティやジェンダーは結果であるとみなす因果関係——はじつは転倒されたもので、ジェンダーこそがセクシュアリティの物語を捏造（ねつぞう）し、セックスという身体的性差を事実として(8)ソキュウ的に生産しているものである。

先に述べたように、性役割も性実践・性欲望・性幻想も生殖＝出産に収斂（しゅうれん）するものではなく、むしろそれを斟酌（しんしゃく）していなかったり、それとは直接関係のない事柄である。しかしそれにもかかわらず、あたかも生殖が中心的な要件であるかのように人を男女に二分する社会的なジェンダー規範が、性に関する身体把握において、何よりもまず外性器の形状を特権化し、それを中心に身体を意味づけ、「二種類の身体」という虚構を作り上げて、人を男女どちらかに振り分けていく。この振り分けがけっして事実に基づいたものではなく、イデオロギーに基づいたものであること、また事実を客観的に記述していると考えられている「科学的」な言説が、イデオロギー的な男女の二分法の「偏見」に染まっていることは、アン・フォスト＝スターリングの『ジェンダーの神話——〈性科学の〉偏見とトリック』（一九八五）、および彼女の説を引用したバトラーの『ジェンダー・トラブル』（一九九〇）で論じられている。

「男」「女」の性別化は異なるものであり、後者の社会的な性差を正当化するために、前者の身体的な性差がその「起源」としてつねに想起されているにすぎない。では社会的な性差（ジェンダー）は虚構であるが、身体的な性差（セックス）はありのままの事実なのだろうか。この思想は、「ジェンダーはセックスのうえに構築される社会的・文化的な性差である」という定義の延長上の思想である。

先のところで、「わたしの身体とはどのようなものか」という問いは、身体の〈存在〉を問いかけているのではなく、身体についての〈認識〉を問いかけているものであると述べた。このように問いかけること自体が、身体はありのままに存在しているのではなく、つねに認識されたものとしてのみ存在していることを語っている。「セックスと呼ばれている身体的な性差についてはどうか」という二番目の問いもまた、先の問いと同様に――こちらの方が具体的であるからなおさらに――身体的な性差はわたしたちの認識の結果であることを物語っている。なぜならこの問いは、無意識のうちに二つの見方を前提としているからである。一つは性を外性器の形状によって分類する見方、もう一つは性を二つに分類する見方である。

いったい外性器の形状は、それによってその後説明されることになるわたしたちの性実践や性欲望や性幻想（セクシュアリティ）に、どれだけ中心的な役割を果たしているのだろうか。もしもわたしたちの性行為が動物の交尾のように、性器の接触――射精と受胎――だけのものならば、またそれが妊娠可能な排卵期だけに特定されるのなら、外性器は中心的な役割を果たすかもしれない。だがわたしたちにとってセクシュアリティが意味をもつのは、スラヴォイ・ジジェクが言うように、わたしたちにとって性的な事柄が、動物の交尾から連想される性本能からは隔たったところに存在しているからである。もしもわたしたちの性生活が交尾だけで説明されるのであれば、セクシュアリティという概念は必要ではない。わたしたちは交尾とは無関係で不必要なさまざまな身体部位（たとえば髪や顔だち、胸、ふくらはぎ、二の腕、指、体型など）を性的な身体として意味づけ、さらには衣服や装飾品、身のこなしや態度や社会的地位までも、身体の延長や身体的(7)ケンゲンとして性的に意味づける。しかもたときには、畑仕事のさなかに出産し、それほど間をおかずに男と同様の農作業に戻っていったが、夫が土地を得て成功したのちには、地主の妻としての「女の領域」があてがわれた。

したがって身体的な性差は、近代であろうと前近代であろうと——階層的に、また人種・民族的に——労働を搾取するときにはさして考慮が払われず、他方で社会活動へのアクセスが性差の別なく可能であるはずの制度のなかでは、身体的な性差が個人の弁別の最重要事項とみなされる。だがこのパラドックスは、以下に述べるように、身体的な性差がじつは「身体的な」性差ではないことを示すものである。

わたしたちは誕生と同時に、その「身体」の形状によって性別化される。そして一度性別化されれば、その判定は、性同一性障害や半陰陽といった「科学的」に扱われる事例を除いては、たいていは翻されることはない。では性別化は一度だけおこなわれて、そののち語られることはなく、子供を産むという話題が発生したときにのみ、付随的に言及されるのか。たとえばたまま性器的な接触をする／接触をした人間たちが異性同士のときに、受胎の可能性をめぐって話題にされたり、異性と性器的な接触をせずに子供を望む人間（たち）が人工受精や代理母や養子縁組を考えるときに、時期的な事柄として登場するだけなのか。そうではない。性差は次代再生産が問題になるときにのみ浮上する話題ではなく、つねに繰り返しわたしたちを分類しつづけている差異化軸である。現在の性の体制のなかにいるかぎり、次代再生産とは無関係なエロスの実践（異性愛であれ非異性愛であれ）は言うに及ばず、セクシュアリティとはおよそ無縁な社会活動にいたるまで、わたしたちはつねに「男」か「女」のどちらかであるとみなされ続ける——あるいは自らみなし続けている。

わたしたちはともすれば、誕生時におこなわれる性別化を決定的なものと考えがちである。だがそれ以降も「女」であること「男」であることをつねに確認し続けなければ、誕生時の性別化は単なる外性器による分類にとどまるだけである。［(5)］と語られるのと同様に、誕生のさいの身体的な性別化と、それ以降に(6)パフォーマティヴ（行為遂行的）に反復しておこなわれるしかしその問いなくして、身体は存在しない。「身体」というものを何らかの形で知っていないかぎり、わたしたちはそれを「身体」として感じたり、意識したり、考えたりすることはできない。ただ状況的で偶発的に起こっている事柄は、身体の出来事とは意識されずに、通り過ぎていく。

ではセックスと呼ばれている身体的な性差についてはどうだろうか。セックスは目に見える〈存在〉であり、現実にはたらいている〈機能〉だという答えが返ってきそうである。セックスは欲望が宿る場所であり、欲望が芽生えるまえから存在していた所与の条件である。そして身体的な性差なしには、子供は産まれず、社会は再生産しないので、身体的な性差は、身体のなかでもとくに重要な機能を果たす存在であって、ゆめゆめ軽視するべきではない。そのような答えが聞こえてきそうである。しかしはたして、そうなのだろうか。

産まれてきた赤ん坊は――最近のテクノロジーの発達によって、ときに産まれるまえから――外性器によって、(2)［　　］を言わせず男の子か女の子に分けられる。もしもその理由が、性別が将来子供を産むときの機能として重要だからというのであれば、そのような事態が出現したときに、その必要に応じて、性別を話題にすれば済むことではないだろうか。生殖=出産とは無縁な子供たちや、ある年齢以上の人々、またその中間年齢層であっても生殖=出産にかかわらない時期――何らかのかたちで産む人数を人々が調整している社会では、生殖=出産にかかわらない時期は中間年齢期間のほとんどを(3)シめる――においては、性差はそれほど重要な差異ではないはずだ。少なくとも医学の発達によって乳幼児の死亡率が劇的に減少し、また社会構造の変容によって性差の別なく社会活動にアクセスできるようになった近代社会においては、性差を特権的な個人の弁別手段にする必要はない。しかも皮肉なことに、性差によって労働が分化されると考えられてきた前近代の社会においても、被搾取階級は、性差の別なく過酷な労苦を強いられ、女に対して妊娠・出産・授乳期間の優遇措置が設けられることはきわめて少なかった。パール・バックの小説『大地』（一九三一）に登場する阿蘭（アーラン）の一生は、(4)この皮肉を典型的にあらわしている。彼女が貧農の妻であっ

国語

（六〇分）

（注）満点が一〇〇点となる配点表示になっていますが、国文学専攻（英語外部試験利用方式を除く）の満点は一五〇点となります。

一 次の文章を読んで、後の問に答えなさい。（50点）

自分の身体をわたしたちはどのように把握しているだろうか。心〈精神〉が宿る〈器〉と考えているだろうか。それとも知恵〈精神〉が芽生えるまえから存在していた〈所与の条件〉と考えているだろうか。もしもこのように答えるなら、(1)この答えは、問いと矛盾することになる。なぜなら「自分の身体をどのように把握するか」という問いは、「身体は精神の〈器〉である」とか「身体は精神の〈所与の条件〉である」という答えを無効にしてしまうからだ。前者について言えば、精神によって「把握される」身体は、身体そのものではなく、精神を介して出現する。つまり〈器〉であるものは、〈器〉とみなされたものであり、「みなす」という精神作用を抜きには存在しない。後者の答えについても同様である。精神が芽生えるまえから存在していたということを、身体のあとに出現した精神はどのように知りえるだろうか。つまり「わたしの身体とはどのようなものか」という問い自体が、身体のありのままの〈存在〉を問いかけているのではなく、身体についての〈認識〉を問いかけているのである。

解答編

英語

I

解答　(1)—㊁　(2)—㋒　(3)—㋑　(4)—㋐　(5)—㋒　(6)—㋑
(7)—㋒　(8)—㊁　(9)—㊁　(10)—㋑

◀解　説▶

(1)A：「なんであの映画好きじゃなかったの？」

B：「話が複雑すぎて，ほとんど筋が追えなかったんだよ」

対句の表現として成立しているのは㊁である。so ～ that …「あまりに～なので…だ」

(2)A：「あのコンピューター買うつもりなの？」

B：「うん，良い感じだし」

A：「たぶん，待ちたくなると思うよ。このあいだの発表会で新しいモデルがお披露目されたし。現行モデルより速くて軽いらしいよ」

主語が「新しいモデル」となっているので，動詞の show は受動態にする。at a recent convention「このあいだの発表会で」とあるので，時制は過去が適切。could には過去の可能性を表す用法もあるが，後の文から，新製品の発表は確定したことなので不要。㋒が正解。

(3)A：「今夜はどこにお出かけですか？」

B：「海岸近くのあの素敵なレストランに予約を取っているんです。シーフードで有名なところなんです」

be famous for ～「～で有名である」の成句。for は理由を表す語句を導く。

(4)A：「どうするつもり？　あの人知り合いじゃないでしょ」

B：「公の場でたばこを吸うのは，ここでは法律違反だってことを言わなくちゃ」

be against the law で「法に反している」の意味の成句。

(5)A：「トムが出張から帰ってきたよ」

解答編

B：「それ，確か？　トムならヨーロッパにいるはずよ」

A：「今朝，彼がバスに乗るところを見たんだ」

後続部分に前置詞の on があるのがポイント。get on 〜「〜に乗る」

(6)A：「君を急がせるつもりはなかったんだよ。僕のせいだね。僕が寝坊したから。ごめんね。」

B：「大丈夫だよ。時刻通りに到着したんだし」

A：「うん，間に合ってよかった。電車，ギリギリだったね」

間に合っているので，電車に乗り遅れたわけではない。よって，㋑の nearly「危うく〜，ほとんど〜」を選び，「危うく乗り遅れるところだった」とする。

(7)A：「腕の具合はどう？」

B：「うん，まだ野球は無理かな」

A：「もし明日まだ痛むんだったら，医者に診てもらいに行った方がいいよ」

it は your arm を指しているので，㋒の hurts「痛む」が正解。

(8)A：「数年ぶりにお会いできてよかったです。皆，あなたがパリに住むつもりだと思っていました」

B：「カリフォルニアの大学に進まなければそうしたでしょうね。でも，気候がとてもよかったので，結局西海岸に住むことにしたんです。もっと言えば，アメリカを出たこともないんですよ！」

if 以下から仮定法過去完了になるとわかるので，帰結文をつくる語句を選ぶ。

(9)A：「金曜日にある会社のパーティーのこと聞いた？」

B：「うん，でも行かないつもり」

A：「忙しいの？」

B：「いや，そうじゃないけど。本当のこと言うと，君とそこにいるのを見られたくないんだ」

空所の後にあるのが原形の be と not なので，would rather not だと判断する。would rather (not) *do*「むしろ〜したい（したくない）」

(10)A：「君が売りに出している家は，大半が古いらしいじゃないか」

B：「ニューイングランドじゃ，たとえ修理に多額の費用がかかっても，多くの人が新しいアパートよりも古い住宅を選ぶんだ」

当てはめてみて，文法・意味的に成立するものを選ぶ。even though S V「たとえ～でも」

Ⅱ　解答　(1)―ⓢ　(2)―ⓒ　(3)―ⓢ　(4)―ⓞ　(5)―ⓚ

◀解　説▶

(1)正文は，This is the last place where anyone would look for you. となり，㋚が正解。the last ～「最も可能性が低い～」

(2)正文は，They talked their parents into consenting to their marriage. となり，㋙が正解。talk *A* into *doing*「(説得して) *A* に～させる」

(3)正文は，No matter which way we looked, there was nothing but snow. となり，㋞が正解。「どちらを見ても」を「どの方向に目を向けても」と考えること。

(4)正文は，When I tried to describe my feelings at that time, words failed me. となる。words fail ～「言葉が～を見捨てる」より「言葉にならない，言葉を失う」の意味になり，㋔が正解。

(5)正文は，One feels ill at ease in a stranger's house. となり，㋗が正解。feel ill at ease は「落ち着かない，居心地が悪い」の意味の成句。

Ⅲ　解答　(1)―㋓　(2)―㋓　(3)―㋑　(4)―㋑　(5)―㋔

◀解　説▶

(1)㋓が不適切。participate の後に置く前置詞は in。participate in ～「～に参加する，加わる」

(2)㋓が不適切。became を came にすべき。come to *do*「～するようになる」

(3)㋑が不適切。back ではなく around〔round〕にすべき。the other way around〔round〕「逆で，あべこべで」

(4)㋑が不適切。直前の that が関係代名詞なので，leading を lead にしないと述語動詞として成立しない。

(5)㋔が不適切。take の後に a certain luxury を表す代名詞 it が必要。take *A* for granted「*A* を当然のことと思う，見なす」

Ⅳ **解答** (1)a—⑤　b—③　c—⑥　d—①　e—⑦　f—⑧
(2)—③　(3)—⑤　(4)—⑤　(5)—③　(6)—①　(7)—③
(8)—④　(9)—Ⓓ　(10)—②　(11)—③・④・⑦・⑩

◆全　訳◆

≪ミス=ケリーとの出会い≫

フライアリー通りにある自宅の2階のリビングルームで窓際に座っていたエイリス=レイシーは，姉が仕事から颯爽と歩いて帰ってくるのに気がついた。エイリスは，ダブリンのクレリスでセール中に買った新しい革のハンドバッグを持って，ローズが日向から日陰へと通りを渡るところを見た。ローズはクリーム色のカーディガンを肩から羽織っていた。ローズのゴルフクラブはホールに置いてある。数分もすれば誰かがローズを呼びにきて，彼女が夜遅くまで帰ってこないだろうとエイリスは思っていた。

エイリスの簿記の授業は，ほぼ終わりに近づいていた。彼女の膝の上には会計制度のマニュアルがあり，後ろのテーブルには，前の週に専門学校でその詳細をノートに書き留めたとある会社の日常業務を，宿題として記したノートが置かれていた。

玄関のドアが開く音がすると，エイリスは1階に降りた。玄関ホールでは，ローズがポケットミラーを顔の前でのぞき込んでいた。ローズは，ホールの大きな鏡で自分の全身を確認し，髪を整える前に，口紅を塗りアイメイクをしながら自分のことをよく観察していた。エイリスは，ローズがもう一度ポケットミラーで自分の姿を確認し，それを片付けるところを黙って見ていた。

台所から母親がホールにやってきた。

「素敵よ，ローズ。あなたはゴルフクラブの華になるわ」と彼女は言った。

「お腹が空いたけど，食べる時間はないわね」とローズ。

「後で特別な夕食を作ってあげるわ。エイリスと私は今から食べるわね」と母親は言った。

ローズはハンドバッグに手を入れて財布を取り出した。それを開け，彼女は1シリングをテーブルの上に置いた。「あなたが映画を観に行きたくなった時のためよ」と彼女はエイリスに言った。

「それで私はどうしたらいいの？」と母親は尋ねた。

「エイリスが帰ったら，筋を教えてくれるわ」とローズは答えた。

「それは素敵ね！」と母親は言った。

ドアの外に車が止まり，クラクションを鳴らす音を聞きながら３人は笑った。そしてローズはゴルフクラブを持ち上げて，行ってしまった。

しばらくして，母親が皿を洗い，エイリスがそれを乾かしていると，ドアをノックする音が聞こえた。エイリスが応えると，そこには大聖堂の横にあるケリーの食料品店で見たことのある少女がいた。

「ケリーさんから伝言があります」とその女の子は言った。「あなたに会いたいそうです」

「ケリーさんが？　それでどのような御用かしら？」とエイリスは尋ねた。

「いえ，用ではなく，ただ今夜あなたとお会いしたいとのことです」

「でも，どうしてケリーさんは私に会いたいの？」

「すみません，存じ上げません。お聞きしなかったので。戻って聞いてきた方がよろしいでしょうか？」

「いいえ，大丈夫よ。でも，本当にそれは私宛てのメッセージなのかしら？」

「はい，ケリーさんがあなたにお会いしたいとのことです」

いずれにせよ，映画は別の夜に行くことにしていたし，宿題にも飽きていたので，エイリスは服を着替え，カーディガンを羽織って，家を出た。彼女はフライアリー通り，ラフター通りと歩き，マーケット広場に入り，坂を上って大聖堂へと向かった。ミス=ケリーの店は閉まっていたので，エイリスは店の横にあるドアをノックした。その場所はミス=ケリーの住居だとエイリスが知っている，店の２階部分に通じていた。ドアが開き，先に戻っていたさっきの若い女の子が出てきて，エイリスに玄関ホールで待ってくれるように告げた。

エイリスは上の階で声と物音がするのを耳にした。その後，あの少女が降りてきて，ミス=ケリーはもう間もなくやってくることをエイリスに告げた。

エイリスはミス=ケリーの顔は知っていたが，彼女の母親は，値段が高いのでミス=ケリーの店には行かなかった。また，エイリスはきっと自分の母親はミス=ケリーのことが嫌いなのだろうとも思っていた。もっとも，エイリスがそう考える根拠は何もなかったのだが。ミス=ケリーの店では，町で一番おいしいハムと，一番おいしいバターと，クリームを含めて，何でも一番新鮮なものを売っていると言われてはいたが，エイリスはその店に入ったことはないはずで，通りすがりにちらりと店内を見た時にカウンターにいるミス=ケリーに気付いたことがあっただけだった。

ミス=ケリーはゆっくりと階段を下りてきて，明かりをつけた。

「さあ，どうぞ」と彼女は言うと，まるでそれが挨拶であるかのように繰り返した。彼女はにこりともしなかった。

エイリスは，自分がここに呼ばれたことを説明し，こんな時間にお邪魔してもよかったのかと丁寧に尋ねようとしたが，ミス=ケリーの，自分に対する品定めのような目つきに閉口して，何も言わずにいることにした。ミス=ケリーの態度のせいで，エイリスは，彼女がこの町の誰かに腹を立てて，自分をその人と間違えたのではないかと思案した。

「いいかい」と，ミス=ケリーは言った。

エイリスは，テーブルに黒い傘がいくつも立て掛けられているのに気付いた。

「あんたは何の仕事もしてないのに，数字に強いと聞いているけど」

「そうなの？」

「ああ，うちの店にはね，町中の誰もが，それにお偉方がやってくるのさ。そして私はいろんなことを聞かされるの」

エイリスは，これは自分の母親が一貫して別の食料品店で買い物をしていることを指しているのだろうかと思ったが，その実は不明だった。ミス=ケリーの分厚い眼鏡のせいで，彼女の表情は読みにくかった。

「それに毎週日曜日，私たちはここで立っていられなくなるほど働かされるのさ。確かに他に開いている店はないからね。そしていろんなお客さんがやってくる。私は原則として，7時のミサが終わったら店を開ける。そうすると，9時のミサが終わった時から11時のミサが終わってしばらく経つまでの間，この店は人混みで身動きがとれないほどになる。メアリーが手伝ってくれてるけど，あの子は調子が良い時でもひどく仕事が遅いから，切れ者で人当たりがよくて，お釣りをちゃんと渡してくれるような人を探していたんだよ。忙しいのは日曜日だけで，他の日は何とかできてるがね。そこにあんたが推されたわけ。あんたのことを訊いてみたら，週に7シリング6ペンスで大丈夫そうだった。少しはあんたの母親の助けにもなるだろうしさ」

ミス=ケリーは，しゃべり終わるたびに固く口を閉じながら，まるで自分に対するちょっとした侮辱を述べるかのように話すんだなとエイリスは思った。

「あんたに言わなきゃいけないことはこれで全部だよ。日曜日から働いてくれるかい。あ，でも，物の値段を覚えたり，機械の使い方を教えたりしなきゃいけないから，明日おいで。髪は後ろでくくること。それと，ダン=ボルジャーかバーク=オリアリーの店で良いショップコートを調達しておいで」

エイリスはあとでこの会話を母親とローズに話せるようにすでに頭に記録しつつあった。彼女は，ミス=ケリーに返す，あからさまに失礼にならない，何か気の利いた言葉を思いつけばいいのにと思っていたが，そうする代わりに黙ったままでいた。

「わかったかい？」 ミス=ケリーはそう尋ねた。

エイリスはこの申し出を断れないと悟った。することが何もないよりはましだろうし，今のところエイリスには何もすることがなかった。

「ええ，わかりました，ミス=ケリー。いつでもお好みの日から伺います」と彼女は言った。

「それと，日曜は7時のミサに行けるからね。私たちはいつもそうしてる。店はそれが終わってから開けてるし」

「素敵ですね」とエイリスは言った。

「それじゃ明日ね。忙しかったら帰らせるし，それか待ってる間に袋に砂糖を詰めてもいいよ。でも，忙しくなかったら，やり方を教えることにするよ」

「ありがとうございます，ミス=ケリー」とエイリスは言った。

「あんたのお母さんは，あんたに働き口ができたことを喜んでくれるだろうよ。そしてお姉さんもね」とミス=ケリーは言った。「彼女はずいぶんとゴルフが得意らしいじゃないか。さあ，じゃあもう帰っていいし，まっすぐ帰るんだよ。もう出てっていいよ」

そう言ってミス=ケリーは振り返ると，ゆっくりと階段を上り始めた。家路につきながら，母親は娘がお金を稼ぐ自分自身の方法を見つけたことを本当に嬉しく思うだろうとエイリスにはわかっていた。しかしローズは食料品店のカウンターで妹が働くことはあまりよいことではないと思うこともわかっていた。エイリスは，ローズは自分に直接そう言うだろうかと思った。

◀解　説▶

(1) a．in front of ～「～の前で」の成句。

b．受動態の動作主に用いられる by である。

c．think of ～「～を思いつく」の成句。

d．否定語＋at all「まったく～ない」の成句。

e．as though S V「まるでSがVするかのように」の成句。

f．用件を終えて，2階に戻って行くシーンなので，⑧の up が正解。

(2)過去完了時制の文なので，③の before が適切。the week before「先週」

(3)鏡に映った自分の姿に対して行うことなので，「～をよく見る，調べる」の意味を持った語を選ぶ。

(4)選択肢中にある it は her wallet を指しているので，She opened it を分詞構文にしたものを選ぶ。能動態なので，現在分詞の⑤が正解。

(5)後続の文に「3人は笑った」とあるので，母親がローズのこの発言を真に受けていないことがわかる。

(6)文中の found は「出会った，見かけた」の意味。beside 以下は Kelly's grocery shop を修飾している。recognized (her) from Kelly's … は「(彼女が）ケリーの店からの子（＝店の関係者）だと気付いた」という意味。

(7)文中の代名詞を正しく解釈できるかがポイント。she had been offended の she はミス＝ケリーのことであり，and had mistaken her の her はエイリスのことである。下線部の大意は「ミス＝ケリーはエイリスをその人（＝腹を立てさせた人）と間違えたのではないか」である。

(8)下線部の前にある主語 this が指す内容は，直前の発言「いろんな人が自分（＝ミス＝ケリー）の店に来ていろんな話をする。だから私は何でも知っている」である。これが，母親が他の店で買い物をすることへの reference「言及」かどうかわからなかったというのが下線部の意味である。よって，「何でも知っている」という発言が「あんたの母親が他で買い物している（＝うちで買い物をしない）ことも知っている」という意味なのかどうか，つまり遠回しに嫌味を言っているのかどうかわからなかったというのが下線部の内容である。

(9)挿入すべき文を分析すると，ミス=ケリーが尋ねたことに対して同意した上で，（仕事は）いつからでも始められると言っている。よって，この文が答えとなる問いかけがある箇所を探す。Ⓒの直後に Miss Kelly asked.とあり，これが問いかけだから，この後のⒹが答えとなる。

(10) this は，前文中の working behind the counter of a grocery shop was not good enough for her の部分を指すと考えられる。her はエイリスのことである。

(11)①第３段第１文（As soon as …）の内容に反する。エイリスはローズのゴルフクラブを手にしていない。

②下線部(1)の直後の段落第２文（Rose picked up …）でローズが外出したことが述べられているが，時間的に彼女が帰ってきてからほどなくしてなので，誤り。

③下線部(2)を含む段落第２～４文（When Eilis answered …）の内容と一致する。

④空所 b を含む段落の第３文（Miss Kelly's shop …）の内容に一致する。

⑤Ⓓの直後でミス=ケリーが「日曜は，７時のミサに行ける。私たちもそうしている」と述べており，ミサに行っているので誤り。

⑥Ⓐの直前の段落の第５文（I have Mary …）でミス=ケリーはメアリーの仕事の遅いことについては不満を述べているが，メアリーをやめさせて，エイリスを彼女の後任にしたいという記述は文中に見られないので誤り。

⑦エイリスが数字に強いことをミス=ケリーが知っているのは空所 d を含む文（"I hear you have …）からわかる。その後の流れから有無を言わさずエイリスに仕事を手伝わせる気でいるとわかるので，正解。

⑧Ⓐの直前の段落の第６文（But only on …）より，ミス=ケリーがエイリスに働いてほしいのは日曜日だけなので誤り。

⑨エイリスの母親がミス=ケリーのために娘を働かせたいと思っていたという記述は文中に見られないので，誤り。

⑩下線部(3)を含む段落（Eilis was about to …）以降，例えばⒶの直後の段落（Miss Kelly spoke, …）にある describing a slight insult against her から，エイリスがミス=ケリーとの話に不快感を持っていたのは明ら

かであるが，最終的に彼女はミス=ケリーの店で働くことに同意している。この内容に合うので正解。

❖講 評

2022 年度は，すべてマークシート法で大問 4 題の構成であった。2020 年度まで出題されていた英文和訳，和文英訳問題が姿を消してから 2 年目の入試となるが，かつての形式に戻ることも考えられるので，授業レベルの英文和訳，和文英訳問題はきちんとこなせるようになっておいてほしい。

長文読解問題の英文量は 2021 年度同様に多めであり，英文を読む際に根気と速度が要求される。扱われている題材に目を向けると，2022 年度は過去にも見られた物語文であった。もちろん，社会問題や環境問題などを扱った文章がまた出題されることも十分考えられるので，様々なテーマが盛り込まれた問題集などを用いて，怠ることなく準備をしておくことをお勧めする。

解答の際には，量の多い課題文を素早く読み，内容を理解することが必要である。それぞれの段落の内容はもちろんのこと，課題文全体の段落構成を意識して英文を読む練習をしておくこと。基本的な語彙力・文法力を身につけ，長い英文を読むことに慣れておいてほしい。

日本史

I

解答　問1．ウ　問2．評　問3．エ　問4．調　問5．ウ
問6．ア　問7．オ　問8．院宣　問9．成功
問10．イ

◀解　説▶

≪飛鳥時代～院政期の政治・文化≫

問1．ウ．正文。ア．誤文。縄文時代の説明文である。

イ．誤文。「釉を用いる中国の製法」を導入した瀬戸焼が先駆となり，各地で陶器の生産が発展したのは鎌倉時代である。

エ．誤文。縄文時代の説明文である。

オ．誤文。弥生土器の説明文である。

問3．エ．正解。朝堂院は政務や儀礼の場となった宮廷内の中心的な施設である。他の選択肢はどれも平城宮にない。アの駅家は五畿七道の駅路に設置された駅の建物。イの正倉院は東大寺旧境内の倉庫が有名だが，もともと中央・地方の寺院や官庁の主要な倉庫を指す。ウの寝殿は，平安時代以降の貴族住宅において，その中心に建てられた建物をいう。オの国庁は国司が政務を執行する官庁である。

問5．ウ．正解。a・c．誤文。藤原広嗣の乱が起こり（740 年），国分寺建立の詔が出された（741 年）のは，橘諸兄が政権を握っていた時期である。d．誤文。和同開珎の鋳造を開始し（708 年），蓄銭叙位令を発した（711 年）のは藤原不比等が政権を握っていた時期である。よって，残ったbとeが正しい。なお，bの三世一身法は723年の施行，eの渤海が初めて使節を派遣してきたのは 727 年である。

問6．ア．正文。イ．誤文。延喜の荘園整理令の内容である。

ウ．誤文。「検田使など国衙の使者の立入りを禁止」するのは荘園に不入の権を与えることであり，荘園整理とは逆の内容である。

エ．誤文。墾田永年私財法の内容である。

オ．誤文。「その実施は国司にゆだねられていたので，不徹底であった」のは延久の荘園整理令以前の状況である。延久の荘園整理令では，記録荘

園券契所を設けて券契の確認を徹底的に実施した。

問7．オ．正解。「禅定法王」とは白河上皇であり，「57年間政権を主導した間，思うままに，法に拘わらず，官位の人事を行った」と，院政の状況を叙述している。

ア～ウ．誤り。アは平氏政権の，イ・ウは摂関政治の隆盛期の状況を記す史料である。

エ．誤り。10世紀末に著された極楽往生するための教えや修行について説くもので，院政の状況ではない。

問10．イ．正解。b．「勘解由使を設け」たのは桓武天皇である。→a．「国司の最上席者である受領に，大きな権限と責任とを負わせ」るようになったのは9世紀末～10世紀前半。→d．「国衙から臨時雑役などを免除されて一定の領域を支配するものが現れた」のは10世紀後半。→e．受領の代わりに目代が留守所で在庁官人たちを指揮して政治を行わせるようになったのは，11世紀後半。→c．上級貴族などが「一国の支配権を与えられ，その国からの収益を取得」する知行国制は，院政期（11世紀末～）から盛んになる。

II　解答　問1．ウ　問2．一期分　問3．オ　問4．イ
問5．ア　問6．安藤〔安東〕　問7．ウ　問8．按司
問9．尚巴志　問10．エ

◀解　説▶

≪鎌倉時代の惣領制，中世の蝦夷地と琉球≫

問1．ウ．誤文。「彼女の一存で」ではなく，「能直の遺言に任せ」とあるから，夫の大友能直の遺言に従って，が正しい。

問3．オ．誤文。「惣領を通さず，幕府より直接庶子に賦課された」ではなく，惣領の嫡男大炊助が庶子の所領の多少に応じて賦課した。

問4．イ．正解。ⓐは5代執権北条時頼の時代，ⓑ・ⓒは3代執権北条泰時の時代，ⓓ・ⓔは2代執権北条義時の時代の出来事である。ⓐが最後というだけで正解はイに限定できる。なお年号は，ⓔ1219年→ⓓ1221年→ⓒ1225年→ⓑ1232年→ⓐ1247年である。

問5．ア．正解。イ．誤り。ⓓ日蓮宗寺院ではなく，浄土真宗寺院。
ウ．誤り。ⓑ筑前国ではなく薩摩国。

エ．誤り。ⓑ信濃国ではなく伊勢国。

オ．誤り。ⓒ港町ではなく城下町。

問7．ウ．誤文。1557年ではなく1457年である。

問10．やや難。エ．誤文。琉球船の行動範囲は，インドの「カリカット」ではなく，スマトラ島・ジャワ島（インドネシア）やインドシナ半島などにまで及んだ，が正しい。ウの情報はやや詳細だが，正文。1414年に琉球は室町幕府の4代将軍足利義持に国書を送り，日本とも正式な国交を結んで貿易を行った。

Ⅲ　解答

問1．福島正則　問2．ウ　問3．ア　問4．イ
問5．田中丘隅　問6．エ　問7．老中
問8．山田長政　問9．オ　問10．イ

◀解　説▶

≪江戸時代の政治・外交・文化≫

問3．ア．正文。イ．誤文。懐徳堂の設立は享保期（1724年）である。

ウ．誤文。式亭三馬が『浮世風呂』を著したのは，文化期（1809～13年）である。

エ．誤文。伊能忠敬が測量したのも文化期を中心とした時代（1800～16年）である。

オ．誤文。荷田春満は享保期に国学を発展させた。

問4．イ．誤文。上知令であり，老中水野忠邦が進めた天保の改革での政策である。

問6．エ．正解。因果関係で配列すれば，ｂ．ロシア使節のレザノフが通商要求（1804年。幕府は拒否）→ｃ．（フェートン号事件以後，イギリス・アメリカ船の出没が相次ぎ，船員と住民との衝突を懸念した幕府が1825年）異国船打払令を出した→ａ．（日本人漂流民を送還しようとしたアメリカ商船モリソン号が打ち払われた事件を）批判する者たちが蛮社の獄で処罰された（1839年），となる。

問7．奉書船の「奉書」は，正式には老中奉書と言われ，老中が将軍の意を受けて出した公文書である。

問9．オ．正文。島原の乱は1637年に発生した。

ア・エ．誤文。豊臣氏の滅亡（1615年），琉球王国が征服された（1609

年）のは，ともに2代将軍徳川秀忠の時代。

イ．誤文。糸割符制度が設けられた（1604年）のは初代将軍徳川家康の時代。

ウ．誤文。明暦の大火（1657年）は4代将軍徳川家綱の時代である。

Ⅳ　解答

問1．ウ　問2．ウ　問3．エ
問4．甲午農民戦争〔東学（党）の乱〕
問5．明六雑誌　問6．オ　問7．オ　問8．山県有朋　問9．ウ
問10．オ

◀解　説▶

≪江戸幕末～大正の政治・外交・文化≫

問1．ウ．誤文。八月十八日の政変では，薩摩・会津藩の公武合体派が長州藩や急進派の公家を京都から追放した。

問2．やや難。ウ．誤文。「立法権はもたなかった」ではなく，立法権ももった。エ．正文。海軍軍令部長の樺山資紀は1895年に初代台湾総督に任命された。

問3．やや難。エ．正文。ア．誤文。租税制度も旧来の制度がしばらくは温存された。

イ．誤文。明治政府は1899年に土地整理法（地租改正）を公布し，1903年に人頭税を廃止した。

ウ．誤文。旧支配階層は本土と同じ制度を施行されると自らの身分や経済的特権が失われるため，本土と同じ制度の施行には反対した。明治政府も県政運営に困難をきたすことを嫌い，旧支配階層への懐柔策として旧慣温存を進め，彼らの経済的特権を保障した。

オ．誤文。「支持する」ではなく，旧慣温存策に反対する運動を展開した。

問6．やや難。オ．正文。ア・イ．誤文。「政治評論を中心とした大新聞に対し」，娯楽・報道中心の大衆紙を小新聞といった。

ウ．誤文。「平民的欧化主義と評価して支持した」ではなく，貴族的欧化主義と評して批判した。

エ．誤文。正しくは，政府が進める「日本固有の伝統や思想にこだわらない近代化」に反対した。

問7．オ．誤文。「一般投資家向け雑誌」ではなく，大衆娯楽雑誌である。

問9．ウ．正文。「蓋国家独立自営ノ道ニ二途アリ，第一ニ主権線ヲ守護スルコト，第二ニハ利益線ヲ保護スルコトデアル」とある。

ア．誤文。「政府の国民に対する責任である」ではなく，政府だけではなく，国民と政府の共同の問題である，が正しい。

イ．誤文。特に徴兵の義務は説いていない。

エ．誤文。主権線とは，日本の国土を指している，が正しい。

オ．誤文。「樺太」ではなく朝鮮半島を指している。

問10．オ．誤文。「自由党」ではなく，立憲改進党である。

V 解答

問1．ア　問2．過度経済力集中排除法
問3．オ　問4．エ　問5．宮沢喜一　問6．ア
問7．鳩山一郎　問8．オ　問9．イ　問10．エ

◀解　説▶

≪昭和戦前〜平成の政治・経済≫

問1．ア．誤文。東条英機は皇道派ではなく統制派に属した。ゆえに，「二・二六事件に関係する人物」でもない。

問3．オ．誤文。無産政党から8名の当選者が出た。

問4．エ．正解。大正末期から五･一五事件までの政党内閣の時代は，第1次・第2次加藤高明内閣→第1次若槻礼次郎内閣→田中義一内閣→浜口雄幸内閣→第2次若槻礼次郎内閣→犬養毅内閣の順である。

問6．難問。ア．正解。a．正文。b．誤文。やや詳細な知識になるが，自民党は橋本龍太郎内閣の前の村山富市内閣で日本社会党・新党さきがけと連立して政権に復帰した。c．誤文。「小渕恵三内閣」ではなく，竹下登内閣が1989年に消費税を実施した。よって「55年体制崩壊後」でもない。bの判断が難しかった。

問8．オ．正文。ア．誤文。「東久邇宮稔彦内閣」ではなく，幣原喜重郎内閣である。

イ．誤文。「憲法改正要綱をふまえて」ではなく，憲法改正要綱を拒否して，独自の改正草案を作成した。

ウ．誤文。「日本国憲按」ではなく，「憲法草案要綱」である。

エ．誤文。「参議院」ではなく貴族院である。

問9．イ．正解。ア．誤り。岸信介内閣ではなく鳩山一郎内閣。

ウ．誤り。佐藤栄作内閣ではなく田中角栄内閣。
エ．誤り。田中角栄内閣ではなく佐藤栄作内閣。
オ．誤り。竹下登内閣ではなく中曽根康弘内閣。
問10．エ．誤文。「円安」ではなく円高である。

❖講　評

Ⅰ　1は7～8世紀の出土文字資料について，2は後三条天皇の親政と院政についての問題文を用いて，飛鳥時代～院政期の政治・文化などが出題された。問5は正文2択の組み合わせ問題，問7は史料の選択問題，問10は5文の配列問題と出題形式が多様である。問10は地方支配の変容について，消去法が駆使できない配列法での出題だけに，テーマ史学習を重視していたかどうかで得点差がついたであろう。ただし特に難問はなく，全て教科書学習で対応可能な標準的問題である。

Ⅱ　1は鎌倉時代の惣領制に関する史料，2は中世の蝦夷地と琉球をテーマとした問題文を軸に，当該期の政治・社会・外交について問われた。問10は琉球の貿易に関しての詳細な内容に触れる誤文選択問題であり，やや難である。その他には教科書学習範囲を超える難問はない。特に問1・問3は本格的な史料読解に基づく誤文選択問題であり，標準的な知識をもとにした思考力を問う良問である。

Ⅲ　1は江戸城の大奥についての問題文に関連して，江戸初期～天保期までの政治・外交・文化が出題された。2は「寛永十年鎖国令」の史料をもとに，江戸前期の外交・政治が出題された。全て基本～標準レベルの問題で構成されている。ただ出題される時代が行きつ戻りつしているために，受験生は時代を混乱しないように注意して解き進める必要がある。

Ⅳ　1は明治の沖縄について，2は明治～大正のマスメディアについての問題文，3は史料「山県有朋の施政方針演説」を用いて，江戸幕末～大正の政治・外交・文化が出題された。問2・問3は教科書記述頻度の低い細密な内容の正文・誤文選択問題であり，やや難。ほかは基本～標準レベルであるが，10問中7問が正文・誤文選択問題であり，誤りの箇所の特定には細心の注意と時間を要しただろう。

Ⅴ　1は史料「二・二六事件蹶起趣意書」，2は55年体制の成立から崩壊までに関する問題文を用いて，昭和戦前～平成の政治・経済に関して問われた。問 6 は，平成の政治史に関する緻密な内容についての正誤問題で，難問である。それ以外は入試頻出の基本～標準レベルであり，取りこぼすことのないようにしたい。

総括すれば，2022 年度は，2021 年度に続き大問 5 題構成であり，総設問数も 50 問で変化はなく，全体の分量も 2021 年度とほぼ同程度である。また出題形式が配列法・正誤法など多様で，正文・誤文選択問題の割合も多く，時間的な余裕があまりないのも例年通りだろう。しかし，平成の本格的な政治史の問題が出題されたこと，また本格的な視覚資料問題はなかったものの，Ⅰの問 7 では選択肢で史料が用いられ，Ⅱ～Ⅴではそれぞれ史料を問題文にしており，史料読解を伴う設問が増加したことの 2 点は特記すべき点である。それらの要素や難問・やや難問の数を勘案すると，問題全体では 2021 年度より「やや難化」したといえるだろう。

世界史

I **解答** (1)イクター制 (2)デフォー (3)オランダ
(4)分割統治（政策） (5)マルサス (6)ウラービー
(7)第２インターナショナル (8)―ウ (9)―ア (10)マオリ人
(11)天津（条約） (12)コッホ (13)ブレスト=リトフスク（条約） (14)―エ
(15)レンテンマルク

◀解 説▶

≪ヨーロッパ世界における伝染病の流行≫

(1)イクター制はイスラーム世界で行われた制度。それまでのアター制（俸給制度）にかわり，官僚・軍人に分与地（イクター）の徴税権を与えるもので，ブワイフ朝のバグダード占領（946年）後に始まり，セルジューク朝，マムルーク朝でも採用された。

(3)ベルギーはウィーン会議（1814～15年）の結果，オランダに併合されたが，1830年，七月革命の影響を受け武装蜂起して独立を宣言，翌31年にレオポルド１世が即位して立憲王国となった。

(6)ウラービーは「エジプト人のエジプト」をスローガンに掲げ，エジプトの独立をめざして武装蜂起した（ウラービーの反乱：1881～82年）。しかし，反乱はイギリス軍によって鎮圧され，エジプトは事実上イギリスの保護国となった。

(7)第２インターナショナルは各国社会主義政党と労働者のゆるやかな連合体で，ドイツ社会民主党が主導的立場にあった。しかし，第一次世界大戦がおこると，加盟政党がそれぞれ自国の戦争政策を支持したため活動は停滞した。

(8)ウ．正解。アメリカ合衆国は1882年の中国人移民禁止法で，中国人の移民を全面的に禁じた。

(9)ア．誤文。東インド会社の中国貿易独占権が廃止されたのは1833年（実施は34年）。1813年に廃止されたのは対インド貿易独占権である（茶は除く）。

(10)マオリ人はポリネシア系の先住民。イギリスによる植民地化後，入植者に対する土地戦争を展開した（マオリ戦争：1860〜72年）。

⑾ 1885年の天津条約で，フランスはベトナムに対する保護権を承認させるとともに，清国南部における通商・鉄道建設などの特権も獲得した。

⑿コッホは結核菌・コレラ菌を発見したほか，細菌培養法・染色法の開発やツベルクリンの製造など細菌学研究の基礎を築いた人物で，日本の北里柴三郎も彼に師事した。

⒀ブレスト=リトフスク条約のソヴィエト政権代表はヨッフェやトロツキー。ソヴィエト政権はポーランドやバルト海地域などを失い，多額の賠償金を課せられたが，ドイツの敗戦で破棄された。

II　解答

⑴ヘディン　⑵―イ　⑶※

⑷大理〔大理国〕　⑸サンスクリット（語）

⑹ラタナコーシン〔チャクリ〕（朝）　⑺国際義勇軍　⑻コンゴ自由国

⑼―ウ　⑽ジュネーヴ休戦（協定）

※設問⑶については，全員正解とする措置が取られたことが大学から公表されている。

◀解　説▶

≪インドシナ半島の探検・調査研究活動≫

⑵イ．正解。写真はヒンドゥー教のシヴァ神。三大神の一つで，破壊神であると同時に再生や生殖を司る。また，舞踏の神としても知られる。

⑷大理（大理国：937〜1254年）は南詔滅亡後，白蛮系の豪族である段氏が雲南地方に建てた国。

⑹ラタナコーシン朝（チャクリ朝：1782年〜）はアユタヤ朝滅亡後に成立したトンブリー朝（1767〜82年）にかわり，軍司令官のチャクリ（ラーマ1世）がバンコクを都に建てた王朝である。

⑺国際義勇軍に参加した知識人はマルローの他にヘミングウェー（米）やオーウェル（英）らがいる。その経験をもとにマルローは『希望』，ヘミングウェーは『誰がために鐘は鳴る』，オーウェルは『カタロニア賛歌』を著した。

⑻コンゴ自由国はベルリン会議（ベルリン=コンゴ会議：1884〜85年）の結果，ベルギー王レオポルド2世の私有領として認められ，1908年にベルギー領コンゴとなった。「ベルギー国王がアフリカに所有した土地」が問われているので，解答は「コンゴ」ではなく「コンゴ自由国」が正しい。

⑽ 1954 年に結ばれたジュネーヴ休戦協定では，北緯 17 度線を暫定軍事境界線とし，南北統一選挙の実施が決定された。しかし，アメリカ合衆国が参加せず，選挙も実施されなかったことで，情勢は悪化した。

Ⅲ 解答

⑴―④ ⑵―③ ⑶―② ⑷―② ⑸―④ ⑹―③
⑺―⑤ ⑻―④ ⑼―① ⑽―③

◀解 説▶

≪遺物と偽物≫

⑴④が正解。エジプト新王国がヒクソスを撃退したのは前 16 世紀で，ハンムラビ王が活躍した前 18 世紀にもっとも近い。①のアメンホテプ 4 世（イクナートン）がアマルナ（テル=エル=アマルナ）に都を定めたのは前 14 世紀，②のクシュ王国がテーベに王朝を建てたのは前 8 世紀，③のクフ王がピラミッドを築かせたのは前 26 世紀頃の出来事である。

⑵①誤文。アレクサンドロスに敗れたのはアケメネス朝最後の王であるダレイオス 3 世。

②誤文。バビロン捕囚を行ったのは新バビロニアのネブカドネザル 2 世である。アケメネス朝のキュロス 2 世はバビロンを解放した。

④誤文。マラトンの戦いでアケメネス朝軍はアテネに敗北した。

⑶②が正解。⒜正文。⒝誤文。アメリカ古代文明では馬や車は利用されなかった。

⑷②誤文。ディアス大統領（在任 1877～80，84～1911 年）は大地主階級を保護し，メキシコ革命を招いた。

⑸④誤文。ダービーがコークス製鉄法を発明したのは 18 世紀のことである。

⑺難問。⑤が正解。⒜のトーリ（トーリー）党とホイッグ党は 1679 年の王位継承排除法案をめぐる対立で生まれた。⒝のナントの王令が廃止されたのは 1685 年，⒞のロマノフ朝が成立したのは 1613 年。したがって古い順から正しく配列すると⒞→⒜→⒝となる。

⑻④誤文。シク教はカーストによる差別を否定した。

⑼西ゴート王国を滅ぼした王朝はウマイヤ朝（711 年）で都はダマスクス。クテシフォンはパルティアやササン朝ペルシアの都である。

Ⅳ 解答

A．(1)—③　(2)—②　(3)—②　(4)—①　(5)—③
B．(6)—②　(7)—①　(8)—①　(9)—③　(10)—④
C．(11)—②　(12)—①　(13)—④　(14)—③　(15)—④

◀解　説▶

≪歴史観の変遷≫

A．(1)①誤文。アウストラロピテクスが用いたのは原始的な打製石器である。

②誤文。ラスコーの洞穴絵画を残したのはクロマニョン人。

④誤文。クロマニョン人が登場したのは約4万年前である。

(2)②が正解。(a)正文。(b)誤文。『神の国』を著したのはアウグスティヌス。エウセビオスの代表的著書は『教会史』『年代記』である。

(3)②のサン=ピエトロ大聖堂が正解。①はゴシック様式の代表的建造物であるシャルトル大聖堂，③はロマネスク様式を代表するピサ大聖堂である。

(4)②誤文。北宋の神宗に起用されて新法を断行したのは王安石。張居正は明の万暦帝に仕えた政治家である。

③誤文。匈奴の冒頓単于が破ったのは漢の高祖（劉邦）である。

④誤文。元の末期に白蓮教徒が起こした反乱は紅巾の乱（1351～66年）。黄巾の乱は後漢末に太平道首領の張角が起こした反乱である（184～192年）。

(5)難問。③が正解。(a)の第3回ポーランド分割によってポーランド国家が消滅したのは1795年，(b)のワシントンがアメリカ合衆国大統領に就任したのは1789年，(c)のトゥサン=ルヴェルチュール（ハイチ独立運動の指導者）が獄死したのは1803年。したがって古いものから順に正しく配列すると(b)→(a)→(c)となる。

B．(6)①誤文。スペインから購入したのはフロリダ。ルイジアナはフランスから購入した土地である。

③誤文。ホームステッド法はリンカン大統領のもとで制定された。

④誤文。共和党は奴隷制に反対する勢力によって結成された。

(7)①誤文。ムラービト朝が征服したのはガーナ王国（11世紀後半）。マリ王国は内紛とソンガイ王国の勃興によって崩壊した。

(9)①誤文。骨品制は新羅で行われた制度である。

②誤文。天平文化が開花したのは8世紀。

④誤文。チベット文字はインド文字をもとに作成された。

⑽④誤文。日本はポーツマス条約でロシアが所有していた旅順・大連の租借権を獲得した。

C．⑾②誤文。フセイン政権はイラク戦争で崩壊した。

⑿①が正解。ロシアがカージャール朝からアルメニア（東アルメニア）を獲得したのは 1828 年のトルコマンチャーイ条約。したがって 1848～50 年にかけて展開されたバーブ教徒の乱より前のアの時期になる。

⒀①誤文。アンカラの戦いはオスマン朝がティムール帝国に敗れた戦い。

②誤文。ツァーリの称号を用いたイヴァン 3 世はモスクワ大公国の君主（在位 1462～1505 年）である。

③誤文。ギリシア正教布教のため考案され，スラブ人の間に広まったのはキリル文字。

⒁難問。③が正解。1997～98 年の落ち込みはアジア通貨危機の影響によるものである。アジア通貨危機は 1997 年，タイの通貨バーツの急落をきっかけに東南アジア諸国に広がった通貨危機で，その影響は韓国にも及んだ。したがって 1997～98 年に大きく落ち込んでいる⒝がタイで，⒜は直接的な影響を受けなかった中国である。

❖講　評

Ⅰ　伝染病をテーマに14～20世紀におけるヨーロッパの政治・社会・文化について問う大問で，記述と語句・誤文の選択で構成されている。⒁の地図から都市の位置を選ぶ問題を含め，おおむね標準的なレベルである。

Ⅱ　インドシナ半島における探検・調査研究活動を中心に，東南アジアだけでなくインド・アフリカ・ヨーロッパに関しても問う。記述が中心で，これに⑵の写真と⑼の地図を用いた選択問題が加わる。⑻の正解は〔解説〕にも記したように「コンゴ」では不十分で，「コンゴ自由国」とする。この大問もおおむね標準レベルである。

Ⅲ　遺物と偽物を題材に古代から17世紀までの各地の情勢について問う大問。正誤文の選択，正誤や正しいものの組み合わせ選択，配列法で構成されているが，⑺の配列法は年代が非常に近いものがあり，難問といえる。

Ⅳ　歴史観の変遷をテーマに先史時代から21世紀にいたる世界各地の政治・社会・経済・文化について幅広く問う大問。形式も正誤文の選択，正誤や正しいものの組み合わせ選択，配列法となっており，⑶の写真・⑻の地図・⒁のグラフなどバラエティー豊かに出題されている。⑸の配列法はⅢの⑺と同様に年代が接近しており，難問といえる。また，⒁のグラフの読み取りも現代史の知識が必要で難問である。

数学

I

解答　(1)　5 回の試行で点 (3, 2) にあるのは

x 方向に $+1$, $+1$, $+1$, y 方向に $+1$, $+1$ の移動であるから，求める確率は

$${}_5C_3\left(\frac{p}{2}\right)^3\left(\frac{1-p}{2}\right)^2=\frac{5}{16}p^3(1-p)^2 \quad \cdots\cdots(\text{答})$$

(2)　以下，x 方向に 1 移動する回数を a, -1 移動する回数を b, y 方向に 1 移動する回数を c, -1 移動する回数を d とする。

9 回の試行で点 (1, 4) にあるのは

$$(a,\ b,\ c,\ d)=(1,\ 0,\ 6,\ 2),\ (2,\ 1,\ 5,\ 1),\ (3,\ 2,\ 4,\ 0)$$

となるときである。

x 方向，y 方向に 1 移動する確率と，x 方向，y 方向に -1 移動する確率はそれぞれ等しく，$\dfrac{p}{2}$, $\dfrac{1-p}{2}$

であるから

$$\frac{9!}{1!0!6!2!}\left(\frac{p}{2}\right)\left(\frac{p}{2}\right)^0\left(\frac{1-p}{2}\right)^6\left(\frac{1-p}{2}\right)^2+\frac{9!}{2!1!5!1!}\left(\frac{p}{2}\right)^2\left(\frac{p}{2}\right)\left(\frac{1-p}{2}\right)^5\left(\frac{1-p}{2}\right)$$
$$+\frac{9!}{3!2!4!0!}\left(\frac{p}{2}\right)^3\left(\frac{p}{2}\right)^2\left(\frac{1-p}{2}\right)^4\left(\frac{1-p}{2}\right)^0$$

$$=\frac{9\times28}{512}p(1-p)^8+\frac{84\times18}{512}p^3(1-p)^6+\frac{126\times10}{512}p^5(1-p)^4$$

$$=\frac{63p(1-p)^4}{128}\{(1-p)^4+6p^2(1-p)^2+5p^4\}$$

$$=\frac{63p(1-p)^4}{128}(12p^4-16p^3+12p^2-4p+1) \quad \cdots\cdots(\text{答})$$

(3)　9 回の試行で点 (3, 4) にあるのは

$$(a,\ b,\ c,\ d)=(3,\ 0,\ 5,\ 1),\ (4,\ 1,\ 4,\ 0)$$

である。

x 方向，y 方向に 1 移動する確率，x 方向，y 方向に -1 移動する確率はそれぞれ等しく，$\dfrac{p}{2}$, $\dfrac{1-p}{2}$

であるので

$$\frac{9!}{3!0!5!1!}\left(\frac{p}{2}\right)^3\left(\frac{p}{2}\right)^0\left(\frac{1-p}{2}\right)^5\left(\frac{1-p}{2}\right)+\frac{9!}{4!1!4!0!}\left(\frac{p}{2}\right)^4\left(\frac{p}{2}\right)\left(\frac{1-p}{2}\right)^4\left(\frac{1-p}{2}\right)^0$$

$$=\frac{84\times6}{512}p^3(1-p)^6+\frac{126\times5}{512}p^5(1-p)^4$$

$$=\frac{42p^3(1-p)^4}{512}\{12(1-p)^2+15p^2\}\quad\cdots\cdots①$$

9 回の試行で点（4, 3）にあるのは

$$(a,\ b,\ c,\ d)=(4,\ 0,\ 4,\ 1),\ (5,\ 1,\ 3,\ 0)$$

である。

x 方向，y 方向に 1 移動する確率，x 方向，y 方向に −1 移動する確率はそれぞれ等しく，$\frac{p}{2}$，$\frac{1-p}{2}$ であるので

$$\frac{9!}{4!0!4!1!}\left(\frac{p}{2}\right)^4\left(\frac{p}{2}\right)^0\left(\frac{1-p}{2}\right)^4\left(\frac{1-p}{2}\right)+\frac{9!}{5!1!3!0}\left(\frac{p}{2}\right)^5\left(\frac{p}{2}\right)\left(\frac{1-p}{2}\right)^3\left(\frac{1-p}{2}\right)^0$$

$$=\frac{126\times5}{512}p^4(1-p)^5+\frac{84\times6}{512}p^6(1-p)^3$$

$$=\frac{42p^4(1-p)^3}{512}\{15(1-p)^2+12p^2\}\quad\cdots\cdots②$$

①＝② より

$$\frac{42p^3(1-p)^4}{512}\{12(1-p)^2+15p^2\}=\frac{42p^4(1-p)^3}{512}\{15(1-p)^2+12p^2\}$$

$$(1-p)\{4(1-p)^2+5p^2\}=p\{5(1-p)^2+4p^2\}$$

$$18p^3-27p^2+17p-4=0,\ (2p-1)(9p^2-9p+4)=0$$

p は実数より，$p=\frac{1}{2}$ であり，$0<p<1$ を満たす。

ゆえに　　$p=\frac{1}{2}$　……(答)

◀解　説▶

≪点の移動に関する確率，独立試行の確率，3 次方程式≫

(1) x 方向，y 方向を合わせた 5 回の試行で，原点 O(0, 0) から，点 (3, 2) に移動する場合の数を求めると，x 方向に +1, +1, +1，y 方向に +1, +1 の移動であり，それぞれは 1 通りである。そして，+1 の移動

の確率が各$\frac{p}{2}$，$\frac{1-p}{2}$であることから，独立試行の確率計算式で求めることができる。

(2) x方向，y方向を合わせた9回の試行で，原点O$(0,\ 0)$から，点$(1,\ 4)$に移動する場合の数を求める。

そして，1移動する確率，-1移動する確率がそれぞれ$\frac{p}{2}$，$\frac{1-p}{2}$であることから，独立試行の確率計算式で求めることができる。

(3) x方向，y方向を合わせた9回の試行で，原点O$(0,\ 0)$から，点$(3,\ 4)$と点$(4,\ 3)$に移動する確率をそれぞれ計算し，等しくするとよい。pについての3次方程式になることから，pの値を求める。

II 解答

(1) $f(x)=||x-1|-1|$について

［i］ $x \geqq 1$のとき

$$f(x)=|(x-1)-1|=|x-2|$$

となるから

$1 \leqq x \leqq 2$のとき

$$f(x)=-x+2$$

$x \geqq 2$のとき

$$f(x)=x-2$$

［ii］ $x \leqq 1$のとき

$$f(x)=|-(x-1)-1|=|-x|=|x|$$

となるから

$0 \leqq x \leqq 1$のとき　$f(x)=x$

$x \leqq 0$のとき　$f(x)=-x$

［i］，［ii］より，$y=f(x)$のグラフは右図（実線の部分）。

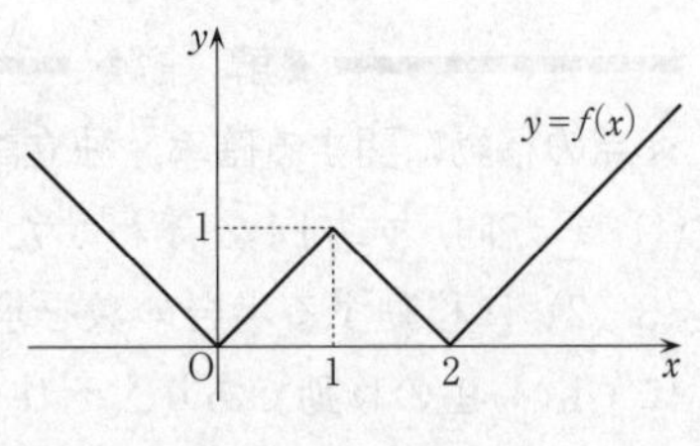

(2) 直線$y=ax-\frac{1}{2}$のグラフは

点$\left(0,\ -\frac{1}{2}\right)$を通り，傾きが$a\,(a \geqq 0)$

である。

点（1，1）を通るとき

$1=a-\dfrac{1}{2}$ から　　$a=\dfrac{3}{2}$

点（2，0）を通るとき

$0=2a-\dfrac{1}{2}$ から　　$a=\dfrac{1}{4}$

直線 $y=x$，$y=x-2$ に平行なとき

$a=1$

したがって右図より，2 つのグラフの交点の個数は

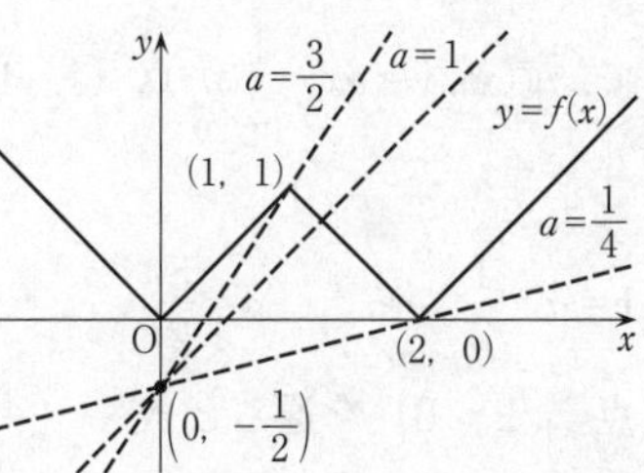

$$\begin{cases} 0\leqq a<\dfrac{1}{4} \text{ のとき} & 0\text{ 個} \\ a=\dfrac{1}{4} \text{ のとき} & 1\text{ 個} \\ \dfrac{1}{4}<a<1 \text{ のとき} & 2\text{ 個} \\ 1\leqq a \text{ のとき} & 1\text{ 個} \end{cases}$$ ……(答)

(3)　$g(x)=\left||x^2-1|-1\right|$ について

［ i ］　$x\geqq 1$，$x\leqq -1$ のとき

$g(x)=|x^2-2|$

となるから

$x\geqq\sqrt{2}$ のとき

$g(x)=x^2-2$

$1\leqq x\leqq\sqrt{2}$ のとき

$g(x)=-x^2+2$

$-\sqrt{2}\leqq x\leqq -1$ のとき

$g(x)=-x^2+2$

$x\leqq-\sqrt{2}$ のとき

$g(x)=x^2-2$

［ ii ］　$-1\leqq x\leqq 1$ のとき

$g(x)=|-(x^2-1)-1|=|-x^2|=|x^2|=x^2$

となる。

［ i ］，［ ii ］より，$y=g(x)$ のグラフは右図（実線の部分）。

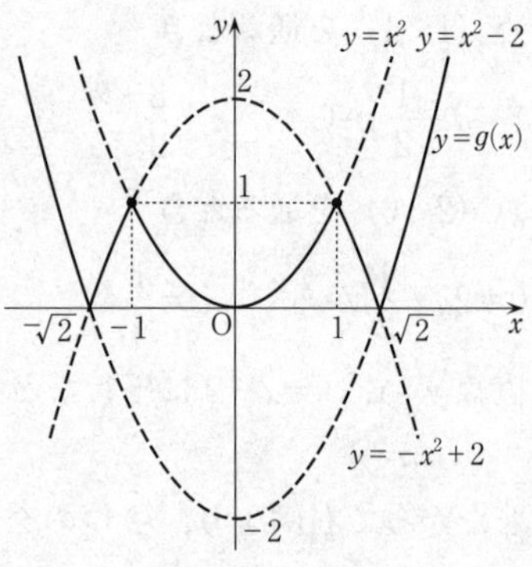

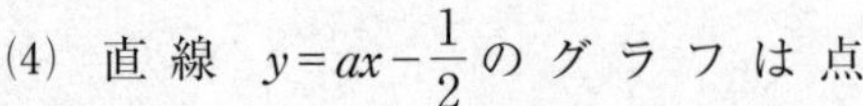

(4)　直線　$y=ax-\dfrac{1}{2}$ のグラフは点 $\left(0,\ -\dfrac{1}{2}\right)$ を通り，傾きが $a\,(a\geqq 0)$ である。

$y=g(x)$ のグラフの $x\geqq 0$ の範囲を考えて，直線 $y=ax-\dfrac{1}{2}$ が点 $(1,\ 1)$ を通るとき

$1=a-\dfrac{1}{2}$ から　　$a=\dfrac{3}{2}$

点 $(\sqrt{2},\ 0)$ を通るとき

$0=\sqrt{2}\,a-\dfrac{1}{2}$ から　　$a=\dfrac{1}{2\sqrt{2}}$

$y=ax-\dfrac{1}{2}$ と $y=x^2$ が接するとき

$x^2=ax-\dfrac{1}{2}$ より

$$2x^2-2ax+1=0$$

この判別式を D とすると

$\dfrac{D}{4}=0$ より　　$a^2-2=0$

$a\geqq 0$ より　　$a=\sqrt{2}$

したがって右図より，2つのグラフの交点の個数は

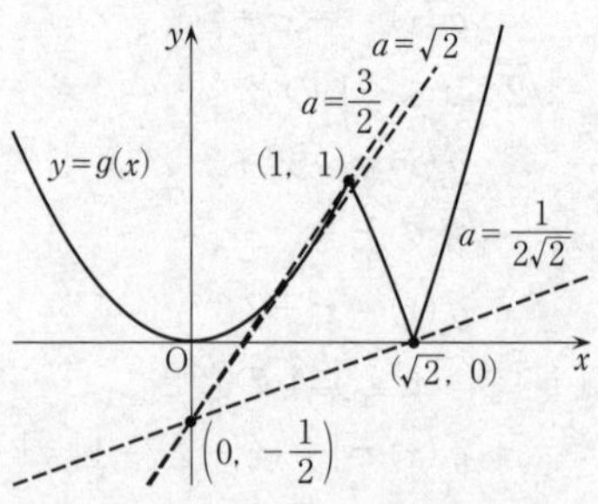

$$\begin{cases} 0 \leqq a < \dfrac{1}{2\sqrt{2}} \text{ のとき} & 0\text{ 個} \\ a = \dfrac{1}{2\sqrt{2}} \text{ のとき} & 1\text{ 個} \\ \dfrac{1}{2\sqrt{2}} < a < \sqrt{2} \text{ のとき} & 2\text{ 個} \\ a = \sqrt{2} \text{ のとき} & 3\text{ 個} \\ \sqrt{2} < a < \dfrac{3}{2} \text{ のとき} & 4\text{ 個} \\ a = \dfrac{3}{2} \text{ のとき} & 3\text{ 個} \\ a > \dfrac{3}{2} \text{ のとき} & 2\text{ 個} \end{cases} \quad \cdots\cdots\text{(答)}$$

◀解　説▶

≪絶対値のついた関数のグラフ，直線と曲線との交点の個数≫

(1)　絶対値の外し方

$$|x| = \begin{cases} x & (x \geqq 0) \\ -x & (x < 0) \end{cases}$$

を用いて，絶対値を外してグラフを描く。

$f(x) = \big||x-1|-1\big|$ は，二重の絶対値がついているが，まず，[i] $x \geqq 1$，[ii] $x \leqq 1$ として，$|x-1|$ の絶対値を外して考える。

そして，$f(x) = |x-2|$，$f(x) = |x|$ として，さらに絶対値を外してグラフを描くこと。絶対値を外すときの x の範囲に注意することが大切である。

(2)　直線 $y = ax - \dfrac{1}{2}$ は点 $\left(0,\ -\dfrac{1}{2}\right)$ を通り，傾きが $a\ (a \geqq 0)$ であり，(1)で求めたグラフとの交点を調べることである。直線が点 $(1,\ 1)$，$(2,\ 0)$ を通るときの a の値を求め，傾き a の値の範囲によって，交点の個数が異なることに注意が必要である。

(3)　$g(x) = \big||x^2-1|-1\big|$ も，二重の絶対値がついているが，まず，[i] $x \leqq -1$，$x \geqq 1$，[ii] $-1 \leqq x \leqq 1$ として，$|x^2-1|$ の絶対値を外して考える。

そして，$g(x) = |x^2-2|$，$g(x) = |x^2|$ として，さらに絶対値を外してグラフを描く。ここでも絶対値を外すときの x の範囲に注意する。

(4)　直線 $y=ax-\frac{1}{2}$ は点 $\left(0,\ -\frac{1}{2}\right)$ を通り，傾きが $a\ (a\geqq 0)$ であり，(3)で求めたグラフとの交点を調べることである。直線が点 (1, 1), ($\sqrt{2}$, 0) を通るときの a の値を求め，さらに，$y=ax-\frac{1}{2}$ と $y=x^2$ が接するときの a の値を求める。そして，傾き a の値の範囲によって，交点の個数を調べることである。

III　解答

$$a_{n+1}=\frac{2a_n+1}{2a_n+3}\quad (a_1=1,\ n=1,\ 2,\ 3,\ \cdots)\quad \cdots\cdots①$$

(1)　$\alpha=\frac{2\alpha+1}{2\alpha+3}$ より

$$\alpha(2\alpha+3)=2\alpha+1$$

であるから

$$2\alpha^2+\alpha-1=0$$

$$(2\alpha-1)(\alpha+1)=0$$

$\alpha>0$ より　　$\alpha=\frac{1}{2}$　……(答)

$n=1,\ 2,\ 3,\ \cdots$ に対して $a_n>\frac{1}{2}$ であることを数学的帰納法で示す。

[i]　$n=1$ のとき，$a_1=1>\frac{1}{2}$ で成り立っている。

[ii]　$n=k$ のとき，成り立つと仮定すると　　$a_k>\frac{1}{2}$

①より

$$a_{k+1}-\frac{1}{2}=\frac{2a_k+1}{2a_k+3}-\frac{1}{2}=\frac{2(2a_k+1)-(2a_k+3)}{2(2a_k+3)}=\frac{2a_k-1}{2(2a_k+3)}$$

$a_k>\frac{1}{2}$ より　　$2a_k-1=2\left(a_k-\frac{1}{2}\right)>0,\ 2(2a_k+3)>0$

であるから

$$a_{k+1}-\frac{1}{2}>0,\ a_{k+1}>\frac{1}{2}$$

となり，$n=k+1$ のときも成り立っている。

［ i ］，［ ii ］より，すべての自然数 $n=1,\ 2,\ 3,\ \cdots$ について，$a_n>\dfrac{1}{2}$ が成り立つ。　　　（証明終）

(2)　$b_n=\dfrac{1}{a_n-\dfrac{1}{2}}$ より

$$a_n-\frac{1}{2}=\frac{1}{b_n}$$

となり，①より

$$a_{n+1}-\frac{1}{2}=\frac{2a_n+1}{2a_n+3}-\frac{1}{2}=\frac{2a_n-1}{2(2a_n+3)}=\frac{2\left(a_n-\dfrac{1}{2}\right)}{4\left(a_n-\dfrac{1}{2}\right)+8}$$

よって

$$\frac{1}{b_{n+1}}=\frac{\dfrac{2}{b_n}}{\dfrac{4}{b_n}+8}=\frac{1}{4b_n+2}$$

となり

$$b_{n+1}=4b_n+2$$

ゆえに，数列 $\{b_n\}$ の漸化式は　　$b_{n+1}=4b_n+2\quad(b_1=2)$　……（答）

(3)　(2)の結果より，$b_{n+1}+\dfrac{2}{3}=4\left(b_n+\dfrac{2}{3}\right)$ と変形して，数列 $\left\{b_n+\dfrac{2}{3}\right\}$ は公比 4，初項 $b_1+\dfrac{2}{3}=\dfrac{8}{3}$ の等比数列であるから，$b_n+\dfrac{2}{3}=\dfrac{8}{3}\cdot 4^{n-1}=\dfrac{2}{3}\cdot 4^n$ より

$$b_n=\frac{2}{3}\cdot 4^n-\frac{2}{3}=\frac{2}{3}(4^n-1)$$

よって

$$a_n=\frac{1}{b_n}+\frac{1}{2}=\frac{1}{\dfrac{2}{3}(4^n-1)}+\frac{1}{2}=\frac{4^n+2}{2(4^n-1)}\quad\text{……（答）}$$

(4)

$$4^na_n=4^n\cdot\frac{4^n+2}{2(4^n-1)}=\frac{1}{2}\cdot\frac{(4^n)^2+2\cdot 4^n}{4^n-1}=\frac{1}{2}\cdot\frac{(4^n+3)(4^n-1)+3}{4^n-1}$$

$$=\frac{1}{2}\cdot\left(4^n+3+\frac{3}{4^n-1}\right)$$

4^n+3 は奇数であるから，$4^n a_n$ が整数になるためには $\dfrac{3}{4^n-1}$ が奇数であることが必要であるので

$$4^n-1=\pm 1,\ \pm 3$$

n は自然数であるから　　$n=1$

逆に $n=1$ のとき，$4^n a_n=4a_1=4$ となり $4^n a_n$ は自然数。

よって　　$n=1$　……(答)

◀解　説▶

≪分数の漸化式，数学的帰納法，数列の整数条件≫

(1)　分数方程式 $x=\dfrac{2x+1}{2x+3}$ を解き，$x=-1,\ \dfrac{1}{2}$ を求める。$x>0$ に注意する。

次に，$a_n>\dfrac{1}{2}$ であることを数学的帰納法で証明する。

(2)　$a_{n+1}-\dfrac{1}{2}=\dfrac{2a_n+1}{2a_n+3}-\dfrac{1}{2}=\dfrac{2\left(a_n-\dfrac{1}{2}\right)}{4\left(a_n-\dfrac{1}{2}\right)+8}$ を導き，

$b_n=\dfrac{1}{a_n-\dfrac{1}{2}}$ より $a_n-\dfrac{1}{2}=\dfrac{1}{b_n}$ を代入し，b_{n+1}，b_n の関係式を求める。

(3)　$b_{n+1}=4b_n+2$ について，一般に 2 項間漸化式 $a_{n+1}=pa_n+q\ (p\neq 1)$ の一般項は $a_{n+1}-\beta=p(a_n-\beta)$ を満たす β を求め，数列 $\{a_n-\beta\}$ が初項 $a_1-\beta$，公比 p の等比数列として計算し，求めることができる。

すなわち，$b_{n+1}=4b_n+2$ より，$b_{n+1}-\beta=4(b_n-\beta)$ とし，$\beta=-\dfrac{2}{3}$ を求めて，$b_{n+1}+\dfrac{2}{3}=4\left(b_n+\dfrac{2}{3}\right)$ と変形するとよい。

そして，b_n を求めてから，$a_n=\dfrac{1}{b_n}+\dfrac{1}{2}$ より，a_n を求める。

(4)　$4^n a_n=\dfrac{1}{2}\cdot\left(4^n+3+\dfrac{3}{4^n-1}\right)$ を導くことである。

4^n+3 は奇数であるから，$4^n a_n$ が整数になるには $\dfrac{3}{4^n-1}$ が奇数であればよい。

よって，$4^n-1=\pm1$，±3 を満たすことが必要条件になる。

❖講　評

大問３題の出題で，「数学Ａ（確率)」，「数学Ⅰ（２次関数)」，「数学Ｂ（数列)」から各１題ずつの出題である。

Ⅰ　(1)・(2)　５回と９回の試行で，原点 O(0, 0) から，それぞれ，点 (3, 2) と点 (1, 4) に移動する確率を求める問題である。x 方向に $+1$，-1 の移動の確率が等しく $\dfrac{p}{2}$，y 方向に $+1$，-1 の確率が等しく $\dfrac{1-p}{2}$ であることから，独立試行の確率計算で求めるとよい。注意することは５回と９回の試行で，点 (3, 2) と点 (1, 4) に移動するときの場合の数も考えることである。

(3)　点 (3, 4) と点 (4, 3) に移動する確率を求め，３次方程式を解くとよい。

Ⅱ　(1)・(3)　$f(x)=||x-1|-1|$，$g(x)=||x^2-1|-1|$ は，二重に絶対値がついているが，まず，$|x-1|$，$|x^2-1|$ の絶対値を外して，さらに，絶対値を外すとよい。絶対値を外すときの x の範囲に注意する。グラフは直線と放物線の一部となるので簡単に描くことができる。

(2)・(4)　交点の個数については，直線 $y=ax-\dfrac{1}{2}$ は点 $\left(0,\ -\dfrac{1}{2}\right)$ を通る傾き a の直線であり，$y=f(x)$，$y=g(x)$ のグラフを活用して交点の個数を求めること。

また，直線と放物線 $y=x^2$ が接するときの a の値にも注意をすること。

Ⅲ　(1)　分数方程式 $\alpha=\dfrac{2\alpha+1}{2\alpha+3}$ を解き，数学的帰納法によって $a_n>\dfrac{1}{2}$ を証明する。

(2)　$a_{n+1}-\dfrac{1}{2}=\dfrac{2\left(a_n-\dfrac{1}{2}\right)}{4\left(a_n-\dfrac{1}{2}\right)+8}$ を導き，$\dfrac{1}{a_n-\dfrac{1}{2}}=b_n$，$\dfrac{1}{a_{n+1}-\dfrac{1}{2}}=b_{n+1}$ を代入する。

(3)　2 項間漸化式 $b_{n+1}=4b_n+2$ は $b_{n+1}+\frac{2}{3}=4\left(b_n+\frac{2}{3}\right)$ と変形する。

数列 $\left\{b_n+\frac{2}{3}\right\}$ が等比数列より，b_n を求め，一般項 a_n を求める。

(4)　$4^na_n=\frac{1}{2}\cdot\left(4^n+3+\frac{3}{4^n-1}\right)$ を導き，$\frac{3}{4^n-1}$ が奇数になればよいことより，n の値を求めるとよい。

いずれも難問ではなく，取り組みやすい問題である。全てが記述式であるから論理的にわかりやすい答案を作成することが大切である。また，証明問題もあり注意したい。**I** の計算はやや面倒であるが，全体的にそれほど複雑な計算がないので，途中のケアレスミスをしないことが重要である。全問が基礎・基本的な知識を問う良問である。

❖講　評

現代文一題、古文一題、漢文一題の大問三題の出題で、試験時間は六〇分。

一の現代文は、性のあり方を通して人間と社会との関係について論じた評論文。男女平等や女性の地位向上を訴える論説ではなく、人間を二つのカテゴリーに分けてしまうことへの考察と批判が述べられている。〔問二〕は哲学的で設問の意味を理解することもやっかいである。思い切って〈認識〉が先。〈存在〉は後〉などと第一段落の内容を図式化すると正解が見えやすくなる。〔問九〕は、〈ジェンダーがセックス（身体的性差）により決定されているものではなく、演じることで人々の認識の中で構築されている〉という筆者の主張を把握しておく必要がある。なお「社会構築主義」を選ぶ〔問八〕は、〔問七〕とこの〔問九〕の正答と連動した問題でもあった。筆者の主張を正確にとらえていないとBにひっかかる。

二の古文は『今昔物語集』からの出題。瀕死の師の身代わりになって死のうとした弟子の僧の話で、内容は追いやすい。設問も基本的な語彙や文法事項が理解できていれば問題ないだろう。〔問二〕・〔問四〕の選択肢は、深読みし過ぎずに本文の内容と照らし合わせること。

三の漢文は、儒教の性善説に疑問を呈し仏教の考え方を付け加えるべきだと主張した明代の評論文。〔問一〕は、性善説をめぐって、現実に悪が存在するのはなぜかという問いが発生し、それに対して性善説に立つ側がその原因を後天的な習慣によるものだと主張していたことを知っていないと難しかっただろう。これに対して筆者は、現実に悪が存在するのは習慣によるものではなく生まれながらの性質によるものだと述べている。〔問二〕は対句による文の構造をおさえる問題。〔問五〕はこの文章の筆者が明の時代の人であることも実はヒントになっている。明は中国史において仏教が取り入れられた時代であった。

分である。現実の悪が生後の習慣によらないのであれば、それは〝生まれながら〟の性質ということになるのでBが正解。

〔問二〕空欄(2)を含む文が前半と後半（「長じて」以降）で対句になっている点をおさえたい。この部分は〝幼児は父母を愛しているけれど同時に父母につかみかかることもある〟という内容と〝兄を敬うけれど同時に(2)をばかにすることもある〟という構成になっている。したがって空欄には〝兄〟を意味するB「兄長」を入れるのがよい。

〔問三〕「従」「自」はともに「より」と読み、ものごとの起点を表す漢文の基本単語。

〔問四〕有下謂二義理之性善而気質之性不レ善者上となる。

「不」は打消の〝ず〟。下の「善なり」からレ点で返り、「と」と送って「謂ふ」に返せばよい。与えられた読みの最後に「ものあり」とあるので最後の「者」から最初の「有」に返すのだが、すでに「不」から「謂」へ返す時に一二点を使っているので上下点を使用する。したがって「者」に付く返り点は「上」である。

〔問五〕Aは「多くの人が善良である」が不可。第三文には、幼児が生まれながらに〝怒りがち〟で〝欲深い〟と書かれているし、第七文には幼児は父母に〝つかみかかる〟こともあると書かれている。筆者は人間の「性」を悪だと言っているわけではないが、少なくとも善とは言いきれないと述べている。Bも「成長につれて善良な『性』があらわれる」が不可。第七文では、幼児が成長したのち兄を敬うこともあるが、兄をばかにすることもあると書かれている。Cは本文にない内容。DとEが残るが、Dは「仏教では人の『性』が悪であると考える」が不可。そのような記述は本文中にない。本文の主旨からすると、儒教は人の性を善と悪に分けるのに対し、仏教はそもそも人を善悪で区別しないものと考えられる。なお、仏教については最後の一文に「仏氏之言（＝仏教の説）」と出てくるだけなので、これを見逃さないようにしたい。

見て（人の）性はもともと善なのだとするのも、また間違っている。幼児は父母を愛することを知っているが、また父母につかみかかることもあり、成長して兄を敬うことを知っていても、また兄をばかにすることもある。食うものを見れば（その所有をめぐって）争うのであり、美しい人を見れば妬むのである。その（人の）善は第一念（＝人の最も基本となる性）から出現するのであり、その悪もまた（人の）第一念から出現するのである。（だとすれば）情がどうしていまだかつて善であったことがあろうか。義理の性（＝天が人に与える本来の性）は善であって気質の性（＝後天的に形成される性）が善ではないのだとするのも、また間違っている。この世に二つの性などないのである。もし性のうちに（不善を働く）気質の性（＝後天的性）があるのなら、性はまたこれを善だなどと言うことはできないのである。そうであるから性善の説は依然としてごたごたと乱れ定説は無いのである。そこで私は断じて言おう、性を論ずるなら、必ず孔子の説に仏教の説も合わせ、そうして初めてその言説は明らかになるのである。

読み　性善の説千古未だ明らかならず。性は善にして習ひは善ならずと以ふ者、非なり。今孺子生まれながらにして怒り啼くは、則ち多嗔に、彩色を見て喜ぶは、則ち多貪なり。等しく皆善ならざるの類なり。何ぞ習ふを待たんや。性の善は見るべからずして情の善は見るべきを以て、性本より善なりと謂ふ者、亦非なり。孺子父母を愛するを知ると雖も、亦能く父母を捽み、長じて兄長を敬ふを知ると雖も、亦能く兄長を凌ぐ。食を見れば則ち争ひ、色を見れば則ち妬む。其の善第一念より出で、其の悪亦第一念より出づるなり。情亦何ぞ嘗て善ならんや。義理の性は善にして気質の性は善ならずと謂ふ者有るは、亦非なり。天下に二性無し。苟しくも性の中に気質の性有らば、則ち性亦之を善なりと謂ふを得ず。然らば則ち性善の説は尚ほ紛紛として定論無きなり。乃ち予は則ち之を断じて曰はく、性を論ずる者必ず夫子の言を以て仏氏の言を合はせ、而る後に其の説始めて明らかなりと。

◀解　説▶

〔問一〕「何待習」は「何ぞ習ふを待たんや」と読み、反語で〝どうして習慣によるものであろうか、いや、そうではない〟といった意。現実に悪が存在することを、生まれた後の悪い習慣のせいだとする性善説を筆者が批判している部

「晴舞台としたかった」、Dの「自分が頭角を出すには絶好の機会だ」、Eの「師を思う気持ちは他の弟子たちよりも強いことを示したかった」のような利己的な理由ではない。Cは「将来性がまったくない」や「この世に嫌気がさしてしまった」が言い過ぎで、これだと単に死にたがっていることになり、「師に代はりて死なむ」という要素がない。

〔問五〕弟子の僧の記述は文章の半ば、傍線(4)を含む文で「年ごろそのことともなくて相ひ副へる弟子あり（＝〝長年これといって言うこともなく仕えていた弟子がいる〟）」の部分で初めて出てくる。このすぐ後に「師もこれをねむごろにも思はねば（＝〝師もこれを特に可愛がってはいないので〟）」とあり、この部分が智興の弟子の僧への以前の思いであり、傍線(10)の反対の内容であることがわかる。

三

出典　明・袁中道『論性』

解答

〔問一〕B

〔問二〕B

〔問三〕D

〔問四〕者上

〔問五〕E

◆全　訳◆

（儒教で言う）性善の説は、大昔からいまだかつて明らかになったことはない。（人が生まれながらに持っている）性は善であり（生まれた後に身に着ける）習慣が良くないのだとするのは、間違いである。今幼児が生まれながらにして怒り泣くのは、つまり（人の性が）怒りがちだからであり、美しく飾られたものを見て喜ぶのは欲深いからである。どうして習慣によるものであろうか。（生まれながらの）性は目に見えないのに、目に見えている人の情（＝感情の現れ）だけをくいくのが難しい)」の連用形。「な」は強意の助動詞の未然形。「む」は推量の助動詞の終止形。全体で〝きっと(治癒が)かなうのは難しいであろう〟となる。(3)は弟子の僧が師に代わって自分が〝命を棄てよう〟と申し出ている部分なので「む」は意志ととるのがよい。(6)は〝どうせ同じ死ぬのであれば〟と弟子の僧が述べている部分なので仮定と判断する。

〔問二〕 傍線(2)は〝まったく(私の)力の及ばないことである〟といった意味。直前に「さらずは」とあり、〝そうでないならば〟の意で、その「さ」が指示するのはさらにその前の「この病者の御代はりに……申し代へ試みむ」である。身代わりを差し出すのでないならば、私にできることは何もない、ということでBが正解。Aは「身代わり」という点では合っているが、「深く思う人」という条件は本文になく、「泰山府君の心を動かせると考えた」という積極的な考えも、「さらずはさらに力およばぬことなり」とは異なっている。

〔問三〕 (4)の「まもる」は〝じっと見つめる〟と訳す基本古語。もともとは「ま(目)」で「もる(守る)」こと、つまり〝目でじっと見守る〟の意であった。(5)の「ぬ」は終止形なので完了の助動詞。AとBは「ぬ」を打消で訳しているので不可。打消なら「過ぎず」となるはずである。Cは「中途半端」が不可。「中途半端」と訳すのは「なかなか」である。ここは弟子の僧が〝自分の人生はすでに半ばを過ぎもういくらも残っていない〟と述べている部分なのでDが正解。(8)の「験」は「しるし」と読み、〝効果〟〝効き目〟の意。傍線の直前に「師の病頗る減気あり(=〝師の病はずいぶん勢いが衰えた〟)」とあるので、晴明の儀式の効果はあったのである。効果が出ているとしているのはBしかない。(9)の「沙汰す」は「さたす」と読み、〝処置する〟〝手配する〟の意。ここでは弟子の僧が死ぬことになる部屋を周囲にいる僧たちが前もって手配していることを指している。

〔問四〕 弟子の僧が〝すぐに私をあの儀式の文章に記載せよ〟と言った理由は、この傍線(7)の直前に書かれている。〈自分はもう余命いくばくもなく、貧しくて善根(=良い報いを招く行い)を積むこともできない。同じ死ぬのであれば師の身代わりになって死にたい〉と述べている。「善根を修」す、つまり仏道に貢献するためとするAが正解。Bのるよう（泰山府君に）申し出てみよう。そうでないならばまったく（私の）力の及ばないことである」と。弟子たちはこれを聞いて「私が、師に代わってすぐに命を棄てよう」と思う者は一人もいない。互いに顔をじっと見つめて何も言わずに居並んでいたのだが、（その弟子たちの中で）長年これといって言うこともなく（平凡に）仕えていた弟子がいる。師もこれを特に可愛がってはいないので、身は貧しく小部屋に住んでいる者であった。（その弟子が）このことを聞いて言うには「私の年齢はすでに（人生の）半ばを過ぎてしまった。生きることももう（この先）どれほどでもない。また我が身は貧しくてこれからのち善根（＝良い報いを招く行い）を積むこともできない。だから同じ死ぬならば今師に代わって死のうと思うのである。すぐに私をあの儀式の文章に記せ」と。

晴明はこれを聞いて、儀式の文章にその僧の名を記して丁寧にこれを祈祷する。師もこれを聞いて「この僧の心は、これほどであろうとは長年思ってもみなかった」と言って泣く。すっかり儀式が終わった後、師の病はずいぶん回復し儀式の効果が出ているようであった。そうであれば、身代わりの僧は必ず死ぬであろうから、穢れるはずの所（＝死の穢れがあっても差し支えない場所）を手配して与えていたところ、（その弟子の）僧は少しの持ち物などを片付け、言っておくべきことなどを言い置いて、死のうとする所に行って一人で座って念仏を唱えていた。一晩中そばにいた人は（その念仏を）聞いていたがすぐに死ぬようには聞こえない（＝念仏は途切れずにずっと続いていた）うちにすっかり夜も明けてしまった。僧は死んでいるだろうと（皆が）思うのだがいまだに死なない。師はすっかり病が癒えたので、「（弟子の）僧は今日あたり死ぬだろうか」と（皆が）お互いに思っている時に、朝に晴明が来て言うには「師はもう恐れることはない。また身代わりになろうと言った僧も恐れることはない。ともに存命することができた」と言って帰っていった。師も弟子もこれを聞いて喜んで泣くこと限りない。その後、師はこの僧を可愛がって、事あるごとに位の高い弟子たちよりも重用したのだった。

▲解　説▼

〔問一〕　(1)を含む部分は「叶ひがたかり」＋「な」＋「む」となっている。「叶ひがたかり」は形容詞「叶ひがたし（＝うまろ「繰り返し」ジェンダーを演じるメカニズムによって、セックスという虚構が事実化されると述べている。Cは「『身体的な』出来事」が不可。本文には「身体の出来事」（第一段落）とある。Eは「セックス」の概念に加えて、「ジェンダー」や「セクシュアリティ」をさらに細かく概念化せよとしている点が不可。筆者はそうした概念がすべて「虚構」だと述べているのであり（最終段落第二文他）、「虚構」の細分化を主張するはずがない。

二

出典　『今昔物語集』〈巻十九第二十四話　師に代はりて泰山府君の祭の都状に入ること〉

解答

〔問一〕(1)—B　(3)—A　(6)—E

〔問二〕B

〔問三〕(4)—C　(5)—D　(8)—B　(9)—C

〔問四〕A

〔問五〕ねむごろにも思はねば

◆全　訳◆

今は昔、智興という人がいた。三井寺の僧である。学識の高い人であったので公的にも私的にも尊敬されていたところ、身に重い病を受け苦しみ患っていたのだが（闘病の）日数がかさんで病は（さらに）重くなったので、位の高い弟子たちがいて嘆き悲しんであちらこちらで（平癒のための）祈祷をするがまったくその（回復の）徴候がない。当時安倍晴明という陰陽師がいた。（陰陽道の）道に関しては並大抵でなかった者である。そこでその晴明を呼んで泰山府君の祭（＝延命を祈祷する儀式）ということをさせて、この病気から助けて（智興の）命を救おうとするのだが、晴明が来て言うには「この病を占ってみたが極めて重篤でたとえ泰山府君に祈祷してみてもきっと（治癒が）かなうことは難しいであろう。ただし、この病人の代わりに一人の僧を差し出されよ。そうすればその人の名を儀式の文章に記して身代わりにしてくれ

〔問六〕　傍線(6)は、人間が社会的な性差（＝ジェンダー）を確かなものにするために、誕生時に決められた身体的性差（セックス）をその後の人生の中で反復して確認するという内容。「反復」という言葉に注意して本文を読み進めていくと、最終段落第二文に「しかもこの虚構の構築は、一回だけでは終わらない」という表現があるのに気づく。その二文後には、「この虚構」の内容が「セックスという虚構」であることが書かれており、ここが内容的にも傍線(6)と同じであることがわかる。同文中には「繰り返し繰り返しジェンダーを演じつづけている」という表現もあることを確認する。

〔問七〕　Bが傍線(9)の三つの部分をそれぞれ適切に言い換えている。Aは「意志によって作られている」が不適切。Cは、「ジェンダー規範」ではなく「セックスという虚構」の説明になっている（「ジェンダー規範」を「セックスという虚構」、「作られた規範」を「作られた虚構」と書き換えれば、「セックスという虚構」の正しい説明になるが、「ジェンダー規範」の説明にはなっていない）。Dは「ジェンダー規範」を「一部の人たちの合意」としている点が本文にはない内容。Eは「私たちの身体とは無関係に作り出された制度ではなく」と、「ジェンダー規範」と「身体」との結びつきを示唆している点が不可。

〔問八〕　Aの「社会構築主義」とは現実の社会現象は人間の認識によって作られているという考え方。ジェンダー規範は、人間の〈認識〉が生み出したものだと述べている本文に合致する。Bの「男女平等主義」は、男女を分ける前提が筆者と反対の立場。Cの「文化多元主義」とは、異なる民族の文化を尊重し共存しようとする考え方。Dの「人間中心主義」とは、世界はすべて人間の利益のためにあるという考え方。Eの「生命至上主義」とは、人間の生命に絶対的な価値をおくという考え方。これらは本文の内容とは関連の薄い選択肢である。

〔問九〕　Dが最終段落に合致する。Aは、筆者によれば「現在の性の体制」は「社会の成員を男女に二分し、両者の権力関係で社会を維持する」（第九段落第一文）ために行われているのであり、むしろ「実用的」といえる。Bは、「繰り返し反復されるうちに当初の目的とは異なる事象にまで男女の二分法が機能するようになった」が不可。筆者はむし男女に二分し、両者の権力関係でこの社会を維持しようとしている。それこそがジェンダー規範であり、その規範の基礎となるセックスという虚構を事実とみなすために、繰り返し社会的な性差であるジェンダーを演じつづけるのである。

▲解　説▼

〔問二〕　第一段落の内容は哲学的で難解だが、要するに〈認識〉は「身体」に先立つということである（＝私たちがまず考えなければ、私たちはそこに身体があることにも気づかない。そして気づかないということはないのと同じだということ）。ポイントは「身体」と〈認識〉は切り離せないということで、しかも、まず〈認識〉があってその後「身体」が存在できるということである。したがって、矛盾しているのは「身体」が「意識〈認識〉」に先行すると書いてあるE。

〔問三〕「有無を言わせず」で〝本人の意向には関係なく〟〝無理やり〟といった意味の慣用句。

〔問四〕　傍線(4)の「この皮肉」とは、一つ前の文の「しかも皮肉なことに……きわめて少なかった」ことである。これは、次の段落で「身体的な性差は、近代であろうと前近代であろうと……労働を搾取するときにはさして考慮が払われず、他方で……性差の別なく可能であるはずの制度のなかでは、身体的な性差が個人の弁別の最重要事項とみなされる」と説明されている。したがって、Bが正解。AとCは前近代と近代の比較になっており不適切。Dは近代社会のみに限定している点が不適切。また、「労働を搾取」「過酷な労苦」という点に言及がない。Eは「地主の妻は……養生することができる」が本文にないし、「貧農の妻」と「地主の妻」を比較しているだけで、「皮肉」の説明になっていない。

〔問五〕　空欄(5)は「……と語られるのと同様に」と続けられるのだから、後に空欄と比較可能な内容がくるはずである。そして空欄(5)を含む文の直後には〈「誕生のさいの身体的な性別化」とそれ以降の社会的な『男』『女』の性別化」は異なる〉といった内容が書いてある。正解のDは「身体的」なものとしての「皮膚の色」、「社会的」なものとしての「人種」という対応がこれらと合致する。

国語

一

出典　竹村和子『フェミニズム』〈Ⅱ　どこへ行くのか　第1章　1　身体的性差という虚構〉（岩波書店）

解答

〔問一〕　(3)占　(7)顕現　(8)遡及

〔問二〕　E

〔問三〕　有無

〔問四〕　B

〔問五〕　D

〔問六〕　セックスと

〔問七〕　B

〔問八〕　A

〔問九〕　D

◆要　旨◆

わたしたちは、身体を精神が宿る〈器〉であり精神に先立って存在する〈所与の条件〉と考えがちだ。これと同じように、身体的性差であるセックスもそれがまず存在し、その結果として性幻想であるセクシュアリティや社会的性差であるジェンダーが生まれると一般には考えられている。しかし、身体が〈認識〉があって初めて〈存在〉に成り得るように、セックスもまたジェンダーという規範を成り立たせるための虚構なのである。わたしたちは無意識のうちに社会の成員を

教学社 刊行一覧

2025年版 大学赤本シリーズ

374大学556点
全都道府県を網羅

国公立大学（都道府県順）

全国の書店で取り扱っています。店頭にない場合は，お取り寄せができます。

1 北海道大学（文系－前期日程）
2 北海道大学（理系－前期日程） 医
3 北海道大学（後期日程）
4 旭川医科大学（医学部〈医学科〉） 医
5 小樽商科大学
6 帯広畜産大学
7 北海道教育大学
8 室蘭工業大学／北見工業大学
9 釧路公立大学
10 公立千歳科学技術大学
11 公立はこだて未来大学 総推
12 札幌医科大学（医学部） 医
13 弘前大学 医
14 岩手大学
15 岩手県立大学・盛岡短期大学部・宮古短期大学部
16 東北大学（文系－前期日程）
17 東北大学（理系－前期日程） 医
18 東北大学（後期日程）
19 宮城教育大学
20 宮城大学
21 秋田大学 医
22 秋田県立大学
23 国際教養大学 総推
24 山形大学 医
25 福島大学
26 会津大学
27 福島県立医科大学（医・保健科学部） 医
28 茨城大学（文系）
29 茨城大学（理系）
30 筑波大学（推薦入試） 医 総推
31 筑波大学（文系－前期日程）
32 筑波大学（理系－前期日程） 医
33 筑波大学（後期日程）
34 宇都宮大学
35 群馬大学 医
36 群馬県立女子大学
37 高崎経済大学
38 前橋工科大学
39 埼玉大学（文系）
40 埼玉大学（理系）
41 千葉大学（文系－前期日程）
42 千葉大学（理系－前期日程） 医
43 千葉大学（後期日程） 医
44 東京大学（文科） DL
45 東京大学（理科） DL 医
46 お茶の水女子大学
47 電気通信大学
48 東京外国語大学 DL
49 東京海洋大学
50 東京科学大学（旧 東京工業大学）
51 東京科学大学（旧 東京医科歯科大学） 医
52 東京学芸大学
53 東京藝術大学
54 東京農工大学
55 一橋大学（前期日程）
56 一橋大学（後期日程）
57 東京都立大学（文系）
58 東京都立大学（理系）
59 横浜国立大学（文系）
60 横浜国立大学（理系）
61 横浜市立大学（国際教養・国際商・理・データサイエンス・医〈看護〉学部）
62 横浜市立大学（医学部〈医学科〉） 医
63 新潟大学（人文・教育〈文系〉・法・経済科・医〈看護〉・創生学部）
64 新潟大学（教育〈理系〉・理・医〈看護を除く〉・歯・工・農学部） 医
65 新潟県立大学
66 富山大学（文系）
67 富山大学（理系） 医
68 富山県立大学
69 金沢大学（文系）
70 金沢大学（理系） 医
71 福井大学（教育・医〈看護〉・工・国際地域学部）
72 福井大学（医学部〈医学科〉） 医
73 福井県立大学
74 山梨大学（教育・医〈看護〉・工・生命環境学部）
75 山梨大学（医学部〈医学科〉） 医
76 都留文科大学
77 信州大学（文系－前期日程）
78 信州大学（理系－前期日程） 医
79 信州大学（後期日程）
80 公立諏訪東京理科大学 総推
81 岐阜大学（前期日程） 医
82 岐阜大学（後期日程）
83 岐阜薬科大学
84 静岡大学（前期日程）
85 静岡大学（後期日程）
86 浜松医科大学（医学部〈医学科〉） 医
87 静岡県立大学
88 静岡文化芸術大学
89 名古屋大学（文系）
90 名古屋大学（理系） 医
91 愛知教育大学
92 名古屋工業大学
93 愛知県立大学
94 名古屋市立大学（経済・人文社会・芸術工・看護・総合生命理・データサイエンス学部）
95 名古屋市立大学（医学部〈医学科〉） 医
96 名古屋市立大学（薬学部）
97 三重大学（人文・教育・医〈看護〉学部）
98 三重大学（医〈医〉・工・生物資源学部） 医
99 滋賀大学
100 滋賀医科大学（医学部〈医学科〉） 医
101 滋賀県立大学
102 京都大学（文系）
103 京都大学（理系） 医
104 京都教育大学
105 京都工芸繊維大学
106 京都府立大学
107 京都府立医科大学（医学部〈医学科〉） 医
108 大阪大学（文系） DL
109 大阪大学（理系） 医
110 大阪教育大学
111 大阪公立大学（現代システム科学域〈文系〉・文・法・経済・商・看護・生活科〈居住環境・人間福祉〉学部－前期日程）
112 大阪公立大学（現代システム科学域〈理系〉・理・工・農・獣医・医・生活科〈食栄養〉学部－前期日程） 医
113 大阪公立大学（中期日程）
114 大阪公立大学（後期日程）
115 神戸大学（文系－前期日程）
116 神戸大学（理系－前期日程） 医
117 神戸大学（後期日程）
118 神戸市外国語大学 DL
119 兵庫県立大学（国際商経・社会情報科・看護学部）
120 兵庫県立大学（工・理・環境人間学部）
121 奈良教育大学／奈良県立大学
122 奈良女子大学
123 奈良県立医科大学（医学部〈医学科〉） 医
124 和歌山大学
125 和歌山県立医科大学（医・薬学部） 医
126 鳥取大学 医
127 公立鳥取環境大学
128 島根大学 医
129 岡山大学（文系）
130 岡山大学（理系） 医
131 岡山県立大学
132 広島大学（文系－前期日程）
133 広島大学（理系－前期日程） 医
134 広島大学（後期日程）
135 尾道市立大学 総推
136 県立広島大学
137 広島市立大学
138 福山市立大学 総推
139 山口大学（人文・教育〈文系〉・経済・医〈看護〉・国際総合科学部）
140 山口大学（教育〈理系〉・理・医〈看護を除く〉・工・農・共同獣医学部） 医
141 山陽小野田市立山口東京理科大学 総推
142 下関市立大学／山口県立大学
143 周南公立大学 新 総推
144 徳島大学 医
145 香川大学 医
146 愛媛大学 医
147 高知大学 医
148 高知工科大学
149 九州大学（文系－前期日程）
150 九州大学（理系－前期日程） 医
151 九州大学（後期日程）
152 九州工業大学
153 福岡教育大学
154 北九州市立大学
155 九州歯科大学
156 福岡県立大学／福岡女子大学
157 佐賀大学 医
158 長崎大学（多文化社会・教育〈文系〉・経済・医〈保健〉・環境科〈文系〉学部）
159 長崎大学（教育〈理系〉・医〈医〉・歯・薬・情報データ科・工・環境科〈理系〉・水産学部） 医
160 長崎県立大学 総推
161 熊本大学（文・教育・法・医〈看護〉学部・情報融合学環〈文系型〉）
162 熊本大学（理・医〈看護を除く〉・薬・工学部・情報融合学環〈理系型〉） 医
163 熊本県立大学
164 大分大学（教育・経済・医〈看護〉・理工・福祉健康科学部）
165 大分大学（医学部〈医・先進医療科学科〉） 医
166 宮崎大学（教育・医〈看護〉・工・農・地域資源創成学部）
167 宮崎大学（医学部〈医学科〉） 医
168 鹿児島大学（文系）
169 鹿児島大学（理系） 医
170 琉球大学 医

2025年版　大学赤本シリーズ

国公立大学 その他

171 〔国公立大〕医学部医学科 総合型選抜・学校推薦型選抜※ 医 総推
172 看護・医療系大学〈国公立 東日本〉※
173 看護・医療系大学〈国公立 中日本〉※
174 看護・医療系大学〈国公立 西日本〉※
175 海上保安大学校／気象大学校
176 航空保安大学校
177 国立看護大学校
178 防衛大学校 総推
179 防衛医科大学校（医学科） 医
180 防衛医科大学校（看護学科）

※No.171～174の収載大学は赤本ウェブサイト（http://akahon.net/）でご確認ください。

私立大学①

北海道の大学（50音順）

201 札幌大学
202 札幌学院大学
203 北星学園大学
204 北海学園大学
205 北海道医療大学
206 北海道科学大学
207 北海道武蔵女子大学・短期大学
208 酪農学園大学（獣医学群〈獣医学類〉）

東北の大学（50音順）

209 岩手医科大学（医・歯・薬学部） 医
210 仙台大学 総推
211 東北医科薬科大学（医・薬学部） 医
212 東北学院大学
213 東北工業大学
214 東北福祉大学
215 宮城学院女子大学 総推

関東の大学（50音順）

あ行（関東の大学）

216 青山学院大学（法・国際政治経済学部－個別学部日程）
217 青山学院大学（経済学部－個別学部日程）
218 青山学院大学（経営学部－個別学部日程）
219 青山学院大学（文・教育人間科学部－個別学部日程）
220 青山学院大学（総合文化政策・社会情報・地球社会共生・コミュニティ人間科学部－個別学部日程）
221 青山学院大学（理工学部－個別学部日程）
222 青山学院大学（全学部日程）
223 麻布大学（獣医、生命・環境科学部）
224 亜細亜大学
226 桜美林大学
227 大妻女子大学・短期大学部

か行（関東の大学）

228 学習院大学（法学部－コア試験）
229 学習院大学（経済学部－コア試験）
230 学習院大学（文学部－コア試験）
231 学習院大学（国際社会科学部－コア試験）
232 学習院大学（理学部－コア試験）
233 学習院女子大学
234 神奈川大学（給費生試験）
235 神奈川大学（一般入試）
236 神奈川工科大学
237 鎌倉女子大学・短期大学部
238 川村学園女子大学
239 神田外語大学
240 関東学院大学
241 北里大学（理学部）
242 北里大学（医学部） 医
243 北里大学（薬学部）
244 北里大学（看護・医療衛生学部）
245 北里大学（未来工・獣医・海洋生命科学部）
246 共立女子大学・短期大学
247 杏林大学（医学部） 医
248 杏林大学（保健学部）
249 群馬医療福祉大学・短期大学部
250 群馬パース大学 総推
251 慶應義塾大学（法学部）
252 慶應義塾大学（経済学部）
253 慶應義塾大学（商学部）
254 慶應義塾大学（文学部） 総推
255 慶應義塾大学（総合政策学部）
256 慶應義塾大学（環境情報学部）
257 慶應義塾大学（理工学部）
258 慶應義塾大学（医学部） 医
259 慶應義塾大学（薬学部）
260 慶應義塾大学（看護医療学部）
261 工学院大学
262 國學院大學
263 国際医療福祉大学 医
264 国際基督教大学
265 国士舘大学
266 駒澤大学（一般選抜T方式・S方式）
267 駒澤大学（全学部統一日程選抜）

さ行（関東の大学）

268 埼玉医科大学（医学部） 医
269 相模女子大学・短期大学部
270 産業能率大学
271 自治医科大学（医学部） 医
272 自治医科大学（看護学部）／東京慈恵会医科大学（医学部〈看護学科〉）
273 実践女子大学 総推
274 芝浦工業大学（前期日程）
275 芝浦工業大学（全学統一日程・後期日程）
276 十文字学園女子大学
277 淑徳大学
278 順天堂大学（医学部） 医
279 順天堂大学（スポーツ健康科・医療看護・保健看護・国際教養・保健医療・医療科・健康データサイエンス・薬学部） 総推
280 上智大学（神・文・総合人間科学部）
281 上智大学（法・経済学部）
282 上智大学（外国語・総合グローバル学部）
283 上智大学（理工学部）
284 上智大学（TEAPスコア利用方式）
285 湘南工科大学
286 昭和大学（医学部） 医
287 昭和大学（歯・薬・保健医療学部）
288 昭和女子大学
289 昭和薬科大学
290 女子栄養大学・短期大学部 総推
291 白百合女子大学
292 成蹊大学（法学部－A方式）
293 成蹊大学（経済・経営学部－A方式）
294 成蹊大学（文学部－A方式）
295 成蹊大学（理工学部－A方式）
296 成蹊大学（E方式・G方式・P方式）
297 成城大学（経済・社会イノベーション学部－A方式）
298 成城大学（文芸・法学部－A方式）
299 成城大学（S方式〈全学部統一選抜〉）
300 聖心女子大学
301 清泉女子大学
303 聖マリアンナ医科大学 医
304 聖路加国際大学（看護学部）
305 専修大学（スカラシップ・全国入試）
306 専修大学（前期入試〈学部個別入試〉）
307 専修大学（前期入試〈全学部入試・スカラシップ入試〉）

た行（関東の大学）

308 大正大学
309 大東文化大学
310 高崎健康福祉大学
311 拓殖大学
312 玉川大学
313 多摩美術大学
314 千葉工業大学
315 中央大学（法学部－学部別選抜）
316 中央大学（経済学部－学部別選抜）
317 中央大学（商学部－学部別選抜）
318 中央大学（文学部－学部別選抜）
319 中央大学（総合政策学部－学部別選抜）
320 中央大学（国際経営・国際情報学部－学部別選抜）
321 中央大学（理工学部－学部別選抜）
322 中央大学（5学部共通選抜）
323 中央学院大学
324 津田塾大学
325 帝京大学（薬・経済・法・文・外国語・教育・理工・医療技術・福岡医療技術学部）
326 帝京大学（医学部） 医
327 帝京科学大学 総推
328 帝京平成大学 総推
329 東海大学（医〈医〉学部を除く－一般選抜）
330 東海大学（文系・理系学部統一選抜）
331 東海大学（医学部〈医学科〉） 医
332 東京医科大学（医学部〈医学科〉） 医
333 東京家政大学・短期大学部 総推
334 東京経済大学
335 東京工科大学
336 東京工芸大学
337 東京国際大学
338 東京歯科大学
339 東京慈恵会医科大学（医学部〈医学科〉） 医
340 東京情報大学
341 東京女子大学
342 東京女子医科大学（医学部） 医
343 東京電機大学
344 東京都市大学
345 東京農業大学
346 東京薬科大学（薬学部） 総推
347 東京薬科大学（生命科学部） 総推
348 東京理科大学（理学部〈第一部〉－B方式）
349 東京理科大学（創域理工学部－B方式・S方式）
350 東京理科大学（工学部－B方式）
351 東京理科大学（先進工学部－B方式）
352 東京理科大学（薬学部－B方式）
353 東京理科大学（経営学部－B方式）
354 東京理科大学（C方式、グローバル方式、理学部〈第二部〉－B方式）
355 東邦大学（医学部） 医
356 東邦大学（薬学部）

2025年版　大学赤本シリーズ

私立大学②

357 東邦大学（理・看護・健康科学部）
358 東洋大学（文・経済・経営・法・社会・国際・国際観光学部）
359 東洋大学（情報連携・福祉社会デザイン・健康スポーツ科・理工・総合情報・生命科・食環境科学部）
360 東洋大学（英語〈3日程×3カ年〉）
361 東洋大学（国語〈3日程×3カ年〉）
362 東洋大学（日本史・世界史〈2日程×3カ年〉）
363 東洋英和女学院大学
364 常磐大学・短期大学 総推
365 獨協大学
366 獨協医科大学（医学部） 医

な行（関東の大学）

367 二松学舎大学
368 日本大学（法学部）
369 日本大学（経済学部）
370 日本大学（商学部）
371 日本大学（文理学部〈文系〉）
372 日本大学（文理学部〈理系〉）
373 日本大学（芸術学部〈専門試験併用型〉）
374 日本大学（国際関係学部）
375 日本大学（危機管理・スポーツ科学部）
376 日本大学（理工学部）
377 日本大学（生産工・工学部）
378 日本大学（生物資源科学部）
379 日本大学（医学部） 医
380 日本大学（歯・松戸歯学部）
381 日本大学（薬学部）
382 日本大学（N全学統一方式－医・芸術〈専門試験併用型〉学部を除く）
383 日本医科大学 医
384 日本工業大学
385 日本歯科大学
386 日本社会事業大学 総推
387 日本獣医生命科学大学
388 日本女子大学
389 日本体育大学

は行（関東の大学）

390 白鷗大学（学業特待選抜・一般選抜）
391 フェリス女学院大学
392 文教大学
393 法政大学（法〈Ⅰ日程〉・文〈Ⅱ日程〉・経営〈Ⅱ日程〉学部－A方式）
394 法政大学（法〈Ⅱ日程〉・国際文化・キャリアデザイン学部－A方式）
395 法政大学（文〈Ⅰ日程〉・経営〈Ⅰ日程〉・人間環境・グローバル教養学部－A方式）
396 法政大学（経済〈Ⅰ日程〉・社会〈Ⅰ日程〉・現代福祉学部－A方式）
397 法政大学（経済〈Ⅱ日程〉・社会〈Ⅱ日程〉・スポーツ健康学部－A方式）
398 法政大学（情報科・デザイン工・理工・生命科学部－A方式）
399 法政大学（T日程〈統一日程〉・英語外部試験利用入試）
400 星薬科大学 総推

ま行（関東の大学）

401 武蔵大学
402 武蔵野大学
403 武蔵野美術大学
404 明海大学
405 明治大学（法学部－学部別入試）
406 明治大学（政治経済学部－学部別入試）
407 明治大学（商学部－学部別入試）
408 明治大学（経営学部－学部別入試）
409 明治大学（文学部－学部別入試）
410 明治大学（国際日本学部－学部別入試）
411 明治大学（情報コミュニケーション学部－学部別入試）
412 明治大学（理工学部－学部別入試）
413 明治大学（総合数理学部－学部別入試）
414 明治大学（農学部－学部別入試）
415 明治大学（全学部統一入試）
416 明治学院大学（A日程）
417 明治学院大学（全学部日程）
418 明治薬科大学 総推
419 明星大学
420 目白大学・短期大学部

ら・わ行（関東の大学）

421 立教大学（文系学部－一般入試〈大学独自の英語を課さない日程〉）
422 立教大学（国語〈3日程×3カ年〉）
423 立教大学（日本史・世界史〈2日程×3カ年〉）
424 立教大学（文学部－一般入試〈大学独自の英語を課す日程〉）
425 立教大学（理学部－一般入試）
426 立正大学
427 早稲田大学（法学部）
428 早稲田大学（政治経済学部）
429 早稲田大学（商学部）
430 早稲田大学（社会科学部）
431 早稲田大学（文学部）
432 早稲田大学（文化構想学部）
433 早稲田大学（教育学部〈文科系〉）
434 早稲田大学（教育学部〈理科系〉）
435 早稲田大学（人間科・スポーツ科学部）
436 早稲田大学（国際教養学部）
437 早稲田大学（基幹理工・創造理工・先進理工学部）
438 和洋女子大学 総推

中部の大学（50音順）

439 愛知大学
440 愛知医科大学（医学部） 医
441 愛知学院大学・短期大学部
442 愛知工業大学 総推
443 愛知淑徳大学
444 朝日大学 総推
445 金沢医科大学（医学部） 医
446 金沢工業大学
447 岐阜聖徳学園大学 総推
448 金城学院大学
449 至学館大学 総推
450 静岡理工科大学
451 椙山女学園大学
452 大同大学
453 中京大学
454 中部大学
455 名古屋外国語大学 総推
456 名古屋学院大学 総推
457 名古屋学芸大学 総推
458 名古屋女子大学 総推
459 南山大学（外国語〈英米〉・法・総合政策・国際教養学部）
460 南山大学（人文・外国語〈英米を除く〉・経済・経営・理工学部）
461 新潟国際情報大学
462 日本福祉大学
463 福井工業大学
464 藤田医科大学（医学部） 医
465 藤田医科大学（医療科・保健衛生学部）
466 名城大学（法・経営・経済・外国語・人間・都市情報学部）
467 名城大学（情報工・理工・農・薬学部）
468 山梨学院大学

近畿の大学（50音順）

469 追手門学院大学 総推
470 大阪医科薬科大学（医学部） 医
471 大阪医科薬科大学（薬学部） 総推
472 大阪学院大学 総推
473 大阪経済大学 総推
474 大阪経済法科大学 総推
475 大阪工業大学 総推
476 大阪国際大学・短期大学部 総推
477 大阪産業大学 総推
478 大阪歯科大学（歯学部）
479 大阪商業大学 総推
480 大阪成蹊大学・短期大学 総推
481 大谷大学 総推
482 大手前大学・短期大学 総推
483 関西大学（文系）
484 関西大学（理系）
485 関西大学（英語〈3日程×3カ年〉）
486 関西大学（国語〈3日程×3カ年〉）
487 関西大学（日本史・世界史・文系数学〈3日程×3カ年〉）
488 関西医科大学（医学部） 医
489 関西医療大学 総推
490 関西外国語大学・短期大学部 総推
491 関西学院大学（文・法・商・人間福祉・総合政策学部－学部個別日程）
492 関西学院大学（神・社会・経済・国際・教育学部－学部個別日程）
493 関西学院大学（全学部日程〈文系型〉）
494 関西学院大学（全学部日程〈理系型〉）
495 関西学院大学（共通テスト併用日程〈数学〉・英数日程）
496 関西学院大学（英語〈3日程×3カ年〉） 新
497 関西学院大学（国語〈3日程×3カ年〉） 新
498 関西学院大学（日本史・世界史・文系数学〈3日程×3カ年〉） 新
499 畿央大学 総推
500 京都外国語大学・短期大学 総推
502 京都産業大学（公募推薦入試） 総推
503 京都産業大学（一般選抜入試〈前期日程〉）
504 京都女子大学 総推
505 京都先端科学大学 総推
506 京都橘大学 総推
507 京都ノートルダム女子大学 総推
508 京都薬科大学 総推
509 近畿大学・短期大学部（医学部を除く－推薦入試） 総推
510 近畿大学・短期大学部（医学部を除く－一般入試前期）
511 近畿大学（英語〈医学部を除く3日程×3カ年〉）
512 近畿大学（理系数学〈医学部を除く3日程×3カ年〉）
513 近畿大学（国語〈医学部を除く3日程×3カ年〉）
514 近畿大学（医学部－推薦入試・一般入試前期） 医 総推
515 近畿大学・短期大学部（一般入試後期） 医
516 皇學館大学 総推
517 甲南大学 総推
518 甲南女子大学（学校推薦型選抜） 新 総推
519 神戸学院大学 総推
520 神戸国際大学 総推
521 神戸女学院大学 総推
522 神戸女子大学・短期大学 総推
523 神戸薬科大学 総推
524 四天王寺大学・短期大学部 総推
525 摂南大学（公募制推薦入試） 総推
526 摂南大学（一般選抜前期日程）
527 帝塚山学院大学 総推
528 同志社大学（法、グローバル・コミュニケーション学部－学部個別日程）

共通テスト対策関連書籍

共通テスト対策も赤本で

① 過去問演習

2025年版

共通テスト赤本シリーズ

全12点

A5判／定価1,320円
(本体1,200円)

- 英国数には新課程対応オリジナル実戦模試 掲載！
- 公表された新課程試作問題はすべて掲載！
- くわしい対策講座で得点力UP
- 英語はリスニングを10回分掲載！赤本の音声サイトで本番さながらの対策！

- ●英語 リーディング／リスニング DL
- ●数学I, A／II, B, C
- ●国語
- ●歴史総合, 日本史探究
- ●歴史総合, 世界史探究
- ●地理総合, 地理探究
- ●公共, 倫理
- ●公共, 政治・経済
- ●物理
- ●化学
- ●生物
- ●物理基礎／化学基礎／生物基礎／地学基礎

DL 音声無料配信

② 自己分析

赤本ノートシリーズ 過去問演習の効果を最大化

▶共通テスト対策には

赤本ノート（共通テスト用）

赤本ルーズリーフ（共通テスト用）

共通テスト赤本シリーズ
新課程攻略問題集
全26点に対応!!

▶二次・私大対策には

赤本ノート（二次・私大用）

大学赤本シリーズ
全556点に対応!!

③ 重点対策

共通テスト赤本プラス

新課程攻略問題集

基礎固め&苦手克服のための分野別対策問題集!!
厳選された問題でかしこく対策

- ●英語リーディング
- ●英語リスニング DL
- ●数学I, A
- ●数学II, B, C
- ●国語（現代文）
- ●国語（古文, 漢文）
- ●歴史総合, 日本史探究
- ●歴史総合, 世界史探究
- ●地理総合, 地理探究
- ●公共, 政治・経済
- ●物理
- ●化学
- ●生物
- ●情報I

DL 音声無料配信

全14点 好評発売中！

A5判／定価1,320円（本体1,200円）

手軽なサイズの実戦的参考書

目からウロコのコツが満載！
直前期にも！

満点のコツシリーズ

赤本ポケット

2025 年版　大学赤本シリーズ　No. 318

中央大学（文学部－学部別選抜）

編　集　教学社編集部
発行者　上原 寿明
発行所　教学社
〒606-0031
京都市左京区岩倉南桑原町56
電話　075-721-6500
振替　01020-1-15695
印　刷　太洋社

2024 年 7 月 10 日　第 1 刷発行
ISBN978-4-325-26377-7
定価は裏表紙に表示しています